이론 고고학

이론 고고학

『이론 고고학』은 고고학 사고의 전통적인 논의를 비판하고, 변화하는 고고학 이론의 세계를 설명한 책이다. 이 책은 고고학자들이 자주 인용하는 최근의 사상가들, 그리고 그 이론적 경향에 관한 관심과 그 연관성 등을 내용에 담았다. 나아가 글로벌 고고학 이론의 여러 학파를 아우르고, 그들을 대화의 상황에 위치시키면서 최근 경향들 사이의 유사성과 차이점을 살폈다. 그리고 서로 다른 접근법들 사이의 장점 및 단점을 드러내 보이려고 했다.

이 책이 인용한 많은 원자료를 직접 대조해 볼 수 있도록 하고, 최대한 이해하기 쉽게 서술하였으므로『이론 고고학』은 학생과 이 분야를 다시 익히고자 하는 전문가들에게 고고학 최신 이론의 기본 안내서 역할을 할 수 있을 것이다.

올리버 해리스는 영국 레스터 대학 고고학 및 고대사학부의 고고학 조교수이다.

크레이그 시폴라는 캐나다 로열 온타리오 박물관의 북미 고고학 담당 학예사이다.

이론 고고학

21세기 연구 동향과 새로운 모색

올리버 해리스·크레이그 시폴라 지음
이성주 옮김

사회평론아카데미

한강문화재연구원 학술총서 9

이론 고고학
21세기 연구 동향과 새로운 모색

2019년 11월 1일 초판 1쇄 인쇄
2019년 11월 7일 초판 1쇄 발행

지은이 올리버 해리스·크레이그 시폴라
옮긴이 이성주
펴낸이 윤철호
펴낸곳 (주)사회평론아카데미
책임편집 고인욱
편집 고하영·장원정·최세정·임현규·정세민·김혜림·김다솜
표지·본문디자인 김진운
본문조판 민들레
마케팅 최민규

등록번호 2013-000247(2013년 8월 23일)
전화 02-2191-1128
팩스 02-326-1626
주소 03978 서울특별시 마포구 월드컵북로12길 17

ISBN 979-11-89946-31-9 93900

* 사전 동의 없는 무단 전재 및 복제를 금합니다.
* 잘못 만들어진 책은 바꾸어 드립니다.

나의 어머니, 나의 선생님! 사라에게 – 올리버 해리스

마야와 시애니에게 – 크레이그 시폴라

한국어판 서문

우리의 책(*Archaeological Theory in the New Millennium*)이 한국어로 번역되어 출판된다고 하니 너무 기쁘고 흥분된다. 이 책에서도 말했던 것처럼, 우리가 이야기한 아이디어들은 대부분 북아메리카와 유럽, 그것도 영국과 스칸디나비아에만 한정되어 왔던 고고학의 담론이었다. 그러나 11장에서 강조하였듯이 이론은 끊임없이 움직인다. 새로운 사람, 역사, 경관, 그리고 고고학의 새로운 어셈블리지들을 만나면서 변해 간다. 한때 서로 나누어져 있던 것도 서로 만나게 되면 새로운 형태의 고고학적 사고가 생겨난다. 이러한 것을 우리는 고고학의 역사를 통해 보아 왔다. 고고학자들이 이론의 더 넓은 세계로 뻗어 나가서, 낯선 아이디어를 가져와 우리 고고학과의 대화를 성사시키게 되면 우리는 그 아이디어들을 우리 학문의 감각 안에서 새로운 것으로 만들어 낼 수 있었고 그래서 변화할 수 있었다.

지난 20년 동안, 유럽과 아메리카의 일부 연구자들은 관계성의 개념에 대해 높은 관심을 보여 왔다. 사람과 사물은 어떻게 서로 관계를 맺는가? 이 관계가 에이전시나 혹은 인격성의 분배된 관념과는 어떻게 연결되는가? 이처럼 관계성이 점점 중요해지면서, 고고학자들은 새로운 방향의 의문을 제기하기 시작하였으며 어떻게 과거의 인간세계, 그 이상을 이해할 수 있을까 하는 문제에 관심을 두게 되었다. 그런 의미에서 이 책의 번역은 서로 다른 고고학자사회와 고고학적 아이디어들 사이에 새로운 관계를 만들어 낼 것이고 지금까지 써 보지 못한 새로운 과거의 가능성을 열어 갈 것으로 생각한다.

우리가 느끼기에 고고학에서 이론의 이와 같은 생명력은 이 책의 집필과정에서 우리 둘의 공동작업에도 발휘된 것 같다. 그래서 관점을 달리하는 서구 고고학의 두 이론이 함께하게 되고, 단순히 두 부분이나 둘의 합이 아니라, 그보다 훨씬 큰 아이디어의 세트로 결실을 맺을 수 있었다. 말하자면 만일 우리 둘 중 누구라도 이 책을 자신의 이야기로 쓰려고 했다면, 이 책은 지금과는 아주 다른 모습이 되었을 것이다. 이 책의 맨 마지막 부분을 저자들 사이의 대화로 마무리하여 우리 두 아이디어의 관계를 탐구할 수 있도록 한 것도 그러한 이유에서이다. 이러한 점에서 이 책과 여기 담긴 아이디어들이 한국어권 고고학자사회에는 어떻게 받아들여질지 자못 기대가 크다. 아무쪼록 우리 필자 둘은 이러한 소통이 고고학적 사고를 새로운 방향으로 이끌고 대화의 새로운 형태를 만들어 낼 수 있기를 바랄 따름이다.

2019년 10월
레스터와 토론토에서
올리버 해리스와 크레이그 시폴라

머리말

그리 어렵지는 않을 것이라고 예상했던 이 공저 작업의 시작은 2014년 겨울로 거슬러 올라간다. 그때 우리는 최근 고고학 이론에 관한 책을 저술하자는 대화를 처음 나누었다. 그 당시 우리는 레스터 대학의 고고학 및 고대사학부에서 함께 일하고 있었다. 처음 우리는 단지 고고학 이론을 공동으로 어떻게 교육할 수는 없을까 하는 논의를 시작했었다. 그러면서 이따금 최근 고고학 이론의 실상에 대한 노트를 비교하게 되고 이를 통해 우리의 연구 방향을 어떤 모습으로 만들어 갈 것인가에 대해 생각하게 되었다. 이 책의 집필을 구체화하고 살을 붙여 나간 것은 그 당시의 대화와 비교였다. 하지만 그 내막을 좀 더 깊이 들여다보면, 이 책을 쓰게 된 사연은 더 깊고 더 복잡한 우리 각자의 역사와 연결된다. 그 몇 해 동안 우리 둘은 고고학 이론과 교육에 특별한 관심을 지니고 있었다. 이론의 열성 팬으로서 우리에게는 많은 동료와 토론할 수 있는 행운이 주어졌던 것 같다. 그들을 열거해 보면 다음과 같다: Ben Alberti, Anna Agbe-Davies, Asif Agha, Jo Appleby, Douglass Bailey, Alexander Bauer, John Barrett, Huw Barton, Penny Bickle, Lawrence Billington, Dušan Borić, Marcus Brittain, Bob Carter, Adrian Chadwick, Charlie Cobb, Hannah Cobb, Andrew Cochrane, Rachel Crellin, Zoe Crossland, Ben Davenport, Kristen Fellows, Kelly Ferguson, Chris Fowler, Severin Fowles, Jack Gary, Mark Gillings, Yannis Hamilakis, Kat Hayes, Terry Hopkinson, Matthew Johnson, Andy Jones, Jay Levy, Richard Leventhal, Diana Loren, Lesley McFayen, Andy Merrills, Kevin McBride, Stephen Mrozowski, Paul Murtagh, Nick Overton, Tim Pauketat,

Jordan Pickrell, Mark Pluciennik, Robert Preucel, John Robb, James Quinn, Phil Richardson, Uzma Rizvi, Peter Rowley-Conwy, Ian Russell, Bob Schuyler, Stephen Silliman, Marie Louise Sørensen, Tim Flohr Sørensen, Pwyll ap Stifin, Sarah Tarlow, Julian Thomas, Christopher Witmore, 그리고 Alasdair Whittle. 만약 우리 학생들을 여기서 제외한다면 우리는 아주 무심한 사람들이 될 것이다. 라파예트 칼리지, 캠브리지 대학, 레스터 대학, 보스턴의 매사추세츠 대학, 그리고 뉴캐슬 대학에서 만난 학생들과의 상호작용과 토론은 우리에게 동기를 부여하고 이 책에 나오는 아이디어가 형성되는 과정에 중요한 역할을 했다.

이 책의 초고를 읽고 상세하고 큰 도움이 되는 회신을 준 크리스 파울러와 레이첼 크렐린, 그리고 익명의 검토자에게도 특별한 감사를 표현한다. 처음 책의 제안 판본에 대해 아주 유익한 코멘트를 해 준 벤 앨버티, 존 로브, 그리고 개빈 루카스(Gavin Lucas)에게도 감사의 말씀을 드린다. 라우틀리지 출판사의 매트 기번스(Matt Gibbons)와 롤라 하레(Lola Harre) 또한 유익한 조언과 원고에 대한 의견을 주었다. 케이-페이 스틸은 이 책의 각 장에서 볼 수 있는 정말 멋진 삽화를 창작하여 주었다. 애덤 튜레이싱엄(Adam Thuraisingam)은 이 책에 나오는 그림과 사진을 허가받는 데 품위 있고 유머 감각 넘치는 도움을 주었다. 벤 앨버티, 베스 애스버리(Beth Asbury), 에밀리 밴필드(Emily Banfield), 알렉산더 바우어, 챈탈 코넬러(Chantal Conneller) 그리고 조 크로스랜드는 사진과 이미지들을 사용하도록 너그럽게 허락해 주었다. 켈리 퍼거슨(Kelly Ferguson)은 원고를 교열 정리하고 색인을 만들어 주었다. 유럽연합의 마리 큐리 연구재단(수혜번호 333909)은 케이-페이 삽화, 그림·사진의 판권, 그리고 색인과 교열의 비용을 재정적으로 지원해 주었다.

나 올리버는 이 책이 완성될 때까지 연구를 인정하고 지원해 준 레스터 대학의 친구들과 동료들에게 감사의 뜻을 전한다. 그리고 그토록 재미있게 공동작업을 함께할 수 있었던 크레이그에게 감사한다. 그리고 친가와 처가의 가족 모두는 살아가면서 변함없이 애정과 도움을 보내 주었다. 특히 혼자 되신 어머니 사라 해리스에게 감사한다. 어머니는 항상 큰 가르침을 주셨다. 셰필드 대학의 안내서, 〈고고학을 해 보는 것은 어때?〉를 검토해 주시고 단어 사용에 관해 너무나도 중요한 언급을 해 주셨다. 테디와 매기는 집필의 시기 동안 일상의 틀을 잡아 주었다. 고양이 털을 깨끗이 청소해 주었고, 그들 때문에 삶의 일상적 스트레스에서 해방될 수 있었다. 끝으로 항상 그렇지만 가장 깊은 감사의 마음은 엘리에게 전한다. 아버지가 과정주의자이고 남편이 신유물론자인 뛰어난 보존처리사이다. 그녀는 차 안에서 내가 어셈블리지 이론에 대해 떠드는 것을 참고 들어 주었다. 매년 아드너머헌(Ardnamurchan) 프로젝트에 무보수로 참여해 주었지만, 지금까지도 어떤 불만을 말한 적이 없다.

　　나 크레이그는 이 저술기획을 열렬히 지원해 준 로열 온타리오 박물관과 레스터 대학의 동료와 학생들에게 감사한다. 가족 모두와 친구들, 그리고 동료들에게 감사한다. 이들은 레스터, 코네티컷의 뉴 런던, 매사추세츠의 하위치 포트, 그리고 토론토에 머무르면서 이 책을 저술하는 동안 든든한 지원자가 되어 주었다. 이 책의 저술을 시작하게 해 준 올리버에게 특별히 감사한다. 그는 책을 저술하는 도중 공저자가 짐을 싸서 출국해 버렸기에 많은 불편함이 있었을 터인데 잘 참아 주었다. 또한, 짐 시폴라와 로린 시폴라에게 특히 감사의 마음을 전한다. 그들은 나와 내 가족을 위해 2015년 11월부터 2016년 2월까지 하위치 포트의 저택을 친절하게 내어주었다. 그곳에 머무르는 동안 이 책의 상당 부분이 작성되었다. 책을 자세히 읽어 보면 몇몇 페이지에서 코드 곶(Cape Cod)의 오묘한 자취가 느껴진다. 켈리, 마야, 시애니, 그리고 피트는 항상 애정과 지원을 보내 주었으며, 그것은 이 책이 모양을 갖추는 계기가 되었다. 피트는 지금까지도 쉬어야 할 시간과 일할 시간을 구분하지 못하고 있을 때 그것을 깨우쳐 주었다. 마야와 시애니는 인생에는 일보다 더 중요한 것이 너무나도 많다는 것을 일깨워 주었다. 끝으로 켈리는 둘이 함께라면 못 해낼 일이 없다는 것을 깨우쳐 주었다. 심지어는 그 도전적인 대서양 건너서의 생활을 다시 한다 해도 말이다.

차례

박스 목록

그림 목록

표 목록

제1장
고고학 이론의 현주소
이원론에 맞서서

머리말

고고학 이론에 관한 책이 하나 더 필요한 이유가 있을까? 나올 만한 이야기는 다
나오지 않았나? 대학 도서관의 서가 위에 얹혀 있는 수많은 교과서를 보면 각자 나름
대로 고고학 사고의 다양한 측면을 소개하고 있다는 것을 알 수 있다. 그중에는 심지어
고고학 이론은 죽었다고 선언한 책도 있다.[1] 매튜 존슨이 두 차례 출간한 명석한 개론
서, 『고고학 이론: 입문(*Archaeological Theory: An Introduction*)』은 20세기 중반부터
이어지는 고고학 이론의 흐름에 대한 설명을 잘 담아내고 있다.[2] 그럼에도 군이 왜 이
책이 나오게 되었는가? 사실 지난 15년 동안 고고학 이론은 빠른 성장을 거듭하여 엄
청나게 다양하고 복잡한 양상을 보여 주고 있다. 30여 년 전 있었던 지난 고고학 이론
의 '거대 혁명'을 우리는 '패러다임의 전환'이라고 여기고 있지만, 그 이후 고고학 사
고의 구조는 점점 파편화되어 갔다. 잘 아는 것처럼 고고학 이론은 인간의 행위가 순수
하게 진화적 원리에 따른다는 주장으로부터 인간 정체성과 에이전시의 문제를 강조하
는 관점으로 넘어갔다. 이런 과정을 거쳐 이제는 사람 그 자체에 대해 말할 것이 무엇
이 있는가 하고 주장하기에 이르렀다. 그러면서 이제 이론은 도구상자처럼 여겨지지
않는다. 그보다는 서로 상관성이 없는, 그저 과거에 대해 각자의 이야기를 하는 접근들
을 무작위로 끌어모아 놓은 상태처럼 되어 버렸다. 이와 같은 접근들 사이에 대화를 성
사시켜 보려는 바람직한 시도가 있었으나,[3] 주된 이론의 줄기는 여전히 평행선을 달린

다. 이처럼 이론적 분화가 여전한 가운데 그 이면에서는 고고학 이론이 타성에 젖어 버려 건전하지 못한 상태라거나 이제는 소멸하여 갈 지경이라는 그럴싸한 주장들도 움트고 있다.

　　그런 관점에 대해 우리는 정반대 입장이다. 우리는 최근의 이론적 논쟁이 역동적이고 흥미로우며, 고고학이란 학문의 본질적 측면을 건드리고 있다고 본다. 겉보기와는 달리 일련의 비판 영역에서 이루어지는 작업 사이에는 서로 긴밀한 관련성을 가지고 발전해 간 측면이 많다. 근원적 차원에서 고고학적 사고의 새로운 가능성을 열어 주었다고 생각된다. 물론 잡다하고 난해한 텍스트들에 숨겨진 주장들은 주목받지 못하고 간과되기도 쉽다. 비록 제각각 다른 입장에서 나온 주장들이지만 그들이 공유하고 있는 그 무엇은 분명히 존재한다. 그러나 아쉽게도 그것은 명확히 드러나진 않는다. 이 책의 저자 두 사람은 연구의 배경도 다르고 서로 다른 시대를 전공하며 각자의 연구 자료도 다르다. 하지만 우리가 함께 생각하고 시작하려 한 일이 무엇인지 분명히 알고 있으며 그것은 최근 고고학 사고의 흐름에서 가장 중요한 발전은 어떤 것인가를 밝히는 일이다. 이처럼 중요한 아이디어를 놓고 우리 학생 및 동료 연구자들과 어떻게 대화하고 함께 가르칠 것인가 하는 생각을 하다 이 책이 나오게 된 것이다.

　　다른 이야기를 시작하기에 앞서 저자들은 다음과 같은 중요한 질문을 먼저 던져야 할 필요를 느꼈다. 도대체 이론이 우리에게 어떤 의미인가? 매튜 존슨도[4] 자신의 저서 제2판을 시작하면서 이 질문을 던지고 '사실들에 우리가 부여할 질서'라고 정의한 바 있다. 그러나 그가 계속 이어 갔던 설명처럼 그 사실에 대한 관점조차도 세상에 대한 우리의 이론적 이해와 결코 분리하여 생각할 수 없다는 것이다. 우리는 이 생각을 주어진 사실들을 넘어 넓게 확대해 볼 필요가 있다. 그럼으로써 우리의 의문들에 대한 답을 구해 보고 앞서 던진 바로 그 질문에도 적용해서 비판적으로 반성해 보아야 한다. 그러면 우리 각자의 연구 지역을 서로 비교해 볼 수 있는 퍼즐을 가지고 이 문제를 다루어 보도록 하겠다. 이 책에서 우리는 여러 고고학적 딜레마들을 돌파할 때 하나의 보조 수단으로 자주 퍼즐을 이용할 것이다. 그 첫 번째 사례로 고고학자들이 발굴현장에서 흔히 만나게 되는 그 어떤 것(흔해 빠진, 다듬지 않은 돌)에 대한 퍼즐로부터 이야기를 시작해 보자. 우리는 그 돌이 유물인지 아닌지를 과연 어떻게 알 수 있는가? 어느 쪽인지 실제로 그 사실을 증명할 수 있는가? 스코틀랜드 서부의 철기시대 해안 돌출유적을 당신이 발굴하고 있다고 해 두자. 그리고 발굴 피트에서 돌이 하나 나왔으므로 당신은 팀장에게 그것이 유물인지 아닌지를 물어 본다. 팀장은 돌을 한 번 살펴보고 돌이 가공된 흔적이 전혀 없음을 확인한 다음 "이것은 자연석이야" 하며 흙더미에 던져 버렸다. 여기서 '사실'이란 그 돌이 '문화적 산물'이 아니라는 것이고, 그 이유는 그 돌이 우리가 인지할 수 있는 어떤 방식으로도 과거에 가공되었다는 흔적을 찾을 수 없기 때문이다. 미국 뉴잉글랜드에 있는 토착민 보호지역의 발굴현장에서 마주칠 수 있는 비슷한 장면을 떠올려 보자. 그곳에서는 토착주민이 조사에 참여한다. 이 현장에서도 당신은 비슷한 모양의 돌을 발견하여 팀장에게 보여 주고 유물로 수습할지 그 여부를 물었다. 아마도 영미 학계의 고고학자들이라면 스코틀랜드의 유적에서 들었던 비슷한 답을 들었을 것이다. 하지만 그곳에는 토착 원주민 고고학자가 있다. 그는 당신에게 아마 이 돌은 대지의 어머니와 관련된 영적 요소를 간직한 것으로 숭배와 섬김을 중요시했던 조상들이 기도하기 위해 그 돌을 놓아둔 것이라고 설명한다. 여기에서 '사실'은 다른 이론으로 인하여 변했다. 첫 번째 이론에 따르면 물리적 가공을 인간 개입의 증거로 삼고 있지만 두 번째 이론에서는 그러한 가공 흔적과 같은 증거가 필요하지 않다. 여기서 당신의 반응으로 이 두 이론 중에서 참인 것은 하나일 수밖에 없지 않은가 하는 원칙적 주장이 바로 나올 수 있다. 그렇다고 한다면 그것은 과학의 입장이라 할 수 있다. 반면에 그것은 단지 믿음의 문제라고 보는 견해가 있다. 이 책에서 우리가 검토해 보고자 하는 것 중 하나는 그러한 입장의 차이들이 얼마나 깊은 학문적 논의의 대상으로 되어 있는가 하는 문제이다. 처음 예상했던 것처럼 우리가 던진 바로 그 질문, 즉 "이 돌은 유물인가?"를 생각하다 보니 우리는 그것을 넘어서고 있다. 그 질문 자체가 이론적 원칙에 근거하기 때문이다. 우리는 세계를 유물인 물건과 유물이 아닌 물건으로 구분할 수 있다는 것 자체가 이론적 입장이라는 것이다. 그 대신 우리는 이렇게 질문할 수도 있다. 이 돌은 살아 있는가?[5] 이 질문은 수많은 다른 대답들을 끌어낼 수 있다. 이 돌이 살아 있느냐고 묻는다는 것 자체가 이상한 질문이고 어찌 보면 우스꽝스럽지 않은가 하고 당신은 생각할지 모른다. 그러나 그것은 결코 그러한 것이 아니라는 것을 다음에 보여 주게 될 것이다.

그렇다면 도대체 이론이란 무엇인가? 처음 매튜 존슨의 정의로 돌아가면 우리에게 남겨진 것은 질서(order)라는 개념이다. 우리는 우리의 해석을 어떻게 조직할 것인가, 어떻게 우리는 자료를 인지하고 정의할 것인가, 여러 선입견, 아이디어와 믿음들을 서로 간 대화의 장으로 어떻게 끌고 갈 것인가. 대화 상황에서의 관념이라는 이 관점은 이론을 아주 활력 넘치고 살아 있는 것으로 만들어 준다. 이론이란 항상 진행 중인 논쟁 속에 있으며 우리는 그 이야기의 일부일 따름이다. 그것은 우리가 무언가를 알아내기 위해 고고학에서 생겨난 그 어떤 것이라기보다 우리가 끌고 가야 할 학문 안에서 계속 굴러가는 과정과 같은 것이다. 이 책 전반을 통해 보겠지만 이론이 하는 일은 전제를 잡아 세우는 일이다. 당신은 그것이 무너지기 전까지는 귀하게 받들기도 하고 의심을 품고 회의하기도 한다. 그것은 당신 자신과 당신을 둘러싼 세계를 새로운 방식으로 보게 만들어 준다. 그것이 없었으면 무시하고 넘어갈 것들을 또한 당신이 주목하도록 일깨워 준다. 그리고 당신이 도달한 가장 근본적인 진리에 대해서도 비판적 반성이 가능하도록 해 준다. "상식으로는 충분치 않다"고 한 존슨의 말은 올바른 지적이다.[6] 여기에 덧붙인다면 이론은 우리가 자료에 대해 다양한 문제를 제기할 수 있게 해 주고 주어진 자료를 새롭고 흥미로운 방식으로 정의해 준다. 이론을 통해 우리는 고고학적 난문제에 대한 답을 찾아갈 수 있고 우리가 빠져들 만한 완전히 새로운 질문의 세트를 떠올릴 수 있다.

패러다임을 넘어서

1990년대 이후부터 과연 고고학 이론에 무슨 새로운 것이 있었는가 하는 의문을 던지는 원로 연구자들을 우리는 이따금 만나곤 한다. 여기서도 말하겠지만 이 책 전반에 걸쳐 이러한 견해가 얼마나 잘못된 것인가를 보여 주려고 한다. 고고학자들은 대다수 고고학이란 학문의 역사에 관해 이야기할 때 세 번의 큰 전환기가 있었다고 한다. 문화사 고고학, 과정주의 고고학(혹은 신고고학), 그리고 탈과정주의 고고학이 그것이다. 이에 대해서는 제2장에서 충분히 논의하겠지만 여기서 각각 한 문장으로 요약해서 말하면 다음과 같다. 문화사 고고학은 인류 개별 문화가 무엇이고 언제, 어디에 속하는가 하는 문제에 중점을 두고, 그에 관한 서술, 형식분류, 변천과 함께 물질문화의 시간과 공간상의 확산을 밝혀내려 했다. 과정주의 고고학은 자연과학을 모범으로 삼아 인류의 문화가 시간의 경과에 따라 어떻게, 왜 변하는가 하고 물었으며, 종종 환경에서 답을 찾는 설명을 했다. 탈과정주의는 고고학이 단지 일종의 과학일 뿐이라는 생각을 단호히 배격했고 그 대신 다중적 의미, 상징, 정체성 등에 관한 질문들을 모두 끌어안았다. 고고학적 사고의 역사는 이처럼 3분의 구조로 서술되며 이 시대 고고학 역사의 모범을 제시한 브루스 트리거의 『고고학사』도 예외는 아니다.[7] 이 전이를 서술할 때 보통 과학철학자 토마스 쿤의 저술에서 따온 용어, 패러다임의 전환이라고 묘사하곤 한다.[8] 세상을 이해하는 일련의 방식이 또 다른 어떤 방식으로 혁명적으로 변화해 갈 때 이를 두고 토마스 쿤은[9] 패러다임의 전환이라고 정의했다. 고고학적 사고가 시간에 따라 변해 가는 방식을 두고 과연 패러다임의 전환이라고 할 수 있을까 하는 점에 대해 우리는 문제를 제기하고자 한다.[10] 진정한 패러다임의 전이라면 그 이전의 것을 완전히 거부하고 새로운 것으로 대체해야만 할 것이다. 하지만 고고학의 역사를 돌이켜봤을 때 과연 그러한 변화가 있었는가 하면 거의 그렇지 못했다. 예컨대 많은 연구자가 탈과정주의의 창시자라고 생각하는 이안 호더가 있다. 그는 자신이 발굴한 유적의 편년체계를 마련하기 위해 여전히 형식학(문화사 고고학의 방법)이나 방사성탄소연대 측정법(과학적 기법)을 사용한다고 말한다. 만일 세상에 형식학에 대해 언급도 없고, 과학적 분석기법을 채용하지 않으며 과거의 정체성과 의미의 복잡성에 대해 완전히 무관심한 사람이 있다면 과연 그를 고고학자라 할 수 있는가 하고 우리는 묻고 싶다. 고고학의 역사를 서술하는 한 방법으로 그렇게 나누어 보는 것이 필요하긴 하지만 지적인 차원에서 주목할 만한 이야기도 아니고 현실적으로도 맞지 않는 생각인 셈이다.

1990년대 이후부터 과연 고고학 이론에 무슨 새로운 것이 있었느냐 하는 의문에 대한 반론으로 우리는 고고학적 사고의 변화는 연속적이라고 말하고 싶다. 이는 세 가지 고고학의 패러다임을 관통해서 변화는 지금까지 계속 진행 중이라는 것이다. 그러므로 이 책의 주요 내용은 새천년에 접어든 고고학적 사고의 발전이라 할 수 있다. 꽤 많은 고고학자가 지금에 이르는 현 단계의 고고학을 후기 탈과정주의로 간주하기도 한다. 이러한 논의는 이미 말한 것처럼 이전 시기의 패러다임을 거치면서 탄탄하게 자리 잡은 이론적 기반을 지니고 있다. 물론 그렇다고 그러한 기반이 고정적이라거나 요지부동이라는 뜻은 아니다. 저자들은 비록 새로운 연구 어젠다를 추구할 때조차도 주기적으로 뒤로 돌아가, 이를테면 형식학과 같은 그런 오래된 개념들에 대한 우리의 이해를 재검토해 볼 것이다.[11] 요컨대 우리들의 생각은 일부 어떤 점에서 탈과정주의 후기라는 이름을 붙여도 문제가 없을 것 같지만 여러 측면에서 탈과정주의를 넘어서고 있다고 본다.

새천년의 이론

이 책에서는 2000년 이후 고고학 이론의 발전에 대해 검토하게 될 것이다. 물론 연도에 집착하지는 않을 것이다. 여러 장에서 잠깐씩 시간을 되돌려 검토해 볼 것인데 이는 우리가 일차적인 목표로 삼은 일을 잘 하기 위해서이다. 이 책은 결코 이 시기 동안의 고고학 이론에 대한 백과사전이 아니다. 우리는 개별 접근들을 하나하나 다루거나 모든 관점을 다 포괄해 내려 하지 않을 것이다. 이러한 데는 몇 가지 이유가 있다. 첫째, 그와 같은 책은 엄청난 분량을 가지게 될 것이고 담아내야 할 이론들을 낱낱이 공평하게 서술하려면 여백이 너무 없다. 둘째, 만일 백과사전적인 책으로 만들려는 것이 목표라면 그 책에서는 일관된 주장을 전개하는 것이 거의 불가능에 가까울 것이다. 셋째, 가장 중요한 이유인데, 고고학의 이론이나 고고학 이론가들은 각자 고유한 자기 영역이 있고 우리들도 우리만의 관심과 전문영역을 가지고 있기 때문이다. 우리는 결코 인간 행위의 생태학이나 진화에 대한 다윈주의 관점, 혹은 여기서 다루지 않을 다른 여러 접근법에 대해 잘 서술할 수 있는 연구자는 아니다. 그러한 접근법들이 각 분야의 어떤 부분에서는 무척 중요하지만, 우리가 관심 있게 던지는 질문이나 우리의 독자들에게 소개하고 싶은 주제와는 무관할 수 있는 것이다(제9장에서는 생태학이나 진화의 문제에 대해 언급하기는 했음). 비슷한 이유로 우리는 영국, 미국 그리고 스칸디나비아의 고고학 이론에 초점을 맞추고 있는데 이 접근들이 일관된 이론그룹을 형성하고 있을 뿐만 아니라 일정한 질문들의 세트를 갖추고 있기 때문이다.

이 책은 상호 연관성을 가지고 발전한 사고의 어떤 세트를 다루고 있으며 그것은 나름의 명칭을 가지고 있다. '물적 전환(the material turn)', '존재론적 전환(the ontological turn)', '사물로의 전환(the turn to things)', '사물이론(thing theory)', '관계성으로의 전환(the relational turn)' 등과 같은 이름으로 묘사되는 관점들을 여러 경로를 통해 만날 수 있다. 그 접근 중에는 '대칭적 고고학(symmetrical archaeology)', '신유물론(new materialism)', '사물 에이전시(object agency)', '물질성(materiality)', 그리고 '퍼스기호학(Peircian semiotics)' 등과 같은 이름도 있다. 이 모두가 비슷한 접근인가? 앞서 첫머리에 예를 든 원로 고고학자라면 "그렇다" 하고 말하겠지만 우리로서는 아니다. 앞으로 살펴보겠지만 이 쟁점들은 서로 연관되어 있으나 같은 것은 아니다. 이들은 함께 고고학 사고에 역동적이고 도전적인 접근의 새로운 세트를 제공하고 있다.

표 1.1 고고학적 사고의 장애물로서의 이원론

자연 / 문화	물질 / 관념	객체 / 주체
사실 / 해석	비인간 / 인간	에이전시 / 구조
여성 / 남성	몸 / 마음	과거 / 현재

다만 이들을 아울러서 손에 쉽게 잡히는 어떤 형태로 설명하기는 매우 어려운 일이 될 것이다. 이와 같은 작업이 바로 이 책의 목적이다. 이러한 점에서 이 책은 최신 고고학 이론의 개론서이면서 동시에 미래의 고고학 이론이 가야 할 방향에 관한 주장을 담고 있다.

이 책에서는 우리가 앞으로 논의하게 될 여러 이론을 하나로 묶어 내는 작업이 시도될 것이다. 이를 위해 고고학 이론뿐만 아니라 넓게 보아 서구의 사상적 전통에서 나타나는 중심적 경향, 즉 세계를 이원론적으로 개념화해 온 사고에[12] 대해 검토할 필요가 있다. 이 말은 무슨 이야기인가? 앞서 우리가 예를 들었던 뉴잉글랜드와 스코틀랜드에서 발견된 돌의 예로 돌아가 생각해 보자. 돌을 둘러싼 논쟁의 핵심은 이 돌이 문화 유물인가의 여부를 둘러싼 것이었다. 필수 요건을 강조하는 스코틀랜드 팀장의 입장처럼 문화 유물이 아니라고 한다면 그것은 자연의 것, 즉 자연에 속하는 것이다. 그런데 여기서 무엇이 문제인가? 여기에는 이중의 문제가 있다. 첫째, 아메리카 토착인 연구자가 우리에게 보여 줬던 것처럼 모든 사람이 세계를 그렇게 둘로 나누어 보지 않는다는 것이다. 그 연구자에게 돌은 살아 있는 것이다. 그래서 자연과 문화의 구분은 그리 분명치 않다. 그렇다면 우리가 스코틀랜드의 철기시대 해안 돌출유적을 발굴할 때처럼 다른 유적에서도 자연의 돌이라고 판정한 대로 과거에 그곳에 살던 사람들도 그렇게 파악했을 것이라고는 생각할 수 없다. 이처럼 우리의 이원론을 과거에 덧씌워 버리는 것은 과거인의 관점을 이해하는 데 장애물이 되어 버린다. 표 1.1에는 종종 고고학적 사색을 방해하는 문제의 이원론적 구분의 목록을 실어 놓았다.

이는 문제의 절반에 불과하다. 이러한 범주 체계 자체가 세계에 대한 우리 자신의 이해도 방해하고 있다는 점이다. 이 문제에 대해 논의해 보기 위해 잠시 발굴된 돌은 접어 두고 인간의 몸을 가지고 생각해 보자. 근대 세계에서 우리는 생물학적 구조물로서 몸을 완전한 자연의 것으로 생각하는 경향이 있다.[13] 실은 사람 몸의 성취에 관해 생각해 보면 우리는 그러한 경계를 엄격히 하려고 애쓰고 있을 뿐인 듯하다. 만약 당신이 올림픽 단거리 선수라고 한다면 당신 몸이 '자연적'으로 향상되기 위해서는 열심히 무언가 해야만 한다. 이 말은 당신은 운동할 수 있고, 다이어트를 위해 무언가를 할 수 있고, 그리고 적절한 수면에 들게 할 수 있다는 뜻이다. 당신이 절대로 할 수 없는 일은 '인공적', 혹은 문화적 증진 방법, 즉 인간 성장 호르몬제의 사용과 같은 것이다. 이런 실험실에서 합성된 화학적 화합물을 사용한다는 것은 당신의 몸이 더는 '자연적'이지 않다는 것을 의미한다. 그래서 해당 게임에 참가하는 다른 선수들과 비교해서 공정치 않다는 것을 뜻한다. 이 때문에 약물 테스트가 존재하는 것이고 추문도 생겨나고 기록을 다시 고치는 일도 일어난다. 하지만 한편으로 다시 생각하면 구분은 사실 아무 의미가 없다. 같은 선수가 최신 합성물질로 된 육상화를 신을 수 있고 그 때문에 기록이 단축될 수 있다. 유전자 조작으로 나온 단백질 식품을 먹고 그의 근육 재생은 촉진될 수 있다. 만약 부상을 당하면 모든 종류의 '문화적' 장비를 동원한 현대 의료기술로 그의 인대를 재접합시킬 수 있다. 이렇게 보면 자연적이기 때문에 허용되고 문화적이기 때문에 용인되지 않는 것의 구분이 명확하거나 분명하지 않을 뿐만 아니라 관계 조직의 규칙에 따라 어떤 것은 명시적으로, 다른 것은 암묵적으로 규정된 것일 따름이다. 자신의 몸을 살펴보고 어떤 것이 자연적 부분들이고 어떤 것이 문화적 부분들인지 구분해 보자. 처음에는 간단해 보인다. 걸친 것을 다 벗어 버리고 나면 남는 것이 자연적 부분이라고 볼 수 있다. 그러나 당신 몸 안으로 들어가 보라. 당신이 병에 걸리지 않기 위해 어렸을 때 주사를 맞고 그 이후로 몸 안에 생긴 항체들이 있다. 당신의 호흡을 통해 들어온 화학물질은 끊임없이 당신 적혈구에 가서 붙는다. 당신이 온 여름 내내 고고학 유적에서 했던 노동이 당신 근육과 당신 뼈에 붙은 인대를 만들었다. 예컨대 저자 두 사람은 모두 오른손잡이이며 트라월(역자 주: 발굴용 쇠흙손)을 손에 쥘 때 우선 오른손을 쓴다. 그래서 그쪽 손 피부에는 굳은살이 생기고 팔뚝에 근육이 더 있다. 만약 당신이 발굴현장에서 땅 파는 작업을 떠올린다면 아마 그러한 이원론은 훨씬 더 모호해질 것이다. 당신이 땅을 파는 작업을 시작하면서 당신 몸의 끝, 가장자리는 어디인가? 당신의 피부인가 옷, 아니면 트라월인가? 그림 1.1이 보여 주듯이 우리가 이 책을 통해 논의해야 할 접근 중에 어떤 것들은 우리가 앞서 그랬던 것보다 훨씬 더 우리를 둘러싼 물질적인 것들이 살아 있다고 생각한다. 여기서 강조하고자 하는 점은 더 이상 우리는 자연과 문화를 분리하는 이원론의 입장에서 인간의 몸을 이해할 수 없다는 사실이다. 그러한 이원론은 우리가 흥미롭게 풀어 가야 할 어떤 문제들을 이해하기 어렵게 만든다. 우리는 뒤에 다른 장에서 사람과 물건에 대해 논의하게 될 때 더 많은 사례를 가지고 이에 관해 이야기해 보려 한다.

고고학적 견지에서 보면 그와 같은 구분은 임의적인 것일 뿐이다. 사실 자연과 문화를 대치시키는 것은 우리가 그동안 배워 왔던 세상 구분의 수많은 방식 중 하나일 따름이다. 마음과 몸, 관념과 물질, 여성과 남성, 개인과 집단, 그리고 과거와 현재 등은 예로 들어 볼 수 있는 것 중 몇 가지인데 우리는 항상 이처럼 모든 것을 대립시켜 생각하고는 한다. 우리는 흔히 일반적이고 일상적인 육체적 질병과 '정신적' 질병을 구분한다. 오븐에 구운 콩에 애착을 갖거나, 혹은 거부감을 가진다면 그것이 '자연으로부터 유래한 것인가 아니면 양육으로부터인가' 하고 논쟁을 한다. 일상생활에서도 우리는 그런 식의 구분을 자연스럽게 하는 셈이다. 고고학사를 서술할 때 변화인가 지속인가 하는 논의가 지속해 온 것도 이분법에 의존한 사고 때문이다. 이때 우리는 둘 중 어느 하나(패러다임 전환의 시기) 아니면 다른 하나(정체되었던 시기)이어야만 한다. 사실 지금까지 우리가 주장해 왔던 것처럼 이 둘은 같은 과정의 다른 부분이며 크게 보면 서로를 구분하기 어렵다. 다음 장에서는 이 이원론의 오래된 역사를 검토하면서 그에 대한 논의를 다시 하게 될 것이다.

이 책에서 우리가 다루게 될 여러 접근은 경향도 다르고 그 영향력도, 역사도, 그것이 당연시해 온 것과 그리고 그 장점과 단점도 각기 서로 다르다. 그러나 길고 굴곡진 과정을 거쳐 우리 시대까지 지속해 온 이원론적 사고에 대해서는 모두 해결해야 할 문제로 여기고 있다. 이처럼 출발점을 공유하는 점은 있지만, 이 공통성이 그들 서로 간의 차이점을 모호하게 만들지는 못한다. 그 사실적이고 때에 따라 심오한 모습을 보이는 이론들 사이의 차이점에 관해, 이 책 전반에 걸쳐 논의하게 될 것이다.

이론의 이미지

이 책에서는 어떤 논의를 진행해 나갈 때 그 한 가지 방법으로 여러 종류의 이미지를 사용하려 한다. 그 가운데 어떤 것은 아주 낯익은 방식(예를 들면 어떤 유물에 대해 논의할 때 사진을 제시하여 관련된 고고학적 사례를 도시하는 것과 같은)이 될 것이다. 하지만 두 가지 종류의 다른 이미지도 사용하려 하는데 이에 대해서는 약간의 설명이 필요할 것 같다. 첫째는 만화이다. 샌프란시스코의 환상적인 예술가 케이-페이 스틸(K-Fai Steele)이 그렸다. 모든 만화에는 트라월을 쥐고 있는 해골 모습의 고고학자가 나오는데 그는 살아 움직이며 혼자서 세계를 탐험하는 주인공이다. 다음으로 이 만화들은 각 장에서 필자들이 논의하려고 하는 어떤 성격의 질문에 생명력을 부여하고 지금까지 우리의 생각과는 다르게 생각할 수 있도록 도와줄 것이라는 점이다. 그리고 만화가 하는 또 다른 역할은 하나의 관점을 만들어 내는 것인데 이 새로운 이론들은 살아 있는 것과 살아 있지 않은 것 사이의 경계에 대해 의문을 제기하고 있다는 점을 받아들일 수 있게 해 줄 것이다. 어떤 사물을 이미지화하게 되면 그에 관해 여러 의문이 떠오를 수 있다. 첫째, 왜 우리의 주인공이 해골이어야만 하는가 하는 의문이 있을 수 있다. 이는 고고학적 측면에서만 생각한 것이 아닌 그 이상의 이유가 있다. 그렇게 해골로 표현함으로써 우리의 캐릭터는 젠더나 종족성의 문제에 걸리지 않고 좀 더 우리와 친근해질 수 있는 인물이 되기 때문이다. 둘째, 주인공이 트라월을 들고 있게 함으로써 그것에 시선을 끌게 했고 그것을 의인화했는데(트라월에 눈을 그려 넣음), 왜 그렇게 했는가 하는 의문이다. 이 책의 뒷부분에서 인간중심주의(인간을 모든 것의 중심에 두는 사고)를 비판적으로 다루기도 하겠지만, 군이 왜 의인화의 방식으로 표현하려 했는가? 이에 대한 간단히 말하면 그것이 만화를 통해 할 수 있는 가장 알기 쉽고 이해하기 쉬운 방식이기 때문이다. 이 방법을 통해 우리는 독자들이 우리가 가고자 하는 길을 함께 걷게 만들 수 있으리라 생각했다.[14] 물건이 우리의 정체성을 이렇게 형성시켰다(제4장), 물건이 에이전시가 된다(제5장) 등과 같은 방식으로 생각해 볼 수 있게 우리는 트라월을 인물로 표현한 것이다. 즉 그렇게 의인화함으로써 사람과 물건이 함께 세상 속에서 살아가는 방식에 대해 독자들이 무언가 다른 생각을 할 수 있도록 깨닫게 하고 싶었다.

두 번째 이미지들은 다음 장부터 보게 될 것인데 고고학 안이든 밖이든, 우리가 논의할 이론에 중요한 역할을 했던 사상가들을 별도의 박스로 만들어 소개하는 방법이다. 박스 안에 해당 사상가들의 사진을 가져다 붙인 것이 아니라, 그들의 사상과 연결되는 사물의 이미지들을 제시했다. 모두 그런 것은 아니지만 이미지들은 대다수 어떤 물건들이다. 이 책에서 추구해 가는 핵심적인 아이디어 중 하나는 물건과 사람이 서로 관계 맺고 작용하여 다른 방식으로 존재하게 된다는 생각이다. 그래서 박스 안에 사람을 나타내는 물건을 제시함으로써 우리가 설명하려는 이론적 아이디어들이 물질세계와의 만남을 통해 나오게 된 것이라는 점을 보여 주려는 것이다. 박스로 설명해야 할

그림 1.1 몸과 그 주변 세계의 경계는 어디인가?[케이-페이 스틸(K-Fai Steele) 그림]

인물을 선정하는 작업은 매우 어려운 일이었다. 박스에 넣고 싶은 많은 고고학자와 함께 다른 학문 분야의 수많은 이론가가 있지만, 결국은 지면의 한계를 절감할 수밖에 없었다. 또 한 가지 문제될 만한 것은 박스에 선정된 인물을 통해 고고학과 다른 분야에서 이론적 논쟁을 지배한 사람이 누구일까 하는 생각을 독자에게 일깨울 수도 있다는 우려이다. 박스의 인물 중에는 남성이 여성보다 많고 유색인은 극소수이다. 이러한 박스의 인물 선정은 아직도 백인 남성이 여전히 이론적 논쟁을 지배하고 있다는 생각을 표시하고 있는 것이 아닌가 하는 심각한 지적이 있을 수 있다. 이 점에 대해서는 젠더와 인종 이 두 측면에서 이제 고고학은 그 포용의 범위를 크게 확장해야 할 때가 왔구나 하는 것을 심각하게 상기시켜 주는 정도로 받아들였으면 하는 것이 저자들의 희망이다.

이론과 저자

현대 고고학의 이론을 한 가지 시각에서 소개하는 것보다 저자들은 공동 저술을 통해 우리가 가진 서로 다른 접근과 의견을 종합해 보려고 했다. 우리 둘은 서로 다른 고고학적 맥락에서 작업한 경험과 배경에도 불구하고 학생과 연구자들에게 쓸모 있고 흥미로운 책이 되려면 어떻게 하는 것이 좋을까 하는 점에 대해 상당한 정도로 일치된 생각을 가지게 되었다. 이러한 공감의 출발점은 고고학의 이론에 대해서만이 아니라 교육 일반에 대해 우리 둘이 가진 열망이 아닌가 한다. 고고학의 이론 분야에서 이원론을 상대로 각자 따로 투쟁을 계속해 온 우리 둘은 교육을 위해 이 책을 함께 집필하기로 하였다. 물론 우리 둘이 고고학 이론과 관계해 온 방식은 서로 다르다. 앞서 말한 이원론의 문제를 찾아내는 것이나 그러한 문제들을 다루는 방식에도 차이가 있어서 이에 대해서는 좀 더 자세히 다룰 필요가 있다.

올리버 해리스는 영국 신석기시대가 주 전공인 영국 선사학자이다. 그는 학부 시절에 세상이 움직이는 원리에 대한 자신의 믿음이 고고학 이론에 의해 무너지는 것을 보고 그에 매료되어 버렸다. 그의 야외조사는 스코틀랜드 서부지역을 중심으로 이루어지고 있으며 이 지역의 장기변동을 검토하기 위한 것이었다. 고고학적 글쓰기는 사실 그것을 이해하는 사람들에 대해서 의미가 있으므로 그것만으로는 한계가 있다고 생각했다. 그가 특별한 관심을 보이는 고고학의 이론적 주제는 신유물론(new materialism)과 어셈블리지 이론(assemblage theory)이며 이 이론에 관해서는 뒷부분에서 다루게 될 것이다.

크레이그 시폴라는 인류학 교육을 받은 미국의 역사고고학자이다. 뉴잉글랜드와 오대호 일원의 토착 선사 및 역사시대의 장기변동에 관해 관심을 지니고 있고, 특히 이 지역에서 진행되어 온 토착 사회와 유럽 식민사회의 복잡한 교류에 관해 연구해 왔다. 이러한 주제의 연구를 진행하면서 크레이그는 토착인의 후손들로 구성된 공동체와 함께 작업하려는 노력을 계속해 왔다. 그의 주장대로 이러한 노력을 통해 현재의 토착 지식과 감각을 연구와 결합할 수 있을 것이다. 그리고 그와 같은 작업이 고고학적 과정을 좀 더 손에 잡힐 수 있게 만들고 전통적으로 아카데미즘 바깥에 자리 잡고 있었던 토착적인 것과 연결될 수 있게 해 줄 것이다. 크레이그가 각별한 열정을 보이는 고고학 이론 중에는 실천이론, 탈식민주의, 그리고 기호학 이론이 있다.

국적, 학문적 훈련, 연구 대상의 시기와 지역, 해석에 동원되는 자료의 계열 등이 모두 달라 두 저자는 완전히 다른 성격의 연구자이지만 과거에 대해 서로 논의할 때는 전혀 그렇지 않다. 그래서 이 책은 영국 이론인가 아니면 미국 이론인가, 선사고고학인가 역사고고학인가, 혹은 고고학인가 인류학인가 하는 문제를 다룬 저술이 아니다. 이 책은 그 모든 것을 담고 있다. 앞서 개략적으로 말한 바 있지만, 이 책의 대부분은 저자 둘이 팀을 이루어 고고학의 역사에 대해 생각하고 그 안에서 찾아지는 이원론의 문제를 어떻게 극복할 것인가 하는 데 할애되어 있다. 뒤에 이어지는 9개의 장에서 우리는 그에 대해 다양한 입장들을 제시하게 될 것이다. 지나치게 단정적인 주장은 피하면서 그와 같은 일련의 논쟁에 대해서 가장 적절하다고 생각을 하는 견해들을 제시하게 된다. 마지막 장에서 우리는 한발 물러나서 우리 자신의 견해차, 즉 우리 자신의 접근이 어떻게 갈라지게 되었는지 살펴보려고 한다.

책의 구성

이 책은 대략 시간순으로 구성되어 있다. 우리는 이 책을 3부로 나누어 집필하였다. 제1부에서는 서론과 이 책을 저술하게 된 배경을 설명하고 이원론이 전개되어 온 역사를 개괄적으로 서술하였다. 제2부에서 우리는 이원론의 문제를 극복하기 위한 주요 반응에 대해 검토하면서 몇 가지 극히 최근의 접근법들도 소개하게 될 것이다. 여기서 우리는 고고학 이론에서 '관계성 접근(relational approach)'의 등장이라고 우리가 이야기하게 될, 특정한 한 묶음의 이론적 흐름에 대해 강조하려 한다. 우리가 여기서 관계성이라고 했을 때 그 의미는 이론적 접근이 일차적으로 하나 실체들, 이를테면 분리된 하나의 물건, 사람, 에이전트, 혹은 구조에 대한 것이 아니라 그들 사이의 관계에 주목한다는 의미이다. 그리고 마지막 제3부에서는 현재 진행 중인 최근의 논쟁에 대해서 우리가 그 논쟁을 진행하는 방식으로 간단히 검토하려 한다.

제1부는 여기 제1장과 제2장으로 되어 있다. 제2장에서는 고고학적 사고의 간략한 역사를 제시했다. 흔히 패러다임의 전환이라고 말하기도 하는 고고학 이론의 변화에 대해 좀 더 나아간 설명을 하였지만, 이론들 사이에는 연속성이 있다고 보았다. 이러한 연속성은 이 책의 핵심적 주제이기도 하다. 이원론이란 것을 가리켜 우리는 때로 이분법이라고도 하고, 또는 이항대립이라고도 한다. 이것은 하나가 다른 하나의 반복이 아니라고 주장하기도 하지만 실은 그 세 가지 용어는 비슷한 의미를 지니고 있다. 배경적 서술을 담은 제2장을 이원론의 역사라는 프레임으로 가져간 이유가 거기에 있다. 즉 고고학의 초창기부터 자연 대 문화라는 가장 근본적인 이분법이 이 학문에 지속적인 영향을 미쳐 왔다고 보기 때문이다. 앞서 이야기를 꺼낸 자연적인 것인가 아니면

문화적인 것인가의 답하기 어려운 문제로 한번 돌아가서 생각해 보라. 이 난해한 질문과 해석의 위험성은 매우 오래된 것으로 고고학 이론에 접근하는 세 개의 패러다임보다 훨씬 오랜 과거로 거슬러 올라가 우리는 만날 수 있다.

이 책의 제2부는 모두 4개의 장으로 구성되어 있다. 제3장에서 다룬 것은 고고학에서의 실천과 에이전시의 관점이다. 1980년대와 1990년대 고고학의 가장 중요한 흐름은 사람이 자신을 둘러싼 세계와 맺게 되는 그 관계와 자신의 행동에 대해 과연 어떻게 생각할 것인가의 문제로 옮겨간 것이었다. 이러한 관심은 사물이 사람들에게 어떤 의미를 지니는가 하는 단일하고 분리된 사고에서 벗어나, 사람들이 사물을 가지고 무엇을 하며 또 사물은 사람에 대해 무엇을 하는가 하는 문제를 강조하는 쪽으로 고고학자들을 이끌었다. 이는 우리가 뒤에 사회적 행동에 관한 순환모델(recursive model)이라고 부르게 될 사고법으로 우리를 안내했다는 뜻이다. 제4장에서는 정체성과 인격성(personhood)에 대해 다루었다. 앞 장에서 논의했던 에이전시를 둘러싼 이 중요한 질문은 1980년대 등장한 젠더의 문제와 연결된다. 그럼으로써 지난 20년 동안 이 정체성과 인격성의 문제는 매우 중대한 논제로 다루어져 왔다. 정체성은 그 어떤 인간(집단)은 누구인가 하는 그 자체가 생래적으로 역사적 맥락에 달린 여러 중요한 이슈들을 제기해 왔다. 인격성과 관련된 문제는 한발 더 나아간 질문으로 어떤 특정한 맥락에서 하나의 사람이 된다는 것이 과연 어떤 의미인가, 그리고 인격성이 과연 인간존재에 한정되는가 하는 질문을 던진다. 제5장에서는 앞서 던진 마지막 질문을 토대로 사물 에이전시(object agency)와 물건의 생애사에 대해 논의하게 된다. 물건이 인격성과 관계되는 방식에 대한 생각으로부터 출발하여, 그 때문에 사물이 에이전시를 가지며 자신의 생애사도 지닌다고 이야기하게 될 것이다. 여기서 우리는 고고학자들이 사물을 인간 행동의 산물, 그 이상으로 보기 시작한 시점으로 거슬러 올라가 볼 것이다. 그래서 고고학자들이 사물을 의미 있는 존재로 이해하게 되고 심지어 인간의 삶, 그 여러 요소의 틀을 만들어 내는 것으로 파악하게 되며 마침내는 인간과 비슷하게 자기 자신만의 생애사를 가진 에이전트로 받아들이게 됨을 추적하게 된다. 제6장은 제2부의 마지막 부분으로 물질성(materiality), 현상학(phenomenology), 그리고 얽힘(entanglement)에 관한 논의를 담고 있다. 이 접근들은 제5장에서 설명했던 사물 에이전시와 사물의 생애사와 직접 연관되는데 앞선 장에서는 풀어내지 못했던 자연/문화, 마음/몸, 그리고 구조/에이전트라는 이원론의 문제를 넘어서 사고를 끌고 가는 데 물질세계의 경험이 얼마나 중요한지 이야기하고자 한다.

　제3부와 이 책의 마지막 부분은 모두 5개의 장으로 되어 있다. 여기서 우리는 현재 진행 중인 논쟁들을 살피게 될 것이다. 제7장에서는 고고학에서의 의미와 상징에 대한 최근의 접근들을 소개할 것인데 이 연구들은 모두 철학자 찰스 퍼스의 저술로부터 직접적인 영향을 받았다. 이 급성장한 이론들은 구조주의에 기초한 상징과 의미의 초기 연구, 그리고 그것이 내놓은 이원론을 비판할 때 큰 힘을 발휘하고 있다. 특히 이 장은 제6장에서 설명한 물질성의 아이디어들 사이의 전이에 관해 이야기하고 있으며 흔히 '포스트휴머니즘'이라고 하는 새로운 이론들을 소개하고 있다. 제8장에서는 포스트휴머니즘과 관련된 이론들에 대해 논의하게 되는데 대칭적 고고학(symmetrical archaeology)과 신유물론(new materialism)이 그것이다. 이 장에서는 물질적인 것에 대한 최근의 관심을 서술했다. 이 고고학적 접근들은 사물과 사람이 어떻게 '상호-구성'하는가에 대한 논의를 넘어서고 있다. 즉 사물로 되어 있는 세계 안에서 단지 활동할 뿐인 인간존재의 모습을 그리는 방향으로 넘어가고 있다고 설명하게 될 것이다. 이처럼 생각하는 연구자들은 사물과 인간 사이의 구분에 관해서도 의문을 제기한다. 앞으로 보여 주겠지만 대칭성으로 나아가는 이러한 움직임은 과거에 대해 우리가 어떻게 생각해야 하는가에 관하여 많은 질문을 던지고 있으며 이 최신의 사고는 고고학에서 그 영향력이 점점 커지고 있다. 이러한 노선의 사고를 따라 9장에서는 최근 고고학자들이 사람, 식물, 그리고 동물에 관해 새롭게 생각하는 방식에제 대해 논의하게 된다. 한편으로는 생물학과 진화론적 사고의 발전과 다른 한편으로는 제8장에서 윤곽을 제시했던 신유물론으로부터 영향을 받은 고고학자들에 관한 이야기이다. 이들은 과거 세계에서 식물과 동물이 했던 역할을 재검토하면서 다종의(multi-species) 고고학으로 나아간다. 한때 고고학자들은 식물과 동물의 칼로리와 상징성에 관해서만 관심을 두고 논의했었다. 하지만 지금은 고고학자들이 과거에 관한 인간주의 접근을 넘어서 우리가 어떻게 생각해야 하는가에 대해 자신의 역할들을 해나가고 있는 것 같다. 이 제9장을 통해 우리는 또한 일부 연구자들이 완전히 다른 것으로 생각했던 접근들 사이에는 상당한 연속성이 있다는 점도 논증할 수 있었다. 이를테면 진화론적 연구와 생태학 사이에서는 상당한 공통점도 발견할 수 있었다는 것이다.

　제10장에서 우리는 탈식민주의의 관심으로 넘어가게 되는데 타자(the Other)라는 프레임으로 논의하게 될 것이다. 여기서 우리는 고고학이 탈식민주의를 구사할 때 다

음과 같이 4가지 수단으로 활용한다고 말하였다. 1) 우리가 서술한 내용에서는 빠져 있지만, 탈식민주의 스타일의 용어로서 서발턴이라고 부르는 인간집단의 에이전시를 다시 검토하게 될 때 그 수단으로, 2) 토착 공동체와의 협력을 통한 반식민주의 고고학 실천의 수단으로, 3) 이론의 어느 한 형태로서, 그리고 그 이론을 통해 과거에 대한 새로운 이해의 방향을 추구할 때 비서구의 사고를 다루는 한 수단으로, 그리고 4) 사람/사물의 관계 일반의 문제를 근본적으로 재검토할 때 그 한 수단으로 탈식민주의 이론이 동원된다. 이 중 맨 마지막 네 번째 접근에서는 특정 인간집단만 그런 것이 아니라 물질적인 것도 서발턴일 수 있다고 말한다. 그러면서 사물도 인간에 의해 식민지배를 받는 경우일 수 있으므로 우리는 그것을 해방해야 할 필요가 있다고 주장하기도 한다. 이 장에서는 '타자성(alterity)'을 하나의 일반적 범주로 생각했다. 이 용어는 보통 그 무언가와 다른 것, 그것을 대신하는 것 그리고 타자를 의미한다. 최근 인류학적 접근에서는 이 용어를 근본적이고 절대적인 차이를 표현할 때 사용하며 그러한 프레임을 타자성이란 용어에 씌우고 있음을 알 수 있다. 이 개념을 통해 우리는 비서구인들의 관점을 진중하게 받아들여 어떤 심각한 이슈들을 제기하게 되었다. 그리고 과거에 대해 우리가 어떻게 생각할 것인가 하는 문제에 관해서도 흥미로운 질문을 던질 수 있게 되었다.

제11장은 이 책의 마무리이다. 이 장에서 우리는 폭넓게 갈라져 있는 주장들을 전반적으로 아울러서 보려고 생각했다. 그래서 이 장의 서두에서 암시했던 것처럼 고고학 이론의 전통적 연구사에 대한 비판과 함께 비단 이론적인 것만이 아니라 고고학이란 학문의 결과물에 대한 폭넓은 논의도 제11장에 포함하였다. 저자들 사이의 대화 형식으로 마지막 장을 서술하였는데 특히 이 책 뒷부분에서 다루어진 다양한 접근을 저자들 자신의 관점까지 담아서 정리해 보기 위해 그리하였다. 이러한 작업을 통해 문제와 논쟁에 대한 우리의 개인적 입장을 강조할 수 있었던 것 같다.

우리는 고고학 이론이 여전히 중요한 도구상자라고 생각한다. 고고학 이론은 당신이 던지는 질문의 성질에 따라 그 대답에 필요한 다양한 접근을 마련해 놓고 당신에게 선택권을 준다. 하지만 무엇보다 중요한 사실은 이론을 통해 우리가 새로운 성격의 고고학적 질문을 던질 수 있다는 점일 것이다. 이 책을 통해 우리는 새천년으로의 전환 이후 과거에 대해 생각하는 새롭고 흥미로운 이론적 도구들에 대해 살펴보게 될 것이다. 그것은 우리에게, 나아가 우리 자신뿐만 아니라 타자에게도 유용할 것이다. 하지만 이 책에 나오는 어떠한 접근이든, 혹은 우리가 다루지 않는 또 다른 어떤 접근이든,

아니면 우리가 선택하게 된 그 어떤 이론이든, 우리가 인정하지 않으면 안 되는 중요한 것은 '이론이 없으면 고고학도 없다'는[15] 사실이다. 만일 앞서 우리가 살펴본 것처럼 피트를 발굴하고 가공되지 않은 돌을 찾아낸 그 간단한 행동이 이론적 관련성이 있다면, 고고학이란 학문의 어느 부분도 이론으로부터 동떨어져 있는 것은 없다고 보아야 한다. 우리는 이 책에 지난 20년 동안 진행되어 온 주요 이론적 접근들을 포괄적으로 담아내고자 했다. 그러면서 우리가 인정하지 않을 수 없는 것은 이런 논의도 많은 이야기 중 하나에 불과하다는 점이다.

제2장
패러다임을 넘어서
고고학 사고의 간략한 역사

머리말: 이론에 따라 달라지는 구덩이 유구에 대한 이해

지난 15년의 기간 동안 고고학 이론이 어떻게 발전했는가를 이해하려면 그 이전의 고고학사를 먼저 폭넓게 개관할 필요가 있다. 이러한 작업을 거쳐 다음 장에서 우리는 최근 이론에서 새로운 것이 무엇인가에 대해 논의할 수 있게 될 것이다. 먼저 상황설명에 도움이 되도록 간단한 사고의 연습거리를 가지고 이야기를 시작해 보자. 당신이 발굴현장에 나가서 아주 흔한 성격의 유구, 구덩이(역자: 고고학에서는 보통 수혈유구라고 함) 하나를 노출하고 있는 상태를 떠올려 보자(그림 2.1). 내부토를 제거하면서 여러 가지 유물을 당신은 만나게 된다. 그중에는 여러 점의 토기편과, 마제석부 한 점에 흔히 피크라고 불리는 뿔로 만든 굴지구 한 점, 그리고 소의 두개골이 함께 출토되었다고 하자. 이와 같은 맥락에서 나온 유물들을 우리는 어떻게 이해하고 해석할 것인가? 그 유물들이 과거에 대해 우리에게 무어라고 말해 주는가? 이렇게 무작위로 선택된 유물들을 가지고 무언가 일관된 이야기를 하려면 도대체 우리는 무엇부터 시작해야 하나? 무언가 도움이 될 만한 이야기를 듣기 위해 당신이 세 명의 선배 교수들을 만나서 물어 본다고 하자. 그들은 세대도 다르고 이론적 입장도 다른데 그들 각자는 당신이 그 구덩이 유구를 해석하기에 앞서 해야 할 일이 무엇인지를 정확히 알려 주려 한다.

첫 번째 교수는(세 학자 중에 가장 나이가 많아 보이는) 당신이 제일 먼저 해야 할 작업은 그 구덩이 유구에서 나온 유물을 다른 어떤 지역의 출토유물과 비교해 보는 일

그림 2.1 발굴 중인 구덩이 유구(케이-페이 스틸 그림)

이라고 조언한다. 이 교수는 그렇게 하면 그 구덩이에서 출토된 그 토기가 '절복형 토기(折腹形 土器: Carinated Bowl)'로 알려진 형식과 같다는 것을 알게 될 것이라고 자신 있게 말한다. 이처럼 형식학적으로 일치한다는 것이 증명되면 그 구덩이를 팠던 주민에 대해서뿐만 아니라 그 사람들이 속했던 시대가 특정될 수 있는데 이 경우 그 시기는 영국 신석기시대 전기에 해당한다. 그리고 구덩이에서 이 토기와 함께 발견된 다른 종류의 유물들이 있는데 이 유물들은 다른 유적에서도 바로 그 형식의 토기들과 함께 나온다. 이 절복형 토기가 이웃한 다른 나라의 유적에서는 약간 이른 시기부터 발견되고 있는 양상을 두고 이 첫 번째 교수는 그 지역으로부터 우리가 발굴하고 있는 이 지역으로 주민이 이주해 왔음을 알 수 있다고 단호하게 말한다. 그리고 이것이 바로 전형적인 전파의 사례가 된다고 자신감 넘치게 주장한다. 이 관점에 따르면 토기는 바로 주민을 나타내 주고 토기의 이동은 주민의 이주를 의미하는 것이 된다. 교수는 그 자신이 지식이다(소문에 따르면 그는 영국 신석기시대 토기 전부를 파편까지 실측해서 가지고 다닌다고 한다). 교수가 또 하나 알려 준 것은 인접한 기념물 근처에서 발굴된 환호에 대해서인데 그 내부토의 바닥에서는 절복형 토기가 발견되었고 최상층 가까이에서는 '피터보로식 토기(Peterborough Ware)'가 수습되었으므로 피터보로식 토기가 절복형 토기보다 늦은 형식에 속하는 것으로 볼 수 있다는 것이다. 한편 우리가 발굴한 구덩이 유구 가까이에서 다른 구덩이 유구들이 발굴되고 거기서는 피터보로식 토기가 출토되었을 경우, 이들이 우리의 구덩이 유구보다는 늦은 시기에 속한다는 것, 새로운 종류의 믿음과 새로운 세계관을 가진 새로운 주민이 이곳에 이주 정착했다는 것, 그리고 토착 주민들은 새로 정착한 주민들로부터 유물을 제작하는 방법을 수용하게 되었다는 사실 등도 분명해지게 된다. 이 교수는 고고학 이론의 '패러다임'으로서 맨 먼저 오는 소위

문화사 고고학의 철저한 신봉자인 것이다.

두 번째 교수는 좀 젊은 편이고 첫 번째 교수가 장황하게 설명한 그 생각에 대해 코웃음을 친다. 다 훌륭한 서술이긴 하지! 그러면 도대체 과거에 대해 무얼 설명했다는 거야 하고 그녀는 중얼거린다. 우리에게 필요한 것은 바로 과학적 접근이야! 그리고 이 구덩이 안의 유물들은 당시 사람들이 어떻게 그들 세계에 적응했는지를 설명할 때 필요한 자료이어야 한다고 그녀는 우리에게 일러 준다. 예컨대 토기라면 음식을 얼마나 효과적으로 조리할 수 있느냐, 또는 소의 경제성을 증대시켜 볼 수 있도록 우유의 상태로 칼로리를 얼마나 잘 보존해 줄 것인가 하는 것이 문제인 것이다. 이런 것을 증명하기 위해 두 번째 교수는 자신의 가설을 검증해 보기로 한다. 그래서 토기를 연구실로 가져가 찌꺼기 분석을 시도하고 그릇에 원래 담겨 있었던 내용물을 조사한다. 다른 유물에 대해서도 두 번째 교수는 보는 눈을 달리하여 위세품으로 보이는 마제석부의 존재는 당시 사회가 계급사회였음을 말해 준다고 하면서 그 유물은 족장에 속하는 것이라고 한다. 그리고 족장은 매우 강력한 권력의 소유자였을 것이라고 그녀는 과학적 권위를 환기하는 어조로 주장한다. 방사성탄소연대 측정과 같은 과학적 분석의 기법을 이용하면 사건의 순서를 검증해 낼 수 있고 구덩이가 자연적으로 매몰되었는가 하는 문제도 실험적인 방법을 통해 알아볼 수 있다고 그녀는 권한다. 수년 전에 '민족지고고학' 조사(사실 그녀는 이누이트 사람들이 폐기물들을 어떻게 활용하는지를 파악하고 거처를 어떻게 마련하는지를 관찰·기록하기 위해 몇 차례인가 혹독한 겨울을 그곳에서 보냈음)를 다녀왔던 그녀는 우리가 발굴해 낸 정태적인 퇴적자료를 과거에 일어났던 실제 과정과 연결해 볼 수 있다고 주장한다. 이상적으로 말하면 우리는 구덩이를 파는 그와 같은 사람들에 관해 어떤 법칙을 도출해 낼 수 있을 것이라고도 말한다. 이렇게 도출된 법칙성은 인간사회 어느 곳에도 적용 가능하다고 한다. 그녀가 말하는 과정주의 고고학이란 문화사 고고학이라는 첫 번째 교수의 시대에 뒤떨어진 생각보다 훨씬 우월한 것처럼 보인다.

바로 이 장면에서 세 번째 교수가 등장한다. 그는 셋 중에 가장 젊지만 좀 노숙해 보이고 자제력은 별로 없는 듯하다. 그녀는 이렇게 선언한다. 솔직히 과정주의는 이제 수명을 다했다! 당신이 만약 성차별주의적 전제에 빠지지 않았다면 어떻게 당신은 족장이 자동적으로 남자인 것처럼 말하며, 그리고 첫 번째 교수가 했던 그 훌륭한 작업의 중요성을 그렇게 무시해 버릴 수 있는가! 물론 문화사 고고학자들이 좀 구식이라고 할 수는 있다고 고백하면서도 적어도 그들은 과거의 특정한 이야기를 했지만 사실상 하등의 의미 없는 법칙으로 일반화시키지는 않았다고 그녀는 말한다. 세 번째 교수의 입장은 분명하다. 만약 우리가 그 구덩이를 이해하려 한다면 우리에게 필요한 것은 과학적인 것이 아니라 창조적인 것이다. 그리고 그녀는 데리다를 읽어 본 적이 있느냐고 묻는다. 대답이 나오기를 기다리지도 않고(당신도 눈치를 채었으리라 생각되지만, 이 질문은 자신이 이미 데리다를 읽었다는 사실을 당신에게 밝히고 싶어서 던진 질문일 것이다) 그녀는 여기서 중요한 것은 이러한 대상들 너머에 있는 의미라고 하면서 이렇게 선언한다. 소의 머리뼈와 뿔로 만든 뒤지개를 보라! 그것이 나왔다는 것은 당시 사람들이 순화세계의 힘(소의 형상을 통해)을 야생의 혼(뿔의 형상을 통해)과 결합하려 했음을 의미한다는 것이다. 그리고 토기와 마제석부는 어떻게 그 구덩이가 서로 다른 젠더들의 작업을 하나로 결합하여 주었는지를 보여 준다고 말한다. 그래서 그것은 구덩이를 파고 묻은 사람들의 정체성에 관하여 고고학자에게 무언가 말해 주는 것이라고 주장한다. 마제석부는 족장의 상징물이 아니며 멀리 떨어진 산과 관련된 신화에 대해 무언가 암시하는, 의미 있는 유물이라고 한다. 이 세 번째 교수에게 구덩이의 유물은 결코 단순한 폐기물이 아니다. 그것은 당시 사람들의 믿음, 관심, 그리고 의도 등이 구조적으로 조직된 선언이라 할 수 있다. 개별 유물들이 아니라 그들 사이의 관계를 우리가 살핀다면 각 퇴적물들은 고대의 문헌기록과 같이 읽힐 수 있고, 그 이면의 의미들은 드러나게 될 것이다. 학문적으로 우리가 앞으로 나아가려면 탈과정주의 고고학의 패러다임에 굳게 연대하는 것 외에 다른 길이 없다고 그녀는 우리에게 말해 준다.

이처럼 여기 하나의 구덩이를 두고 문화의 규정과 전파, 환경에의 적응, 그리고 과거의 의미 도출 등 이렇게 세 가지 서로 다른 설명이 있는 셈이다. 좀 과장되게 설정된 가공의 고고학 교수 세 사람은 각자 고고학의 세 가지 패러다임 중 하나를 지지하고 있다. 그 세 가지 중 어느 하나의 방식을 따라 고고학자들은 이론적 글쓰기를 하는 것이다. 제2장에서는 이 세 가지 접근법들을 하나의 배경으로 검토함으로써 최근 고고학 이론의 발전과 대비시켜 볼 수 있도록 할 예정이다. 대략 시간적 순서에 따라 살펴볼 것이지만 그것이 전체적인 고고학의 역사라고 제시할 생각은 추호도 없다. 만일 그러한 작업이 이루어질 수 있다 하더라도 우리가 여기서 할 수 있는 것보다 훨씬 자세하고 훌륭한 교과서가 많기 때문이다.[1] 다음에 이어지는 3개의 절에서는 문화사와 과정주의 고고학, 그리고 탈과정주의 접근에 관해 서술하고자 한다. 다만 여기에는 두 가지 논쟁거리가 있다. 첫째, 이 패러다임 중 그 어느 것도 사라져 버린 것은 없다는 사실이다. 이들은 모든 고고학자가 하는 작업에서 각자 나름의 역할을 하면서 존속해 왔다. 둘째, 우리가 앞으로 보게 될 것이지만 이 서로 다른 접근법들 사이에는 서로 공유되는 근본적 전제들이 있다는 사실이다. 특히 이들은 이원론이라는 같은 틀을 기반으로 구축되어 있다. 우리는 앞 장에서 그와 같은 이원론이 문제라는 것을 지적한 바 있고 이 장의 결론부에서도 이 문제에 초점을 맞추어 마무리하려 한다.

박스 2.1 **고든 차일드**

고든 차일드(Vere Gordon Childe, 1892-1957)는 오스트레일리아 고고학자이며 아마 고고학의 역사상 가장 영향력 있는 인물일 것이다. 에딘버러 대학교를 거쳐 오늘날 런던 대학교(UCL)에 소속되는 런던의 고고학연구소에 재직하며 가르쳤다. 유럽 선사시대에 관한 수많은 저술을 남겼으며 그중에는 *Man Makes Himself*,[2] *The Dawn of European Civilization*,[3] 그리고 *What Happened in History*[4] 등이 있다. 그는 우리가 지금도 씨름하고 있는 여러 논쟁에 대해 해답을 제시하였다. 활동적이고 실천적인 마르크스주의자였던 그는 자신의 정치적 소신을 끌어와 과거사에 있었던 여러 혁명에 대해 검토했다. 농경의 시작을 '농업혁명'으로, 그리고 거주의 밀도가 높아진 대규모 주거유형의 등장을 '도시혁명'으로 다루었다. 아래 그림은 차일드가 작성한 고고학적 문화의 유명한 도표로 어느 지역, 어느 한 시기에 존속했던 문화집단들을 표시하기 위해 만들었다.

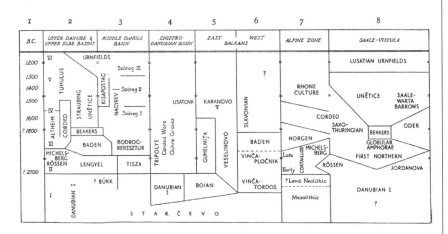

Childe 1957(1925): 346에서, Routledge 출판사의 허가로 게재

문화사 고고학

20세기 들어 이론적 접근의 주류로서 첫 번째로 등장한 것은 문화사 고고학이다. 문화사 고고학 그 자체는 이론적인 것에 관심을 기울이지 않았지만 과정주의와 탈과정주의가 스스로 입장을 분명히 밝히게 되자 문화사 고고학도 분명한 어젠다와 일련의 접근법을 가지게 된다.[5] 문화사 접근법은 과거의 고고학적 '문화' 혹은 집단의 식별에 초점을 맞춘다. 이는 토기생산, 석기제작, 혹은 기념물 축조와 같은 작업의 어떤 특정한 방식들로 정의된다. 이러한 특징들이 함께 조합되면 고고학자들은 그것을 하나의 단일한 문화로 정의할 수 있게 된다. 각 문화는 이름을 가지게 되며 이렇게 이름이 붙여지면서 박스 2.1의 그림처럼 문화사 고고학자들이 과거를 구획하는 토대가 마련되는 셈이다. 유럽의 선사시대는 '문화'의 이름으로 가득 차 있으며 그들 중에 상당수는 오늘날의 고고학에서도 통용된다. 이를테면 아주 길쭉한 목조가옥과 선각한 문양대(이것 때문에 붙여진 이름)를 가진 토기, 시신의 매장에 의해 형성된 분묘군 등을 특징으로 하는 중부유럽의 선상토기(Linearbandkeramik) 문화가 있다. 한편 순동시대 서부 유럽 대부분에 걸쳐 분포했던 비커문화(Beaker Folk)가 있다. 여러분도 짐작하겠지만 이 문화는 비커 토기(그림 2.2)를 중심으로 하여 순동제 유물과 무덤에 피장자와 함께 묻어 준 일정한 부장품 세트를 통해 정의된다. 이는 셀 수 없이 많은 문화 중 두 가지 사례를 든 것뿐이다. 고든 차일드를 포함하여 많은 문화사학자가 특정 고고학 문화(특정 물질적 요소의 조합)를 일정 종족집단에 그대로 연결할 수는 없다고 힘겹게 강조해 왔지만 둘 사이에는 직접적인 관련성이 있는 것처럼 사람들에게 흔히 받아들여지고 있는 것이 사실이다. 우리가 보통 문화사 고고학에 대해 말할 때 구호처럼 내거는 주장은 그들이 토기와 주민을 동일시한다는 것이다. 하지만 어떤 토기의 형식은 특정한 주민집단의 존재를 가리키기도 하겠으나 적어도 다른 측면에서는 영향을 받아 그럴 수도 있을 것이다.

어쨌든, 그러면 왜 '문화'인가? 또 왜 '문화사'인가? 문화사 고고학자들은 인류학자 프란츠 보아스의 저술에 큰 영향을 받았다고 한다. 보아스는 현재 주민집단들을 어떻게 구분할 것인가에 대해 그들의 문화를 통해 이해되고 식별될 수 있다고 보았다. 이는 각 집단이 그들만의 독특한 방식으로 행동하고 특유의 신앙을 가졌으며 세계에 대한 그들 나름의 이해방식을 지녔다는 것을 의미한다.[6] 이러한 것은 어떤 면에서 문화

그림 2.2 비커 토기(© 영국박물관 이사회)

라기보다 지금의 개념으로 우리가 '고급문화'(high culture: 발레를 보러 가는 것 같은)라고 하는 것으로 세계에 대한 정신적 표상으로서의 문화라고 할 수 있다. 사실 문화에 대한 이러한 생각은 문화를 특정 집단에 소속되는 데 필요한 지침과 같은 것으로 파악한다는 것인데 행동의 규칙 정도로 이해된다. 문화사 고고학자들에게 발굴된 유물은 어떤 인간집단이 가지고 있었던 사고를 가리키는 것으로 받아들여졌다. 그래서 물질문화인 것이고 문자 그대로 물질적인 것으로 된 문화라는 뜻이다. 뒤에 다시 돌아가 논의하겠지만 요점은 문화사 고고학의 그러한 요소를 보면 관념론적이라 할 수 있다. 다시 말해 무형적 측면에 초점을 맞추었다고 할 수 있다. 문화사 고고학자들에게 중요한 것은 인간집단들이 머릿속에 가지고 있었던 생각이었다는 의미이다. 사람들이 만들어 낸 물건은 환경적 영향이나 물질적 관계로부터 나온 것이 아니고 어떤 인간집단에 속하였던 사람들의 생각으로부터 나타나게 된 것이다. 그래서 비커 집단들의 사람들에게 토기라고 한다면 지금 우리가 알고 있는 비커 토기와 같아야 한다는 생각을 마음속에 갖고 있다는 것이다. 그들이 작업할 때 따랐던 내면의 이미지와 같은 것이 있었다고 보고 고고학자들은 그것을 마음의 형판(mental template)이라고 불렀다. 그들은 반죽한 점토 덩어리를 가지고 와서 마음속에 있는 형판을 그 위에 얹어 보고 그 문화적 생각, 즉 토기는 어떤 모양이어야 한다는 아이디어가 물건을 만들어 낸다는 것이다. 물론 그들이 그렇게 하였으므로 지금의 고고학자들도 분간해 내는 그 어떤 것이 나왔을 것이다. 그러면 이원론이란 단어를 염두에 두고 이 문단을 다시 읽어 보라. 뒤에 우리는 이 문제로 돌아와 다시 논의해 볼 것이다.

어떤 사람이 가지고 있는 정체성의 아이디어가 표현된 것이 각각의 유물이라는 전제로부터 문화의 개념이 나왔다면 과연 역사는 어떻게 성립하는가? 문화사 고고학은 방사성탄소연대 측정법이 개발되기 전에 그 전성기를 구가했다. 이 이야기는 편년을 구축하기 위해 당시 고고학자들이 상대적 비교를 통한 시간축의 설정에 전적으로 의존해 왔다는 것을 의미한다. 한편으로는 우리가 앞서 예를 들었던 절복형 토기와 피터보로식 토기의 연대를 정하는 것처럼 서로 다른 유물 종류의 층서적 비교를 통해 편년을 하는 방식을 따른다. 문화사 고고학자들은 이와 같은 방법에 세밀한 형식학적 분석을 결합하여 여러 문화 변천의 시간축을 짜맞출 수 있게 된다. 이는 서로 다른 집단이 서로 다른 지역에 서로 다른 시기 동안 점유한 것처럼 과거가 분해되었다가 편년표처럼 다시 조립될 수 있다는 것을 의미한다. 따라서 고고학은 변천을 보여 준다는 의미에서 역사이기도 한 셈이다.

이와 같은 순서 매김은 아주 중요한 문제를 함축하고 있다. 즉 문화의 변화는 어떻게, 왜 일어났는가? 신석기시대 후기 리뇨-클랙턴 문화는 왜 순동시대 비커 문화로 대체되었으며, 다시 그것을 대신하여 청동기시대 푸드 베셀 집단이 등장하게 되는가? 이는 당시 주민들이 토기제작과 관련된 하나의 아이디어를 버리고 또 다른 어떤 아이디어를 채용했기 때문인가? 아니면 변화의 시기마다 새로운 주민집단이 그 지역으로 들어와 그 이전의 집단들을 대체하였는가? 문화사 고고학자들은 이주론을 주장하지만 어쨌든 변화를 설명할 때 전파의 결과라고 말한다. 즉 새로운 지역으로 인간집단의 이주가 상정되지만, 아이디어의 전파도 어느 정도는 있었을 것이라는 생각이다. 물론 최초의 아이디어가 나온 지역에서는 그것이 어떻게 등장했는지를 문제 삼을 수 있다. 보통 문화사 고고학자들은 특히 유럽의 변동을 설명할 때 변동의 경로를 따라 근동지방이나 이집트와 같은 기술혁신의 중심지까지 추적하곤 했다. 이러한 이야기는 아직도 세계 여러 지역의 고고학에서 흔히 볼 수 있는 설명이긴 하지만 그리 만족스러운 것이라고 하기는 어렵다. 만약 인간집단의 이주가 변동을 가져왔다면 무엇이 그들을 이주시켰는가? 기술혁신은 실제로 왜 발생했는가? 그 지역 안에서 변동이나 발전은 과연 없었는가? 한 집단 안의 다른 모든 사람이 어떤 '규준(norms)'을 따랐다 하더라도 그것을 거부한 사람들은 또 어떻게 생각해야 하는가? 물론 문화사 고고학이 '무엇이', '어디서', 그리고 '언제'라는 질문에 대해서는 그런대로 답을 잘 했을지 몰라도 '왜'라든가 심지어는 '어떻게'라는 질문에 대해서는 어떤 해답도 내놓지 못한 것은 사실이다. 잠시 뒤에 살펴보겠지만 1960년대에 들어서면서 봇물이 터져 나가듯 퍼졌던 과정주의 고고학의 문화사 고고학에 대한 심각한 비판은 바로 그러한 문제에 집중되었다.

과정주의 고고학으로 논의가 옮겨가기 전에 앞서 한 이야기를 좀 정리해 둘 필요가 있을 것 같다. 문화사 고고학은 과거에 존재했다가 지금은 없어진 것이 아니라는 점을 잊지 말아야 한다. 1920년대와 1960년대 사이에만 유행했던 고고학적 사고라고 볼 수 없다는 것이다. 문화사 고고학은 오늘날에도 전 세계 고고학의 지배적인 접근법일 뿐만 아니라 모든 고고학자가 이어 가는 작업의 핵심적인 부분을 이루고 있다. 한 고고학자가 특정한 종류의 토기나 금속기, 혹은 석기를 인지하고 그것에 이름을 붙이고 연대를 정할 때 그는 문화사 고고학적 사고에 따라 그리한다. 형식 분류는 여전히 고고학 작업 방법의 핵심적인 부분이다. 요즘 일부 고고학자들은 유물을 환경에 적응하기 위해 만들어진 어떤 형태라고 보기도 하고, 다른 이들은 정체성에 관한 의미 있는 진술로 보거나 아니면 능동적 에이전트로 보기도 한다. 이러한 관점들이 물질로 만들어진 문화라든가 특정 종족집단의 활동에 의한 결과물 등과 같은 문화사 고고학자들의 유물에 대한 생각을 대신하지만, 오늘날 우리가 과거에 관해 이야기하는 상당 부분은 그들이 했던 작업과 별로 다르지 않다.

과정주의 고고학

신고고학과 과정주의 고고학은 하나이며 같은 것이다('新'이란 말은 이미 오래전에 의미가 사라지긴 했다). 20세기 중반 고고학계에 엄청난 폭발력을 가진 사고의 방식이었다.[7] 미국에서는 레슬리 화이트가 그에 대한 영감을 주었고 그의 제자인 루이스 빈포드(박스 2.2)가 과정주의 고고학을 이끌었지만 영국에서는 콜린 렌프류와 데이비드 클라크가 과거를 어떻게 연구할 것인가 하는 근본적인 문제를 제기하기 시작했다. 이미 말한 바 있지만, 이 과정주의자들이 문제 삼았던 것은 고고학이 더이상 과거에 관한 기술에 머물러서는 안 되고 이제는 과거에 대한 설명을 모색해야 한다는 것이었다. 과거에 대해 단순히 이야기하는 것이 아니라 왜 과거의 사람이 다른 이들은 그리하지 않는 어떤 방식으로 행동했는가에 관해 설명해야 한다는 것이다. 이러한 설명을 하기 위해서는 고고학이 역사학보다는 자연과학과 아주 비슷한 성격을 가져야 한다고 보았다. 여기에는 두 가지 의미가 담겨 있다. 한편으로는 고고학에 적용해 볼 수 있는 광범위한 자연과학적 기법을 수용함과 동시에 동물뼈로부터 꽃가루에 이르기까지 모든 자료의 연구에 초점을 맞춘 하위 분과를 거느린 학문으로 고고학이 재탄생해야 한다는 것이다. 이는 또한 과정고고학이 문화사 고고학이 해 왔던 작업과는 달리 유적 형성과정의 연구에[8] 엄청난 관심을 기울여 어떻게 물질자료들이 마침내 땅에 놓이게 되고 그 후 그 상태에서 어떤 일이 있었는지 등과 같은 문제를 집중적으로 분석하게 된다. 다른 한 편으로는 더 구체적인 노력이라 할 수 있는데 고고학은 단순히 기법적인 것이 아니라 세계관이라는 차원에서 과학의 모습을 갖추어야 할 필요가 있다고 본 것이다. 즉 고고학은 실증주의적이어야 했기 때문에 어떤 아이디어를 갖게 되면 그것을 시험해야 한다고 생각했다. 그래서 과정주의자들은 과거를 실험실의 테이블 위에 놓고 과거에 대한 해석들이 참인지 거짓인지 검증해야 했었다. 이러한 검증이 이상적으로 법칙에 버금가는 원칙을 끌어낼 수 있다고 한다면 고고학은 그야말로 학문적 성공담을 써 나가게 될 것이라고 보았다. 과정주의는 진정으로 고고학적 이론에 도달하기 위해 이론적 접근법을 처음으로 심각하게 추구했다. 그리고 어떤 것이 고고학인지에 대해서 철학적으로 사색했다. 데이비드 클라크가 그에 대해 한마디 했던 말처럼 고고학은 '소박함을 잃어버리게(loss of innocence)' 된 것이다.[9]

이처럼 고고학이 과학적 성격에 초점을 맞추게 됨으로써 그것이 상대하는 물질자료를 다루는 방식에서는 어떤 변화가 나타나게 되는가? 과정주의자들은 문화사 고고학자들이 보았던 것처럼 물질자료를 특정한 마음의 형판과 같은 특정 아이디어의 역사적 표현으로 생각하지는 않았다. 그 대신 과정주의 고고학은 물질자료가 적응적 성격을 가진다는 점에 중점을 두는 경향을 보였다. 다시 말해 유물이란 사람들이 자신을 둘러싼 환경의 조건에 적응해 가기 위한 하나의 수단이라는 것이다. 물질문화는 그들이 선언했던 유명한 말처럼 '인간'의 '체외적 적응의 수단'이었다.[10] 그러므로 사람들이 마음속에 가지는 무형적인 아이디어에 의해 움직여 가는 것으로 생각하기보다 세상 안에서 새로운 종류의 유물, 경제, 사회 등을 생산해 내는 중심적인 추동 요인은 물질적 조건이라고 과정주의자들은 보았다.[11] 과정주의 고고학이 기능주의에 속한다고 볼 수 있는 두 가지 이유 중 하나가 바로 그러한 성격의 주장이다. 기능주의를 받아들였다 함은 적응적 기능이 어떤 물건들이 제작되는 일차적 이유라는 점을 분명히 했다는

박스 2.2 **루이스 빈포드**

　　루이스 빈포드(Lewis Binford, 1931-2011)는 아마 그의 세대에서 가장 영향력 있는 고고학자였다. 그의 주요 저서 중에는 *An Archaeological Perspective*[12]와 *In Pursuit of Past*[13]가 있다. 그는 신고고학을 주도했으며, (고고학의) 중간범위 이론의 관점을 발전시켰고, 민족지고고학의 개념들을 개척하여 과거의 과정에 대한 유추를 발전시켰다. 아래 그림은 빈포드의 민족지고고학 작업에서 나온 도해이다. 캠프파이어 주위에 둘러앉은 누나미우트 사람들과 그들이 규칙적으로 만들어 낸 일종의 유물분포 패턴을 빈포드가 그린 것이다. 이러한 현재의 과정에 관한 연구를 통해 발굴된 유적에서 나타나는 정태적인 고고학 자료를 설명할 수 있으리라고 그는 생각했다.

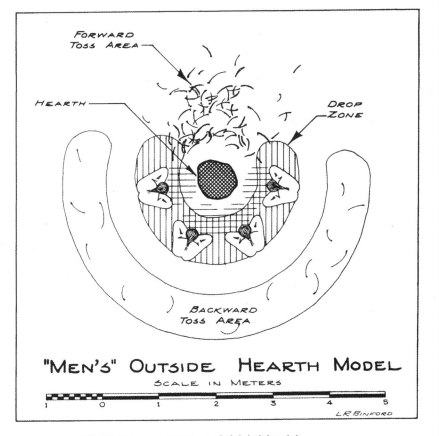

Binford 1983: 153의 그림, University of California 출판사의 허가로 게재

것을 의미한다(구조-기능주의에 대해서는 다음 장에서 논의하게 될 것이다). 가령 어떤 사람이 토기를 만든 이유는 음식이나 음료를 담아 둘 필요가 있기 때문이다. 어떤 사람이 검을 제작했다면 그가 생존하기 위해 자신을 방어하거나 싸워야 할 필요가 생겼다는 이야기다. 물질적인 것들은 환경에 적응한 결과이므로 그들은 모두 기능에 의해 결정된 것이다. 그런데 기능주의는 부차적으로 여러 연관된 의미를 지닌다. 기능주의적 접근에서는 사회를 종종 생물학적 유기체에 비유하기 때문에 사회의 여러 가지 요소들은(경제, 종교, 정치와 같은 것) 신체를 균형 있게 유지하기 위한 '기관'처럼 작동한다고 보는 경향이 있다. 마치 심장, 간, 폐 등이 실제 생물학적 신체 안에서 서로서로 연관되면서 제각각의 역할을 하는 것처럼, 사회, 또는 체계의 각 부분도 그것이 잘 굴러가도록 역할이나 기능을 수행한다고 본 것이다. 기능주의는 체계의 여러 요소가 서로서로 연관되는 양상, 다시 말해 체계의 구조에 대해 중요성을 부여해 왔다. 그 때문에 흔히 구조-기능주의라고 불리고 있다(제3장). 이는 또한 과정주의 고고학이 이른바 체계이론에 대단한 관심을 기울이게 된 이유이기도 하다.[14]

사회의 여러 부문 사이의 복잡한 상호작용과 환경이 하는 중요한 역할 등이 전제로 주어짐에 따라 고고학자들이 발굴해 낸 물질자료에 대해 가설을 검증해 낸다는 것은 만만치 않은 일이었다. 그 때문에 과정주의 고고학은 시작부터 난관에 부딪히게 된다. 그러한 상황에서 고고학이 무엇보다 먼저 해결해야 했던 것은 연결의 문제였다. 즉 고고학자들이 눈앞에 마주한 정태적 자료(토기편, 플린트제 석기, 동물뼈 등)와 과거에 이루어졌던 역동적 과정(사람들이 토기를 만들어 사용하고, 플린트를 박리하고, 동물을 사육하고 도살했던)을 어떻게 연결하느냐는 것이다. 빈포드가 발전시킨 '중간범위이론'은 그것을 연결해 내기 위한 이론이었다.[15] 그것은 과거와 현재를 연결해 주는 역할, 즉 문자 그대로 '중간범위'를 채워 주는 이론이었다. 살아가는 사람들 속에서 고고학자가 관찰할 수 있는 실제 행위와 발굴현장에서 파악된 고고학적 패턴 사이에서 유추를 끌어내는 데 필요한 이론이다. 그래서 빈포드는 수렵채집인들이 캠프파이어 둘레에 앉아서 하는 일을 가서 관찰하고, 거기서 버려지는 것들이 어떠한 패턴으로 나타나는지 기록했다(박스 2.2). 그는 이렇게 얻은 정보를 프랑스의 후기구석기시대 유적에서 조사된 양상을 해석하는 데 이용했다.[16] 이는 서로 다른 사회를 연결하여 도출한 유추의 한 예라 할 수 있다. 유추는 과정주의 고고학자들에게 대단히 중요했다. 어떤 특정한 경우들 사이의 유추뿐만 아니라 서로 다른 성격의 사회들 사이의 비교를 끌어낼 때도 유추는 중요했다.[17] 서로 다른 환경에서 사람들이 생존해 가는 방식들을 이해하는 데 적응론의 생각이 중요한 것처럼 사회에 대한 폭넓은 모델을 구상할 때는 사회진화론의 관점이 매우 쓸모 있었다. 많은 과정주의 고고학자들은 사회를 서로 다른 진화적 '단계', 이를테면 무리, 부족, 족장사회 그리고 국가 등으로 구분하는 인류학의 모델을 계속 끌어다 썼다.[18] 이처럼 사회의 서로 다른 형식은 과정주의 고고학자들이 보기엔 무언가 공통점을 가지고 있으면서, 또한 각자는 특정한 패턴을 만들어 내기 때문에 그것을 시험하고 검증해 볼 수 있다고 보았다. 그래서 유럽 청동기시대의 족장사회가 있다면 그것을 훨씬 가까운 과거까지 존속했던 하와이와 같은 지역의 '동급' 족장사회와 비교해 봄으로써 그 사회를 더 잘 이해할 수 있다고 생각했다.[19]

하지만 사회진화론의 관점에서 서부 유럽의 과거와 비서구 집단의 현재를 동일시하는 것은 그들의 사회를 우리들의 과거에 가둬 두자는 이야기가 된다. 이러한 점들은 1970년 말과 1980년대에 걸쳐 탈과정주의 고고학자들이 과정주의를 비판적으로 보았던 여러 가지 중 하나이다. 또한 여성의 역할을 보지 못한 점(제4장), 인간 에이전시에 대한 생각의 부재(제3장), 그리고 고고학이 과거에 대해 논증할 수 있는 과학이라는 생각 등이 비판의 대상이 되었다. 탈과정주의자들에게는 고고학이 과거에 대한 일반화의 법칙을 만들어 내는 과학은 더이상 아니었으며 실증주의자가 되는 것은 불가능했다. 그 대신 과거를 구성하는 서로 다른 정체성과 신앙, 그리고 권력의 구조 등을 탐구하는 창조적인 방법을 추구했다. 그리고 그러한 입장은 현재에 대한 중요한 정치적 문제를 야기한다고 생각했다.

탈과정주의 고고학

과정주의 고고학이 과거에 대한 일반화를 추구했던 과학이었다면 탈과정주의는 보다 특수한 것, 인간 존재의 차이, 그리고 그 고유성에 대해 논의했다. 유물의 기능과 같은 문제를 제기함으로써 과정주의 고고학의 관심을 기능주의가 지배했다면 초기 탈과정주의 운동은 다음에 논의하게 될 구조주의가 이끌었다.[20] 여기서 핵심적인 이슈는 유물이 가진 과거의 의미였고 이에 대해 탈과정주의 고고학의 기반을 닦은 인물 중 한 사람인 이안 호더(박스 2.3)는 "물질문화는 의미 있게 구성되어 있다"고 답했다.[21]

문화사 고고학이나 과정주의와 비교하면 탈과정주의 고고학은 엄청나게 다면적이다.[22] 과정주의 고고학에 대한 비판을 이끌었던 초기의 생각은 다음과 같은 세 가지 중요 분야로부터 영감을 받은 것이다.

첫째, 마르크스주의이다. 즉 칼 마르크스 철학의 영향을 받은 고고학자들은 과정주의 고고학이 과거의 권력 관계를 특이하게 구축해 가는 방식을 보고 문제를 제기하기 시작했다. 하지만 탈과정주의 고고학자들은 마르크스주의 고고학의 비판적 논의가

박스 2.3 **이안 호더**

이안 호더(Ian Hodder)는 1999년 이래 스탠포드 대학 인류학과의 던레비 패밀리 교수직 자리에 있다. 그 이전에는 케임브리지 대학에 재직했으며 1980년대에 그곳에서 탈과정주의 고고학의 발전에 주도적 역할을 했다. 그는 커다란 영향력을 지닌 책을 다수 저술했고 그중에는 *Reading the Past*,[23] *The Domestication of Europe*,[24] 그리고 *Entangled*[25] 등이 있다. 지금도 그는 여전히 이론 고고학의 중심적 인물이다. 아래 사진은 저명한 신석기시대 유적 차탈회위크이고, 이안 호더는 1993년도부터 이 유적의 발굴을 주도해 왔다.

출처: https://commons.wikimedia.org/wiki/File:catalhoyukSouthArea.JPG

충분하지 않다고 생각했다. 즉 권력이 어떻게 작동하며 어떤 종류의 권위가 정당화되는 것인지에 대해 비판적 분석을 더 발전시켜야 한다고 본 것이다(이에 대해서는 제3장에서 논하기로 함). 특히 마크 레오니와 같은 그 계열의 고고학자들은 권력의 구조를 당연시하고 나아가 영원하고 변하지 않을 것 같이 보이게 만드는 이념의 문제에 관심이 아주 많았다. 이를테면 레오니는 18세기 미국에서 정원이 설계되는 방식에 대하여 논의한 바 있다. 그의 주장에 따르면 정원의 디자인은 단순히 유행을 따르는 것이 아니다. 부유한 지주가 자신의 권력과 노예 소유주로서 자신에게 요구되는 역할에서 편안함을 느낄 수 있도록 설계되었다고 한다.[26] 이와 유사하게 마이클 샌스와 크리스토퍼 틸리는 영국과 스웨덴의 신석기시대 무덤에 주목하여 무덤 안에 부러진 유해들이 평등의 이념을 창조해 냈다고 주장했다.[27] 유해의 처리방식이 그 사회 안에 이미 존재했던 권력 차별의 현실을 교묘히 가장했다는 것이다. 다시 말해 죽음에서 모든 이가 평등하다는 것을 보여 줌으로써 삶에서 어떤 불평등이 있다 하더라도 그리 중요한 것은 아니라는 것을 확신할 수 있도록 했다는 것이다.

　　1980년대 마르크스주의 해석의 새로운 시도는 당시 영국과 미국의 정치적 분위기와 관련이 많다. 일반적 시각에서 보면 고고학 내에서도 그것은 정치적 비판의 관점으로 나타났다. 페미니즘이 바로 탈과정주의적 사고를 이끈 두 번째 중요한 자극제였으며,[28] 정치적 비판도 주도했다. 페미니즘이 명확하게 파악되지 않는 사람들에게는 그것이 매우 다양하고 광범위한 접근들을 포괄하고 있다고 생각될 수도 있다. 그러나 그 모두는 여성의 평등함을 달성하기 위한 목표를 지향한다는 점에서는 하나이다. 1970년대 페미니스트들의 다양한 작업에 고무된 고고학자들은 과정주의 고고학이 현재 젠더 불평등의 패턴을 과거에 투사하여 본다고 비판하기 시작했다. 그래서 그러한 주장은 사실이 아닐 뿐만 아니라 현재의 젠더 관점을 자연스럽고 원래 그랬던 것처럼 보이게 하여 고정적이고 불변의 것으로 만들었다고 지적하게 된다. 재닛 스펙터(박스 2.4)와 같은 페미니스트 고고학자들은 고고학의 남성중심주의적(androcentric: male-dominated) 성격을 비판함과 동시에 새로운 이해의 관점을 발전시켜 과거에 대한 글쓰기에서 더욱 창조적인 방법을 추구했다. 이러한 시도들은 엄청나게 중요한 작업으로 제4장에 가서 다시 논의하도록 하겠다. 마르크스주의와 페미니스트 관점의 탈과정주의 고고학자들은[29] 과정주의 고고학이 지적인 오류를 범했을 뿐만 아니라 정치적으로도 문제를 안고 있다고 보았다. 탈과정주의 이론이 고고학에 가져다준 가장 중요한

박스 2.4 **재닛 스펙터**

재닛 스펙터(Janet D. Spector, 1944-2011)는 매우 중요한 페미니스트 고고학자였다. 아메리카 토착 사회의 맥락에서 젠더 고고학 연구로 가장 잘 알려져 있다. 1991년도 그녀의 논문 「이 송곳이 의미하는 것」[30]은 1993년도 같은 제목의 저서로[31] 확장되었는데 놀라울 정도로 혁신적인 생각을 담고 있다. 이 책은 노골적인 젠더적 참여뿐만 아니라 그 노선으로서 고고학적 앎과 그 표현의 새로운 방법을 모색했는데 그것이 가공의 서술법이다. 아래 그림은 다코타 송곳이다. 그녀의 풍부한 영감을 담은 이야기는 이 물건에 초점이 맞추어져 있다.

미네소타 역사협회(Minnesota Historical Society)의 허가로 게재

공헌은 고고학이 정치적 생각과 서로 긴밀하게 맞물려 있다는 인식을 심어 준 것이다. 우리가 연구하는 고고학이 정치적인가, 아닌가는 선택이 필요한 문제가 아니다. 우리가 선택해야 할 문제는 우리가 추구하는 정치성이 과연 어떤 종류인가 하는 것이다. 이 점에 대해서는 제4장, 제10장, 그리고 제11장에서 다시 다루어 보겠다.

초기 탈과정주의 고고학에 커다란 영향을 준 세 번째 사상은 구조주의 및 탈구조주의 철학이다.[32] 구조주의는 페르낭 드 소쉬르(제7장에서 좀 더 자세히 살피게 될 것임)와 같은 언어학자에 의해 창안되었지만, 원칙적으로 말해 고고학 안으로 들어오게 된 것은 끌로드 레비스트로스와 같은 인류학자의 저술을 통해서이다. 레비스트로스는 서로 다른 여러 사회에서 신화나 의례와 같은 것이 구조화되는 방식에 관해 관심을 가졌다. 그는 인간 사고의 바탕을 이루는 원리와 같은 것이 있다고 생각했으며 그것은 이항대립의 세트와 이원론이 구조화되는 원리라고 생각했다. 이를테면 자연 대 문화, 남성 대 여성, 날것 대 익힌 것 등의 예를 들 수 있다. 그런데 이와 같은 것이 바로 이원론이며 이에 대해서는 제1장에서 이미 언급한 바 있다. 탈과정주의 고고학 접근에 아주 신속하게 영향을 준 것은 바로 그 이항대립의 원리였다.[33] 그 다음으로 고고학이 구조주의로부터 받아들인 것은 언어가 심층적 의미, 혹은 이항대립의 원리를 드러내는 방식을 강조하는 관점이라 할 수 있다. 이안 호더와 같은 탈과정주의자는 물질문화가 언어와 비슷한 방식으로 의사소통하기 위해 이용된다면, 물질문화가 약호화된 의미를 지니고 있고 우리가 그것을 찾아낼 수 있다면, 그러한 분석적 접근을 통해 실천의 원리로서 이원론을 드러낼 수 있다면, 하고 가정을 했던 것이다. 그래서 이안 호더는 그와 같은 관점에서 신석기시대 근동과 유럽의 물질문화를 보았다.[34] 그는 이렇게 주장한다. 우리가 물질문화를 면밀히 분석해 보면 유럽의 신석기시대는 이항대립의 원리, 특히 그가 이름 붙인 도무스(*the domus*)와 아그리오스(*the agrios*) 대립 원리를 중심으로 구조화되어 있음을 알게 된다. 도무스는 집의, 순화의, 그리고 생명의 개념에서 온 것인데 반해 아그리오스는 밖의, 야생의, 그리고 죽음의 개념과 연결된다. 결국, 우리가 고고학을 통해 과거를 이해한다는 것은 물질문화가 가져오는 의미를 파악하는 일 이외에 다른 것이 아닌 셈이다.[35]

고고학자들이 구조주의에 관심을 기울이게 되었던 그즈음, 탈구조주의에 대한 탐색도 시작하게 된다. 몇몇 권의 책을 통해 탈구조주의의 성격을 파악해 볼 수도 있겠지만 실은 방대하고 다양한 철학적 접근들을 포함하고 있다. 미셸 푸코, 롤랑 바르트, 자크 데리다, 그리고 다른 여러, 특히 프랑스의 사상가들이 탈구조주의의 주요 인물들이다. 여기서 이 철학자들을 소개하고 설명하기보다는 1980년대 고고학자들이 탈구조주의 접근으로부터 가져온 핵심적 요소들을 추려 보는 것이 나을 것 같다. 첫째로는 언어보다 생각에 중점을 둔 것인데 그래서 물질문화는 텍스트(text)에 더 잘 비유가 된다. 이는 다음과 같은 두 가지 사실을 의미한다. 첫째, 물질문화가 마치 텍스트와 같이 읽힐 수 있다는 것이다. 만약 어떤 유물이 다른 유물과 서로 어떻게 관련되는지를 분석할 수 있다면, 유물 사이의 맥락적(contextual) 관계를 검토할 수 있다면, 그리고 유물 이면의 의미들을 짜맞출 수 있다면, 우리는 텍스트처럼 물질문화를 읽을 수 있다. 그래서 의미를 파악하기 위해서는 맥락이 중요하다고 탈과정주의 고고학자들은 그리 강조했던 것이다. 텍스트(text)와 맥락(context)의 관계 때문에 1980년대와 1990년대 이안 호더의 주요 접근법은 맥락(con*text*ual) 고고학이라 불렸으며[36](저자 강조), 그가 출간한 최초의 고고학 이론서에는『과거 읽기』[37]라는 제목이 붙여지게 된다.

　두 번째 핵심적 요소는 고고학에 도입된 새로운 비유에서 파생된 것이라 할 수 있다. 즉 만약 물질문화를 텍스트로 볼 수 있다면 서로 다른 읽기가 가능하다는 관점이다. 이미 살펴본 것처럼 과정주의의 기본 입장은 실증주의였다. 즉 과정주의 고고학자들은 고고학이 하드 사이언스와 같은 것이 되기를 바랐으며 과거에 관한 사실을 증명하기 위해 자료에 대해 가설검정을 시도했다.[38] 이에 반해 탈과정주의 고고학자들은 이렇게 묻는다. 즉 만약 같은 자료를 여러분들이 서로 다르게 읽을 수 있다면 어떠한 증명이 가능할까? 가령 당신의 지난번 강의를 돌이켜 보라. 강의하고 난 그 다음 날, 투표해 본다면 당신은 강의가 어땠는지, 이를테면 재밌었는지 혹은 지루했는지, 성공적이었는지 혹은 엉망이었는지, 농담은 우스웠는지 아니면 썰렁했는지 등등에 대해 다양한 반응을 발견하게 될 것이다. 그 경험에 대해 어떤 이해가 진실일까? 그 기억 중에 어느 한 세트가 더 정확했다는 것을 어떻게 증명할 것인가? 그래서 탈과정주의 고고학자들은 가설검증보다 우리에게 필요한 것은 자료에 대한 해석이며 하나 이상의 해석도 가능하다고 말한다.

　잠시 문학적 사례를 들어 이야기해 보자. 당신이 좋아하는 어떤 책을 생각해 보면 그 책에 대한 갖가지 해석이 엄청나게 많을 수 있다는 것을 알게 된다.『반지의 제왕』하면 흥미로운 이야기와 권선징악의 내용을 담고 있나? 또는 산업화의 위험성에 대한 우화인가? 아니면 억압된 동성애적 사랑 이야기를 슬며시 풍기는가? 혹은 '동방의' 암

흑세계 인물이 '서방의' 백인 영웅을 위협하는 인종주의적 서사인가? 이 모든 읽기가 가능하다고 본다. 그래서 탈과정주의 고고학은 복수의 의미가 가능하다고 보고 서로 다른 복수의 해석이 있을 수 있음을 인정한다. 이처럼 하나 이상의 진리가 있을 수 있다는 관점으로 인해 탈과정주의는 자주 상대주의(어떤 것이든 좋다는 사고)가 아니냐고 비난받는다.[39] 만일 당신이 그 어떤 것을 증명할 수 없다면 어디에서 멈출 것인가? 허무맹랑하든, 심지어 인종주의이거나 성차별주의라도, 그 어떤 이야기이든 만들어 내도 된다는 말인가? 이에 대한 답변으로 '복수의'라는 말은 '무제한의'를 의미하지 않는다는 말로 대신할 수 있다. 즉 하나 이상의 진리가 존재할 수 있다는 뜻이지 그것이 '무엇이든 좋다'를 의미하지 않는다. 만약 의문이 남는다면 『반지의 제왕』 이야기로 돌아가 보자. 앞서 열거한 해독들에 대해 당신은 동의할 수도 있고 하지 않을 수도 있다. 그러나 그것들은 모두 다소 있을 수 있는 이야기다. 이 '다소(more or less)'라는 말이 중요하다. 이는 서로 다른 견해들이 평가될 수도 있고 비판될 수도 있다는 것을 의미한다. 당신은 그중 어떤 것이 진리라는 것을 증명할 수 없을지는 몰라도 그 모든 독해가 필연적으로 동등하다는 것을 의미하지는 않는다. 이는 또한 실증주의(과거에 대한 어떤 것을 증명할 수 있다는)의 거부가 누군가 '극-상대주의(hyper-relativism)'라고 했던 것처럼, 그 어떤 것이든 그럴듯하다는 생각을 인정하는 것은 아니라는 뜻이다. 『반지의 제왕』은 슈퍼컴퓨터가 살인기계를 과거로 보내 자신을 부수려는 저항군 지도자의 어머니를 살해하려는 이야기가 아니다. 그 이야기는 영화 터미네이터의 플롯이다. 탈과정주의 고고학자들은 복수의 읽기가 결코 무엇이든 좋다를 의미하지 않는다는 것을 항상 자각하고 있다.

마지막으로 다시 강조하고 싶은 것은 다음과 같다. 당신도 짐작하겠지만 과정주의 고고학이 문화사를 대체한 것이 아니듯 탈과정주의 고고학이 과정주의를 대체한 것도 아니다. 과학적 기법들은 여전히 중요하고 고고학 안에서 지속적으로 발전해 왔다. 가장 극단적인 탈과정주의 고고학자라 할지라도 방사성탄소연대 측정법의 사용을 그만두자고 하지는 않는다.[40] 신석기시대 수혈유구를 탈과정주의 고고학자가 해석할 때도 여전히 토기를 부를 때 '절복형 토기(Carinated Bowl)'라고 부른다. 그 역시 필요에 따라 기꺼이 토기 안의 찌꺼기가 어떤 것인지 분석해 보는 것을 마다하지 않는다. 과정주의와 탈과정주의의 논쟁은 극도로 과열된 적이 있고 어떤 경우에는 인간적으로까지 그럴 때가 있었지만, 사실 스타일이나 내용물도 둘 사이에는 큰 간격이 있기는 하다.

한편으로 보면 그것은 탈과정주의 고고학자들이 처음으로 대륙의 '강경파(hardcore)' 이론을 심각하게 받아들였던 탓인 것 같다. 갑자기 고고학 텍스트에 과거에 보지 못했던 수많은 ○○이즘에 대한 참고문헌이 달리고 이전에는 고고학적 관심과 연결된 적이 한 번도 없는 철학적 저술들이 언급되는 것을 보게 된 것이다. 이처럼 과격하게 이론을 수용하면서 고고학은 또 한 번의 '소박함의 상실'로 발을 내딛게 되었지만, 사실은 1960년대와 1970년대를 통해 이루어진 진전과 많이도 닮은꼴이라고 생각된다.

이원론의 역사적 연원

앞 절에서 20세기 중반과 후반 고고학 이론의 변천을 간략하게나마 설명하다 보니 어쩔 수 없이 피상적인 이야기가 되고 결국 그저 전통적 학사서술처럼 되어 버렸다. 앞서 말한 것처럼 자세하고 깊이 있는 설명은 다른 문헌에서도 찾아볼 수 있다. 위에서 강조한 바도 있지만, 이 고고학의 역사는 얼마든지 다른 방식으로 서술될 수 있으며 여기서는 우리의 의도를 담아낸 것뿐이다. 이미 살핀 바와 같이 이 세 가지 접근법은 어느 하나가 다른 하나를 완전히 대체한 것이 아니다. 그러므로 우리는 이들을 서로 다른 패러다임이라고 말하기 어렵다.[41] 대신 우리는 하나의 존재론이라고도 할 수 있는 세계에 대한 이해의 한 관점, 혹은 하나의 패러다임 안에 있는 서로 다른 주장으로 보는 것이 어떨까 하는 생각이다. 잠깐 우리가 기술적인 단어로 존재론을 정의해 본다면 세상이 어떻게 움직이는가에 관한 생각이라 할 수 있다. 이런 점에서 존재론(ontology)은 '세상이 어떻게 움직이는가를 우리는 어떻게 알 수 있는가' 하는 인식론(epistemology)과는 상반된다. 다음 장에서 이 문제가 중요하게 다루어지겠지만 철학이나 인류학과 같은 학문에서는 '존재론'을 다른 방식으로 정의하고 사용했다 해도[42] 지금은 실제로 그것은 무엇인가, 실제로 무엇이 존재하는가에 대한 사색이라고 생각하면 문제없다. 지금까지 검토한 고고학의 세 가지 접근법은 필자들이 보기에 단 한 가지의 존재론에 의존했으며 그 존재론은 이원론을 토대로 하고 있다.[43]

지금까지 우리 고고학의 패러다임에서 이원론적이라면 어떤 것이 있는가? 방금 앞 절에서 논의했던 탈과정주의 사고에서도 꽤 명백하게 이원론적 사고가 드러나고 있으니 다른 접근법에서는 말이 필요 없을 것이다. 논의를 진전시키기에 앞서, 그렇다면 과연 이원론이란 무엇인가? 앞 장에서 말한 것처럼 이원론은 한 쌍의 정반대로 대립하는 범주로 세상을 나누어 보는 관점이다. 예컨대 우리는 세상의 병을 '정신적' 질환과 그 밖의 다른 질환으로 나누는데 그것은 정신과 육체로 깔끔하게 나누는 구도에 따른 것이다. 이러한 이원론은 서구적 사고의 기본 성격인 듯하며 그 예를 들라면 셀수도 없을 것이다. 마음과 몸, 남성과 여성, 주체와 객체, 무형적 사고와 유형적 물건, 의례와 일상, 그리고 가장 중요한 문화와 자연과 같은 구분이 그것이다. 하지만 맨 끝의 문화와 자연과 같은 구분을 두고 이를테면 이런 논쟁을 할 수 있다. 성의 차이는 유전적인가 아닌가? 만일 그렇다면 자연적이고 정해진 것이지만 그렇지 않다면 문화적이고 선택에 따라 달라진다. 당신은 어머니의 DNA를 50% 공유하므로 성 정체성은 자연에 기인하고 그래서 당신은 어머니처럼 행동하지만, 어머니가 당신을 길렀기 때문에 당신의 행동은 문화적이다. 세상에 대해 이런 식으로 생각을 끌고 가면 수없이 많은 곤란한 문제에 부딪히게 될 것이다. 앞 장에서 살핀 것처럼 우수한 경기력을 보인 선수라든가 어떤 돌이 고고학적 유물인가 아닌가를 결정하려 할 때 우리의 판단이 의미가 있는 것인가 아니면 속임수에 불과한가의 문제에 부딪히게 될 것이다.

그동안 고고학을 지배해 온 이론들이 패러다임이나 존재론적으로 다른 주장을 펼친 것이 아니었다. 그 대신 이원론으로 구분된 세계의 어느 쪽이 더 중요한가에 관해 주장하고 반박해 온 것이다.[44] 당신의 친구와 문화인가 아니면 자연인가에 대해 논쟁을 벌이고 있는 당신의 모습을 떠올려 보라. 예컨대 지금 당신의 모습은 유전적으로 결정된 것인가 문화적으로 만들어진 것인가? 당신이 어느 쪽에 서서 주장을 펼치든 당신과 당신 친구에게는 그렇게 두 가지로 나누어진다는 것이 암묵적으로 받아들여지고 세계를 그렇게 나누어 보는 방식이 틀리지는 않을 것 같다고 느껴질 것이다. 물론 고고학 이론의 위대한 논쟁들에서도 그랬다. 고고학자들은 반드시 신앙, 관념, 문화의 특정한 세계에 주목하거나, 아니면 적응, 물질, 자연이라는 더 일반적 세계에 대하여 초점을 맞추어야 했다. 이 점에 대해 좀 더 살펴보기 위해 앞으로 나아가기보다 뒤로 돌아가서 고고학사를 잠깐 되돌아보자.

이안 호더의 유럽 신석기시대의 해석과 같은 구조주의 설명에서는 탈과정주의의 이원론이 어떤 역할을 했는지 분명히 드러난다. 당신이 마음만 먹으면 탈과정주의가 그러한 생각을 가지고 이원론의 어느 한쪽 편을 강고하게 주장해 왔던 방식을[45] 어렵지 않게 확인할 수 있다. 탈과정주의 고고학자들은 의미, 언어, 종교, 상징, 그리고 정체성을 강조해 왔다. 이 모든 무형적, 문화적인 측면이 더 중요하다고 본 것이다. 자연과 물질세계는 사람들이 그에 대해 어떻게 생각하고, 그것에 어떻게 개입하며, 그에 대해 어떤 믿음을 갖게 되는가 하는 것이 문제가 될 때 비로소 의미 있게 된다. 여기서 문제가 되는 것은 주체이지 객체가 아니다. 그러므로 동물이라는 것도 그것이 제공할 수 있는 영양보다 그것이 어떻게 표현되는가 하는 문제가 더 중요했다. 토기에 대해서도 마찬가지다. 그것이 쓰이는 방식보다 그것이 상징하는 것이 중요하다고 보는 것이다. 학문 그 자체가 무엇보다 인간과 그 문화, 그리고 우리 자신의 주체적 해석에 중점을 두는 인문학적 주제를 일차적으로 다루는 것이 되어야 했다. 그야말로 거기서는 문화가 왕이었다.

이에 비해 과정주의는 완전히 반대로 갔다. 자연이 가장 중요하고 그에 대한 질문은 이렇게 주어진다. 사람들은 자연에 어떻게 적응하는가? 특정한 환경의 요구에 존속하기 위해서 문화의 여러 측면은 어떻게 만들어지는가? 유물은 사람이 환경의 요구에 따라 살아가도록 어떤 특정한 방식으로 기능하였는가? 여기서 고고학은 객관적 과학이며 자연과 환경, 그리고 어떤 종류의 법칙을 다루는 학문이다. 그 이전의 단계로 이야기가 넘어가게 되면 진자의 추는 다른 쪽 반대편으로 옮겨간다. 문화사 고고학에서 문제가 되는 것은 사람들이 가진 문화이다. 문화사 고고학자들은 물질적 형태에 나타나는 비물질적 정체성과 문화 변천의 역사에 대하여 그들의 생각들을 표명해 왔다. 여기서 기본적으로 물질은 문화에 의해, 객체는 주체로 인해 형태가 잡히며 고고학은 역사를 지향했다. 그래서 문화사 고고학자들을 향한 과정주의 고고학의 비판은 그들이 물질세계의 본질에 주의를 기울이지 못했다는 데 초점이 맞추어진다. 유사하게도 1980년대 과정주의와 탈과정주의 고고학 사이의 방대한 논쟁도 진정 중요한 것은 자연인가 문화인가 하는 문제였다. 세상을 그렇게 구분해 보는 것이 과연 의미가 있는가, 없는가 하는 것은 문제 삼은 적도 없다.

그동안 고고학이 엄청나게 다양한 주장들을 펼쳐 온 것처럼 보임에도 실제로 그들은 두 가지 상반된 극단의 입장 차를 왔다갔다한 것에 불과한 것이다. 즉 한쪽에서는 주체, 관념, 신앙, 정체성 그리고 문화에 중요성을 부여하고 다른 쪽에서는 객체, 자연, 물질, 그리고 과학에 중점을 둔다.[46] 물론 대다수 고고학자는 양극단 사이를 헤쳐 지나가거나 어떤 때는 이쪽, 다른 때는 저쪽으로 방향을 바꾸기도 한다. 하지만 1990년대까지는 상반된 양극단으로 갈리는 것 자체가 문제라고 생각한 사람은 거의 없다. 논쟁에 구사된 용어들이 인위적인 것에 불과하고 고고학자가 자기 자신을 기만하면서 그런 용어를 만들어 쓴 것이 아닐까 하는 반성이 없었다. 그렇다면 이러한 이원론은 대체 어디에서 온 것이며 왜 고고학자들은 이에 의지하여 논의를 시작했을까? 주지하다시피 이 이원론이 우리의 일상적인 의견제시에도 불쑥불쑥 튀어나오는 것을 보면 비단 고고학만이 문제가 아니고 훨씬 광범위하게 퍼져 있는 논법이란 것을 알 수 있다. 사실 우리는 이 이원론을 고대의 역사까지 추적해 볼 수 있다.

이원론의 역사에서 가장 중심적인 인물을 말하라고 하면 흔히 17세기에 활약했던 르네 데카르트(박스 2.5)를[47] 지목한다. 이 이원론이라고 하면 흔히 그를 기려 이름 붙여진 데카르트주의라고 할 정도로 그는 핵심적 인물이다. 급진적 회의론자인 데카르트는 우리 자신의 의식 말고는 이 세상에 확실한 것이 없다고 주장하였다. 그의 유명한 철학적 구호 '나는 생각한다. 고로 존재한다'는 그러한 취지를 정확히 잡아낸 말이다. 우리에게 확실한 것은 우리들의 정신이며 우리들의 몸은 아니다. 그러므로 마음은 몸과 분리되며 육체적인 것과 상반된다. 데카르트는 세상을 마음과 몸으로 나누고, 자연과 문화로 분리했으며, 동물(자연적인 것)과 인간(문화적인 것)을 구분했다. 하지만 이 이원론 때문에 데카르트를 비난하는 것은 좀 공평하지 않은 점이 있다. 여러 가지 측면에서 그는 매우 오래된 사상사에 기반을 두고 자신의 구도를 그려 냈을 뿐이기 때문이다. 예컨대 그가 몸과 마음을 분리할 때 근거가 된 몸과 영혼의 구분은 크리스트교 신학을 거쳐 성서와 고대 그리스의 철학과 연결된다. 이처럼 데카르트는 세상을 두 가지 상반된 진영으로 구분했던 17세기의 유일한 사상가는 결코 아니었다. 우리가 분명히 알아 두어야 할 것은 데카르트와 그 밖의 사상가들이 주장한 상반된 두 가지 범주가 과학적으로 발견된 바는 전혀 없었다는 사실이고, 이러한 형이상학은 지구가 둥글다는 사실을 깨닫게 되는 것과는 전혀 다른 것이라고 할 수 있다. 그 대신 그가 주장했던 바는 실제로 사물들을 그렇게 두 가지 진영으로 나누는 사고법을 공식화하고 그러한 관념들을 세상에 적용함으로써 실제로는 복잡한 현실을 모호하게 보이도록 만들었다.[48] 이러한 점에서 우리가 이원론을 받아들이게 되면 세상을 보는 한 가지 방식을 무비판적으로 수용하게 되는 셈이어서 과거에 대한 접근법으로서 가장 적절한 방법을 모색하기 어렵게 된다.

박스 2.5 **르네 데카르트**

　르네 데카르트(René Descartes, 1596-1650)는 17세기 철학과 수학의 발전에서 중심적인 인물이었던 프랑스의 철학자이다. '나는 생각한다. 고로 존재한다'라는 철학적 명제로 유명하지만, 서양사상이 오랫동안 세상을 상반된 둘로 나누어 보기 위해 추구해 왔던 방법을 제시한 상징적인 인물이다. 그의 많은 저작 중에도『방법 서설』(1637)이 대표적이다. 이 책을 통해 검토하게 될 여러 접근법은 이 '데카르트주의'에 대한 반발로부터 시도된 것이다. 극단적인 회의주의자로서 그는 자신의 마음 외에는 아무것도 실재라고 믿을 것은 없다고 주장하였다. 그래서 우리는 그의 업적을 대변해 줄 만한 이미지로 여기 오귀스트 로댕의 유명한 조각, 생각하는 사람의 사진을 올려놓았다.

앤드류 혼(Andrew Horne), https://commons.wikimedia.org/wiki/File:The_Thinker_Rodin.jpg

이원론의 문제

지난 세기 동안 전개되어 온 고고학을 돌이켜 보면 그 중심에 이원론적 대립이 있음을[49] 학사를 통해 알 수 있다. 서로 다른 패러다임처럼 마치 경쟁하듯 세계에 대한 서로 다른 이해의 방식들을 내놓았던 것이 아니었다. 특정한 하나의 세계관 안에서 어떤 측면이 더 잘 맞아떨어지는가를 놓고 논쟁했던 것이다. 이 이원론이 진정으로 문제가 되는 것은 이 관점이 사려 깊지 못한 전제를 채택했다거나 역사적 전통을 그저 물려받았기 때문은 아니다. 이원론이 심각한 문제로 다가오는 이유는 그것이 과거에 대한 진정한 이해로 나아가려 할 때 우리의 발목을 잡기 때문이다. 다음과 같은 몇 가지 이유로 이원론은 과거에 접근할 때 문제가 된다.

무엇보다 첫째로는 과거의 사람들이 거의 확실히 오늘날 우리가 생각하는 것과 같은 방식으로는 생각하지 않았을 것이라는 점이다. 세계의 이곳저곳에서 우리가 만나는 사람들, 그들이 아마존 사람이든, 멜라네시아 주민이든, 혹은 다른 사람이든, 이와 같은 비서구의 집단들을 볼 때, 그들 각자는 세계는 어떤 것이고 그것은 어떻게 움직이는가에 대한 생각이 서로 다르기 때문에, '존재론'을 서로 달리하는 수많은 집단이 있음을 알 수 있다. 제1장에서 이야기했던 우리들의 돌을 기억하는가? 어느 한 존재론에서는 그 돌이 그저 가공되지 않은 자연석에 불과할 뿐이라고 주목하지 않았다. 그러나 또 하나의 존재론에서는 그것이 발견된 세계와 아주 다른 관계의 세트를 가졌다고 본다. 이는 과거 역시 사고의 모든 다른 방식으로 가득 채워질 수 있음을 의미한다. 그래서 이안 호더가 유럽의 신석기시대 세계를 이원론적으로 구조화되어 있다고 주장했을 때 그는 사실상 과거의 그 세계를 오늘날의 전제로 식민지화한 셈이다. 그는 과거를 자신이 스스로 말할 수 있도록 그냥 두지 않았다. 아울러 우리에게도 그 시대와 그 주민들이 지금 우리 시대의 우리와 얼마나 다른지를 생각할 수 있도록 놔두지 않은 것이다. 이원론은 본질주의적이다. 달리 말하면 이원론은 세계에 개입해서 그것을 시간과 공간을 넘어서 영속적인, 본질적인 것으로 만들어 버린다. 지금 우리가 보면 서구적 사고는 상반된 것의 대립 혹은 이원론을 채용하여 세계를 구조화하는 관점이 확실한 듯하다. 하지만 현실 세계가 데카르트주의의 관점처럼 이원론의 어떤 특정한 세트로 구조화되어 있다는 견해에서 출발한다는 것과 어떤 특정 역사적 맥락에서 우리가 그 세계의 사람들은 세계의 작동을 이해하는 데 이원론이 중요한 역할을 한다는 사실을 밝혀낸다는 것은 큰 차이가 있다.

둘째로는 이원론을 과거에 적용했을 때의 문제이다. 사실 이원적 방식의 사고는 이원적 범주를 과거 사람들에게도 덧씌워 그들이 누구이고 그들이 하는 일이 무엇인가에 관한 그 복잡성을 모호하게 만들어 버리는 경향이 있다. 이를테면, 바바라 보스처럼 아메리카 식민지 세계를 연구 대상으로 한다면 식민지 사람들을 젠더, 종족 혹은 성적 정체성에 따라 상반되는 집단으로 구분해 보는 것은 바람직하지 않다. 바바라 보스가 주장하는 것처럼 그러한 구분을 한다면 우리는 실제로 복잡하게 뒤얽혀 당시 사람들의 삶을 특징지어 주는 그 모든 것을 놓치게 된다.[50] 사실 이원론적 사고에 따르면 '남성'과 '여성'이라는 상반된 범주를 시간을 초월한 구분으로 생각하게 된다. 그러나 과거와 현재 그 양쪽에서 나오는 증거들을 보면 다른 젠더의 종류가 얼마든지 존재하고 존재할 수 있음을 보여준다(제4장).

셋째, 이원론은 변동을 설명하는 일을 어렵게 만든다. 고고학에서 하는 흔한 이원론적 구분 중 하나는 수렵채집민과 농경민을 나누는 것이다. 이 둘은 완전히 다른 생활 방식을 영위하고 그래서 완전히 상반된 집단인 것처럼 보인다. 특히 수렵채집민 쪽이 그러하지만, 두 집단은 영속적이고 변화가 없어 보인다. 그러나 우리가 이 두 집단을 상반된 위치에 놓자마자 한 집단에서 다른 집단으로의 변화는 우리가 설명해야 할 중요한 과제가 되어 버린다[51](이를테면 유럽 고고학에서 중석기/신석기 전이라고 하는 것처럼). 그런데 우리가 세부적으로 일어난 변화들을 보지 못한다면 결국 우리는 엄청난 규모의 인구 교체를 생각하거나 이전의 생활 방식을 철저하게 폐기하고 새로운 것으로 완전히 바꾸었다고 이야기해야만 한다. 이러한 문제는 제3장에서 논의하게 될 연속성인가 변화인가를 상반된 것으로 보기 때문에 생긴다.

끝으로 지적하지만, 이 이원론은 근본적으로 그리고 심각하게 잘못 생각하는 점이 있다. 이원론이 생각하는 것처럼 모든 장소와 모든 시간에서 세상은 자연과 문화, 몸과 마음, 물질과 비물질, 그리고 여성과 남성으로 구분되지 않는다. 이원론의 틀이 덧씌워진 우리의 근대 서구세계에서조차 우리가 살아가는 현실은 그러하지 않다. 우리가 세계 안에서 볼 수 있는 것은 상반된 둘 사이를 모호하게 만드는 낯설고 혼종된 사물들뿐이다.[52] 바로 앞 장에서 우리가 논의했던 육상 선수에게로 돌아가서 유전자 조작 식품과 인위적으로 개량한 운동화에 대해 생각해 보자. 트랙 경기에서 그가 거둔 성적은 결코 '자연적'이라고 말하기 어렵다. 그가 어떤 화학물질은 섭취하지 못하도록 금지되었다는 사실에도 불구하고 말이다. 만약 이원론과 이항대립이 그야말로 이원론자의 세상인 현재를 이해하는 것에도 도움이 되지 못한다면 과거를 이해하려는 우리에게도 그것이 어떤 도움을 줄 수 있는 여지는 없다고 본다.

맺음말: 교수 세 사람

세 사람의 교수가 당신이 발굴한 구덩이를 보고 조언을 했는데 그렇다면 과연 지금까지의 논의는 어떤 조언으로부터 출발한 것인가? 바라건대, 당신은 세 사람 모두가 무언가를 준 것이 있음을 잘 알았으면 한다. 토기를 특정 형식으로 판정하는 일은 그 발굴 구덩이의 연대를 정하는 일에 도움을 주며, 그 찌꺼기를 분석하도록 실험실에 보낸 것은 그것이 어디에 사용되었던 것인지 파악하는 일에 결정적으로 도움이 된다. 그리고 그와 같은 특정한 맥락에서 이 유물들의 의미에 대해 생각하는 일은 앞으로 우리가 추구해야 할 흥미로운 연구 방향이다. 그러나 이 교수 세 사람의 주장은 모두 이원론으로부터 자유롭지는 못한 것 같다. 문제가 되는 것이 문화인가 아니면 자연인가? 기능인가 아니면 의미인가? 이러한 것이 과거에는 하등의 문제도 되지 않았으며 오늘날에도 큰 의미를 지닌다고 보기는 어려울 것 같다. 이에 반해서 다음번 당신이 트라월을 들었을 때는 탈과정주의 고고학자가 조언한 것에서 출발하여 관계성의 차원에서 이러한 문제들을 깊이 있게 사고해 보는 것이 좋을 것 같다. 어떤 물건들은 또 다른 물건들과 어떤 관계인가? 그들은 인간과 어떤 관계를 맺었던가? 그들은 그 관계에서 어떻게 생겨나는가? 당신의 트라월, 발굴 구덩이, 그리고 교수 등과 맺은 관계로부터 고고학자로서의 당신이 생겨났다면, 아마도 우리는 과거에 대해서도 그와 같이 생각해 볼 수 있을 것 같다.

이 장에서 우리는 두 가지 이야기를 했다. 한편으로 우리는 고고학적 사고의 일반적 역사를 훑어보았고, 그러면서 서로 다른 사고의 학파들이 실제로는 상당한 공통점들을 공유하고 있음을 보여 주려 했다. 그들은 모두 이원론에 기초하고 있으며 그들의 쟁점이 실은 이원론의 한편에 서서 자기 편이 다른 편보다 더 중요하다고 주장하는 일이었다. 고고학자들은 때때로 우리가 살아가고 과거를 해석하고 있는 이 세계의 정치적 입장에 의해 우리들의 사고가 형성된다는 사실을 깨닫고는 한다. 이를테면 브루스 트리거는[53] 무엇이 더 중요한가에 따라 우리의 고고학은 민족주의, 식민주의, 아니면 제국주의의 기획이 된다고 유명한 주장을 했었다. 여기서 우리가 논의하고 있는 것도 그러한 주장의 연장이라고 생각한다. 그런데 여기서 우리 고고학의 모습을 만들어내는 것은 우리의 정치적 입장이 아니다. 그것은 세상이 어떻게 움직이는가에 대한, 다시 말해서 존재에 관한 우리의 이론, 즉 우리의 존재론이다. 우리가 과거에 관해 어떤 진정한 의문을 제기하려 한다면, 과거에 관해 진정 정확한 그 무언가를 말하고 싶다면, 우리가 전제로 깔고 있는 그 사고의 기초를 우리는 허물어야 할 필요가 있다. 이것이 지난 20년 동안 고고학 이론가들이 시도해 왔던 일이며 앞으로 이 책에서 우리가 중점적으로 노력해야 할 작업이다.

제3장
사고와 사물
이론과 에이전시

머리말: 신기한 물건과의 만남

이론이라면 이제 지치지 않나? 그렇다면 잠깐 현장에서 무언가 발견했을 때로 돌아가 보자. 좀 구식이지만 땅 파는 고고학과 현장의 고고학자들이 이따금 경험하는 운좋은 순간으로 잠시 돌아가 보자(그림 3.1). 대다수 고고학자와 고고학과 학생들은 고고학 현장실습을 충분히 했거나, 안 했다 해도 곧 익숙해질 것인 만큼 발굴현장으로부터 얘기를 시작해 보면 좋을 것 같다. 미국 북동부지역의 한 발굴현장에 등록하고 17세기 미국 토착 주민의 방어취락을 여러분이 발굴하는 장면을 떠올려 보자. 당신과 당신 동료들은 조사단의 일부가 돼서 한 발굴 피트에서 무엇이 나타나는지 확인하는 지루한 작업이 배당될 것이다. 현장 책임자는 당신이 노출해 낸 유럽산 도자기편을 보고 흥분하겠지만 당신은 흥미를 유지하기 힘들 것이다. 아마 당신은 유물들이 당신 집에서 쓰는 컵이나 밥그릇과 별로 다르지 않다고 느낄 것이다. 당신은 무언가 새롭고 흥미로운 것을 찾기 위해 현장실습에 등록했을 테지만 특히 덥고 습한 오후가 되어서 지루한 발굴단에 속해 꽃삽질만 하다 보면 이 여름을 이렇게 보내고 말 것인가 하는 생각이 들 것이다. 멍한 상태에서 땅을 벗겨 내던 중에 당신의 발굴 피트 한쪽 구석에서 무언가 반짝이는 것이 나타나더라도 아마 풀장과 에어컨만 생각하다 그것이 당신 눈에는 들어오지 않을지도 모른다. 다행히 이상한 느낌이 들어 당신 트라월이 구석 쪽으로 움직여 가고 그쪽을 내려다보게 되어 이윽고 그 '신기한 물건'(색깔과 질감이 파악되지 않은)으로 보이는

그림 3.1 그 신기한 물건에 대하여 깊이 생각함(케이-페이 스틸 그림)

것의 윗부분이 당신 눈에 들어오게 될 것이다. 당신이 팀장을 부르게 되면 그는 즉각 와서 그 물건을 계속 노출하면서 그 출토상태를 기록하는 작업을 도와줄 것이다.

당신이 조심스레 땅에 박혀 있는 그 신기한 물건을 노출하는 동안 발굴학교 사람들 전원이 주위로 몰려들어 그 장면을 보고 당신은 무언가 마음속으로 우쭐해질 것이다(그림 3.2). 어두운 금색, 혹은 갈색의 색조이고 당신이 트라월로 가볍게 톡 쳤을 때 나는 소리를 들어 보면 그것은 비철금속 중 어떤 것으로 만들어진 것임을 알 수 있다. 길이는 약 5cm이고 가장 넓은 쪽의 지름이 1cm가 못 된다. 꼭지 끝에 구멍이 있고 양쪽 가장자리까지 이어지는 이음매가 있는 것 말고는 작은 아이스크림콘 같은 깔때기 모양을 하고 있다. 다시 말해서 납작한 금속판을 말아서 작은 원추형으로 접은 것처럼 되어 있고 꼭지가 뚫려 있는 채로 둔 형상이다. 좀 더 자세히 관찰해 보면 넓은 쪽 가장자리(콘에 아이스크림을 얹는 쪽)를 따라서는 잘게 두드린 자국이 나 있고 사실 몸통 전체에서 약간의 긁힌 자국과 두드린 자국이 나 있음을 볼 수 있다. 도대체 이 물건을 무

64

그림 3.2 동제 딸랑이(금속유물, 최대길이 5.3cm)(로얄 온타리오 박물관의 허가로 게재)

어라고 해야 되는가?

척척박사인 발굴단 동료가 당신이 손에 들고 있는 것을 낚아채며 이렇게 외친다. "아하! 문화적 지속의 증거가 여기 있군!" 그는 이 신기한 물건의 재질을 보고 이 넓은 지역의 토착민들이 이미 수천 년 전부터 이따금 동(銅)을 사용해 왔을 것이라고 설명한다. 당신이 맡은 발굴 피트 안에서도 확인되고 있지만 분명 식민지시대의 변화를 거쳤음에도 문화적 지속의 증거들이 조금씩 나타나는 것을 보고 그는 흥분하는 것이다. 지금 당신이 발굴하고 있는 이 17세기 유적에서는 누구의 주의도 끌지 못할 만큼 흔한 것이 유럽산 도자기인 것을 보면 아메리카 원주민의 문화적 실천은 이미 큰 변모를 겪었다고 보아야 한다. 그런데 신기하게 생긴 이 물건처럼 격동의 세월을 거쳤음에도 전통적 기술과 원거리 교역망(아마 오대호 지역과 연결되는)을 유지해 온 증거를 보여 주고 있다고 그는 생각한 것 같다. 안됐지만 그 흥분의 순간은 오래가지 못했다. 발굴팀장이 와서 말하길 17세기면 이미 이 지역에서 유럽인 교역자들이 아메리카 토착민들과 교환하기 위해 많은 양의 구리와 놋쇠를 수입해 왔다는 것이다.[1] 약간 기분이 가라앉은 당신은 이번 발굴 기간 중 계속 수습해 담아 온 토기편을 보는 것처럼 그 신기한 물건을 들여다보았다. 이 지역에서의 유럽인의 존재와 교역 관계의 증거가 추가되었을 뿐이군 하면서 당신은 생각할 것이다. 이 유적과 이 시기에 대해 내가 아직 모르고 있는 것에 대해 누군가 말해 줬으면 하고 말이다. 발굴팀장은 당시 유럽인들은 이런 물건의 형태로 놋쇠나 구리를 교역한 적이 없을 텐데 하고 말해 주면서 당신을 격려한다. 그들이 교역할 때는 주로 조리용의 넓은 냄비 모양이었다(그림 3.1). 이런 점에서 이 유물은 아주 새롭고 흥미로운 것이다. 발굴학교의 원주민 학생 중 한 친구에게서 기발한 착상이 떠올랐다. 그는 자신의 숙모가 가지고 있었던 '징글 드레스'가 있는데 그 옷에 100여 개 정도 달린 미니어처 금속 고깔과 그 물건이 아주 비슷하다는 것이다. 그의 숙모는 아메리카 원주민 모임에 그 드레스를 입고 가는데 '푸어우어'라고 하는 특별한 춤을 추기 위해서라고 한다. 옷을 입고 춤을 추면 미니어처 고깔들이 움직이고 서로 부딪치면서 아름답게 울리는 소리가 난다는 것이다.

고고학자들은 이 신기한 물건과 같은 것에 대해 어떻게 생각하나? 이 장에서는 실천과 에이전시의 이론을 토대로 이러한 문제들을 탐구해 보고자 한다. 이 관점은 1980년대에 접어들면서 이론 고고학을 완전히 다시 썼으며 그 영향력은 오늘날에 미치고 있다. 한마디로 이 관점은 발굴학교에서 당신이 파낸 그 유물과 같은 고고학적 수집품들을 조사할 때 특히 유용하다. 이 이론적 관점은 앞 장에서 설명했던 기능주의와 구조주의의 접근법을 비판하면서 다음에 우리가 논의하게 될 것들을 사물과 사고 사이의 문화적 재생산으로 간주하였던 이론이었다. 이에 대해서는 다음 절에서 충분히 설명할 것이니 이게 무슨 얘기인가 하고 너무 걱정하지는 마시라. 이어지는 절에서는 기본적인 정의를 먼저 내리고 실천과 에이전시 이론의 의의에 대해서 우리가 주목해 보아야 할 것이 무엇인가에 대해 살펴보려고 한다. 그리고 제1장과 제2장에서 강조했던 이원론의 문제에 대해 이 이론이 관계론의 관점에서 비판했던 것에 관해 설명할 것이다. 다음으로 고고학자는 아니지만, 실천과 에이전시에 관해서라면 영향력 있는 이론가, 피에르 부르디외와 앤소니 기든스, 이 둘의 연구를 각각 살펴보려 한다. 그런 다음에 이 이론의 고고학적 의미가 무엇인지를 좀 더 자세하게 검토할 수 있게 될 것이다. 물론 여기서는 고고학 이론에 전환을 가져온 실천과 에이전시 이론의 주요 쟁점과 주제들에 대해서만 검토할 수 있을 것이다. 끝으로 우리는 다시 이 신기한 물건으로 돌아가 우리가 논의할 수 있는 관점들을 중심으로 상황을 재정리해 볼 것이다. 이 '아이스크림콘'의 미니어처를 염두에 두고 당신이 마지막 부분의 재확인을 읽게 되면 어떻게 여러 가지 아이디어들이 그 유적에 대해 새로운 의미를 부여할 수 있는지 알게 될 것이다.

실천과 에이전시 이론이란 무엇인가?

실천이론을 정의하기 어려운 데는 몇 가지 이유가 있다. 원래 실천이론은 사회학과 인류학 분야에서 발전되어 나온 일련의 사고들이라고 할 수 있다. 마르크스주의의 프락시스(*praxis*)라는 관점에 근거하여 사고와 이론이 행동(action)으로 옮겨지는 어떤 방식에 대한 이론이지만 기능주의와 구조주의 양쪽을 비판하는 역할을 했다. 고고학에 도입되었던 다른 이론들(이를테면 문화진화, 체계이론, 구조주의)과는 달리 예측, 혹은 일반법칙과 관련된 요소들을 포함하고 있지 않다. 사회와 문화가 어떻게 작동하고, 유지되고, 시간과 공간을 가로질러 변형되는지에 대한 결정론, 혹은 보편적 모델이 아니라 느슨한 가능성을 끌어모아 놓은 것 같은 이론이다. 실천이론의 영향을 받은 고고학자는 한편으로 에이전트들(그것이 개인이든, 인간집단이나 심지어 사물들이든) 사이의, 혹은 그들과 사회구조(다른 사람들이나 공동체, 혹은 사물) 사이의 '재귀적(recursive)' 관계에 초점을 맞춘다. 그리고 에이전트와 구조가 상호작용하는 방식, 혹은 문화와 사회구조가 시간의 경과와 함께 유지되거나 변형되는 방식에 따라 문화 재생산(cultural reproduction)이 이루어진다고 본다.

자, 그러면 잠깐 한 걸음만 나가보자. 첫째, 에이전트는 자신이 소속된 큰 집단의 일원으로서 행동해야 할 '규범(norms)'에 따라 주어진 상태를 유지할 수도 있고, 그에 도전할 수도 있다. 그래서 에이전트는 세상 안에서 다름을 만들어 낼 수 있는 능력을 지녔다.[2] 우리는 이 에이전시를 통해 어떤 사회 패턴을 강화할 수 있다. 예를 들어, 아마 당신은 지금 제3장을 읽고 있을 텐데, 당신 교수로부터 그렇게 하도록 지시를 받았기 때문일 것이다. 당신은 적극적인 에이전시로 당신은 분명 다르게 행동할 여지가 있는데도 교수의 지시를 따라 책 읽기를 선택했다. 당신은 지시를 받는 즉시 교수의 면전에서 고함을 칠 수도 있고, 책상 위에 올라가 그 책을 불에 던져 버릴 수도 있다. 이 모든 가능한 행동들은 각각 서로 다른 일련의 결과들을 만들어 낼 것이고 그 과정은 완전히 서로 다른 방향으로 흘러간다.

만약 에이전시가 세상에서 다름을 만들어 낼 수 있다면 사회구조란 과연 무엇을 의미하는가? 이는 아주 적절한 질문이고 그 대답은 간단하다. 그러면 일단 사회구조라는 것을 사람들의 선택, 행동, 그리고 믿음 등을 안내하는 그 어떤 것이라고 해 두고 논의를 시작해 보자. 앞서 예를 들었던 발굴학교의 상황이 기억나는가? 고고학 유적에서 어떻게 행동해야 하는가를 당신은 배웠다. 어떤 옷을 입고, 어떤 말을 하며, 발굴 피트 안에서는 몸을 어떻게 움직여야 하고, 동료 학생들이나 발굴 조교를 거명할 때는 어떻게 해야 한다는 지침과 함께 유물을 발굴해 내고, 기록하고, 출토된 것을 분류하는 방법에 대해서 당신은 배웠다. 이렇게 당신은 사회구조를 통해 그러한 것들을 하는 방법을 배운 셈이다. 그것은 발굴 조교로부터 받은 분명한 지침('이렇게 하고, 저렇게 하면 안 된다!')으로부터 발굴팀장을 호칭할 때 하는 방식처럼 묵시적인 패턴까지를 포함한다. 아마 누구도 팀장을 호칭할 때 이렇게 하라고 말하는 사람은 없었을 것이다. 그래서 당신은 이전에 고고학자나 교수들과 함께했던 경험과 발굴학교에서 다른 사람(아마도 당신과 비슷한 등급)들이 팀장을 호칭하는 것을 살펴 왔던 그 결과에 근거하여 판단하게 될 것이다.

이 이론에서는 무엇보다 에이전시와 구조 사이의 관계가 핵심이다. 구조가 에이전시의 선택과 행동에 영향을 행사한다는 점에서 보면 에이전시는 구조로부터 그 형태를 갖춘다. 하지만 구조와 에이전시는 재귀적으로 연결되었기 때문에, 그 사이에는 '피드백 루프'와 같은 것이 존재한다(박스 3.2 참조). 이는 간단히 말해 에이전시가 구조에 대해 되돌려 행동할 수 있으므로 구조에 영향을 준다는 것이다. 발굴학교 첫날, 어떤 사람이 여름 내내 사용하라고 반짝거리는 새 트라월을 주었다. 그때 당신이 받은 지시는 (준 사람의 말을 통해서가 아니라) 트라월 그 자체, 발굴학교의 다른 참가자들이 현장에서 트라월을 사용하는 모습에 대한 관찰 등에서 왔다. 이 모두가 당신(이 경우에는 당신이 에이전트)이 트라월을 가지고 어떤 방식으로 사용하라고 당신에게 영향을 주는 구조인 것이다. 여기서 당신이 트라월을 어떤 방식으로 사용함으로써 트라월 사용지침을 넘어 발굴학교 전반의 사회구조에 영향을 미칠 수 있는 시나리오를 한번 생각해 보자. 아마 당신은 유성 마커를 이용해서 트라월 손잡이에 이름을 적어 보면 좋을 것이란 생각을 할 수도 있다. 그러면 손잡이의 당신 이름을 보고 다른 학생들도 모두 당신을 따르기로 판단할 수도 있다. 이것이 바로 에이전시와 구조 사이의 재귀적 피드백 루프가 작용하는 방식이다. 이를 보면 우리는 실천과 에이전시의 이론이 왜 필요한지를 알 수 있게 된다. 에이전시만으로는, 혹은 구조만으로는, 실천과 에이전시 이론이 성립할 수 없다. 오직 이 둘 사이의 관계에 관한 연구를 통해서만 그 의미를 지니게 된다. 실천이론가들이 보기에 이 둘은 문화 재생산과 문화의 지속 및 변동의 동시적 과정의 양쪽 부분에 해당하기 때문에 분리된 두 실체로 취급하기 어렵다는 주장을 펴기도 한다.[3]

실천이론은 사람, 사물, 그리고 둘의 혼합물과 그 밖의 다른 '사회적' 실체들이 문화 재생산의 과정 안에서 담당하는 역할에 관한 연구, 그리고 그들의 위치에 관한 탐구를 포함한다. 실천이론에 따르면 사람들이 무언가 함으로써 나오는 사물과 그것이 만들어 내는 표상들은 적응이라는 거시적 진화의 기획에 따라 아무 생각 없이 행위적 반응으로 나온 결과물이 아니다. 그리고 행위자(actor)의 머릿속에 들어 있는 문화적 법칙이나 규칙성의 수동적 반영물도 결코 아니라고 한다. 반대로 그들은 능동적이며, 문화적 및 사회적 재생산을 통해 의미 있게 구성되는 것들이고, 개개인과 그들을 둘러싼 주변 사이의 동적이고 즉흥적인 상호작용의 결과이며, 문화의 변동과 지속이 형태를 잡아 가는 무대를 구성한다고 할 수 있다.

인류학과 사회학으로부터의 영향

1970년대와 1980년대의 기간 동안 인류학자 피에르 부르디외와 사회학자 안소니 기든스는 각각 실천의 포괄적 이론을 세상에 내놓았고,[4] 이 두 사람의 이론은 실천에 기초한 수많은 고고학적 접근에 토대를 제공해 주게 된다.[5] 두 이론적 모델은 사회적·문화적 재생산의 핵심 요소인 실천의 형태를 그려 내면서 구조와 그것의 한 부분인 에이전트들 사이의 재귀적 피드백 루프에 초점을 맞춘다. 물론 부르디외와 기든스는 조금씩 서로 다른 개념과 용어를 사용하지만 두 사상가는 모두 개별 행위자들(actors)이 시간과 공간을 통해 사회구조를 변형시키고 재구축하는 데 어떤 역할을 하는지에 대해 탐구하기 시작한 인물이다.

피에르 부르디외(박스 3.1)의 학문적 경력을 보면 그가 처음에는 구조주의 사상가였다는 것을 알 수 있다. 알제리의 카빌레족(族)에 들어가 민족지 조사를 한 바 있으며 그 뒤 얼마 되지 않아 지금까지 자주 인용되어 온 카빌레 가구(家口)의 배치상에 대한 분석을 발표한다.[6] 그가 관찰한 가구의 공간은 여성/남성, 어둠/빛, 그리고 낮음/높음 등과 같이 대립(이원론의 세트)의 원리로 조직되어 있다.

제2장에서 논의한 바와 같이 구조주의는 사람들 마음속에 저장된 규칙성이나 원리를 드러내기 위해 노력했다(사실 제임스 데츠[7]와 같은 일부 구조주의 고고학들은 '마음의 세트'라는 용어를 사용하기도 했다). 구조주의 사상가들은 모든 인간의 의미 조직에 관한 규칙으로서 이원론, 혹은 이항대립의 원리를 강조했다. 예를 들면 부르디외가 관찰했던 것처럼 여성/남성과 같은 집 내부의 공간적 대립은 사람의 머릿속에 저장된 문화적 법칙의 직접적인 반영이라고 전제한다는 것이다. 이와 같은 모델은 안됐지만, 어느 한 문화 안에 있는 개개의 다양성이나 그 어떠한 방식의 문화변동에 관해 설명할 때, 별 도움이 되지 못한다.

이러한 접근법에 반대하며 부르디외는 개개인과 그들의 행동이 어떤 가옥의 공간적 패턴을 유지하거나 변형시키는 데 어떤 역할을 했는지에 대해 의문을 제기했다. 이

피에르 부르디외

피에르 부르디외(Pierre Bourdieu, 1930-2002)는 프랑스의 인류학자이며 사회학자이고 철학자이다. 그는 고고학자 사이에 실천의 이론으로 가장 잘 알려져 있다. 꼴레쥬 드 프랑스의 교수이며 사회학 학장의 자리에 있었다. 그의 저서『실천이론의 개요(*Outline of Theory of Practice*)』[8]는 1980년대 시작된 고고학 이론의 재정립에 큰 도움을 주었다. 아래의 것은 부르디외의 유명한 연구주제, 카빌레 가옥과 관련된 도면이다. 위의 도면은 카빌레 가옥의 구성을 보여 주고 있으며 아래 그림은 다양한 이원론적 원리를 토대로 공간구성의 방식을 해석한 것의 일부이다.

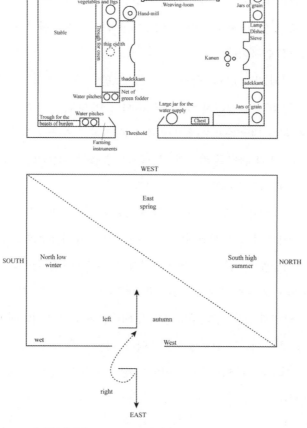

Bourdieu 1990: 272에서, 비키 헤링(Vicki Herring)의 재작도

70

러한 문제로 관심이 옮겨가면서 부르디외는 사람이 하는 일과 그들의 행동이 자신이 관찰한 물질문화의 패턴과는 어떤 관계에 있는지를 살피게 된다. 말하자면 사람과 그 행동이 구조주의자들에게는 고정적이었던 문화의 심층원리(사람의 머릿속에 있다고 하는)와 어떤 관계인지 살피려 한 것이다. 그는 가옥의 물리적 구조와 그에 대한 신체적 경험, 그리고 또는 그 안에서 이루어진 활동 사이의 동적인 피드백 루프에 초점을 맞추었다.[9] 요컨대 어떻게 가옥이 인간 활동을 만들어 가는지와 함께 인간 활동이 또한 어떻게 가옥을 형성시키는지에 대해 관심 있게 연구했다는 것이다. 이른바 '양쪽으로 연결된 통로(two-way street)'로 보는 것이다. 이는 구조주의식 사고와 같이 어떻게 마음의 틀이 가옥의 모습을 만들어 가는가 하는 문제, 즉 '한쪽으로만 연결된 통로'의 생각과는 크게 다르다. 이러한 대비를 통해 보면 그가 탈구조주의(poststructualism) 사상가의 한 사람이란 것을 쉽게 알 수 있다.

부르디외는 그의 저서 『실천이론의 개요』에서 인류학뿐만 아니라 사회이론 일반에 관한 이론적 문제를 제기했다. 부르디외에 따르면[10] 문화적 재생산이란 대체로 하루하루 삶의 일상적 국면(이를테면 건물과 집안에서의 생활)에서 무의식적으로 발생하는 것이라고 한다. 개개인이 취하는 행동과 그들이 만들어 내고 사용하는 물건들, 그리고 그들이 생산해 내는 표상들은 거의 시차 없이 어떤 형태를 가지게 된다. 어떤 형태가 되어 가면서 동시에 그것은 관찰된다. 그리고 바로 미래의 실천과 표상, 그리고 그것을 둘러싼 물질들에 영향을 미치게 된다(앞서 말한 양쪽으로 연결된 통로이다). 사회구조의 안정화나 문화전통의 유지는 사람들에게 받아들여진 자연의 질서나, 혹은 사물이 '항상' 그렇게 작동하기 때문에 의심 없이 받아들여진 믿음과 같은 것을 토대로 한다고 부르디외는 설명한다.[11] 당신이 발굴현장에서 어떤 정해진 패턴이 전혀 문제될 만한 것이 없으므로 그것을 따라 그렇게 행동했다면(부르디외의 말을 빌리면 '구조를 구조화함'), 그리고 카빌레인의 가옥이 그 공간적 질서를 그렇게 유지하고자 했다면, 거기에는 다르게 어떤 일을 할 수 있는 여지가 거의 없게 된다. 물론 집안을 구성하는 데 수많은 다른 방식이 있고 발굴현장에서 다르게 행동할 수도 있다. 구조는 항상 그랬던 것과는 다른 방식으로 사람들 앞에 보일 수 있으며 그럴 때 사람들은 그 구조의 즉흥적이고 임의적인 성격에 새삼 주목하게 된다. 이러한 과정이 실천자에게 다르게 행동할 가능성을 열어 주고, 그것을 정치화할 수 있도록 하며, 그럼으로써 사회변형이 일어날 여지가 생기게 된다.

예를 들어 다른 지역의 발굴학교 사람들이 당신의 현장을 방문한다고 상상해 보

자. 이 다른 발굴학교 사람들은 손잡이에 이름이 없는 것을 사용한다. 당신의 발굴학교에서는 모두 손잡이에 이름이 있는 트라월을 사용하고 있는 것을 그들이 보았을 때 그들은 선택해야겠다는(이름 없는 것과 이름이 표시된 것 중 어느 하나) 생각을 하게 될 것이다. 이 선택에 의한 차이는 마침내 두 발굴학교를 나타내 주는 상징으로 될 수도 있다. 이와 같은 현상을 일컬어 부르디외는[12] '독사(doxa)'라는 용어로 불렀다.[i] 만약 사회생활의 어떤 요소들이 독사로서 받아들여진다면 다른 방식으로의 행동도 생각해 보기 어려우므로 어떤 정치적인 함의도 실어나를 수 없게 된다.[13] 하지만 일단 독사가 의문시되고 해체되기 시작하면 정설(orthodoxy)을 통해 연속적으로 재구축이 시도되거나 이설(heterodoxy)에 의해 지속적으로 도전받기도 한다. 이 점에 있어 고고학은 특별한 입장을 가진다고 할 수 있다. 인류사의 장기적 관점에서 주어진 독사의 문제에 대해 논의해 볼 수 있는 학문이라는 것이다.[14] 예컨대 스티븐 실리만은[15] 이 개념을 19세기 캘리포니아의 미국 원주민과 정착 주민들 사이의 식민지적 상호작용을 해석하는 데 이용한다. 그는 식민주의와 그로 인한 새로운 형식의 물질문화 도입이 식민지 이전의 북아메리카 사회와 문화적 실천의 독사에 단절을 가져왔다고 파악했다.

독사와 함께 부르디외 이론의 중요한 개념 중의 하나는 '아비투스(habitus)'이다. 그는 이 용어를 마르셀 모스[16]로부터 가져왔다고 하는데 주지하다시피 그는 부족사회에서 교역품들이 교환되고 유통되는 방식에 깊은 관심을 보였던 인류학자이다.[17] 아비투스란 우리를 둘러싼 세상에서 어떻게 행동하고 참여할 것인가를 제시해 주는 시례(示例: predisposition)[ii]와도 같은 것의 체화된 세트를 일컫는 말이다. 다시 발굴현장으로 돌아가 그 신기한 물건을 기억해내 보자! 어떻게 해서 당신은 마침내 위에서 그것을 내려다보려 했고 그 위에서의 트라월 작업에 주의를 집중하게 되었을까? 당신이 손에 트라월을 쥐고 흙을 벗겨 내고 있을 때도 무언가 이것이구나 하고 느껴서 그리한

---

i   역자 주: 부르디외는 그의 저서 *Outline of a Theory of Practice*에서 '어느 특정 사회가 자연스럽게 받아들이는 믿음'과 같은 의미로 doxa라는 용어를 사용했다.

ii   역자 주: '示例'는 잘 쓰이는 말은 아니지만, 예시와 같은 뜻이다. 하나의 지침처럼 주어지고 체화된 것이다. 그런데 그렇게 하라는 대로 할 수도 있지만 다르게도 할 수 있다. 영어의 predisposition은 그런 의미를 담고 있으나 이에 상당하는 우리말로 적당한 것을 찾기 어려웠다. 그래서 이렇게 하라고 제시했지만 그렇게 할 수도, 하지 않을 수도 있는 것을 시례로 번역하고 그것이 몸에 쌓이듯 습득된 것을 아비투스로 이해했다. 아비투스가 어떤 형태로 존재하는가에 대해 부르디외는 절묘한 표현을 한다. "… 모든 유기체 안에 쌓인 지속 가능한 시례의 형태로 …"(Bourdieu, p., 1972, *Esquisse d'une théorie de la pratique*, Librarie Droz, p. 282.)

72

것은 아닐 것이다.[18] 아마 당신의 아비투스가 그와 같이 새롭고 기대치 못한 감각을 깨달을 수 있도록 이끈 것이리라. 발굴현장에서 앞선 몇 주 동안의 경험이 그 유적에서 당신의 몸을 어느 하나의 방향으로 움직여 가게 했기 때문이다. 유물이 묻혀 있는 흙과 밑에 아무것도 없는 흙은 발굴할 때 다른 느낌이 전해질 것이며 그것을 느낄 수 있도록 당신은 준비되었다. 피드백 루프를 통해 우리는 자신을 둘러싼 구조와 연결되고 그 영향을 받는다. 여기서 아비투스는 개개인으로 하여금 어떤 방식으로 행동하라는 체화된 시례와도 같은 것이다. 아비투스는 한 삶의 경험과 문화적 레퍼토리로부터 생성된 시례와도 같은 것으로 지속적이기도 하지만 전이되는 세트이다. 이는 구조화되는 동시에 구조화하는 성격을 지니고 있다.[19] 이렇게 말하면 우리가 제2장에서 설명했던 문화에 대한 정의와 비슷하게 들리지 않는가? 사실 사회적·문화적 재생산에 약간의 유연성을 덧붙이고 재생산의 과정에서 중요한 부분으로 개개인의 몸을 고려한 차이가 있을 뿐이다. 아비투스는 '규제되는' 동시에 규칙을 '생산하는 경향이' 있으며, 즉흥적으로 생성되기도 하고 맥락에 의존한다. 부르디외에게 사회와 역사는 단순히 특정의 자극에 대한 즉각적 반응이나 적응의 합이 아니었다. 이러한 부르디외의 전제에 따라 실천자(practitioner)에 대한 생각도 이전 문화인류학에서 이해되었던 것과는 많이 달라졌다.[20] 새로운 실천자의 개념을 기반으로 한 접근에서는 구조의 변형에 대한 항시적 가능성을 인정할 뿐만 아니라 물리적 신체의 중요성도 생각한다.

아비투스는 고고학자들에게는 정말 중요한 개념이다. 그래서 좀 더 명확히 해 둘 필요가 있으므로 예를 하나 더 들어 보기로 하겠다. 당신이 저녁 식사를 하려고 자리에 앉았을 때, 당신은 앞에 놓인 시저류(匙箸類) 중에 어떤 것을 언제, 어떻게 사용하는지를 어떻게 아는가? 만약 당신이 나이프와 포크를 가졌다면 어떤 손으로 쥐고 어떤 방식으로 그것을 사용할지는 거의 자동으로 알 것이다. 그런데 그렇게 하는 방법을 어떻게 아는가? 당신은 의식적으로 그에 대해서 생각해 봐야겠다고 한 적 있는가? 아니면 자동으로 그렇게 되었나? 이것이 당신 아비투스의 일부이다. 이제 다른 상황을 상상해 보자. 아주 다른 사회계층에 속하는 당신 파트너의 가족들과 함께 식탁에 앉아 저녁을 먹는 경우를 생각해 보자. 갑자기 당신은 나이프와 포크가 두, 세 개씩 놓여 있는 것과 마주하게 된다. 이전처럼 당신은 무엇을 가지고 어떻게 사용하는지를 무의식적으로 아는가? 아니면 당신 밖에 있는 어떤 일을 되살려서 생각해 보아야만 하는가? 이 경우 당신은 자신의 아비투스 밖으로 움직이고 있는 셈이다. 마침내 당신은 낯선 장소에 와 있고 이곳의 시저류 사용은 당신 아비투스에 없다는 것을 떠올린다. 당신이 손으로 먹어야 한다면 어떻게 할 것인가? 어느 손을 사용해야 하나? 어떤 장소에서는 어느 한 손으로 먹어야 하고 다른 손을 사용하게 되면 다른 사람에게 역겨워 보이게 된다. 우리가이와 같은 상황에 놓여 있는 자신을 발견할 때면 우리들의 일상생활 거의 전체(먹는 시간이 한순간에 불과한 것은 아니기에)가 얼마나 이처럼 단순한 습관, 어디서부터 어떻게할 것인가의 지식, 그리고 부르디외가 말한 것 같은 경기에 대한 감각과 같은 것에 의존하고 있는가를 깨닫게 된다.[21]

부르디외의 실천이론과는 많은 부분에서 공통점이 있지만 기든스(박스 3.2)의 구조화 이론은[22] '외부의 그곳' 세계에 대한 분석(객관주의)과 그 세계에 대한 '개개인의 체험'(주관주의) 사이의 중간지대에 대한 논의이다. 부르디외처럼 기든스도 그와 같은 양극단 사이에 있는, 또는 그것을 연결할 이론을 구축하려 했다. 기든스[23]는 사회과학의 핵심적인 과제라 할 수 있는 '공간과 시간을 가로질러 질서 잡힌 사회적 실천'을어떻게 연구할 것인가 고민했다. 그도 부르디외처럼 사회와 문화가 사회구조와 관계하면서 스스로를 만들어 가는 장(場: area)에서의 실천으로 파악해 보고자 했다. 그래서 '구조는 실천의 재생산을 매개함과 동시에 그 결과'라고 그는 말한다.[24] 처음 기든스는 사회적 실천이 공간-시간에 걸쳐 재생산되고 체계적으로 어떤 형태를 잡아 가는과정에 대해 주목하였다. 이 과정, 즉 일상의 생활을 통해 실천이 몸에 배는 것과 같은과정을 기든스는 구조화(structuration)라고 불렀다. 구조화는 주로 기든스가 실천적 의식(practical consciousness)이라고 불렀던 수준에서 일어나는 과정인데 이 개념은 부르디외의 독사나 아비투스의 관점과 많은 공통점을 가지고 있다. 이를테면 이래서 이렇게 하고 저래서 저렇게 했다는 행동의 동기에 대해 실제로 표현하고 설명할 수 있는경우의 담론적 의식과 개개인이 행동에 대해 지각하지 못하고 그래서 설명할 수도 없는 상황의 무의식적 동기 사이에 존재하는 자각의 수준이 바로 실천적 의식의 수준이다. 다시 말해서 사람들이 일상생활을 영위하면서 사회구조의 재생산을 이루는 수많은 일을 하게 되는데 그러한 일들의 태반은 언어의 영역 너머에 있다는 것이다. 당신이매번 강의에 갈 때를 생각해 보라. 우선 자리 잡고 앉아, 조용히 앉아서 강연자가 당신앞에서 지껄이는 동안 노트를 한다. 비록 당신은 꼭 그렇게 하지 않아도 되지만 강의실에 들어와 그에 알맞게 행동하고 있는 당신이라는 에이전시가 강의의 구조를 유지할수 있도록 우리를 이끄는 것이 아닌가. 뒤집어 생각하면 물론 강의라는 구조가 당신이라는 에이전시를 형성시킨 것이기도 하다.

기든스는 에이전시에 대해 그 어떤 것을 하는 능력이라고 매우 포괄적인 정의도 내렸다. '한 개인이 그에게 주어진, 죽 연결된 수행들의 어느 한 단계에서, 그가 다르게 할 수도 있다는 의미로 에이전시는 그 개인이 벌일 수 있는 사건과 관계된다.'[25] 기든스는[26] 전등 스위치를 올리는 사람을 묘사한다. 아마 그는 한밤중에 잠이 깨어 부엌에 가서 물이나 마시려 했을 것이다. 잠에서 깬 이 사람이 스위치를 올려 불을 켰을 때, 그가 집안으로 침입하려는 도둑을 본의 아니게 깜짝 놀라게 한 상황을 떠올려 보자. 물론 잠에 취한 거의 희생자가 될 뻔한 사람은 도둑의 존재도 몰랐고 그를 쫓을 생각도 없었지만 잠이 깬 사람인 에이전시는 (불을 켬으로 인해) 도둑이 물러가는 데 부분적 역할을 한 셈이다. 에이전시는 특정한 어떤 결과를 내기 위해 하는 의도적 행동만이 아니라 그 이상으로 훨씬 많은 일을 하게 된다.

박스 3.2 **안소니 기든스**

안소니 기든스(Anthony Giddens)는 영국의 사회학자이다. 고고학자들에게는 구조화에 대한 이론으로 가장 잘 알려져 있다. 1980년대 그의 이론을 고고학에 처음 소개한 사람은 이안 호더와 그의 제자들이다. *Central Problems in Social Theory: Action, Structure, and Contradiction*과[27] *The Constitution of Society: Outline of a Theory of Structuration*[28] 같은 저서를 출간했다. 런던 정경대학(London School of Economics), 사회학과의 명예교수이다. 아래 도표는 에이전트가 그들의 행동을 어떻게 이해하고 조정하는지에 대한 기든스의 아이디어를 설명하고 있다.

Giddens 1984: 5, figure 1에서

실천과 에이전시의 고고학

실천과 에이전시의 이론이 고고학 이론에 잘 들어맞는가? 이 이론은 1980년대 접어들어 케임브리지 대학의 이안 호더와 그 제자들이 부르디외와 기든스의 저작들을 인용하면서 고고학에서 부상하기 시작했다. 그들은 부르디외와 기든스의 이론이 고고학에서 행동, 맥락 그리고 역사와 같은 문제를 다루는 데 아주 유망할 것으로 내다봤다. 제2장에서 말했던 것처럼 그러한 성격의 문제가 과정주의 고고학의 틀 안에서는 중요하지 않다고 생각되어 간과되었지만, 탈과정주의 고고학의 출현과 함께 중요한 역할을 담당하게 된다. 이안 호더가[29] 편집한 『상징과 구조의 고고학』에서는 고고학 연구에서 실천이론의 잠재력에 대해 간략히 설명한 적이 있다. 책의 머리말에서 호더는 사고의 구조와 사회적 전략들 사이의 반성적 관계에서 물질문화의 역할에 초점을 맞추려면 구조화의 개념으로 옮겨가야 한다고 제안했다.[30] 구조화의 이론이 신고고학의 기능주의적 관점과 탈과정주의 고고학의 구조주의적 성향 사이의 균형을 잡을 수 있을 것으로 생각한 듯하다. 여기서 이 두 가지 사고의 줄기를 다시 한번 살펴보고 그 차이를 명확히 해 둔 다음 실천이론을 살펴보고자 한다. 혹시 가장 중요한 차이가 무엇인지 짐작하겠는가? 이원론 대 관계성의 문제로 돌아가 생각해 보자.

제2장에서 보았던 것처럼 신고고학의 구조-기능주의 틀은 (과거) 사회집단과 유기체 사이의 유추를 끌어낸다. 루이스 빈포드는 한 사회집단의 각 부분이 환경에 적응할 수 있도록 기여하는 방식을(이것이 기능임) 정의하는 데 관심이 많았으며 또한 각 부분들이 다른 부분들과 관계 맺는 방식(이것이 구조임)에 관해 탐구해 왔다. 그래서 이 이론을 '구조-기능주의'라고 한다. 이 접근법은 다른 무엇보다 문화 과정을 지배하는 보편법칙과 적용을 강조하였다. 이 이론의 핵심적 문제는 변동이 항상 문화체계 밖으로부터 야기된다고 전제하는 것이다. 다시 말해서 이 접근법은 새로운 환경적 자극에 적응하기 위해서라는 이유말고는 사람들(개인이든 집단이든)이 지금까지 해 온 어떤 방식을 어떻게 변화시키는지에 대해 설명할 방법이 전혀 없다는 것이다. 이 접근법에서도 이원론이 살펴지는가? 아마도 가장 뚜렷한 이원론은 자연과 문화를 대립시키는 관점이다. 즉 한편으로 자연은 사람들을 위협하고 각자의 환경에서 사람들은 생존해야만 한다. 다른 한편으로 문화는 적용하기 위한 수단이고 환경을 개발하고 이용한다.

고고학자들은 구조주의로 돌아서서 구조-기능주의의 환경 결정론에서 과거 인간 사회와 문화 내부의 상징과 의미로 초점을 옮겼다. 이 구조주의 고고학자들은 언어학자들이 언어와 상징의 다른 형태들을 연구하는 것과 비슷한 방식으로 고고학 유적을 분석했다. 구조주의 고고학의 궁극적 목표는 언어의 문법과도 같이 과거 인간 사회와 문화를 지배했던 규칙의 시스템을 밝혀내는 일이었다(구조주의 고고학의 명확한 사례를 데츠의 연구에서 볼 수 있음).[31] 고고학자들은 고고학 유적과 그 유물들을 과거 사회와 문화의 표상이라고 생각한다. 예를 한 번 들어 보자. 전 세계에 걸쳐 여러 시기의 매장유구 중에는 황토나 붉은색 안료를 쓰는 경우가 상당히 많다. 이러한 관찰을 토대로 구조주의적 사고를 하는 고고학자들은 황토의 붉은 빛이 생명과 관련된 피의 색깔과 강한 연결성을 지니고 있다고 추론할 수도 있다. 이런 의미에서 황토가 관습적으로 생명과 관련된다고 한다면 무덤으로부터 발견된 물질이 의미체계의 한 부분을 반영하고 있는 셈이다. 당신은 이와 같은 접근에 깔려 있는 이원론이 눈에 들어오는가? 물질문화와 문화, 그리고 물건과 사고 사이의 관계에 대해 한번 생각해 보라. 여기서 우리는 '고고학 자료'에서 만나는 단단하고 완강한 물건과 과거 인간의 의미체계 사이의 이원론을 만나게 된다. 그리고 전자에 해당하는 그 물질 자료는 후자에 해당하는 사고 및 상징성의 반영물이라고 이야기되고 있다. 이와 같은 이원론에 대해서는 제6장에서 특히 다니엘 밀러의 물질성의 개념과 함께 몇 가지 주제로 나누어 설명하게 될 것이지만 여기서 사전에 간단히 살폈다. 특히 제6장에서 빠트린 주제가 사고와 물건의 재귀적 연결에 관한 것인데 이에 대해서는 탈구조주의 이론가인 부르디외와 기든스의 이론이 상당히 도움이 된다.

이 장에서 강조해 온 실천과 에이전시는 구조-기능주의와 구조주의의 개념적 간극에 다리를 놓아 주는 접근이라 할 수 있다. 21세기의 출발점에서 티모시 포키태트는[32] 역사과정주의(historical processualism)의 관점에 대해서 강조한 바 있다. 그는 과정주의와 탈과정주의의 화해를 위해 역사과정주의의 틀을 제시한 것이다. 즉 이 접근은 고고학이 이제까지 주목해 온 행위와 진화의 문제에서 벗어나 실천의 이론을 통한 맥락과 역사의 중요성에 관심을 돌리고 있다.[33] 포키태트는[34] 행위와 진화에 관심을 둔 그간의 고고학으로부터 자신의 새로운 접근법을 분리했다. 그리고 부르디외의 이론을 따라 포키태트는 실천을 문화의 변동과 지속이 전개되는 무대의 핵심 요소로 규정했다. 기능주의와 체계이론, 즉 구조-기능주의에 토대를 둔 초기 과정주의의 이론적 입장과는 반대로 문화적 실천이 문화과정의 결과(consequences)라기보다 문화과정 그 자체임을 주장하고 있다. 동시에 그러한 실천은 구조주의의 입장에서 주장하는 것처럼 단순히 사람들의 머릿속에 간직된 사고들이 아니라 그 이상이라고 한다. '역사과정주의'라는 용어가 고고학자들 사이에 폭넓게 받아들여지지는 않고 있지만, 과정주의와 탈과정주의의 양쪽 요소들을 서로 결합하려는 움직임과 실천에 기반을 둔 접근이 새천년 고고학의 중요한 부분을 이루고 있다.

권력, 문화적 상호작용 그리고 역사에 관한 재고

실천과 에이전시의 이론적 사고에서는 항상 권력이 커다란 논의의 대상으로 떠오른다. 사실 에이전시와 권력에 차이가 있다면 그것은 정도의 문제라고 할 수 있다. 그래서 말하고자 하는 것은 권력이 에이전시와 구조의 특수한 한 형식이라는 점이다. 에이전시에 관해 말할 때, 어떤 방식으로 행동할 것인가에 대한 선택이며 세상에서 다름을 만들어 낼 수 있는 능력이라고 했던 것을 상기해 보자. 그렇다면 권력은 어떤 주어진 상황에서 다른 사람이 행사하는 에이전시의 범위를 제한할 수 있는, 혹은 다른 사회적 활동자가 요청한 제한에 대해 도전할 수 있는 에이전트의 능력이라고 하면 좋을 것 같다. 어떤 활동자가 자신을 둘러싼 사회구조를 변형시켜야 하거나 유지해야만 하는 활동자의 잠재성에 대해 그간 고고학자들은 별로 인정하지 않았다. 한쪽 극단에서는 사회구조에 대해서 아주 엄격한 결정론의 틀을 고집하는데 이런 입장의 이론에서는 활동자를 자신의 주변과 관련하여 아무것도 하지 못하는 권력 없는 존재로 파악하고 만다. 다른 한 극단에 있는 이론가는 활동자를 모든 것을 다 알고 그 자신의 의도와 목적에 합당하게 사회구조를 변형시킬 수 있는 능력을 지닌 존재로 생각한다.[35] 이 장에서 검토한 실천과 에이전시 이론은 그와 같은 양극단 사이의 중간지대에 놓일 수 있다. 왜냐하면, 이 이론은 에이전시와 구조의 상호연결성을[36] 인정하고 있기 때문이다. 사람이 어떻게 행동하는가 하는 것도 중요하지만 그가 유순하기만 한 세상에 대해 자유의지를 마음대로 행사하는 것은 아니다. 그렇게 에이전시를 행사할 수 있는 성격의 사람이 과연 있을까 하는 점에 우리는 회의적이다. 이와 관련된 문제를 다음 장에서 다룰 예정인데 거기서는 인격성(personhood)과 정체성(identity)이란 무거운 질문을 던지고자 한다. 과거 사회에서 확인되는 권력의 본질과 분포에 대한 물음은 어떤 유형의 사람이 권력을 가지는가 하는 질문과 손에 손을 잡고 나란히 가는 문제이다. 좀 뒤에 논의하겠지만 일부 고고학자들은 자기 자신의 서구적 감각을 과거의 에이전시와 권력과 관련한 해석에 무비판적으로 혼합시켜 버리는 일이 있다. 예를 들어 전 세계 여러 사회의 남성과 여성은 어디서나 같은 영향력과 에이전시를 가진다고 전제하는 것은 커다란 문제점을 내포하고 있다. 그럼에도 서구의 백인 남성 중심의 현대적 이해에 따른 모델을 토대로 주요 문화혁신은 항상 남성들의 영역에서 이루어진다 하는 괴상한 해석을 보기도 한다.

이 장에서 윤곽을 잡아 본 이 접근법은 발굴학교에서도 중요한 주제였던 문화적 상호작용을 비판적으로 검토할 때도 유용한 모델이다. 실천과 에이전시 이론은 문화의 동적인 과정과 인간 에이전시를 이해하는 하나의 수단이 된다. 예를 들어 켄트 라이트풋, 앤투아네트 마티네즈, 그리고 앤 쉬프[37] 등은 19세기 캘리포니아 북부의 모피 교역을 위한 러시아 촌락인 콜로니 로스(Colony Ross)에서 교차종족(交叉種族: interethnic) 가구(家口)들에 나타나는 문화적 혼합을 실천이론에 기초한 접근법으로 분석한 적이 있다. 분석 대상인 가구 대부분에는 알래스카 원주민 남성과 그 지역 토착의 카샤야 포모(Kashaya Pomo)족 여성이 결합한 부부가 살고 있었다. 라이트풋과 동료들은[38] 집안에서의 가사활동이 전반적으로 그 지역 카샤야 포모 촌락에서 이루어지는 방식을 거의 그대로 따르는 편이었다. 그렇지만 마을의 전반적인 평면구성은 알래스카 토착 마을에서 볼 수 있는 취락 유형을 그대로 닮았다. 이러한 양상을 보면 카샤야 포모 여성과 알래스카 원주민 남성은 함께 그들의 일상적 삶에서 각자의 '전통'을 재생산하고 있는 것이 된다. 가구, 즉 집안을 구성하는 사람은 여성이지만 먼저 마을을 일정한 구도로 건설하는 것은 남성의 일이다. 이 두 가지 문화전통의 세트가 하나의 가구 안에서 융합되고 두 집단 각각의 아비투스 요소들을[39] 결합시킨 혼종(hybrid)의 패턴을 만들어 냈다. 티모시 포키태트는[40] 실천이론에 따르면 **전통**(*tradition*)이란 것이 문화적 지속인가 아니면 변동인가의 문제, 혹은 역사의 문제가 된다고 말한다. 즉 전통을 보수적이며 변화에 대해 거부하는 것으로만 간주했던 이전 세대의 고고학자들과는 달리 포키태트는[41] 전통을 과거로부터 지금까지의 실천이라고 생각한 것이다. 변동이 없는 문화적 변수들을 가지고 전통에 접근하는 대신 그는 맥락적 접근을 통해 전통을 문화적 재생산의 장으로 보았다. 개인이든 집단이든 그 조상의 전통적 실천을 '복제'할 때마다 항상 그들은 일정한 정도의 변화를 도입하곤 한다. 예를 들어, 콜로니 로스에서 고고학 자료를 통해 확인되는 것처럼, 그들이 '오래된 실천'을 가져오려 한다면 어쩔 수 없이 그것을 새로운 시간, 공간, 그리고 사회적 맥락에[42] 도입할 수밖에 없다.

가장 폭넓게 실천이론을 고고학에 적용한 연구사례 중 하나는 존 배럿의 저서 (*Fragments from Antiquity*)[43]가 아닐까 한다. 기든스의 구조화 이론과 같은 아이디어가 영국 선사시대, 특히 전기 신석기시대부터 중기 청동기시대(4000-1500 cal BC) 동안 사회변동의 본질을 이해하는 연구에 어떤 도움을 줄 수 있을까 하고 배럿은 생각한 것 같다. 배럿은 반복적으로 추가장을 할 수 있는 신석기시대 전기의 공동분묘(communal burial)에 주목하고 그 공동 석실을 만들어 가는 장례의 실천을 추적하였다. 이와 같은 실천이 가능했던 이유는 조상에 대한 관념을 공유했기 때문일 것이다. 신석기시대 후기가 되면 조상과 연계된 실천이 더욱 정교한 기념물, 이를테면 헨지라든가 환상열석과 같은 건축물을 창조해 낸다. 이와 같은 건축물을 축조함으로써 어떤 사람들은 특출한 지위로 떠오를 수 있으므로 이 새로운 기념물은 일부 사람들에게 그와 같은 가능성을 만들어 내는 결과를 낳은 셈이다. 예를 들면 사람들이 엄청난 실버리 힐 (Silbury Hill: 2500 cal BC 경에 축조된 유럽에서 가장 큰 선사시대 인공 마운드: 그림 3.3)과 같은 기념물을 축조하거나 거의 비슷한 시기에 이웃한 에이브버리 헨지로 연결되는 열석통로(列石通路: 그림 3.4)를 건축할 때 그들은 어떤 것을 우선 축조할 것인지에 대한 계획을 갖지 않았다. 그럼에도 불구하고, 그 통로의 형태가 의미하는 것은 행진해서 내려가는 행렬과 누군가에 의해 인도되어 내려가는 모습이다. 실버리 힐의 모습은 그것 자체가 그것을 축조한 사람 중 일부만 그 위에 올라가 설 수 있었다는 것을 말해 준다. 이것은 이 유적을 건축한 사람들이 의식적으로 결정한 사항이 아니다. 그것은 에이전시, 즉 기념물을 축조하는 사람이 위계화의 가능성과 에이전시의 새로운 형태를 만들어 냄으로써 사회구조를 바꾸어 가는 하나의 방식이었다.

다음으로 배럿은 그와 같은 위계화의 창출이 새로운 형태의 단독묘(single burial)의 등장으로 이어지는 과정을 검토하였다. 이와 같은 단독묘는 제6장에서 논의하게 될 에임스버리 궁수의 무덤과 같은 것이며 흔히 매장시설은 원형 봉토 아래에서 발견된다. 같은 기념물적 분묘에 모든 사람을 추가장해서 묻어 주는 공동분묘를 대신하여 개인 단독묘를 축조함으로써 에이전시의 새로운 가능성을 창출해 내게 된다. 원형 봉토를 파고 들어가 그 안에 누군가를 묻는다는 것은 그 묻힌 사람과 그 봉토의 처음 축조자와 연결을 만들어 낸다는 것이다. 그런데 피장자를 봉토와 가까운 데 묻을 수도 있

그림 3.3 영국 윌셔의 실버리 힐[에밀리 밴필드(Emily Banfield)의 사진, 허가받아 게재]

그림 3.4 사람들을 에이브버리 헨지 기념물로 안내하는 영국 윌셔의 웨스트 케넷 애브뉴(에밀리 밴필드 사진, 허가받아 게재)

고, 새로운 봉토를 축조하고 묻을 수도 있는데, 이는 모두 서로 다른 관계성을 나타낼 것이다. 혹은 멀리 가서 그 누군가를 완전히 새로운 장소에 묻어 줄 수도 있다. 이와 같은 여러 가능성에 대해 배럿은 신석기시대에는 그런 것이 존재하지 않았다고 말한다. 결국 조상의 새로운 유형이 나타난 것이다. 이제 사람들은 특정한 사람으로부터 내려오는 계보로 연결되지, 모든 사람이 공유하는 하나의 몸으로 일반화된 하나의 조상과 연결되지 않는다. 이와 같은 후계에 대한 아이디어와 함께 소유의 관념도 생겨난다. 청동기시대 중기가 되면 이러한 아이디어가 영구적 주거와 경작지를 포함한 새로운 성격의 토지 소유로 이끌었다. 그들이 헨지 기념물을 축조할 때, 혹은 죽은 사람을 새로운 방식으로 묻어 줄 때 그것을 의도한 사람은 아무도 없었다. 약 2000년 동안의 구조와 에이전시 사이의 반복적 상호작용을 통해서 나왔을 따름이다. 지난 20년 동안 발견된 새로운 자료들을 통해 이와 같은 주장은 여러 가지 방식으로 정제될 것으로 생각되지만[44] 이 주장은 여전히 이 시기의 변화에 대한 가장 세련되고 섬세한 설명 중 하나이다.

맺음말: 그 신기한 물건에 대한 마지막 단상

실천이론에 비추어 보았을 때, 당신이 새로 발견한 그 신기한 물건(그림 3.1, 3.2)을 어떻게 해석하면 좋을까? 그 물건을 제작할 때 사용한 원료는 냄비에서 온 것이고 그것은 17세기 이후 계속되어 온 아메리카 토착 원주민과 유럽인 사이의 교역을 통해 들여왔음을 우리는 알고 있다. 또한 우리는 그 지역의 원주민들이 동(구리)을 사용한 역사가 상당히 오래되었다는 사실도 알고 있다. 유럽의 식민자들이 신대륙에 들어오기 수천 년 전부터 이미 무덤의 부장품이나 개인적 장식품들은 동을 사용하여 제작하였다. 냄비가 이 유적에 들어와 사용되기 전부터 구리와 그 사용에 관한 지식을 이 지역의 원주민들은 가지고 있었다. 동으로 만든 냄비가 북아메리카에 등장함에 따라 토착민에게는 이미 친숙한 같은 재료이지만 새롭고 '이국적' 물건으로 사용하게 된다. 발굴된 그 유물을 보면, 당시 토착민들은 교역품으로 들어온 동으로 된 그릇을 상대하면서 동을 어떻게 사용하는가에 대한 전통적인 생각도 빠르게 조정해 갔을 것이란 생각이 든다. 토착민들은 냄비를 여러 종류의 물품, 이를테면 당신의 그 신기한 물건과 같은 것으로 변형시키는 실천을 한다. 그래서 고고학자들 사이에는 '방울 고깔(tinkler cone)', 혹은 '딸랑이 고깔(tingkling cone)'이라는 물건도 있게 된 것이다. 물건의 이 새로운 종류를 창조해 낸 실천은 사고(혹은 마음의 세트)와 물건(혹은 물질세계)의 사이에 존재한다. 변화와 지속이라는 것은 서로 분리하여 볼 수 없는 문화 재생산의 동적인 성격을 너무나도 잘 보여 준다. 동(銅)에 대한 토착민의 이해와 동으로 만든 유럽의 물건들을 혼합한 17세기의 이 '새로운' 유물의 한 종류를 북미 토착민들은 오늘날까지도 여전히 사용하고 있다. 당신의 동료 원주민 연구자가 당신에게 그 유물에 대해 무언가 일깨워 줄 수 있었던 것도 그 때문이다.

그렇다! 그래서 실천과 에이전시의 이론은 관계론적 접근을 옹호하면서 이원론에 대해 문제를 제기하기 시작한 고고학 이론이라 할 수 있다. 이 접근법에는 단점이나 해결하지 못한 문제가 있지 않은가? 물론 있다! 이 책이 여기서 이야기를 마무리하는 것은 아니지 않은가? 이 책의 나머지 장에서 계속해 나갈 일련의 비판적 논의를 시작하면서 실천과 에이전시 이론을 살펴봤을 뿐이다. 과연 이 실천이론은 우리가 제1장과 제2장에 걸쳐 문제를 제기해 왔던 이원론으로부터 우리를 벗어나게 해 주었는가? 로즈마리 조이스와 지니 로피파로는[45] 구조와 에이전시가 이원론으로 다루어질 해석상의 위험성이 있다고 지적한 바 있다. 아니면 실천이론이 생각하는 '과정은 꾸준하고 이음매 없이 매끈한 것이 아니라 구조가 지속적 흐름을 보이더라도 에이전시가 나설 때마다 툭툭 끊어지는 그런 과정'을 생각한다고 말한다. 구조와 에이전시 이 둘 사이의 관계를 아무리 강조한다 하더라도, 우리는 그 두 상반된 범주를 가지고 출발하는 일이 과연 이분법을 벗어나는 길이겠는가 하는 의문을 가지고 있었다.[46] 사실 실천이론이 이원론의 어느 한 부분은 그대로 둔 측면이 있다고 본다. 지금까지 이 장에서 살펴본 바와 같이 이 실천이론에서 에이전시는 '인간에게만' 해당하는 개념이다. 인간이 에이전시를 가지고 그 외 세상의 나머지는 구조이다. 이는 이 접근이 인간 존재를 특별하게 생각한다는 뜻이고 말하자면 인간중심주의를 토대로 삼고 있다는 의미이다. 이 책의 뒷부분에서 우리는 이에 대한 반론을 준비했다. 그리고 한 인간이 된다는 것의 기본 성격이 무엇인가 하는 어려운 질문을 던질 것이다. 다음 장에서 우리는 고고학자들이 젠더, 정체성, 그리고 인격성에 대해 어떻게 생각해 왔는가를 논하면서 이원론 극복의 논의를 시작해 볼까 한다.

제4장
물건의 사회 내 자리 잡기
정체성과 인격성

머리말: 그들은 누구이고 우리는 누구인가?

무엇이 사람들을 서로 다른 사람들로 만드는가? 과거의 사람들도 우리처럼 그러한가? 아마 그들도 의식주와 같이 즉각적인 필요사항은 우리와 같은 점이 있겠지만 현대적 삶이 주는 편리한 것들을 거의 가지지는 못하였을 것이다. 그렇다면 그들은 자신이 누구인가에 대해 다른 개념을 가졌을까? 이 장에서 우리는 정체성에 대한 비판적 문제를 제기하고 검토해 보려 한다. 한 가지 알쏭달쏭한 수수께끼 같은 이야기부터 시작해 보자. 두 사람이 묻혀 있는 청동기시대 봉토분이 있다고 하자. 한 사람은 봉분 안에 그 전신을 묻어 주고 머리맡에 토기 한 점과 함께 여러 점의 역자식(逆刺式)과 유경식(有莖式) 석촉과 브레이서,[i] 그리고 동검 등을 껴묻어 주었다(그림 4.1). 다른 사람은 화장해서 골호에 담아 묻어 주었는데 부장품은 전혀 없다. 전자는 유해가 전체적으로 확인되는 반면 후자는 골호에 담긴 뼈의 무게로 보아 신체의 일부만 묻혔음을 알 수 있다. 이처럼 매장된 두 시신에서 우리는 과연 어떤 차이점들을 찾아낼 수 있는가? 한 사람은 신분이 높고 다른 한 사람은 신분이 낮은가? 생물학적으로 매장된 시신은 남성이고 화장된 시신은 여성인가? 그리고 이런 패턴이 젠더 구분과 연관되는가? 혹시 사

---

i   역자 주: bracer는 당겨진 활시위가 화살을 발사시키고 돌아와 손을 치게 되는 부위를 가려 주는 보호대를 말한다.

그림 4.1 분묘와 마주함(케이-페이 스틸 그림)

람이 묻히는 방식의 차이는 연령의 차이와는 관계가 없는가? 이는 고고학자라면 누구나 항상 마주치는 난문제 중 하나가 아닐까 한다. 여기서 우리는 두 번째 곤란한 질문에 부딪힌다. 앞서 그런 힌트를 주었지만, 정체성에 대한 과거의 개념이 오늘날 우리가 가진 정체성의 개념과는 과연 어떻게 대응되는가 하는 문제이다. 과거 청동기시대 사람들도 생물학적 성의 구분에 딱 들어맞는 젠더 그룹으로 사회가 나뉜다고 생각했는가? 아니면 젠더 정체성에 대한 다른 생각이 있었는가? 더욱 근본적인 문제로 돌아가서 과거 사회인들도 인간으로 되는 것, 흔히 우리가 '인격성(personhood)'이라고 하는 것에 대한 생각이 정말 지금 우리와 같았을까 하는 의문을 고고학자들은 가지게 된다. 현대사회에서 우리는 우리 자신을 자유 의지를 가진 개인으로 생각하며 우리 자신의 삶을 관통하여 다양한 관계를 맺기도 하고 끊기도 한다. 그런데 과거에는 인간이 된다는 것에 대해 다른 생각을 했다면 그것은 도대체 어떤 것인가?

이 장에서 우리는 어떻게 고고학자들이 젠더와 정체성에 대해서 그처럼 복잡한 접근법을 발전시켜 왔는가에 대해 논의해 보고 관련 이론들의 윤곽을 대충 그려 보고자 한다. 먼저 1980년대와 1990년대에 젠더 고고학이 등장하여 과거 사회의 남성과 여성의 역할에 관한 성차별주의적인 해석들을 비판하면서 발전해 온 과정을 살펴보고자 한다. 다음으로는 그러한 초기적 움직임이 어떻게 변질되어 갔는지 검토해 볼 예정이다. 주디스 버틀러와 같은 페미니스트 이론가들의 참여를 통해 생물학적 성의 구분이 과연 자연스러운 것인가 하는 의문에 이르게 되는 과정을 살펴보고자 한다. 버틀러는 정체성을 우리가 태생적으로 가지게 된 그 어떤 것이 아니라고 한다. 사회의 이상적 관념들과 우리가 관계를 맺으면서 나타나게 되는 어떤 것이라고 하면서 버틀러는 정체성의 틀을 만들어 내는 수행성(performativity)의 관점에서 해답을 도출해 낸다. 이러한 생각은 인격성의 문제와 연결되는데 다음 장에서 이에 대해 살펴보도록 하겠다. 여기서는 '개인'에 대한 서구인의 관념이 세계 여기저기의 다른 집단들에게도 적용될 수 있는가에 대해 검토한 인류학자들의 논의를 살펴보고 그러한 생각들을 고고학자들이 과거 사회의 정체성에 대해 접근할 때 어떻게 적용할 수 있을까에 대해 생각해 보고자 한다. 이 장의 맨 끝에서는 인간의 몸 그 자체로 돌아가 정체성의 수행적(performative) 성격과 관계적(relational) 측면을 연결 지어 생각해 보려 한다.

실천에서 정체성으로

제2장에서 살펴본 것처럼 1970년대 말 탈과정주의 고고학이 등장할 즈음부터 페미니스트 고고학자들이 나타났다. 그들은 과거와 현재, 그 양측에서 정체성, 특히 젠더에 대한 새로운 문제들을 제기하면서 중요한 역할을 하게 된다.[1] 당시 페미니스트 고고학자들이 했던 작업을 생각해 보면 그들에게 중요했던 것은 특권적 남성들에 대한 문제의 제기였다. 다시 말해 그들은 과거의 사람들을 묘사하는 용어로부터 시작하여 연구비를 받는 과제의 내용에 이르기까지 모든 것이 근본적으로 남성중심주의적이라는 것을 드러내려 했다. 남성들은 야외조사에서도 훨씬 더 큰 몫을 차지하는 반면 여성들에게는 훨씬 작은 역할이 주어지는 경향이 있어 조안 제로(박스 4.1)가 통렬하게 '고고학적 집안일'이라고 불렀던[2] 토기편과 기타 유물정리가 맡겨진다고 비판했다. 과거에 대한 서사에 있어서도 예컨대 기념물을 축조하고, 분쟁을 이끌고, 경제적 변동을 가져오는 문제와 같이 무언가 크고 흥분되는 모든 일을 도맡아 하는 것은 남성으로 묘사

되고 여성은 그 배경에 안주하여 토기와 물건이나 만드는 존재로 해석된다는 것이다. 수렵채집사회라면 사냥에 관한 모든 것은 남성 담당이라고 해석될 뿐만 아니라 고고학자들은 사냥이 채집과 비교해서 더 중요하고 더 가치 있는 일이라고 간주해 왔다. 이에 대해 페미니스트 고고학자들은 과거의 여러 사회에서 여성들이 얼마나 중요한 역할을 담당해 왔는지에 대해 아주 체계적인 연구를 발전시키기 시작했다. 바로 앞 장에서는 1980년대와 1990년대의 고고학자들이 어떻게 실천과 관련한 이론적 생각을 하기 시작하였는가 살펴본 바 있다. 특정한 구조적 조건에서 세계 안의 어떤 활동 방식들이 나타나는가 하는 문제에 고고학자들의 관심이 깊어지게 되었다고 했다. 실천이 젠더의 연구에 중심적 개념이 되었다. 젠더에 관심을 가진 고고학자들에게는 사람들이 무엇을 하는가라는 질문보다는 어떤 사람들이 그렇게 하는가라는 문제의 탐구가 더 의미 있어 보였다. 러스 트링햄이 언급한 바와 같이[3] 지금까지 과거의 사람들은 '얼굴이 없는 존재'였다면[ii] 이제 고고학자들은 과거로 돌아가 그들에게 정체성을 부여해야 한다. 지난 30여 년간 페미니스트 고고학이 그러한 이슈들과 싸우며 큰 영향력을 행사해 왔다는 것은 특기할 만한 일이고 그들이 거론한 문제의 상당 부분은 지금도 여전히 논의가 필요하다.

그러한 생각들은 과거에서 여성을 찾고자 하는 문제를 넘어 남성성을 포함한 젠더에 대한 폭넓은 논의로 확장되었다.[4] 그리고 지금은 젠더 이외의 정체성에 관한 전반적인 문제들을 아우르고 있다. 정체성의 연구는 1990년대 전반에 걸쳐 연령, 성, 종족성 등의 문제를 다루게 되었다.[5] 1980년대의 마르크스주의 고고학이 관심을 표명한 이래(제2장에서 간단히 논의한 바 있음) 사회계급의 문제는 핵심 쟁점이 되어 왔지만, 지금은 정체성의 다른 측면들과 연관되어 논의되고 있다. 이처럼 정체성의 근본 성격이 원래 복잡하고 중층적이며 서로 겹친다고 이해하게 되면 앞 장에서 우리가 살폈던 에이전시의 문제에 접근하는 데도 큰 도움이 된다. 현재 어떤 인간집단의 존재에서 지각되는 어느 특정한 에이전시를 반영할 수 있도록 단순한 개념의 자유 의지, 혹은 선택만을 지닌 에이전시를 한번 상정해 보자. 이를테면 광고를 통해 당신 앞에 펼쳐진 선택의 종류들을 상상해 보자. 소유할 자동차, 자신의 인생경로, 그리고 당신만의 라이프 스타일 등에 대한 선택권이 당신에게 주어졌다고 하자.

ii   역자주: 'faceless bolbs'의 번역임.

88

조안 제로

조안 제로(Joan Gero, 1944-2016)는 아메리칸 대학의 명예교수였으며 페미니스트 고고학을 주도한 인물 중의 한 사람이다. 안데스 고고학의 전문가이면서 현대 정치·사회적 상황과 고고학의 관계를 연구하는 분야의 권위자였다. 그녀의 대표 저서 중에는 『젠더 형성의 고고학』(마가렛 컨키와 공저)[6]가 있다. 아래 사진은 고고학 발굴의 한 장면을 찍은 것인데 자세히 살펴보자. 이 사진에서 당신은 젠더 역할과 관련하여 무엇이 눈에 들어오는가?

댄 에디슨(Dan Addison) 사진

자본주의 세계의 소비지상주의와 같은 특정한 배경을 깔고 있는 그러한 에이전시라면 역사적으로 특정할 뿐만 아니라 페미니스트 고고학자들이 보여줘 왔던 것처럼 젠더적으로도[7] 특정한 경우라 할 수 있다. 현대사회에서 그러한 젠더화된 에이전시를 볼 수 있으며 그들은 백인이면서 서구인이고 중산층 남성으로 고정관념화된 선택으로 인식된다. 이러한 의미에서의 에이전시는 일종의 남성중심주의(지배적 남성)를 넌지시 깔고 있는 셈이다. 이에 반하여 정체성의 중층적인 형태에 무게 중심을 두고 파악하게 되면 가변적인 컨텍스트에서 다양한 에이전시의 형식들로 파악할 수 있게 된다. 우리는 과거의 여러 시간대에서 다양한 성격의 사람들이 만들어 낸 갖가지 물질세계들을 상정할 수 있으며 이러한 방식으로 접근하면 다양한 형태로 젠더화된 에이전시를 생각해 볼 수 있게 된다. 앞 장에서 논의한 실천의 이론에서 우리가 논의했던 에이전시와 구조처럼 우리는 미묘한 차이로 나타나는 과거 사회적 관계와 사회적 활동들을 파악할 수 있게 된다.

　　이와 같은 방식으로 과거사회의 젠더와 정체성에 대해 깊이 있게 생각한다면 굉장히 의미 있는 결과를 얻을 수 있을 것이다. 그중 중요한 것으로는 우리가 정상적이고 자연스러운 것이라고 암묵적으로 받아들여 왔던 여러 전제를 비판적으로 볼 수 있는 계기일 것이다. 그런 의미에서 이를 반-본질주의(anti-essentialist)적 발상이라 불러도 좋을 것 같다. 제2장에서 살펴보았듯이 본질주의란 사회(보통 우리 자신이 속한 사회)의 어느 한 요소를 영원하고 보편적이며 변치 않는 것이라고 간주하는 사고라 할 수 있다. 인간이라는 것이 무엇을 의미하는가 하고 물었을 때 인간의 본질, 즉 시간과 공간을 넘어 존재하는 그 무엇이라고 전제한다면 그것이 바로 본질주의이다. 본질주의의 가장 강고한 사례로 고고학자들이 전제해 온 것 중의 하나는 모든 사회에서 권력과 부를 소유하고 에이전시가 되는 존재는 남성이라고 하는 생각이다. 수잔 셰넌[8]의 1975년도 논문에는 슬로바키아 브란치의 분묘군에 대한 해석을 담고 있는데 그러한 문제를 완벽하게 보여 준다. 이 분묘군에서 부장품이 풍부한 무덤 중 그 대다수는 여성에 속한다는 사실을 수잔 셰넌은 확인했다. 하지만 그녀는 그러한 분석결과를 토대로 그 사회 안에서 여성이 더 부유하고 권력을 쥐고 있었을 것이라고 해석하지 않고 남성이 부를 그의 아내와 딸에게 나누어 주었음을[9] 의미한다고 결론 내렸다. 상대방 남성에 비하여 부장품이 풍부했던 다수의 여성분묘는 일부다처제의 표시이고 한 남성이 여러 명의 아내를 가졌을 것[10]이라고 보았다. 부유한 여자아이의 무덤은 여성이 부를 상속할 수 있음을 말해 주고, 여성은 결혼을 통해서 이러한 질서에 포함될 수 있음을 의미한다고 주장했다. 증거가 어떠하든지 간에 근본적으로 해석은 남성이 부와 권력을 갖고 있다는 결

그림 4.2 멕시코 와하카의 몬떼 알반 유적(prisma Bildagentur AG/Alamy Stock의 사진)

론이 필요했던 것 같다. 이러한 생각은 분명히 청동기시대로부터 나온 것이 아니라, 현재로부터 가져온 무비판적인 전제를 과거에 투사해 본 것일 뿐이다.

　이러한 생각이 얼마나 문제가 있는 것인지 잘 보여 주는 연구사례를 새리스와 제프리 맥카퍼티[11]의 작업에서 찾아볼 수 있다. 두 사람은 멕시코 남부 고원지대에 있는 몬떼 알반(Monte Albàn: 그림 4.2)에서 중미 멕시코의 분묘를 조사했다. 포스트클라식 시기(c. 1400-1521 AD)의 후기에 해당하는 아주 특별한 분묘가 발견되었는데 피장자는 미라로 만들어져 매장된 듯하다(인물 A). 다른 분묘와는 달리, 이 분묘는 피장자를 대단히 정성껏 대우했으며 가장 중요한 위치에 자리 잡고 있다.[12] 피장자의 유해와 함께 500점 정도의 부장품이 놓여 있고 대부분 값비싼 재료로 제작된 유물들이다. 그 한가운데에 인물 A가 안치되어 있는데 최초의 발굴자와 그 후 이 분묘를 언급한 문헌에서는 피장자를 일관되게 남성으로 간주해 왔다. 그러나 맥카퍼티 부부가 이 피장자 주변에서 발견된 부장품들을 검토해 본 결과 상당수의 실 잣는 도구, 즉 방추차들과 함께 그릇, 그리고 직조용 북으로 추정되는 모형품으로 독수리와 재규어가 새겨진 골각기

34점이 포함되어 있었다.[13] 기존의 도상들과 이 시기에 속하는 다른 분묘자료들을 보면 실 잣는 도구가 나온 피장자는 여성으로 확인되는데도 불구하고 왜 이 분묘의 경우에만 이전부터 남성으로 해석되어 왔을까? 그래서 다음 검토되어야 할 것은 당연히 피장자의 인골 그 자체였는데 자료가 애매했다. 성을 판단하는 데 비교적 용이한 뼈들(골반 같은 것)은 결실된 상태였고 피장자는 병을 앓아 남아 있는 뼈를 통한 성별의 판단이 매우 어려운 상태였다. 다만 발견된 하악골은(오른쪽이 남아 있음) 여성으로 확인되었다. 그럼에도 보고자는 인물 A가 남성이라는 것을 전제로 작성된 시나리오와 맞지 않는다는 이유로 하악골이 인물 A의 신체 부위였을 가능성을 배제하여 버렸다.[14] 물질 증거와 인골 자료를 검토한 맥카퍼티 부부는 이러한 증거들이 모두 피장자는 여성이라는 것을 분명히 말해 주고 있다고 주장하였다. 그러나 이러한 사실을 지난 60년 동안의 고고학자들은 놓치고 있었던 것이다.

성과 젠더의 수행

고고학계에 남성적 편견이 퍼져 있던 가운데 처음으로 심각한 비판이 제기되었던 1980년대와 1990년대의 맥락에서는 당연히 이러한 종류의 비판이 무척 중요했다. 하지만 꽤 일찍부터 고고학자들은 이러한 비판을 넘어 그 이상의 무엇이 필요하다는 것을 깨닫게 된다. 하지만 그것이 실 잣는 물건은 '여성적' 물질문화라는 것을 확인하는 정도의 논의일까? 그러한 물건을 사용한다는 것으로 과거에 여성의 위치가 어떠했는가를 말해 줄 수 있나? 실 잣는 일과 같은 어떤 일이 여성과 관련된다는 것을 확인함으로써 과거의 모든 여성을 관련지어 버릴 우려는 없는가? 만일 신체가 남성으로 판정되었는데 함께 나온 물건이 여성과 관련된 물질문화라면 도대체 이것은 무엇인가? 이 모두가 젠더의 문제라면 젠더가 우리에게 말해 주는 것은 무엇인가?

세계 여러 지역의 인류학적 연구를 보면, 단순한 이분법을 훨씬 뛰어넘는 복잡한 젠더 스펙트럼이 통용되는 사회의 사례들이 수없이 많다는 것을 알 수 있다. 예를 들어, 일부 아메리카 원주민사회에서는 두-영혼의 젠더가 있다고 하는데 남성으로도, 혹은 여성으로도 인정되지 않는 사람을 가리킨다.[15] 인도에서 히즈라(Hijra)[16]는 '생물학적'으로는 남성이지만 다른 젠더 정체성을 가진 사람들의 집단을 가리키며, 이들에게는 어떤 의식에서 중요한 역할이 부여된다. 오만 사회에서는 하니스(Xanith)[17]를 볼 수 있다. 사춘기 동안만 잠정적인 젠더 정체성을 가지고 있는 젊은 남성을 일컫는다. 발칸 반도에는 서약 처녀(sworn virgin)가 있어서 여성이면서도 남성 정체성의 여러 측면을 가지고 있다.[18] 여러 사회에서 남성 혹은 여성, 그 어떤 쪽으로도 정체성을 갖지 않는 사람들이 있으며 그들은 제3의, 혹은 심지어 제4의 젠더로서 행동한다. 우리 사회 안에서도 트랜스섹슈얼과 트랜스젠더에 속하는 사람들이 있다. 사실 극지 지역의 일부 집단의 경우 인류학자들이 10가지 범주의 젠더 정체성을 확인한 적도 있다.[19] 이 이야기는 앞서 두 가지 연구사례를 통해 검토했던 것처럼 높은 신분의 분묘를 남성으로 젠더화하려는 것이나 남성적 차원에서만 신분의 문제를 이해하려는 것에 의문을 제기하는 일도 중요하지만, 과거에 대해서 그 이상의 해석이 필요하다는 것을 의미한다. 사실 남성/여성의 단순한 이분법은 우리가 지금까지 문제 삼아 왔던 이원론의 또 다른 한 사례라고 할 수 있다.

이러한 계열의 사고를 추구하는 여러 고고학자는 주디스 버틀러와 같은 사상가의 저작에서 많은 것을 끌어온다. 프랑스의 철학자 미셸 푸코의 영향을 받은 버틀러는 정체성, 특히 젠더 문제가 여러 학문 분야에서 어떻게 다루어져 왔는지에 대한 연구로 큰 영향력을 지닌 연구자가 되었다. 그녀의 저술은 퀴어 이론의 발전에 매우 중요한 역할을 했다. 주지하다시피 이 퀴어 이론은 섹슈얼리티를 문제시할 뿐만 아니라 과거와 현재에 걸쳐 복잡하고 다양한 정체성에 대하여 그 가능성을 모색하고 있다.[20] 버틀러의 저작은 엄청나게 방대하고 복잡하다. 하지만 그 사상의 핵심 요소들은 이미 고고학에서 폭넓게 받아들여져 상당히 직설적인 방식으로 논의되고 있는 편이다. 버틀러는 젠더(gender)를 문화적 구축물로 본다. 성(sex)은 특정한 역사적 상황과 관계없이 생물학적으로 절대적이라고 보는 관점에 대해 극도로 비판적이다.[21] 성과 젠더의 분리 구도는 우리가 이미 비판해 왔던 자연과 문화 사이의 이분법에 절대적으로 의존한다. 이 관점에서는 정체성의 한 부분 즉 성(sex)이 역사적이지도 않고 사회적이지 않은 어떤 힘의 세트에 의해 지배된다고 말한다. 이 문제에 대해서는 뒤에 좀 더 자세히 논의하겠지만 버틀러는 이 세상이 두 개의 생물학적 성에 따라 일차적으로 구분된다는 관점은 오늘날 우리 사회의 역사적 이성애규범론(heteronormativity)도 무시하고 있다고 본다. 이성애규범론은 세상의 대다수 사람이 남성 아니면 여성에 속할 뿐만 아니라 이성애자이다 하는 주장을 전제로 한다. 여기서 버틀러가 강조하는 것은 그것이 필연적인

주디스 버틀러

주디스 버틀러(Judith Butler)는 버클리의 캘리포니아 대학, 비교문학의 맥사인 엘리엇(Maxine Elliot) 교수로 있다. 그녀의 저술은 퀴어 이론에 대한 공헌으로 가장 잘 알려져 있으며 성, 젠더, 그리고 섹슈얼리티 등과 관련된 서구사회의 지배적 이해방식에 대해 급진적 비판을 발전시켜 왔다. 그녀는 다양한 주제와 관련하여 수많은 저서를 출판했지만, 고고학계에서는 젠더 수행성에 관한 책이 가장 주목받았고, 특히 *Gender Trouble: Feminism and the Subversion of Identity*[22]와 *Bodies that Matter: On the Discursive Limits of Sex*[23]가 유명하다. 아래의 이미지는 버틀러 사진이 아니라 유명한 드래그 퀸, 루 폴(Ru Paul)이다. 이 사진을 선택한 이유는 드래그(여장)가 버틀러에게 아주 중요한 개념이기 때문이다. 그녀에게 드래그는 복장과 행동을 통해 어떻게 젠더의 모든 수행이 이루어지는지 드러내는 개념이다. 어떤 사람들에게는 이 드래그가 위협적일 수도 있다. 왜냐하면, 드래그는 우리의 모든 젠더화된 정체성들이 우리가 믿고 싶은 것만큼 그리 안정적이지 못하다는 것을 여실히 드러내 보여 주기 때문이다.

출처: https://commons.witimedia.org/wiki/file:RuPaul_by_David_Shankbone_cropped.jpg

것이 아니고 특별한 권력관계의 산물이라는 것이다. 버틀러는 자신의 연구에 중심적인 개념으로 '수행성(performativity)'이라는 용어를 사용하는데 그녀의 정의에 따르면 '이름 붙인 그것을 생산하는 것'이다. 이 개념을 통해 그녀는 현대 세계에서의 권력 관계는 수행성을 통해 생산되고 재생산된다고 주장한다. 이것은 당신이 생각하는 것만큼 그리 복잡하지 않으니 너무 겁먹지 마시길! 이를테면 당신이 '전통적' 기독교의 혼례식에 와 있고, 교회의 앞에서는 교구 목사가 모든 의례적인 절차들을 진행하고 있는 것을 상상해 보자! 제일 마지막 순간에 그녀가 돌아서 커플을 향해서 이렇게 말한다. '나는 지금 당신을 남편과 아내로 선언한다.' 이 선언은 그들의 변화에 대해 말하는 것이 아니라 실제로 변화를 만들어 내라는 뜻이다. 이때 말은 그 자체가 말한 것을 사실로 만든 셈이 된다.

버틀러가 정체성이 어떻게 작동하는지를 설명할 때 그 핵심적인 개념이 수행성이다. 버틀러는 우리 안에 이미 내재하는 어떤 특정한 정체성을 가지고 태어났다기보다 수행성을 통해 끊임없이 우리의 정체성을 창조해 나간다고 본다. 특히 수행성은 그녀가 서로 다른 '규율 이상(regulatory ideals)'[24]이라고 불렀던 것을 이용하거나, 그것에 근거하면서 이루어진다. 이 규율 이상이란 (젠더와 관련해서) 남성 혹은 여성이 된다는 것이 무엇인지에 대해 우리가 가진 모든 기본 개념이라 할 수 있다. 한편에서 보면 그것은 쉽게 비판에 노출될 수 있는 판에 박은 듯한 의견이기도 하지만(예를 들면 남성은 액션 영화를 좋아하고 여성은 로맨틱 코미디물을 좋아한다는 것처럼), 다른 한편으로는 아주 미묘한 차이까지 언급하기도 한다. 이를테면 여성은 치마를 입고, 소녀는 다소곳해야 하는데 소년은 떠들썩하고, 남자는 다리를 벌리고 앉고 여성은 다리를 오므리고 앉는다. 우리는 누구나 머리를 일정한 길이로 자르며, 우리의 젠더에 어울리는 차림으로 옷을 입거나 화장을 하거나 (혹은 하지 않거나) 한다. 그처럼 매일매일 우리는 규율 이상에 부응하려는 삶의 과정에 놓이게 된다. 이러한 행동들이 바로 수행성(performativity)이다. 사람들이 그러한 규율 이상에 반드시 맞추어 살지 않는다 하더라도 그것 자체가 이상을 만들어 내고 강화하는 것이며 버틀러는 이 과정을 시테이션이라고 불렀다. 당신의 젠더에 적합하게 반복적으로 행동함으로써 그러한 규율 이상을 보증해 주고 다른 사람에게도 그런 모습이 유지되도록 한다. 이를테면 사람들이 누구는 '어린 소녀처럼 행동한다' 하고 말했을 때, 어떤 종류의 행동은 특정한 범주의 사람(젊은 여성)과 관련되고 그래서 적합하다고 하며 다른 사람(성인 남성)에게는 그렇지 않다는 것을 말한 것이나 마찬가지이다. 지금까지의 이야기에서 당신은 아마 이러한 아이디어들이 앞 장에 나오는 실천이론의 관점에서 이야기했던 어떤 논의들과 연결된다는 것을 알아챌 것이다.[25]

버틀러의 접근은 젠더라든가 섹슈얼리티 등의 차이에 관한 생각이 역사적으로 달라진다는 것을 전제로 출발한다. 나아가 남성과 여성, 혹은 이성애와 동성애같이 생래적(生來的) 존재의 범주라고 받아들여 왔던 것에 대해서도 의문을 제기한다. 다시 말해서 과거에는 권력을 가진 여성들이 장악하고 있었을 수도 있고, 또 당시의 젠더와 정체성은 오늘날의 세계에서 우리가 주변에서 보는 것과 일치하지 않을 수도 있다는 것이다. 정체성에 대한 우리의 개념이 생물학적 과정의 결과물이 아니라 규율 이상이라면 젠더와 정체성은 충분히 다른 모습으로 나타날 가능성이 있는 것이다.

로즈마리 조이스(제5장의 박스 5.2)와 같은 고고학자는 버틀러를 인용하면서 중미 지역에서 젠더가 실천을 통해 어떻게 생산되고 물질화되는지를 검토했다.[26] 조이스는 아즈텍의 어린이들이 서로 다른 정체성을 수행하도록 교육받는다고 하면서[27] 역사 기록물과 고고학 자료 양쪽을 다 활용하여 그 방식을 들여다보려 한 것이다. 어린이들이 성장하는 기간 중 서로 다른 시점에 어떤 옷을 입거나 귀와 입술에 피어싱함으로써 그들의 몸은 물질적으로 만들어지게 된다. 이 같은 행사는 특히 일생의 특정 시점에 거행되는 의례에서 베풀어진다. 흔히 이러한 의례에서는 성인의 옷 일부를 입으라고 하거나 성인이 되어 착용하게 되는 장신구가 건네지기도 한다.[28] 어린이들은 일정한 방식으로 움직이는 법을 배우고, 어떤 특정한 스타일로 머리를 자르기도 한다. 이렇게 몸을 형성하는 활동들은 서로 다른 형태로 젠더화된 정체성을 수행하는 방식을 배울 때, 그리고 물리적으로 몸 위에, 또는 몸을 통해, 젠더 정체성을 물질화하는 데 도움이 된다. 흥미롭게도 이처럼 몸을 만드는 다양한 방식에 따라 소녀와 소년이 갈라지게 될 뿐만 아니라 제3의 젠더도 나타나는데 이들은 순결을 유지하면서 종교적 인물로 살아가게 된다.[29] 이 맥락에서 어른과 아이들이 함께 그와 같은 수행을 하고 이를 통해 세 가지 종류의 젠더가 등장하게 되는 것이다. 중미의 클래식기에 해당하는 마야(250-900 AD)의 다른 지역에서 조이스는 남성과 여성의 기념물적 조각품을 조사하였다. 어떤 옷을 입고, 또 몸은 어떻게 움직여야 하는지(오늘날 우리에게 주어지는 것과 비슷하게)에 중점을 둔 규율 이상과 그에 따라 행동하는 방식을 검토한 것이다. 여기서는 상위계급의 남성과 여성을 중점적으로 살피고 있는데 그들이 서로 비슷하게 행동함으로써 젠더의

경계를 모호하게 만들 수 있는 방식이 많다고 조이스는 지적한다.[30]

인격성의 수행

요즘 우리가 인지하는 그런 범주적 구분을 토대로 젠더와 같은 정체성에 관해 생각할 수 없다는 관점은 철학자들이나 인류학자들에게 폭넓게 받아들여져 왔고, 최근에는 고고학자들에게도 그에 대한 토론의 장이 열린 것 같다.[31] 특히 그중에도 인격성(personhood)의 논의가 가장 중요하지 않을까 한다. 이 장의 서두에서 살펴본 바도 있지만, 인격성은 사람이 된다는 것에 대한 물음이다.[32] 진부한 이야기지만, 서구인들은 그들 자신이 하나의 구분되는 개인이라고 생각한다. 우리는 우리 자신의 이름을 가지고 있고 개인적 소유물을 지니고 있으며 우리 자신을 자유 의지가 있다고 이해한다. 우리는 태어날 때부터 우리에게 배정된 단일한 젠더를 가지고 있으며 이것은 우리 정체성의 핵심적 부분이 된다. 사생활과 몸의 경계는 매우 중요하며, 몸의 경계를 건너지르는 어떤 상황이 발생할 때 그것이 대단치 않다면 당혹스런 정도에 그치지만 최악의 상황이라면 심각한 폭력으로 받아들인다. 그래서 우리는 욕실, 침실, 화장실 등과 같은 사적 폐쇄공간을 가지게 되고, 이런 공간은 집의 전면에 두고 공개하지 않으며, 기침과 재채기를 할 때 휴지를 쓰게 되는 등의 행동을 한다. 하나의 개인으로서 우리가 존재한다는, 문자 그대로, 더 나누어질 수 없는 그 어떤 것이라는 관점은 우리가 우리 자신은 어떠해야 한다는 생각의 핵심을 이루고 있다.[33] 우리는 우리 자신을 세상에 꼭 같은 것이 있을 수 없는, 눈이라면 하나의 송이처럼, 유일무이한 존재로 생각하는 경향이 있다! 사람으로서 의무, 그리고 에이전시와 연결된 하나의 개인적 존재라는 것이다. 만일 당신이 범죄를 저지르면, 당연히 당신이 책임을 지고 감방에 갈 것으로 기대된다. 당신의 가족이나 친구가 아니라 바로 당신에게 개인적으로 책임이 있기 때문에 그러하다. 사람이 유일무이한 개인이라는 생각은 아주 폭넓게 퍼져 있어서 아무도 의심하지 않을 정도이다. 그래서 인격성에 대한 이 '눈송이'적 접근은 우리 사회의 실로 다양한 측면들을 보증해 준다. 그러나 그동안의 고고학적 혹은 역사학적 연구는 인격성에 대한 이와 같은 이해의 방식이 우리가 생각하는 것보다 훨씬 최근의 일이라는 것을 보여 준다. 제임스 데츠[34]와 매튜 존슨[35]과 같은 고고학자는 미국과 영국에서도 상당히 근래에 해당

마릴린 스트래선

마릴린 스트래선(Marilyn Strathern)은 영국의 인류학자이다. 2008년 은퇴하기까지 케임브리지 대학 사회인류학의 윌리엄 와이즈 교수로 재직하였다. 친족, 젠더, 그리고 의료 인류학에 이르기까지 많은 연구 성과를 발표해 왔다. 그녀의 여러 저서들 가운데에도 *The Gender of the Gift,*[36] *Partial Connections*[37] 그리고 *After Nature*[38] 등이 대표적이다. 아래의 이미지는 멜라네시아의 빌룸 망태기(Bilum string bag)이다. 이 망태기에 대해 스트래선은 여성이 만들지만 양쪽 젠더가 함께 사용하고 사람들 사이의 관계를 구축하는 하나의 방식으로 교환된다고 말한 바 있다.[39]

영어판 위키피디아(https://en.wikipedia.org/wiki/Bilum#/media/File:Bilum.jpg)에 업로드한 사진으로 원저자는 리차드 에임스(Richard Ames)

하는 17세기 후반 18세기 전반까지도 인격성에 관해 아주 다른 개념이 작동하고 있었음을 추적하는 연구를 해 왔다.[40] 오늘날 우리가 기대하는 것처럼 욕실을 사적인 공간으로 사용할 수 있고 하나의 집이 공동 공간과 사적 공간으로 구분되기보다는 가족 성원들이 같은 요강을 함께 사용했고 테이블 가운데 놓여 있는 커다란 나무쟁반에서 함께 먹었으며 훨씬 공개된 평면형의 가옥에서 살았다고 한다.[41] 바꾸어 말하면 이러한 생활이 그들 자신이 누구인가에 대해서도 아주 다른 이해를 만들어 냈을 것이라는 점이다. 이러한 연구와 평행선을 달리는 인류학자의 시선이 있는데 1920년대까지 거슬러 올라가 마르셀 모스의[42] 연구와 만날 수 있다. 그는 오늘날 세계의 여기저기에서 인격성에 대한 생각이 어떻게, 보다 구체적으로 다르게 나타날 수 있는지를 이해해 볼 수 있도록 해 준 인류학자라 할 수 있다.

얼마 전부터 그러한 연구주제를 인류학과 역사고고학이 따로따로 다루어 오긴 했지만, 인격성에 대한 폭넓은 논의가 본격화된 것은 2000년대에 들어와서부터이다. 특히 고고학자들에게 아주 커다란 관심을 모았던 것은 한 인류학자의 저술이었는데 바로 마릴린 스트래선의 책이다. 마릴린 스트래선은 인류학자로서 서로 맥락이 다른 두 지역, 즉 멜라네시아와 영국에 관심을 가지고 있었다. 그녀의 유명한 책(*The Gender of the Gift*)[43]에서 스트래선이 뉴기니의 인류학 조사를 통해 던진 가장 중요한 질문은 개인이었다. 즉 일부 사람들이 주장하는 것처럼 개인이라는 것(individuality)에 대한 아이디어가 정말로 보편적인 것일까 하는 질문이다. 그녀의 연구에 따르면 뉴기니 사람들은 자신을 하나의 구분되는 개인적 실체로서 (세상과의 관계이든, 서로서로의 관계이든) 관계를 맺는다고 생각하는 것이 아니라 그들 사이의 관계로부터 자신이 나타난다고[44] 생각한다는 것이다. 그래서 사람들은 애초부터 관계를 구성하고 있는 것이 된다. 그것은 그들의 부모와의 관계이며, 그들의 배우자와 아이들, 친구, 그리고 인척 등과의 관계들이다.

스트래선이 멜라네시아에서 함께 조사했던 사람들에게 이 모든 관계는 서로 다른 성격의 교환 관계였다. 사람들은 서로 간에 물건이나 동물을 주면서 그러한 관계를 형성한다. 주고받는 물품은 특히 가축인 돼지, 혹은 정액이라든가 젖과 같이 몸에서 나온 것 등이다. 그 무엇인가가 주어졌을 때 사람들은 관계를 만들어 낸 것이 된다. 그리고 사람들은 관계로 구성되어 있다고 본다. 그래서 그들은 누구에게 무언가 주게 되면 준 그 사람에게 추가되고, 동시에 그들 자신으로부터는 무언가가 빠져나간 것으로 생각한다. 그래서 어머니들이 아이들에게 젖을 물렸을 때, 그들은 그들 자신의 일부를 아이들에게 준 것이고 그렇게 함으로써 둘 사이의 관계가 형성되며 그들은 어머니로 되고 아이들은 그들의 아이들이 된다. 이는 물건과 동물에 대해서도 마찬가지로 적용된다. 어떤 사람이 값진 물건, 이를테면 도끼와 같은 것을 주어 버렸을 때, 그는 그 자신의 일부를 준 것이다. 이 경우 사람은 더 나눌 수 없는 하나의 개인이 아니고 나누어질 수 있는 개인이므로 그의 정체성은 기본적으로 관계적(relational)이다. 즉 관계성에 근거한다는 이야기이다. 몸이 하나의 총체가 아니라 나누어질 수 있고 분할이 가능하다는 이 생각이 이러한 사회 안에서는 젠더에 대한 이해의 방식에 중요한 영향력을 행사한다. 그래서 그녀의 저서도 그런 제목을 갖게 되었을 것이다. 각각의 사람들이 하나의 단일한 젠더를 갖는 것이 아니라, 젠더는 교환의 종류에 따라 달라지는 특별한 관계에서 발생한다고 본다. 이는 서구사회의 기준으로 남성이라고 간주될 수 있는 어떤 사람이 어떤 특정한 교환관계의 맥락에서는 실제로 여성이 될 수 있고 그 반대도 성립한다는 것을 의미한다. 오늘날의 멜라네시아에서처럼 젠더가 태어나면서부터 정해지는 것이 아니라 유동적인 것이고 맥락에 따라 달라지는 것이라면, 이는 과거의 정체성도 우리가 보통 상상하는 것과는 크게 다를 수 있다는 것을 의미한다.

스트래선의 연구가 고고학자에게 주는 핵심적 메시지 중 하나는 인격성이 인간 존재에 한정되지 않는다는 그녀의 아이디어이다(우리 사회 안에도 그러한 태도가 있다). 이 아이디어는 두 가지 방식으로 활용된다. 첫째, 사람이든 아니면 다른 존재이든 모든 것에게 인격성이 주어질 수 있다는 점이다. 당신이 태어난 그 순간, 인격성은 본질적 측면에서 당신의 부분일 수 없다(크리스트교에서 말하는 영혼은 그러하지만). 왜냐하면 인격성은 관계에서 오는 것이기 때문이다. 당신이 하나의 사람(person)이 되려면 많은 연결을 맺고 유지해야만 한다. 그러므로 한 사람으로서의 존재라면 인간 존재이기도 해야 하지만 물건들이나 집, 혹은 친족과 같은 여러 가지 연결이 있어야 한다. 멜라네시아, 뉴 브리튼의 사바알(Sabarl) 사람들을 연구한 데보라 바타글리아는 그들이 어떻게 도끼를 이해하는지 탐구해 왔다.[45] 사람들이 하는, 혹은 사람들에게 있는 요소 중 그것과 꼭같은 어떤 것을 도끼도 품고 있다고 그들은 이해한다. 도끼의 날은 히노나(binona)를 가진다. 히노나는 필수불가결한 물질을 뜻하며 동시에 생식기에 관한 명칭이다. 도끼는 하나의 총체로서 여러 요소를 가지는데 그 이름들은 사람 몸 부위의 이름을 따서 붙였다. 그렇다고 이 지역의 사람들이 도끼를 사람과 혼동한다는 뜻은 아니다.

그들은 이건 이것이고 저건 저것이라는 것을 안다. 이는 한 사람이 된다는 것, 그리고 인격성으로 이끌어 주는 사물을 가진다는 것이 단지 우리 종에 한정되는 것은 아니라는 뜻이다. 이것과 일치하는 패턴이 다른 사회에 대한 인류학적 서술에서도 확인된다. 예를 들어 아메리카 원주민 나바호 사람들에게는 인격성이 의식용 바구니, 차애(Ts'aa)로 확장될 수 있으며 아이들은 땅, 산, 하늘, 그리고 천둥은 살아 있는 친족이라고 배운다.[46] 그렇다고 그 모든 것이 인간과 동일하다는 뜻은 아니다. 하지만 이를테면 산이 신성한 사람의 이미지로 만들어져 있는 것과 같이 그들은 사람을 닮았기 때문에 모두 사람이다. 그들의 기원이 공통된다는 점을 통해 인격성의 감각을 공유하는 것이 된다.[47] 이와 같은 아이디어는 앞으로 반복해서 논의될 것이다. 제5장에서는 알프레드 겔이 이러한 생각을 가져와 어떻게 인류학에서 사물 에이전시라는 관점으로 발전하게 되는지에 대해 알아볼 것이다. 제10장에서는 우리가 이와 같은 비서구의 아이디어를 진지하게 고려하게 될 때 세계를 이해하는 우리의 방식에 과연 어떤 변화가 생기는지에 대해 검토하게 될 것이다.

다 좋은 이야기다. 당신은 이렇게 말할지 모른다. 오늘날의 세계 곳곳에 존재하는 인격성을 분석해 보려고 돌아다닐 수 있는 이는 인류학자라고, 그들은 대단하다고, 하나의 사람이 된다는 것에 관해 어떻게 생각하느냐고 물어 볼 수 있는 것도 인류학자들에게나 가능한 일이라고 말이다. 그러나 이러한 문제에 고고학적으로는 어떻게 다가갈 수 있다는 말인가? 하지만 21세기로 접어든 이후부터는 고고학자들도 과거의 인격성에 대해 점점 큰 관심을 기울이게 된다. 특히 유럽 선사시대와 중미, 그리고 남미와 같이 다른 맥락에서 어떻게 서로 다른 관계적 인격성(relational personhood)이 존재할 수 있었는지에 대해 추적해 왔다.[48] 예를 들어 존 채프먼은 스트래선의 아이디어를 빌려 와 고고학 유물들이 왜 그리 빈번하게도 파편 상태로 발견되는지에 대하여 해명하고자 했다.[49] 전통적으로 이 문제에 관해서는 그 설명이 둘 중에 어느 한 가지였다. 즉 과거에 우발적으로 깨어져 버린 것이거나 태포노미적 과정(즉 일단 땅에 놓이게 된 이후부터 그 고고학적 대상물에 일어나는 모든 과정)의 결과로 볼 수 있다는 것이다. 채프먼은 단독연구와 비서카 가이다스카와의 공동작업을 통해[50] 그러한 생각에 문제를 제기했다. 그는 물건의 깨어짐, 혹은 조각이 고의적인 기획에 의한 것인지, 아닌지를 물었다. 왜 사람들은 그렇게 하였는가? 멜라네시아에서 스트래선이 했던 연구로부터 유추를 끌어와서 채프먼은 당시 사람들이 관계를 형성해 내기 위해, 혹은 그들의 정체성을 만들어 내기 위해 그 물건들을 사용하였을 수 있다고 주장한다. 그래서 식사시간이 끝나면 그릇은 깨어지고 다른 사람들이 그 조각들을 정신없이 가져가게 함으로써 채프먼이 구속(enchainment)이라고 말하는 것이 만들어지게 된다.[51] 물건의 교환이 분할 가능한 인격성의 감각을 만들어 내는 멜라네시아에서와 마찬가지로 신석기시대 유럽에서는 물건의 조각이 나누어질 수 있는 정체성들을 만들어 냈다고 채프먼은 주장한다. 다음으로 그는 이를 순동시대(Copper Age)에 나타난 다른 인격성의 감각과 대비시켰다. 순동시대 사람들은 파쇄와 분할을 통해 구속하는 관계를 만들기보다 물건들을 퇴장 유구(hoard)나 후장묘군(rich cemetery)에 더 많이 끌어모으고 축적하게 된다고 한다.[52] 채프먼은 이 점이 바로 다른 형식의 인격성이 등장했음을 가리킨다고 주장한다.

크리스 파울러와 조안나 브뤽은 각각 영국 신석기시대와 청동기시대의 인간 신체의 처리방법을 검토하면서 서로 비슷한 인격성에 접근하는 방법을 발전시켰다.[53] 예를 들어 파울러는 맨 섬(Isle of Man)의 신석기시대 분묘를 검토하면서 인격성에 대한 개념화가 어떻게 달라지는가를 밝히려 했다.[54] 근대 공동묘지에 나타나는 무덤의 배치와 비교해 보았을 때, 신석기시대 맨 섬의 신체 처리는 그들이 다른 개념의 인격성을 가졌음을 말해 준다고 파울러는 지적한다. 그는 신석기시대 전기에 사람과 물건을 뒤섞어 화장의 장작더미 위에 올리는데 그것이 어떤 방식인지 보여 준다.[55] 그리고 죽은 뒤에 다른 사람의 부위들과 어떻게 서로서로 재배치되는지도 그는 비슷한 방식으로 검토하였다. 인류학적 성과, 특히 스트래선의 연구는 물론, 주디스 버틀러와의 비교를 통해 파울러는 그와 같이 다른 방식의 실천을 통해, 나눌 수 있고 분할할 수 있는 인격성에 대해 논의할 수 있다고 주장한다. 그리고 그것은 오늘날 우리가 익숙한 것과는 아주 다른 정체성에 대한 이해의 방식을 만들어 냈을 것이라고 말한다.[56]

조안나 브뤽도[57] 영국 중기와 후기 청동기시대 매장의례의 실천과 관련하여 비슷한 주장을 한다. 고고학자들은 유럽의 청동기시대에 관해 '개인성'이 아주 뚜렷해진 시기로 생각하는 것이 보통이다. 다시 말해서 고고학자들은 차이와 신분을 존중하는 정체성의 감각이 이 시기에 등장했다고 생각한다는 것이다.[58] 하지만 브뤽은 물건과 몸이 취급되는 방식을 꼼꼼히 살펴본 다음 개인이 등장했다고 하기보다는 이 시기의 인격성은 생각했던 것보다 훨씬 분열되어 있고 유동적이며 관계적으로 보아야 한다고 주장한다. 특히 브뤽은 토기, 금속유물, 그리고 사람의 몸이 주로 불과 관련된 변형의 과정을 어떻게 거치는지를 면밀히 살폈다. 토기는 마치 그것이 금속유물인 것처럼 불 속에서 재처리를 거쳤다. 아주 비슷한 방식으로 사람의 몸도 흔히 화장되며, 그 존재가 불 속에서 막을 내린다. 묻힐 자리에 놓이게 될 사람 뼈의 부분들, 파쇄하여 그로그(grog)로 재활용할 토기, 혹은 녹여서 재활용할 금속유물 등과 같이 각각의 물적 소재들은 뒤에 재사용 혹은 재활용될 수 있다. 이처럼 소재들이 서로 유사한 방식으로 뒤섞이게 되면서 아마 관계성의 계보를 동반하게 될 것이다. 그래서 브뤽은 인간의 생식과 출산이 그런 식으로 개념화되었을 가능성이 크다고 강력히 주장한다.[59] 이때 사람은 하나의 구분되는 개인이 아니다. 사람과 사물은 죽은 뒤에도 지속되는 소재들과 그 관계성의 복잡한 순환으로부터 등장하는 것이라고 브뤽은 주장한다.

고고학자라면 이러한 해석들을 무비판적으로 받아들이기는 어렵다. 사실 스트래선이 멜라네시아인과 서구인 사이에서 끌어온 대비에 관해서도 처음부터 의심을 품은 사람은 적지 않다(많은 고고학자가 그렇게 생각함). 서구인들이 진정으로, 항상 자신을 분리되고 경계 지어진 개인으로 생각하는가? 우리는 이 용어가 '진부한' 개념이라고 앞서 말한 바 있다. 기억하는가? 이와 비슷하게 멜라네시아인도 자신을 항상 개인이라고 생각하는가? 인류학자 에드워드 리푸마가[60] 지적한 것처럼 이보다 사물은 조금 더 복잡하다. 사실 당신이 당신 자신에 대해 생각할 때, 당신은 아마 '관계적인(relational)' 자신의 여러 가지 측면들을 파악할 수 있다고 확신할 것이다. 만일 당신에게 한 형제, 혹은 한 자매가 있다면, 당신은 그들과의 관계 때문에 동기간이 되는 것이다. 마찬가지로 당신에게 생물학적이든 아니든 아이가 없다면 당신은 부모가 될 수 없고 당신이 누구와 혼인하지 않으면 당신은 배우자가 될 수 없다. 이처럼 멜라네시아에도 그처럼 사람이 행동하고, 하나의 개인으로서 자신에 대해 생각하는[61] 순간이 있을 것이며, 마찬가지로 과거에도 다른 개인성들이 존재했을 것이다.[62] 그래서 매튜 스프리그와[63] 같은 고고학자는 멜라네시아의 사례를 고고학자들이 그 자체가 지닌 역사적 특수성에 유의하지 않고 유추에 활용하는 것에 대해 비판을 한다. 마찬가지로 앤드류 존스도[64] 단일 유추를 이렇게 폭넓게 활용하는 것이 유럽 신석기시대와 청동기시대가 멜라네시아 사회가 그렇게 서로 닮았기 때문인가 하고 의문을 표시한다.[65]

고고학자가 인류학적 맥락으로부터의 유추를 활용해야만 하는가 하는 문제는 그동안 수많은 논쟁을 거쳐 왔다.[66] 여기서 분명히 말할 수 있는 것은 특정한 비교에 지나치게 의존함으로써 사고의 새로운 방식에 열린 생각을 갖지 못하고 해석의 범위를 좁히는 우를 범하지 않도록 해야 한다는 점이다.[67] 그럼에도 불구하고, 이 인격성의 문제는 정체성에 관심을 둔 고고학자들에게 분석의 중요한 범주가 되는 것은 사실이다. 이러한 경향에 대한 비판이 인격성과 관련된 아이디어의 적용을 두고 단호한 태도를 보인다 하더라도 그 핵심적인 생각에 대해서는 논박하기 어려울 것 같다. 즉 과거의 인격성은 지금 우리의 인격성과는 거의 확실히 다르다는 것이다. 달리 말하면 인격성은 역사적으로, 사회적으로 가변적이다. 그리고 상상력을 자극하는 인류학적 자료의 활용 없이 어떻게 그러한 아이디어들을 고고학적 문제에 가져올 수 있는지 생각하기 어렵다.[68] 근본적으로 관계성이란 관점에서 과거에 대해 생각하는 폭넓은 접근 가운데 인격성에 대한 논의가 최선봉에 서서 많은 일을 해낸 것은 사실이다. 적어도 1990년대에는 이 인격성이란 용어가 거의 들어 보기 어려운 것이었지만 지금에 와서는 정체성과 관련하여 이보다 더 폭넓게 논의되는 단어도 없는 것 같다.

체화된 정체성

이 장의 마지막 주제는 몸 그 자체에 대한 논의이다. 그간 젠더와 정체성에 관한 고고학 연구 중 상당 부분은 성차별주의 해석에 대한 비판이라는 훌륭한 임무를 수행해 왔다. 그리고 정체성 전반의 범주들, 이를테면 인격성과 같은 문제에 대해 진정으로 새로운 이해를 시도함으로써 고고학적 사고에 많은 일을 했다. 하지만 또 다른 점에서 보면 현재로부터 가져온 아이디어 중에는 과거에 제대로 적용하지 못한 채 남겨 둔 것도 있다. 다시 말해서 그러한 접근들은 여전히 본질주의적 관점으로 간주되고 있는데 예컨대 문화적 정체성은 생물학적 정체성과 구분된다든가, 문화는 자연과 분리되어 있다든가 하는 관점에 기초하고 있다. 여기에는 이원론이 그렇게 자리 잡고 있고 특히 젠더나 성이 문제일 때 특히 그러한 입장을 내세운다.

많은 고고학자가 젠더를 철학적 타협의 문제로 치부하고 그 연구에 착수하는 경향이 있다. 그래서 젠더는 사회적으로 구축된 범주이고 그래서 문화에 따라 가변적이지만, 생물학적 성은 고정되고 변함이 없는 것처럼 서사가 진행된다. 이러한 타협을 거쳐 고고학자는 분묘군(cemetery)의 연구나 문제의 인골에 대한 생물학적 성의 조사를 수행하고는 한다. 아울러 분묘 안에 들어 있는 부장품을 검토하여 그것이 젠더에 대한 감각의 차이를 어떻게 만들어 냈는가에 대해서도 그러한 타협을 통해 해명하려 든다. 이러한 타협은 오늘날의 세계에 대해서도 유효하게 작동하는 듯하다. 생물학적 성이 남성은 XY이고 여성은 XX라는 염색체의 조합에 따라 결정된다는 것은 널리 알려진 생각이다. 반면 젠더는 우리가 입는 의복의 종류, 우리가 어떻게 하도록 교육받은 그 행동의 방식, 우리가 가부장적 사회에 살고 있다는 사실로부터 나타나는 것이고 그것은 같은 직업에 종사하더라도 남성보다 여성의 보수가 적다는 등의 현실을 의미한다. 성과 젠더의 구분은 젠더 이론가들과 고고학자들 모두에게, 젠더 불평등이나 젠더 본질주의를 비판하면서, 과거와 현재 모두에 걸쳐 의미 있는 연구를 계속할 수 있도록 해 준다. 우리가 아는 한 이분법에 대해 극도로 비판적인 주디스 버틀러를 인용하는 고고학자들조차 그녀의 연구 중 이분법의 문제는 경시하고 젠더 수행성(섹스가 아니라)에 관한 아이디어만 선호한다.

타협은 문제의 해결이 아니라 그저 타협일 뿐이기에 문제는 타협에서 나온다. 앞선 두 개의 장에서 우리는 고고학에서 이원론이 왜 점점 문제가 되고 있는지에 대해 설명하려 했다. 즉 우리가 세상을 상반된 두 편(마음과 몸, 문화와 자연, 혹은 순화와 야생)으로 나누어서 이해할 수 있는가 하는 문제이다. 이러한 개념으로 과거에 대해 생각한다면, 특히 무비판적으로 그렇게 생각한다면, 그것이 바로 본질주의의 또 다른 형태라는 것이다. 성과 젠더의 이분법은 자연 대 문화라는 이분법의 가장 대표적 사례라고 할 수 있다.[69] 한편으로 우리는 세상 어디에서건 물질적 사실에 의해 결정되는, 즉 인간 게놈의 연장선에서 결정된 어떤 것에 대해 생각할 수 있다. 다른 한편으로 우리는 시간과 장소에 따라 서로 다른 방식으로 나타나는, 즉 젠더에 관해 어떻게 개념화하고 상정하느냐에 따라 다르게 되는 어떤 것에 대해 또한 생각할 수 있다. 전자의 사고방식에 따르면 사람은 생물학적으로 환원되거나 혹은 몸이라는 물질적 현실로 존재가 서술될 뿐이다. 하지만 생물학적으로 환원되었을 때 실제로 문제가 되는 것은 출산과 양육일 터인데 이 용어 자체가 얼마나 젠더화된 개념인가! 물질적 몸으로 서술되더라도 실질적으로 문제가 되는 것은 사람이 젠더에 대해 어떤 생각을 가지고 있는가일 것이다.

후자의 문제는 버틀러의 저술에서 인용한 설명의 문제와 연결된다. 그러한 접근은 정체성에 대한 우리의 전제를 허무는 데 훌륭한 몫을 다했다. 그리고 또한 어떻게 몸이 활동하고 젠더의 감각을 만들어 내는지를 연구할 때 큰 도움이 되는 용어를 제공해 주었다. 하지만 물질적 몸 그 자체, 동맥의 피와 흐름, 근육을 변화시키는 운동 방법, 우리 몸의 뼈와 시냅스에 대해서는 설명능력이 거의 없다.[70] 지난 수년 동안 고고학자들은 이 문제를 좀 더 자세하게 검토해 왔다. 예를 들어 조안나 소페어는 몸의 물리적 구조가 어떤 면에서 '가소성'을 가지는 것으로 볼 수도 있겠다는 생각을 해 왔다.[71] 즉 당신이 물건을 들고 가는 방식, 격렬한 활동을 하느냐와 혹은 악기를 연주하느냐의 여부는 당신을 변화시킨다. 그것은 당신 자신에 대한 생각의 문제가 아니라 바로 몸의 구조에 대한 문제이다. 하나의 예를 들어 보자. 테니스 선수의 양쪽 위팔뼈(상완골)는 자주 쓰는 쪽이 덜 쓰는 쪽보다 30% 정도 더 굵다고 한다.[72] 고고학자들은 이와 같은 이해의 방식을 빌려 와 몸 그 자체가 어떻게 하나의 역사를 가지는지에 대한 연구를 한다. 즉 젠더나 정체성이라는 차원에서 사람들이 몸을 어떻게 이해하고 어떻게 생각하느냐가 아니라, 몸의 물리적 구조와 가능성이 어떠한가에 초점을 맞추어 과거에 대한 새로운 사고의 방법을 추구하고 있다.[73] 이와 같은 사고를 통해 우리는 몸의 경계를 단순히 피부로 보아야 하는지, 아니면 우리가 관계를 맺은 물질적인 것들과 한 덩어리로 보아야 하는지에 대한 논의를 할 수 있게 되었다.[74]

맺음말: 정체성, 우리의 전제를 넘어서

1980년대부터 고고학자들은 과거의 정체성에 대한 논의를 발전시켜 이해의 복잡성은 점점 증대되어 갔다. 페미니스트의 사고, 퀴어 이론, 그리고 인류학으로부터 아이디어들을 가져와 종족성, 섹슈얼리티, 젠더 그리고 인격성 등의 다양성을 억압하기보다는 장려하여 과거 인간에 관한 이해를 흠씬 발전시켰다. 이와 같은 논의 핵심은 정체성에 대한 '관계적(relational)' 개념이며 우리가 만일 과거의 정체성에 대해 더 나은 이해에 도달하고자 한다면 우리는 사람, 물건, 그리고 장소의 관계에 주목할 필요가 있다. 과거의 정체성이 가변적이라는 인식이 중요한 것은 그렇게 함으로써 우리가 과거의 세계를 더 정확히 묘사하거나 이해할 수 있기 때문만은 아니다. 1980년대 페미니스트 고고학자들이 보여 준 것처럼 우리가 그와 같이 다양한 아이디어에 대해 논의하지 못했을 때 우리는 과거를 현재와 같은 어떤 것으로 남겨 둔 채 우리의 사고는 멈추며 우리는 본질주의자가 된다. 이와 같은 본질주의에서 우리는 현재의 불평등을 영속적인 것, 혹은 변함없는 것으로 만들려 하는 경향을 보이게 되며 우리가 생각하기에 따라 자연스러운 것처럼 보이게도 하고 그럼으로써 변화 불가능한 것이 되어 버린다. 하지만 정체성의 연구가 관계성의 관점을 인정하게 되면, 사람과 사물이 서로 뚜렷이 구분되고 이미 그렇게 존재해 왔던 것이 아니라, 관계로부터 나타난다고 생각함으로써 고고학의 이론에 아주 중요한 역할을 할 수 있게 된다. 이러한 관계성의 이슈들에 대해서는 이어지는 몇 개의 장에서 우리가 계속 보게 되겠지만 그에 대한 관심이 점점 커 가는 것이 사실이다.

앞서 논의했던 두 청동기시대 분묘가 우리에게 말하고 있는 것은 무엇인가? 먼저 살펴본 브뢱의[75] 연구를 통해서 우리는 그 두 분묘가 관계적으로 구축된 정체성의 서로 다른 성격을 드러내 보여 준다는 것을 알게 된다. 우리는 부장품과 함께 신체 전부가 묻힌 그 피장자를 높은 신분의 개인 남성과 그의 소유물이라고 이해해서는 안 된다. 그보다는 여러 관계를 구성하고 있는 한 사람, 그리고 다른 사람들이 그의 몸 주위에 장례의 선물로 가져다 놓은 유물로부터 드러나는 사람으로 이해해야 한다. 이러한 관점이 일생동안 그가 지녔던 복잡한 관계를 드러내 줄 수 있을 것이다. 여기서는 젠더 역시 생물학적 신체만을 통해 드러나는 것으로 보지 않는다. 예컨대 물질적 몸과 토기의 관계라든가 화살촉과의 관계 등, 관계성을 통해 드러나는 것으로 이해한다. 이것을 우리는 단순히 정체성의 반영이라고 보아서는 안 된다. 이는 정체성을 만들어 내는 과정에서 중요한 역할을 한 것으로 보아야 한다. 여기서 정체성이란 산 자와 죽은 자 양쪽에 의해 수행적으로 생산된 것이라 할 수 있다. 화장묘는 몸이 분리될 수 있음을 드러낸다. 몸의 서로 다른 부분들이 서로 다른 장소에 묻힐 수 있음을 보여 준다. 그렇게 함으로써 사람은 자신이 서로 다른 장소로부터 온 서로 다른 요소들로 구성되어 있음을 드러낼 수 있으며 그 장소들은 다시 서로 다른 사람의 활동을 통해 만들어진다. 화장된 유해가 담겨 있는 골호는 이전의 몸이 불 속에서 소멸되고 새로 탄생한 새로운 몸, 새로운 사람을 형성한다. 정체성에 관한 연구는 계층이나 젠더에 대한 단순한 사고로부터 그처럼 복잡하고 관계적으로 생성된, 그리고 물질적인 것으로 드러내는 인격성의 아이디어로 옮겨갔다. 이러한 관점의 변화를 거쳐 정체성에 대한 우리의 아이디어는 논의의 출발점과 비교해 보았을 때 현저하게 변화되었음을 알 수 있다. 과거는 달랐고 당시의 사람들도 그러했다.

제5장
물건의 비밀스런 일생
사물 에이전시와 생애사

머리말: 박물관 방문

　최근 박물관을 방문했던 그때로 돌아가 생각해 보자(그림 5.1). 무엇보다 먼저 무엇이 당신을 그곳으로 이끌었는가? 아마 그것은 르네상스시대의 특정한 예술품일 수도 있고, 거대하게 복원된 공룡의 골격(신성한 고고학 이론 책에 모욕일 수도 있지만)이나, 혹은 잉카의 고고학 수집품일 수도 있다. 아마 과제를 마무리하러 갔을 수도 있고 앞에 예를 든 여러 전시물 중 어떤 것에 관심이 많은 친구 때문에 딸려 갔을 수도 있을 것이다. 어쨌든 당신의 진짜 동기가 어떤 것인지 제대로 된 답을 끌어내 보라! 박물관에 당신이 들어갔을 때 맨 처음 본 것이 무엇인가? 당신이 볼 수 없었던 것은 무엇인가? 프런트 데스크에서 당신이 체크인할 때 박물관 직원으로부터 어디 가면 어떤 것을 볼 수 있다는 안내를 받았나? 박물관 안내지도는 받았나? 안으로 들어가면 박물관 전시실의 전체적 구성을 어떻게 알지? 물건들이 어떻게 배치되었는가에 대해서는 의문이 들지 않는가? 제1전시실에서 당신이 관심을 둔 전시물들(예술품, 화석, 유물)말고 펼쳐져 있는 다른 물질문화는? 예컨대, 그림액자, 진열장, 안내기호, 빛, 또는 벤치는? 당신이 박물관을 빠져나갈 때 당신은 기념품 매점 앞에 멈춰 섰나? 기념품 매점은 출구에서 어느 쪽에 자리 잡고 있나? 당신이 경험했던 것을 좀 더 시간을 가지고 돌이켜보고 다음과 같은 질문에 최선을 다해 답변한다면 무어라고 얘기할까? 박물관의 물질세계(즉 비인간의 측면들)들은 당신에게 어떻게 영향을 주었나? 당신은 정말 자유롭게 이동하고

그림 5.1 박물관 관람(케이-페이 스틸 그림)

박물관의 여러 측면에 참여했나? 어떤 비인간의(nonhuman) 요소가 당신의 이동과 참여를 간섭했나? 그렇다면 어떻게?

    이 장에서는 비인간(非人間: nonhuman)이 에이전시가 되고 일생을 가질 수 있는지, 그렇다면 어떻게라는 문제를 다루어 보도록 하겠다. 잠깐 되돌아보면 우리는 제3장에서 에이전시에 대해 검토했다. 개개의 에이전트들과 그들에게 영향을 행사하는 구조들, 그 둘 사이의 상호 반사적 관계에 대해 검토했다. 반복해서 말하지만 구조는 어떤 형식의 선택이나 행동을 장려하거나 제한하는 그 모든 것으로 구성되어 있다. 그래서 구조는 우리를 둘러싼 다른 사람들의 ('별생각 없이 본대로 따라 하는') 행동과 선택에서부터 정부 기관의 공식화된 법에 이르기까지 이 전체를 포함한다. 여기서 우리의 주장을 새롭게, 방향을 약간 틀어 얘기해 보자. 제3장에서 언급했던 그러한 개인처럼 인간이 아닌 것이 에이전시를 가진다면 어쩔 것인가? 최근 고고학에서 이루어지는 상당수의 에이전시 연구를 보아도 '에이전시'라는 말에 과거 행위자들이 반드시 의도를 지니고 있어야 한다는 전제가 필요한 것은 아닌 듯하다. 그보다는 안소니 기든스의 이론에 관해 설명하면서 말한 바 있지만, 에이전시란 세상에서 다름을 만들어 낼 수 있는 능력이며 그것이 의도적이든 아니든 상관없다. 이러한 점에서 이제 사물이 에이전시를 가질 수 있는가? 그렇다면 어떻게라는 질문을 던지는 것은 자연스런 일로 보인다. 사물 에이전시는 여러 가지 면에서 매력적인 개념이다. 흰색 꽃밭, 그 한가운데 피어 있는 밝은 분홍색 꽃은 우리의 관심을 끈다. 어떤 익숙한 이미지 하나가 우리의 어린 시절, 혹은 친구를 떠올리게도 하며, 교수가 연구주간 동안 단호히 걸어 잠근 문은 학생들이 불쑥 들어가거나 질문하는 것을 가로막는다. 그래서 우리는 어떻게 그러한 에이전시가 우리의 에이전시와 세상에 대한 우리의 이해에 영향을 미치는가 하고 질문을 던지지 않을 수 없다. 그건 그렇고 박물관 기념품 매점이 그와 같은 위치에 자리 잡게 되면 관람객들이 그냥 그 공간을 가로질러 건물 밖으로 나가게 되지 않겠는가? 박물관에서 흔히 쓰는 술책이긴 하지만 (특히 어린아이들이 딸린 우리 같은) 관람객들에게 무언가 상기시키고 영향을 미쳐서 박물관 방문을 기억할 만한 약간의 기념품을 사지 않으면 안 되게끔 한다. 이런 것이 바로 인류학자 알프레드 겔[1]이 이름 붙였던 '이차 에이전시(secondary agency)'라고 하는 것이다. 기념품 매점을 그런 위치에 배치하는 것을 결정한 사람으로부터 분배되는 에이전시가 바로 그것이라고 할 수 있다. 알프레드 겔에 따르면 인간은 자신의 인격성(personhood)과 에이전시를 분배하기 위해 물질적 세계를 이용한다고 한다.

다음 절에서 우리는 알프레드 겔의 분배된 인격성(distributed personhood)과 두 가지 형식의 에이전시를 중심으로 그의 작업을 좀 더 자세히 살펴보려 한다. 다음으로 또 다른 인류학자 두 사람, 아르준 아파두라이와 이고르 코피토프의 연구를 검토해 보려고 한다. 특히 이 두 사람은 물건의 생애사와 전기(傳記)를 논의함으로써 고고학자들에게 아주 중요한 통찰을 제공했던 인물이다. 마지막으로 우리의 박물관 관람 이야기로 돌아가 결론을 맺고자 한다. 당신이 물건에 대해 피해망상을 갖게 하려는 것이 아니라 우리는 단지 박물관의 비인간적 요소들에 의해 당신이 어떻게 '부추겨질' 수 있는지 지적하고자 할 뿐이다. 우리가 이 장을 읽는 동안 사물 에이전시와 생애사에 대한 사고가 사람과 물건, 인간과 비인간 사이의 이원론에 다리를 놓는 시도라는 것을 깨닫게 될 것 같다.

사물 에이전시

과연 사물이 에이전시를 갖는가? 알프레드 겔(박스 5.1)의 인류학 저술을 직접 거론하면서 던진 이 질문으로부터 이 절을 시작하고자 한다. 겔의 저서,『예술과 에이전시: 인류학의 한 이론』[2]은 그의 사후에 출판되었다. 마릴린 스트래선(제4장)의 작업을 기초 삼아 사람과 그를 둘러싼 비인간적 환경 사이의 관계에 관한 연구를 크게 진척시킨 책이다. 겔의 이론은 예술에 관한 연구, 특히 물질세계에 대한 넓은 시야의 연구를 통해 표현되고 있다. 그의 책에서 첫 번째로 주목해야 할 것은 그가 사물 에이전시에 관해 서로 대비되는, 때로는 상반되는 아이디어를 담고 있다는 사실이다. 이는 그가 책의 원고를 충분히 다듬어 완성하기 전에 사망했기 때문에 그럴 수밖에 없었을 것이다.『예술과 에이전시』에서는 겔이 에이전시의 문제에 대해 사색을 계속하는 동안 자기 생각을 바꾸었음이 확인된다. 그래서 당연히 이 책의 여러 장에서는 모호한 내용이 곳곳에서 발견되는 것이다. 두 번째 눈에 들어오는 사실은 그러한 혼란에도 불구하고 고고학자들이 겔의 저서를 대하면 거기서 단일한 이론을 읽어 낸다는 점이다. 즉 에이전시에 대한 여러 상반된 아이디어들이 아니라 그 에이전시가 인간과 물건들 사이에서 어떻게 작동하는가에 대한 하나의 이론을 본다는 것이다.[3] 그러면 아래와 같이 서로 다른 이해의 방식들을 살펴보기로 하자.

겔은 의도적인 것뿐 아니라 전혀 의도적이지 않은 것까지 포함하는, 아주 다양하고 폭넓은 인간행동들로부터 귀결된 것이 에이전시라고 생각했다. 그럼에도 불구하고 그의 용어에 대한 정의를 보면 예술에 대한 그의 이론이 아주 특별하게 읽힌다. '에이전시는 특별한 사건형식의 연쇄, 즉 물리적 사건의 단순한 연쇄가 아니라 마음이나 의지, 혹은 의도의 활동으로 야기된 사건의 인과적 연쇄를 시작하는 것으로 보이는 사람/사물 … 그러한 사람들에게 귀속된다.'[4] 사실 겔은 인간이 에이전시를 어떻게 이해하는가 하는 점에 일차적인 관심을 두고 있기 때문에 책의 첫머리에서부터 그와 같은 특별한 정의를 구사한 것이다. 처음 겔은 인간이 에이전시를 인식할 때 보통 다른 인간의 선택과 행동으로부터 직접적으로 기원한 힘(force)으로 본다고 주장했다. 이러한 관점은 겔의 저서 첫 번째 절에 나오는 인간이 에이전시를 그와 같이 이해한다면 에이전시는 그저 에이전시일 뿐이다 하는 진술을 이해하는 데 하나의 열쇠가 된다. 여기서 우리는 적어도 그의 저서 앞부분에 나오는 에이전시에 관한 겔의 입장을 파악한 것으로 보고 이제 그가 예술에 대해 어떻게 생각했는지를 검토해 볼 필요가 있을 것 같다. 겔은[5] 예술을 '행동의 시스템(system of action)'이라고 보았다. 예술은 세상에 대해 가진 어떤 생각을 상징적 부호처럼 표현한 것이 아니고 세상의 변화를 의도한 행동의 체계라는 것이다. 여기서 겔은 제7장에서 우리가 상징적, 혹은 전통적인 의미에서의 기호라고 언급한 것에서 벗어나 있음을 알 수 있다. 그는 지표적 기호(indexical sings)로 관심을 옮겼으며 그럼으로써 상징과 의미의 연구에서 이전과 흥미로운 단절을 보여 주고 있다. 이러한 관점의 전환을 통해 겔은 구조주의의 영향을 받은 초기 탈과정주의의 접근(제2장)이 강조했던 것에서부터 벗어날 수 있었다. 즉 사물과 그에 배당된 의미의 관계를 우연적, 임의적인 것으로 파악하는 구조주의 관점에서 벗어나 사람의 지각이나 의도와는 상관없이 물질이 세상 안에서 가지는 실제적 효과에 초점을 맞추게 된 것이다.[6]

박스 5.1 **알프레드 겔**

알프레드 겔(Alfred Gell, 1945-97)은 영국 런던정경대학의 인류학 교수였다. 주로 인도와 멜라네시아에서 현지조사를 했다. 커다란 영향력을 지닌 겔의 저서 『예술과 에이전시』[7]는 그의 사후에 출간되었다. 그는 이 책을 통해 관계적 접근을 비롯하여 에이전시와 관련된 몇 가지 핵심적인 아이디어를 내놓았다. 고고학자 사회에서 수없이 논의되었던 것은 어떻게 그의 자동차가 '이차' 에이전시(겔이 말하는 '일차' 에이전시는 사람이다)를 갖는가 하는 문제였다.

올리버 해리스(Oliver Harris) 사진

이 책의 제7장에서 다시 논의하겠지만 겔의 관점이 중요한 것은 과거의 어떤 물건이 어떻게 그 무언가를 상징(즉 사람들에게 물질적으로 개념을 표상해 주는 것)하는가 하는 연구에서 어떻게 기호나 상징들이 그것이 지닌 물질적 성질을 통해 세계를 만들어가는가의 연구로 옮겨갔다는 점이다. 겔이[8] 주로 관심을 가진 것은 어떤 일정한 맥락에서 어떻게 예술품이 사람과 그 에이전시를 대신하는가를 이론화하는 것이었다. 다시 말해서 예술품이 사회적 에이전트로서 어떻게 행동하는가 하는 문제를 연구했다. 우리는 이러한 기획을 물질문화 일반으로 쉽게 확장하여 볼 수 있다고 본다. 즉 어떻게 물질문화가 에이전시를 갖게 되는가에 대해 생각해 볼 수 있다는 것이다.

마르셀 모스[9]의 저작으로부터 끌어온 부족사회의 선물 교환에 대한 검토에서 겔은 물질문화가 사람의 확장자(extension of human)로서의 역할을 할 수 있다고 주장한다. 겔의 언어[10]에 따르면, 예술품은 관찰자로 하여금 그로부터 에이전시를 귀추(歸推: abduct)해 낼 수 있도록 해 준다고 한다. 좀 더 간단하게 말하면 예술품을 보는 사람은 그것이 어떤 다른 사람의 에이전시에 의한 결과물이라는 것을 인지할 수 있다는 뜻이다. 그리고 그 사람은 그 예술품과 함께 있을 수도 그렇지 않을 수도 있다. 겔은 흔히 있을 수 있는 예를 들어 이를 설명한다. 우리가 해변을 따라 걷다가 가장자리를 따라가며 떼어 낸 돌과 마주친 어떤 상황을 한번 생각해 보자.[11] 이 경우에 겔의 초기 논리를 적용시켜 보면, 우리가 또 다른 어느 한 사람이 그 돌을 만들고 사용했을 가능성을 인지했을 때 비로소 그 돌은 우리에게 에이전시를 드러내 보여 준다. 하지만 이 에이전시가 사라지면, 해변의 다른 사람들, 자외선 차단제를 부지런히 바르는 사람, 모래성을 쌓고 있는 사람 혹은 물에 뛰어들려고 준비하는 사람 등에게 이 하찮은 물건이 눈에 띌지는 모른다. 새로 등장한 사람이 갑자기 발로 돌을 딛게 되면 조심스럽지 못한 자신을 탓하면서 아마도 툴툴거리며 욕을 내뱉게 된다. 안 그러면, 발을 다친 이 사람은 구경꾼들에게 그 에이전시 때문이라고 하면서 날카로운 돌 모서리는 가장자리를 밟아 보지 않으면 모른다고 그 위험성을 알릴 수도 있다. 이 가상의 해변에서 벌어지는 시나리오 중 어느 것이든 그 돌은 과거든 현재든 간에 사람들과 관련한 에이전트로서 행동했다. 하지만 이 모델에서는 사람이 에이전시의 중요하고 큰 몫을 차지하는 것으로 이해되고 있다. 사람들이 꼭두각시의 조정자이며 여기서 분배되는 것은 사람의 인격성이다. 그래서 이 이야기에는 인간과 물건의 이원론이 뚜렷이 남아 있는 것이다.

바로 이 점이 겔이 주장하는 바의 핵심이다. 이 주장에서 우리는 사물 에이전시에 대한 겔의 접근법이 가지는 특징적인 요소들을 처음으로 확인하였다. 앞서 지적한 바와 같이 이 모든 아이디어는 인간중심적인, 혹은 사람-중심의 에이전시 모델[12]이라고 불렀던 것에 잘 들어맞는다. 이는 겔이 사람과 그를 둘러싼 세상에 대한 이해의 방식을 에이전시의 가장 핵심적인 구성요소로 보았다는 것을 의미하며 이러한 점은 1차와 2차 에이전트에 대한 그의 관점에서 잘 드러난다.

> 나는 1차 에이전트, 즉 단순한 물건이나 유물과는 다른 범주로 구분해야 하는 의도적 존재와 1차 에이전트가 인과관계의 장에서 그들의 에이전시를 분배하고 그것을 영향력 있는 것으로 만들기 위해 이용하는 에이전트, 유물, 인형, 자동차, 예술품 등의 2차 에이전트를 구분하고자 한다.[13]

그래서 겔은 에이전시가 1차-1차, 1차-2차, 이렇게 두 가지 형식의 서로 다른 에이전트 관계로만 존재한다고 주장한다. 그는 이러한 관계를 자신의 자동차를 예로 들어 설명한다. 예를 들어 한밤중에 어두운 거리에서 자동차가 고장 나서 주저앉았다면 알프레드는 앞서 예를 든 발을 다친 사람처럼 차에게 욕을 하고 한 번 걷어찰 수 있다고 하자. 다시 겔은 시나리오를 1차와 2차 에이전트 사이의 중요한 관계의 세트라고 보고 1차 에이전트가 항상 중심에 있음을 주장한다. 그는 다음과 서술한다.

> 내 자동차는 한 '페이션트(피동작주: patient)'로서의 나에게는 그 자체로서 하나의 자동차가 아니고 하나의 (잠재적) 에이전트이다. 단지 내가 페이션트인 한 해서 그것은 에이전트이며, 그것에 관해 내가 에이전트일 때만 그것은 하나의 '페이션트'(에이전트의 상대편으로서)이다.[14]

이 인용문을 통해 우리는 겔의 에이전시에 대한 관계성 접근의 초기적 생각을 살필 수 있다. 그는 결국 에이전시가 관계로부터 나온 현상으로 이해한 것으로 보이며 이에 대해서는 다음 장에서 좀 더 상세히 다루고자 한다.

이 책의 후반부에서 겔은 인간중심주의 모델에 대한 대안을 모색하고 있다. 이를테면 마오리 가옥 스타일에 대한 그의 논의를 보면 겔이 물질로서의 가옥과 다른 가옥 간의 관계가 과거와 현재에 걸쳐 그것을 축조하고 이용하는 사람들에게 미묘한 에이전시를 행사하고 있음을 밝히고 있다.[15] 고고학자 크리스 고스든(제10장의 박스 10.1)은 겔의 일관성 없는 개념에 대해 다음과 같이 바르게 지적하고 있다.

> 사물이 단순하게 이미 존재하는 사고의 형태들을 나타내 준다고 하기보다는 오히려 추상적 사고의 형태나 정신적 표상이 사물이 제안하는 어떤 형태를 가지게 되는 그런 경우가 대단히 많을 수 있다. 이러한 사실을 증명하려 할 때, 물건이 사람의 의도와는 어느 정도 무관한 그 자신의 논리에 따라 세상의 형태를 만들어 간다는 겔의 관점은 매우 중요하다. 비록 그가 그러한 아이디어의 개념적 의미들을 깊이 있게 탐구하지는 않았지만 말이다.[16]

고스든은 겔(다른 누구보다)의 영향을 받아들여 어떤 유물의 컬렉션이 아주 긴 시간의 궤적을 거치면서 어떤 인간 집단에게 영향을 행사하는 방식을 추적하였다. 예를 들면 어떤 특정한 형식의 집에서 출생한 아이가 한 공동체가 허용하는 범위에 합당하게 지어진 가옥들이 여러 채 모여 있는 취락 안에서 성장하게 된 경우를 생각해 보자. 그에게 집이라고 하면 어떤 특정한 방식으로 되어 있는 어떤 것을 떠올리게 된다. 이와 함께 그 사람이 경험해 왔던 집들 사이의 관계는 그가 나중에 세상을 보는 방식과 그것을 다시 만들어 내는 방식(제3장의 문화 재생산)을 만들어 나간다. 물론 제6장에서 고스든과 비슷한 일군의 접근법에 관해 물질성이라는 제목으로 다루게 될 것이지만 여기서 꼭 지적해 두어야 할 것은 에이전시에 대한 겔의 관점이다. 겔은 자신의 저서 첫머리에서 아주 특별한 방식으로 에이전시를 정의했지만, 그 책의 후반에 가면 여러 사례를 통해 그가 논의하고 있는 모델은 인간중심주의의 관점과는 모순된다. 역시 겔의 핵심적인 공헌이라 한다면 관계성의 에이전시와 분배된 인격성에 대한 그의 아이디어가 아닐까 한다.

이러한 관점에서 보면 물질세계의 아름다움은 인간 에이전트를 대신할 수 있는 그 능력에 달려 있다고 할 수 있다. 예를 들면 우리는 이 관점을 통해 당신의 집이나 아파트의 문을 이론화할 수 있다. 집에 달아 놓은 문은 건축가와 시공자, 그리고 심지어는 그것을 사용하는 당신의 확장자(extension)이다. 당신의 건물을 디자인한 건축가는 아마도 문을 어느 위치에 달아야 좋은지 잘 이해하고 있을 것이며 문이 어떻게 기능하고 효율적으로 기능하려면 무엇이 더 필요한지에 대해서도 그가 잘 알고 있을 것이다.

이러한 요소들에 대한 이해를 토대로, 다른 몇몇 사람들과 상의를 한 다음, 건축가는 자신의 에이전시를 이용하여 당신 집의 문을 (다른 건축요소들과의 관계를 고려해서) 청사진 위에 배치하고 그것을 시공자에게 넘긴다. 시공자도 자신 에이전시를 이용하여 건축 자재의 실제 세계, 관련된 건물의 다른 건축요소, 그리고 일반적 작업환경 사이의 관계에 따라 문을 건물에 단다. 아마도 시공자는 건축가가 청사진의 형태로 분배한 에이전시와의 관계 하에 그와 같은 작업을 하게 될 것이다. 이러한 점에서 평면도라는 물질적 형태가 어느 정도 건축가의 에이전시를 전송하며, 그것 없이도 재분배를 지속한다.[17] 일반화하면, 이와 비슷한 아이디어를 문을 다는 데 사용하는 못과 나사에도 적용할 수 있다. 시공자는 당신 집을 건축할 때처럼 더는 당신 집안에 서서 문을 붙들고 있지 않다. 못과 나사가 시공자의 에이전시를 재분배하고 있다고 보아야 한다(찰스 디킨스의 생각처럼 문에 박은 못은 그렇게 죽어 있는 상태는 아니다).[i] 이처럼 문은 또한 당신의 에이전시를 위해서도 기능을 유지하고 있다. 당신이 문을 닫을 때, 혹은 당신이 외출하거나 잠을 자러 가면서 문을 걸어 잠글 때의 당신 에이전시를 위해 문이 기능한다. 만약 겔이 말하고 있는 것처럼 물건들을 통한 에이전시의 분배가 불가능하다면 이 세상이 우리가 보는 것처럼 이렇게 돌아갈 수가 없을 것이다. 지금으로부터 최소한 260만 년 동안, 아니면 그 이상, 인류에 속하는 종들은 물건을 사용해 왔고 그를 통해 에이전시의 다양한 형태를 분배해 왔다.

매료된 수집가

고고학자 로드니 해리슨[18]은 오스트레일리아 원주민 문화재에 대한 고고학적이면서 인류학적 문제를 다루면서 겔의 아이디어를 아주 흥미롭게 적용했다. 이 논문은 킴벌리 창끝(Kimberley projectile point)이라고 하는 유물의 한 형식에 초점을 맞춘 연구이다(그림 5.2). 이 양면첨두기(bifacial point)는 여러 종류의 재료로 제작되었다. 석재

---

i   역자 주: "Old Marley was as dead as a door-nail." 찰스 디킨스의 크리스마스 캐럴에 나오는 문구. 스크루지가 크리스마스 이브에 찾아온 동업자, 말레이의 유령을 보고 그의 죽음을 자신에게 확신시키면서 한 독백. 필자는 문에 박힌 못이 시공자의 에이전시를 분배하고 있다는 예를 설명하면서 못은 죽어 있는 상태가 아님을 역설적으로 말하기 위해 디킨스를 인용했음.

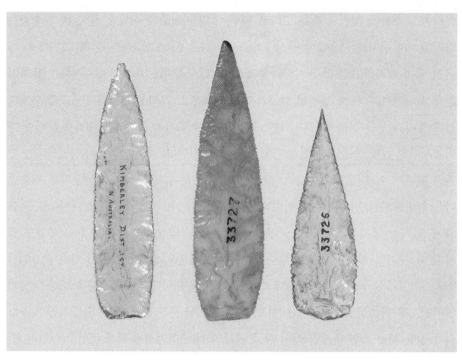

그림 5.2 재질이 유리인 오스트레일리아의 킴벌리 창끝(로얄 온타리오 박물관의 허가로 게재)

(이를테면 처트와 석영)뿐만 아니라 유리, 심지어는 세라믹 계통의 재료(주로 전신주에 쓰는 애자)까지 사용되었다. 이 첨두기는 이른바 가압박리법이라는 부르는 기술로 제작되었는데 연질 망치를 이용하여 일정한 기획에 따라 석기의 가장자리를 따라 눌러떼기 기법으로 형태를 완성하였다. 킴벌리 창끝은 오스트레일리아 서부(그림 5.3) 킴벌리(Kimberley) 지역에서 제작되었기 때문에 붙은 이름이다. 백인 수집가들이 19세기 후반부터 20세기에 걸쳐 많은 양의 킴벌리 창끝을 교역하고 유통하였다. 사실 킴벌리 창끝은 박물관 전시에서는 흔히 볼 수 있는데 적어도 오스트레일리아 원주민의 역사와 문화유산을 어느 정도 대변해 주는 유물이라는 생각 때문일 것이다. 해리슨은 문화재 전시에서 킴벌리 창끝이 차지하는 탁월한 위치가 무엇 때문일까 하는 의문을 제기했다. 그리고 그 이유에 대해서 그것이 지닌 미학적 아름다움과 그것을 제작하는 데 필요한 기술적 전문성 때문이라고 보았다. 하지만 그는 다른 한편으로 킴벌리 창끝은 지리적으로 한정된 지역의 특수한 사례일 뿐이고 오스트레일리아 원주민 석기 생산의 전형적 성격을 가지고 있다고 말할 수 없을 뿐만 아니라 주로 19세기와 20세기에 백인들이 수요 때문에 제작한 것이기 때문에 여러 가지 점에서 킴벌리 창끝의 전시에는 잘못

그림 5.3 오스트레일리아의 킴벌리 지역이 표시된 지도(출처: Wikimedia: Derivative of File:Northern Territory locator-MJC.png based on File:Kimberley_region_of_western_australia.JPG and File:Regions_of_western_australia_nine_plus_perth.png)

제시된 내용이 있음을 지적하고 있다. 결국 이와 같은 질적 특성들이 해리슨의 관점[19]에서 보면 킴벌리 창끝을 '식민지적 욕망이 유물'로 만들고 있다고 한다.

　킴벌리 창끝은 수집가, 오스트레일리아 원주민 문화재에 관해 관심을 가진 일반 대중, 제작자와 함께 그 교역 상대자, 그리고 심지어는 고고학자들과 다양하게 연결되어 있다. 해리슨은 겔의 저서에서 관점을 빌려 와 킴벌리 창끝이 그처럼 다양한 연결선상에서 에이전시를 행사한다고 주장한다. 앞서 겔에 대한 논의로 돌아가, 이러한 유물의 제작자나 수집가를 1차 에이전시라고 한다면 그 유물은 그들과의 관계 하에서 2차 에이전시로서 역할을 한다고 볼 수 있다. 이 유물은 당신 집의 문에 박힌 못처럼 도구 제작자에게 그들의 에이전시와 인격성을 시간-공간을 가로질러 분배할 수 있도록 해준다. 그러나 이것은 관련된 에이전트에게만 한정된 것은 아니다. 해리슨은 수집가와 함께 다른 성격의 거래자들을 포함한 거래의 과정에서 수요자의 에이전시에 대해서도 인정한다. 여기서 해리슨은 매료의 기술(technologies of enchantment)[20]에 대한 겔의 아이디어를 가져온다. 이는 우리가 다른 이들의 솜씨와 능수능란함에 거의 사로잡힌

그림 5.4 165만~10만 년 BP에 사용된 양면 주먹도끼(로열 온타리오 박물관 허가로 게재)

상태를 일컫는 말이다. 이를테면 거의 포착해 내기 불가능할 정도의 정밀한 기술을 보여 준 그런 그림을 본 적이 있는가? 겔은 예술품이 감상자를 사로잡는 방식에 관해 연구한 바 있으며 그는 그런 상태를 보고 우리가 매료되었다고 말한다. 해리슨이 묘사한 바와 같이 '그림의 기술적 능수능란함이 상상을 초월하거나 혹은 좀 더 정확히 말해서 그 예술품을 낳은 에이전시에 비하면 우리의 에이전시를 거기에 비교한다는 것을 생각하기조차 어려운 것을[21] 그렇게 말하는 것이다. 해리슨은 19세기 후반 20세기의 킴벌리 창끝의 수요자들은 도구 제작 공정의 복잡한 기술에 사로잡혔다고 간주했다. 그리고 여기서는 제작자들이 실제로 유물을 만들어 냈으며 그들이 그러한 기술적인 모든 전문성들을 소유한 에이전트라고 볼 수 있으므로 해리슨은 제작자의 에이전시를 인지하면서 그렇게 말하는 것이다. 하지만 킴벌리 창끝의 에이전시는 식민지적 수요자 그룹들이 없으면 같은 방식으로 그러한 역할을 할 수 없는 것은 분명하다.

　이는 아주 흥미로운 사례이긴 하지만, 우리는 과거에 이 유물들이 행사했던 에이전시에 대해 알 수 있으며 또 그것을 확신할 수 있는가? 이는 대답하기 상당히 어려운 질문이다. 해리슨의 경우 고고학적 해석, 수집과 교역활동과 관련된 문서, 그리고 오늘날 토착 주민의 지식 등을 종합하여 문제에 접근한다. 이와 같은 주장과 관점들을 다른 고고학적 맥락, 즉 문서, 구술사 자료, 구전 등과 같은 성격의 자료들이 전혀 없는 맥락에도 적용할 수 있는가? 예를 들면 백만 년 이상 된 퇴적층에서 발굴된 주먹도끼(그림 5.4)의 에이전시에 대해서도 우리는 논의할 수 있다고 보는가? 답은 그렇다지만 해리슨의 논의와 같은 방식이 될 수는 없다. 그와 같이 오래된 유적의 경우 우리는 그 인류와 그들을 둘러싼 환경이 서로를 어떻게 만들어 가고 영향을 주었는지에 대해서 열린 생각을 갖지 않으면 안 된다. 예컨대 모든 아슐리안 도구들은 장구한 시간대와 다양한 지역적 맥락에서 연구해 온 고인류학자와 고고학자들이 제시한 어떤 양식적 기준에 들어맞아야 한다. 그렇게 들어맞는다면 그 아슐리안 도구들이 석재와 석기유물에 관한 인류의 이해들을 형성시켰다고 말할 수 있다. 장구한 시간대에 걸쳐 아슐리안 도구들 사이의 관계성은 인류의 세계에 대한 이해에 그들 자신을 각인시켜 왔을 뿐만 아니라 그럼으로써 변화에 영향을 미쳤다. 예를 들면, 지금 우리가 호모 에르가스터라고 부르는 종의 수많은 개체가 뗀석기를 제작할 때, 도구 형식에 대한 그 이전 혹은 당시의 경험들, 말하자면 그것이 어떻게 생겼고, 어떻게 기능하며 또 어떻게 작업을 수행했는지에 대한 경험들이 새로운 '세대'의 도구를 형성시켜 가는 데 영향을 주었을 것이기 때문이다. 제8장에서 살펴보겠지만 석기 재료들과 그들의 유일무이한 질적 특성들도 물론 완성된 석기의 형태를 이루는 데 중요한 역할을 했을 것이다.[22]

물건의 생애사

시간이 흐르고 앞서 말했던 집의 문도 낡게 되면, 그 문이 갖게 되거나 혹은 잃게 되는 관계성 에이전시의 다양한 형식들을 우리는 어떻게 설명할 것인가? 그 문은 애초에 다른 형태에서 시작되었을 것이다. 그것이 아마도 나무이거나 땅의 광물이거나 했을 것이다. 이러한 가능성마다 각각 잠재적 에이전시의 서로 다른 세트들이 따라붙게 될 것이다. 우리는 또한 문이 당신 집의 나머지로부터 떼어져 나온 뒤 새로운 의미, 용도 그리고 관계성을 가지게 될 것이라는 사실을 안다. 그다음 간단히 새로운 집에 바꾸어 달릴 수 있다. 아니면 좀 더 극적으로 커피 테이블이나 액자로 그 용도를 완전히 바꾸어 사용될 수도 있다. 마침내는 버려질 것이고 땅에 묻히면 그곳의 복잡한 생태계 속에서 아마도 새로운 역할을 하게 될 것이다. 고고학자들은 유물의 이와 같은 동적인 성격에 관해 관심을 기울여 왔으며 물건의 생애사[23]라는 틀로 분석이 이루어지고 있다. 지성사의 측면에서 말하면, 이 일련의 접근법은 사물 에이전시에 대한 논의보다 먼저 시작되었다. 그리고 앞서 강조했던 에이전시와 관련된 어떤 문제 제기에 대해서 상당한 영향을 준 것도 사실이다. '생애사' 접근법에 관한 관심의 연원을 따지면 유물의 사용-수명에 대한 과정주의 연구에서 시작되었다고 볼 수 있지만, 우리가 꼭 기억해야 할 것은 둘 사이에는 중요한 차이가 있다는 사실이다.[24] 유물의 사용-수명 연구는 물질세계에 대해 작업하는 사람이라는 관점(제8장과 제10장에서 논의하게 될 질료·형상론[hylomorphic]의 모델과 비슷함)을 기초로 하고 있으며 에이전시의 흐름은 '사람에서 물건으로'라는 일방통행으로 한정된다. 이에 반해 물건의 생애사 연구는 인간과 물건 양자가 함께 나이를 먹고 변화되어 가는 과정을 나란히 서로 공-진전(共-進展: co-development)하는 것으로 파악하려 한다. 고고학자들은 이 접근법을 인류학자 아르준 아파두라이(Arjun Appadurai)[25]와 이고르 코피토프(Igor Kopytoff)[26]의 작업에서 배워 왔으며 특히 코피토프[27]는 생애사적 접근에 대해 다음과 같은 유명한 서술을 하고 있다.

> 물건의 생애사 연구에서는 우리가 질문을 던질 때 사람에게 물어 보는 것과 비슷하게 해야 한다: 사회학적으로 생애사를 통해 무엇이 실현될 수 있을까? 물건은 어디에서 왔으며 그것을 만든 사람은 누구인가? 지금까지 물건은 어떤 일을 겪어 왔고 사람들은 그런 물건의 이상적 경력을 무엇이라고 생각하는가? 그 물건의 일생 중에 그 시대에서 인정된 '나이'는 얼마이며 그에 대한 문화적 표지(cultural markers)는 무엇인가? 그 물건의 사용은 나이에 따라 어떻게 변해 갔으며 그것을 활용하는 일이 막을 내렸을 때 그 물건에는 어떤 일이 일어났는가?

물론 코피토프가 에이전시에 대해서는 한마디도 말하지 않았지만, 겔의 아이디어를 사용해서 위의 질문들을 재구성하면 유물의 에이전시에 관한 이야기가 되는 것이다.[28] 아파두라이와 코피토프 두 사람은 주로 물건이 상품(아파두라이의 정의에 따르면 교환 가능한 모든 것)이 되고 나이를 먹으면서 그 상태로 빠져들거나 그로부터 빠져나오는 것, 그러면서 서로 다른 사회적 맥락을 통과하는 것에 주목해 왔다.[29] 고고학자 린 메스켈(제6장 박스 6.2)은[30] 교환의 장소에 대한 이 원초적 관심들이 인간에 중점을 두고 있다고 지적한 바 있다. 즉 '물질성에 대한 체험적이고 감각적인 측면'이 아니라 사람과 그리고 사람들이 물건에 투자한 의미와 의도에 초점을 맞춘다는 것이다. 다음 장에서도 논의되겠지만 새천년 고고학에서 이론적 논의의 한 가운데에는 인간중심주의에 대한 비판적 사고가 있다는 것을 상기할 필요가 있다. 이런 점에서 물건의 생애사에 관한 몇몇 연구에서는 린 메스켈의 비판처럼 물질적인 것의 '체험적(experiential)'이고 '감각적(sensuous)'인 측면보다 인간적 가치와 이해가 더 존중되는 것도 사실이라는 점을 지적해 둘 필요는 있다.

식민지적 '생애'의 추적

앞서 말한 킴벌리 창끝과 같은 물건에 관해 생애사적 접근을 해 볼 수 있을 것이다. 그러한 관점에서 한 물건이 시간이 지나 낡게 되고, 예컨대 로드니 해리슨 같은 사람을 포함하여 새로운 성격의 사람('1차' 에이전트)들을 만나게 되면서 그 물건이 겪게되는 의미의 천이와 일생사에 관해 추적할 수 있을 것이다. 로라 피어스는[31] 너무나도 흥미로운 한 사례를 가지고 그러한 작업이 얼마나 중요한지를 보여 주었다. 피어스가 생애사를 서술한 대상은 S BLACK이라고 적힌 백인데 현재 옥스퍼드 피트 리버스 박물관에 보관 중인 유물이다.

1840년대 북아메리카 서부에서 허드슨 베이사의 직원이 수집한 물건으로 그보다는 조금 이른 1830년대에 제작되었던 것으로 보인다.[32] 북미대륙 서부의 토착민들 사이에서는 문제의 이러한 백이 상당히 오래전부터 사용되어 왔다. 1800년대로 접어들면서 이 지역에서는 백인 사냥꾼과 상인들이 들여온 직물이나 도기, 혹은 다른 장식물로부터 영감을 받아 토착 여성들이 이 백에 식물 도안과 같은 것을 장식하기 시작했다.[33] 검은색 모직으로 제작된 이 백은 자수와 구슬, 그리고 술을 달아 장식했다.[34] 백의 한쪽 면에는 식물 도안과 함께 'S BLACK'이라는 문자가 장식되어 있다. 그리고 그 반대쪽 면에는 하트 모양의 도안이 있다. 이 독특한 형식의 백은 '문어 백'이라고도 불리는데 백의 아랫단에 네 개의 '촉수' 모양이 달려 있기 때문이다. 일반적 형식으로서의 이 백은 원래 몸집이 작은 동물의 가죽 전체를 사용하여 제작했었다.[35] 백에 달린 드리개는 원래 백을 만들 때 사용된 짐승의 네 발을 덮어 마무리하면서 생긴 것이다.

이 백을 모직으로 만들면서 짐승 가죽으로 제작된 원래의 모양새를 본뜨게 된 것이다. 당초에 백의 형상은 '자연' 세계, 즉 어떤 포유동물의 물질적 형태로부터 온 것이다. 본디 사용된 특정 동물의 물리적 형태에서 나온 백 모양이 나중에 문어 백이 되어도 그 형상은 이후 사회적 기억과 실천에 깊게 각인되게 된다. 우리가 말하는 이 S BLACK 백과 같은 새로운 백은 제작자가 얼마든지 다른 모양으로 만들 수 있었을 것임에도 불구하고 원래의 가죽 백을 닮은 모양으로 만들어졌다. 여기서 우리는 포유동물과 그 가죽이라는 물건이 사람들에 대해서 갖는 에이전시의 어느 한 형식을 볼 수 있다. 하지만 이것을 겔이 『예술과 에이전시』에서 분명히 밝힌 일차/이차 에이전시 모델에 그대로 부합되는 것이라고 말하기는 어렵다. 이는 훨씬 더 미묘하고 다음 장에서 우리가 검토하게 될 물질성에 대한 접근들과 유사하다.

그런데 이 특별한 백을 소유한 사람은 도대체 누구이고 그에 관한 이야기는 어떤 것인가? 백에 있는 'S BLACK'은 Samuel Black을 가리키는 것이 거의 확실하다. 그는 애버딘 출신의 상인이고 1802년 무렵 모피무역에 종사하게 되었으며 1820년대에는 이 무역 업계에서 최고 우두머리의 지위에 오르게 된다. 그가 당시 모피 사업의 전형적 관행을 따랐다면 그의 두 아내는 메티스(métis: 원주민과 유럽인의 혼혈)였을 것이다. 이 S BLACK 백을 제작한 사람의 실제 정체는 미스터리로 남아 있지만 피어스는 남편이나 아버지를 위해 이러한 백을 만들었던 아내와 딸의 표준적 실천이라고 주장한다. S BLACK 백의 일생에서 그 반은 이 지역 토착민의 장기적 역사와 연결되어 있고 강제적이든 자발적이든 물질, 아이디어, 그리고 유전자의 교환을 포함하여 식민지적 얽힘에 포함되어 있었다. 백의 뒷면에 장식된 하트 도안으로 추측해 본다면, 블랙은 백의 제작자와 친밀한 관계를 유지했다고 여겨지지만, 다른 토착 주민에 대해서는 그와 반대로 상당히 적대적 관계였을 것으로도 보인다. 이는 1841년 그가 한 원주민의 총에 맞아 사망했다는 사실로부터 충분히 짐작해 볼 수 있는 이야기이다. 그가 죽은 뒤 얼마 되지 않아 허드슨 베이사의 한 직원이 그의 끔찍한 죽음과 그의 동료들을 기억할 하나의 상징물로 그의 백을 수집하게 된다.[36]

이 백의 일생에서 그다음 단계는 생애사가 알려진 한 유럽계 개인과 그 죽음에 대한 기억의 도구로부터 북미대륙 토착문화전통의 표상으로 천이가 이루어진다. 즉 하나의 '원시적'이면서 '이국적'인 삶의 증거물이 되는 것이다. 우리가 주의 깊게 보아야 할 중대 변화는 바로 이것이다. 어느 한 특정(유럽인) 모피업자를 표상하는 것에서 토착문화 일반을 나타내 주는 물건으로 천이한 것이다! 이는 앞서 논의한 킴벌리 창끝과

그림 5.5 S BLACK 백의 사진(옥스퍼드대학 피트 리버스 박물관 사본 등록번호 1893.67.183)

관련된 이야기와 상당히 유사하게 들린다. 이 두 가지 경우 모두 복잡하고 장기적인 식민지적 성격과 다중의 문화적 상호작용을 표상하는 것에서 그저 단일한 토착문화전통의 표상물로 천이한 것이다. 피어스에 따르면 S BLACK 백을 포함한 수집품은 '익명성, 무시간성, 그것을 만들어 낸 "원시적" 사회, 그리고 그들을 상대했던 "문명화된" 사람들의 용기와 담대함의 상징물들'로[37] 조합된 유물그룹에 속한다고 한다.

　그다음 1880년, 이 백은 피트 리버스 박물관에 신규 등록되면서 박물관 유물로 전환된다. 이 전환을 통해 S BLACK 백에는 영국의 관람객과 연구자에게 북아메리카 토착문화를 대변해 주는 새로운 지위가 덧붙여진다. 이 백의 가치는 그 유물을 제작하게 되었던 배경, 즉 여러 복잡한 상호작용과는 상관없이 '순수한, 진품의, 그 지역' 부족의 역사와 관련된다는 점에서 인정받는다.[38] 1999년 피어스는 이 백의 생애사를 통해 그러한 해석의 문제점을 제기하고 정정하였으며 S BLACK 백이 19세기 북미대륙, 모피 무역 사회의 다중적 성격과 연결됨을 강조하여 그 의미를 회복시켰다.

앞서 킴벌리 창끝에 관해 논하면서 우리가 떠올린 생각은 특정 유물형식을 특정 어느 시기, 혹은 어느 문화에 소속시키려 할 때 우리는 특별한 주의가 필요하다는 사실이었다.[39] 그러한 작업이 문제가 되는 것 중 하나는 사물 에이전시 본성과 관련되어 있으며 그것이 사람 에이전시와는 다른 방식으로 작동하기 때문이다. 최근 편집된 책에서 로즈마리 조이스(박스 5.2)와 수전 길레스피는[40] 바로 그러한 점을 지적하고 물건 생애사를 논한 고고학의 초기 연구를 비판하면서 새로운 방향을 모색했다. 조이스와 길레스피는 생애사적 접근이 보통 물건들도 사람의 인생과 비슷한 삶을 살아간다고 전제해 왔다고 지적했다.[41] 은유적으로 말하면 물건들도 태어나고 또 죽는다고 전제한다는 것이다. 여기서 그들이 죽는다는 것은 아마도 우리가 그들을 발견한 고고학적 맥락에 놓였을 때를 의미하는 것이 아닐까 한다. 물건의 '여정(itinerary)'이라는 이 관점이 그 사물의 에이전시와 움직임을 탐구할 때 더 큰, 그리고 더 나은 가능성을 가져다줄 수 있다고 조이스와 길레스피는 주장한다.[42] 조이스는 편집서 안에 자신이 맡은 장에서 서기 500-1000년 사이에 온두라스에서 제작된 대리석 잔에 대해 검토하였다.[43] 그녀는 과거에 문제의 이 잔은 사물들의 아주 복잡한 세트 중 일부였음을 보여 주었다. 그것은 다른 물건들, 즉 장송의례, 혹은 추모제의 맥락에서 함께하는 다채로운 채색토기, 석제 용기 등과 함께 중요한 관계성을 공유하고 있었다. 이에 비해 오늘날 이 잔은 따로 떨어져 나와 단일한 예술품으로서의 가치를 가진다. 우리가 만일 그 물건이 오늘에 이르는 동안의 복잡한 행로를 그냥 지나쳐 버리거나 그에 대한 통찰을 잃어버린다면 그 그릇이 우리에게 말해 줄 수 있는 수많은 이야기를 거의 들을 수 없게 된다. 킴벌리 창끝이나 S BLACK 백도 그러했던 것처럼 말이다. 이를테면 그 잔은 과거에는 분명 '관계적 에이전트(relational agent)'였다. 다시 말해서 그 잔은 인간 존재와 연관되는 에이전시에 국한되었던 것만이 아니라 다양한 종류의 에이전시를 지니고 있었다. 그럼에도 불구하고 우리가 그 잔을 단일한 예술 작품으로 취급한다면, 우리는 그것을 '유사인간(quasihuman)'으로[44] 만들어 버린 것이 되고 만다.

로즈마리 조이스

로즈마리 조이스(Rosemary Joyce)는 캘리포니아대학(버클리)의 인류학 교수이다. 고고학 이론의 리더로서 그녀는 다수의 영향력 있는 저서와 논문, 그리고 편저들을 출간하였는데 주로 중미 고고학과 젠더, 그리고 몸에 관한 연구이다. 최근 수전 길레스피와 함께 편집한 편저 *Things in Motion: Object Itineraries in Anthropological Practice*에서[45] 그녀는 아래와 같은 온두라스 잔의 행로에 관해 검토했다.[46]

© 영국박물관 이사회

맺음말: 다시 박물관으로

당신은 혹시 이 장에서 우리가 한 논의에 무언가 미심쩍은 부분이 있다고 느껴지는가? 마치 우리가 무비판적으로 과거로 회귀한 것은 아닌가 하는 생각이 들지는 않나? 제2장에서 소개했던 문화사 고고학에서처럼 '토기=인간집단'을 그대로 대입하는 것을 따랐다고 보나? 우리는 킴벌리 창끝이나 S BLACK 백을 각각 오스트레일리아 원주민 집단이나 북미의 토착 집단을 '나타내 준다고' 말한 적은 확실히 없다. 사실 우리는 그러한 관점에 반론을 펴면서 그러한 물건들이 각각의 '행로'에서 다양한 사람을 형성하고 그들에게 영향을 주었다는 것을 보여 주려 애썼다. 이는 '토기=인간집단'을 말하는 것과는 상당히 다른 이야기이다! 제3장에서 얘기했던 에이전시와 구조의 개념이라면 어떠한가?[47] 우리가 에이전시를 구조와 하나로 보려 한다고(사람에 관해서는 때때로 그리 생각하지만)? 물론 제3장에서 우리가 지적했던 것처럼 구조와 에이전시는 문화 재생산이라는 같은 과정의 서로 다른 부분이다. 이 말은 우리가 사물 에이전시를 구조와 떼어 놓을 수도 없지만 그렇게 하려 해도 안 된다는 뜻이다. 이 둘은 나란히 서로 같이 간다. 이 장의 논의는 새삼스레 토기=인간집단이나 에이전시/구조의 이원론으로 돌아가자는 것이 아니다. 제2장과 제3장을 거쳐 우리가 주지시켜 왔던 것의 연장선상에서 사람과 사물이 어떻게 상호작용하면서 짜임(enmeshed), 혹은 얽힘(entangled)으로 되어 가는지를 알아보려 한 것이다.

머리말에서 언급했던 박물관 방문에 관한 이야기로 넘어가 보면 어떨까? 이 장을 읽고 나니 당신의 경험을 새로운 방식으로 생각해 볼 수 있게 되었는가? 박물관과 그 전시물이 아니었다면 당신은 아마 여행을 떠나지도 않았을 것이라고 말한 적이 있다. 그리고 박물관의 건축가나 전시기획자는 당신이 특정한 방향으로 움직여 가도록 영향을 줄 수 있는 평면구조와 뼈대를 만들어 내려 한다고도 이야기했다. 이를테면 당신이 고고학 박물관의 안데스문명 전시실로 찾아간다고 했을 때 당신은 여러 비인간의 실체들, 예컨대 휴대용 안내지도, 계단, 복도 등과 상호작용하면서 도달하게 될 것이다. 당신은 안데스 토기를 만지고 싶지만, 그것이 들어 있는 유리 케이스 때문에, 그리고 정복을 차려입고 그 뒤에 서 있는 박물관 경비원으로 인해 포기해야 했을 것이다. 안데스 유물과 함께 놓인 설명문과 조명은 박물관 학예사들이 당신에게 보여 주려 했던 그 무엇을 전해 준다. 다른 전시유물과 그 유물들 사이의 관계는 당신에게 형식학을 강요한다. 예를 들어, 일부 인류학박물관은 문화 진화의 엄격한 틀에 따라 각각 유물복합체를 나누어 배열하는 방식 때문에 비판을 받아 왔다. 그러한 박물관에서는 부족-치프덤-국가의 서열에 따라 물질적인 위계를 만들어 내기도 하며, 어떤 경우에는 박물관의 각 층을 문화 진화 단계의 표지로 삼아 그렇게 전시를 조직하기도 한다.

 희망적인 측면으로 생각되는 일이지만, 박물관 관장이나 학예사는 박물관의 물질성이 당신의 경험과 세상에 대한 당신의 이해를 만들어 내기 위해 완전하게 통제하는 방법을 쓰지는 않는다. 이는 박물관에 오는 사람들은 서로 다르고, 그 다양한 사람들은 같은 물질세계를 서로 다른 방식으로 보고 경험한다는 사실과 부분적으로 관련이 있다. 하지만 그것은 또한 물질세계의 고집스러움과도 무관하지 않다. 사람이 어떻게 하고 싶은 그런 방식이 있더라도 물질세계가 항상 그것을 따라 주는 것은 아니다. 사물에이전시에 대한 겔의 관점이 지닌 약점이 바로 여기에 있다. 그는 사람이 에이전시의 출발점이라고 전제했고 이것 때문에 그의 관점은 이원론을 손대지 못하고 그대로 둘 수밖에 없었다. 이는 하나의 가설로 이 책의 나머지 장들에서 가장 중요한 주제로 다루게 될 것이다. 다음 제6장에서는 우리가 완전히 이해할 수 없는 방식으로 사물이 우리에게 되돌려 작용하는 것에 대해 집중적으로 논의하면서 이원론을 극복하고자 한다.

제6장
사물이 사람을 만든다?
물질성, 현상학, 경험과 얽힘

머리말: 에임스버리 궁수 만들기

스톤헨지 인근에서 발견된 분묘는 에임스버리 궁수(Amesbury archer)라는 이름으로 잘 알려져 있다. 영국에서 이러한 분묘는 순동시대 혹은 비커문화기에 속하며 이무덤은 그중 부장양상이 풍부한 편이다.[1] 이 무덤에서는 17점의 역자식 유경석촉이 출토되어 오늘날의 별명을 얻게 되었다. 그 밖에도 5점의 비커토기, 3점의 동제단검, 모룻돌 1점과 야금작업 도구, 그리고 플린제 석기, 멧돼지 송곳니, 손목보호대, 머리를 꾸밀 때 쓰였을 것으로 보이는 금제장식 등도 출토되었다. 유물들의 출토상태가 피장자인 궁수의 몸에 걸쳐진 상태였다고 보기는 어렵기 때문에 뒤에 열거한 유물들은 애도하러 온 사람들이 자기 몸에 걸친 것을 벗어서 넣어 주었다고 볼 수도 있다. 인골을 분석한 결과 피장자는 중부유럽의 산악지대에서 온 사람으로 추정되었다. 골격에 외상을 입었던 흔적이 남아 있어서 그가 고단한 삶을 살았던 것으로 추정하게 된다. 예를 들어 그의 왼쪽 무릎뼈가 없는 상태였는데 아마 고통스런 부상으로 잃어버렸을 가능성이 크다.

이상의 간단한 서술 내용을 중심으로 출토된 유물양상에 근거하여 첫째, 과연 피장자인 궁수는 누구였을까? 유추를 통한 해석에는 항상 문제가 있을 수 있지만 그럼에도 이 피장자를 영화나 텔레비전의 주인공이나 배역의 세트와 비교해 보면 어떨까? 그는 아주 먼 어딘가로부터 와서 큰 부상으로 고생하는 처지의 인물이다. 프로도 배긴스

그림 6.1 화살이 없는 궁수(케이-페이 스틸 그림)

와 유사한 점이 있지 않은가? 가능하지! 그러나 그는 믿음직한 활이 있지 않은가? 그렇다면 캣니스 애버딘이 더 비슷한가? 아마 당신이 그를 야생의 서바이벌리스트라고 생각한다면 베어 그릴스는? 하지만 그가 야금도구를 가졌다는 사실을 잊지 않도록! 그는 또 눌러떼기로 타제석기의 날을 가공하는 데 전문가지. 템퍼런스 브레넌 박사는 어때? 누구든지 간에 결국엔 궁수라는 해석이 종착점이군! 그렇다면 그가 가진 여러 물건을 가지고 당신이 생각해 낸 궁수의 캐릭터들을 한번 시간을 가지고 면밀하게 검토해 볼 필요가 있겠다. 그리고 앞서 예로 들었던 여러 캐릭터에 대해서도 같은 방식으로 검토해 볼 수 있을 것이다. 그 피장자가 지니고 사용했던 물건을 토대로 각 캐릭터의 특성들을 검토해 본다면?

우리는 그 궁수의 별명을 무어라고 붙일 것인가부터 한번 생각해 보자. 무엇이 그 궁수를, 그 사람을, 혹은 그 물건을 만들었는가? 궁수는 그가 활과 화살을 가지고 활을 쏘는 사람이기 때문에 궁수로 정의된다. 이처럼 무언가를 사용하는 솜씨(skill)로 인해 그런 별명이 붙는 경우가 많다. 다시 말해서 어떤 사람이 활과 화살을 지녔다 해서 그가 바로 궁수가 되는 것은 아니라는 뜻이다. 그가 어떻게 궁술의 솜씨를 얻게 되었는가가 문제인 것이다. 물론 연습이 완벽을 만드는 법! 활, 그리고 화살과 딱 붙어 오래 그리고 주의 깊게 다루다 보면 당신은 결국 숙련된 궁수가 될 것이다. 요컨대 궁수라는 범주에 들어간다는 것은 물건과 사람이 함께하는 일이 되는 셈이다. 그보다 더 중요한 것은 궁수로서의 솜씨란 결국 둘 사이의 밀접한 관계를 통해서만 달성될 수 있다는 사실이다. 최근 이안 호더[2]가 논의하고 있는 얽힘(entanglement)이라는 말이 바로 그러한 것을 일컫는 개념이다. 능숙함의 수준에 올라가려면 궁수는 반드시 활과 화살에 대한 느낌을 터득해야 한다. 우리는 이것을 '근육의 기억'과 같은 것으로 생각해 볼 수 있으며 이 경우에는 다른 무엇보다도 물건과 사람 사이의 관계를 통한 결과라고 말할 수 있다. 프로도와 그의 반지를 비롯하여, 캣니스와 그녀의 활, 베어와 그의 장기를 증명해 보일 수 있는 환경, 혹은 브레넌 박사와 그녀의 법의학적 기술, 이 모두가 마찬가지라고 할 수 있다. 여기서 사람과 물건 사이의 관계는 친밀하다. 우리는 모두 사람이 물건을 만든다는 사실을 잘 알고 있다. 그러나 앞에 열거한 예들을 보면 물건 또한 사람을 만든다고 할 수 있다. 사실 이 장이 의도하는 바는 다음과 같은 우리의 새로운 주문이다. 사람이 물건을 만들고 물건이 사람을 만든다.

이 말은 제5장에서 우리가 논의했던 주제와 비슷하지 않은가? 지난 장에서는 사물(즉 비인간)이 에이전트로서 기능하는 방식에 대해 폭넓게 다룬 바 있다. 알프레드 겔이 자동차가 어두운 길에서 고장 났을 때 자신의 차를 에이전트로 생각했던 것에 관해 이야기했다. 그의 독특한 접근법으로 보면 자동차는 그가 차를 그렇게 생각했을 때만 하나의 에이전트라고 할 수 있다. 그는 자동차가 지닌 물질적 성질이나 그것이 자신에게 미치는 영향과 같은 것 때문에 자동차를 에이전트라고 생각한 것이 아니다. 사람이 자동차의 변화과정에 대해 아는 것이 무엇이고 생각하는 것이 무엇이든 타이어는 닳아 버리고 머플러는 녹슬고, 브레이크 라이닝은 위축된다. 만약 자동차가 잘 작동하기를 바란다면 그러한 문제점을 손봐야 한다. 앞선 제5장에서도 우리는 비인간이 인간 에이전시와 그의 지각을 조정하는 방식에 대해 논의했다. 박물관 내부의 평면 구도가 당신이 어떤 방식으로 움직여 가고 관람하는가를 이끈다는 것을 설명했다. 하지만 제5장에서도 사람과 그 에이전시가 무대의 중심에 있었다. 그러나 이 장에서는 좀 더 미묘한 접근을 시도하고자 한다. 즉 앞서 든 궁수의 예와 같이 사람과 물건이 서로 상호-의존적인 것으로 보는 고고학적 접근의 사례에 관해 이야기해 보고자 한다.

다음 절에서는 이 장의 핵심개념인 '물질성(materiality)'에 대하여 살펴보기로 하겠다. 이어서 고고학 밖의 영향력 있는 이론가 두 사람, 헤겔과 밀러로 옮겨가 논의를 해 보겠다. 그리고 철학자 하이데거와 메를로-퐁티의 작업을 중심으로 고고학에서 현상학과 관련된 논의들을 검토하게 될 것이다. 특히 현상학적 사유의 요소들이 인간 경험, 즉 지각, 기억, 그리고 감정에 대해 각별한 관심을 보이는 점에 대해 논의해 보겠다. 각 절에서는 한두 가지의 간단한 고고학적 연구를 사례로 들어 설명하고 맨 마지막 절에서는 이론 고고학의 대가로 제2장에 나왔던 이안 호더가 최근에 내놓은 이론적 접근을 검토하기로 한다. 여기서 우리가 알 수 있는 것은 객체화(objectification)의 이론, 현상학과 얽힘 등을 포함한 물질성에 관한 연구들이 이원론에 대해 그것을 완전히 초월하지 않으면서도 그에 대한 의미 있는 비판을 전개하고 있다는 사실이다. 이러한 이야기들이 아직 머릿속에 들어오지 않는다고 너무 걱정하지 마시라! 한걸음씩 나아가 보자.

물질성이란 무엇인가?

21세기 들어와 고고학자들은 물질성이라는 단어에 커다란 중요성을 부여하고 있다.[3] 사전에서 이 말을 찾아보면 물질로서 지닌 성질에 대한 어떤 것이라고 나와 있을 것이다.[4] 대량 소비와 물질문화를 연구한 인류학자 대니얼 밀러[5](박스 6.1)는 흔히 하는 이야기로부터 심오한 철학적 개념에 이르기까지 이 단어의 다양한 용례에 대해서 정리한 적이 있다. 한편으로 보면, 우리가 이 단어를 가끔 사용하고는 하는데 사물의 성질, 물건이란 것 정도의 의미를 지칭할 때 쓴다.[6] 이럴 때 단어의 의미는 조금 전에 말한 사전적 정의와 잘 맞아떨어진다. 우리가 그 지적인 의미를 드러낸다면 사물의 '순수한' 물질적 성질을 포착하기 위해 사람이 그것에 부여한 의미라고 할 수 있을 것 같다. 석창의 단단한 정도라든가, 목제 활의 복원력, 활시위로 쓰인 힘줄의 질김 등을 일컬을 때 그런 의미가 된다. 이 같은 물건의 성질은 사람에게 유리한 점으로도, 혹은 한계점으로도 작용한다. 말하자면 사람이 그 물건을 가지고 하는 그 무언가의 일을 좌지우지한다는 것이다.[7]

또 다른 한편에서 보면 물질성은 사람과 물건 사이의 혼란스럽고도 복잡한 관계에 대한 인식으로부터 도출된 의미가 있다. 이러한 의미의 연장에서 사람과 물건, 이 두 가지 범주는 몇 가지 중요한 측면에서 분리할 수 없다고 주장하기에 이른다. 이러한 의미를 토대로 인간과 사물이 서로를 구성하는 과정을 이해할 수 있다. 위에서부터 내려온 주문을 기억하기 바란다. 이러한 물질성의 개념을 통해 주체가 객체를 어떻게 만드는가의 문제뿐만 아니라 객체가 주체를 또한 어떻게 만들어 내는가에 대해서 거론할 수 있다. 이러한 맥락에서 물질성은 개념의 우산이라고도 할 수 있다. 이 우산 아래에서 우리는 객체화, 현상학 그리고 얽힘과 같은 문제를 포함한 다양한 접근법이 가능해진다.

박스 6.1 **대니얼 밀러**

대니얼 밀러(Daniel Miller)는 런던대학교(UCL) 인류학과 교수이다. 물질문화에 대한 밀러의 혁신적인 연구는 UCL이 물질문화 연구 분야에서 세계적 명성을 가지게 했다. 그는 소비, 물질성, 그리고 객체화와 같은 주제를 다룬 저서와 편저를 여러 권 출간하였는데 그중 대표적인 것으로는 *Modernity: An Ethnographic Approach*,[8] *The Comfort of Things*[9] 그리고 *Stuff*[10] 등이 있다. 최근 그의 작업은 웹 카메라와 같은 물건과 사회적 네트워크 사이의 관계가 우리 삶에 미치는 영향을 살피고 있다.

Simon.zfn의 사진(본인작품)(공개자료), Wikimedia Commons에서

변증법과 객체화

사실 그대로 이야기하자면, 변증법(dialectics)이나 객체화(objectification)라는 용어는 절대로 일상에서 익숙한 단어는 아니다. 그렇다고 두려워하지 마시라! 모든 문제를 앞서 소개했던 주제들과 연결하면서 설명해 볼 테니까. 여기서 잠깐 제3장의 내용을 다시 한번 짚고 넘어갈 필요가 있을 것 같다. 거기서 소개했던 여러 아이디어, 이를테면 실천이론의 '피드백 루프'(박스 3.2)와 같은 그런 것들을 지금 다시 떠올려 보자. 변증법과 객체화의 관점은 각각 철학자 게오르그 빌헬름 프리드리히 헤겔(1770-1831)과 칼 마르크스(1818-83)로 거슬러 올라간다. 물질성의 이론가들은 이 두 사상가의 저술로부터 아이디어를 끌어와 어떻게 비인간(nonhuman)이 에이전시를 포함하여 인간과 같은 성질을 가질 수 있는지를 설명하려 한다.[11] 이 이야기는 제5장에서 검토했던 관점과 내용이 일부 겹치는 것처럼 보인다. 제5장에서 논의했던 연구와 주장들처럼 전형적인 물질성의 연구도 정체성과 관계에 초점을 맞춘다.[12] 이 주제에 관하여 2005년도 『물질성(materiality)』이라는 이름으로 편집된 책을 포함하여 가장 광범하게 논의해 온 연구자는 다니엘 밀러이다. 밀러는 실천이론의 영향을 크게 받아 1987년도 출판된 『물질문화와 대량 소비』라는 책에서 '사물의 사소함(humility of things)'[i]이라는 자신 관점을 소개한다. 물건과 그들이 우리에게 부과하는 구속력에 대해 주목하지 않으면 않을수록 그들이 사회문화적 재생산에 미치는 영향력은 더욱 커지게 된다고 밀러는 주장한다. 이 아이디어는 부르디외의 아비투스, 그리고 기든스의 실천적 의식(practical consciousness)의 관점과 놀라울 정도로 유사하며 겔이 제안한 아이디어와도 상당 부분 겹치고 있다. 예컨대 제5장의 초입에서 이야기했던 것처럼 박물관의 전시와 구성은 안내자로서의 미묘한 권력을 행사하고 있으며 관람객을 어느 쪽으로 밀어내듯 한다. 즉 그러한 것들이 관람객들로 하여금 어떠한 방식으로 박물관을 경험하도록 이끄

---

i   역자 주: '사물의 사소함'이란 이 말은 물질문화 연구 초기에 밀러가 제안한 개념이다. 역설적 표현으로 우리가 시사적으로도 흔히 쓰는 고프만의 '프레임'이라는 개념에서 발전시켰다. 물질문화를 가지고 무엇을 한다는 것을 에이전시적 개념으로 보면 우리는 물질을 만들고 사용하면서 일부 어떤 이는 권력을 갖고, 다른 이는 잃기도 한다. 이에 대해 물건은 객체화되고 에이전시를 가지고 하게 되며 우리에게 규제력을 행사하게 된다. 사실 물건이 가진 실질적 힘은 세상에 대한 생각의 프레임을 우리에게 씌우는 것이다. 요컨대 밀러는 우리가 (주목하지 않고) 물건을 그렇게 사용하면서 물건은 권력을 가지게 된다는 이야기를 하고 싶은 것이다(Miller 1987: 85-108).

는 것이다.

밀러는 박물관의 사례와 같은 그러한 물질문화의 연구를 커다란 인류 문화 연구의 하위분과로 보았다. 그래서 그는 인간과 물건이 서로 어떤 관계인지를 탐구하기 위해 엄청난 규모의 민족지적 작업을 수행해 왔다. 그중 한 사례가 트리니다드의 민족지 작업으로[13] 여기서 밀러는 그곳 사람들이 세상을 보는 관점은 서구인들의 그것과 같지 않다는 것을 강조하고 있다. 예를 들어 서구인들은 '겉멋 들린(superficial)'이란 말을 자주 쓴다. 가령 어떤 사람이 치장하는 물건들, 이를테면 값비싼 차라든가 옷가지에만 관심을 보이고 속은 비어 있는 사람을 일컫는 말이다. 이러한 모욕은 다음과 같은 사실을 전제한다. '겉(surface)'에 보이는 것(어떻게 그 사람이 보이는가, 혹은 그 사람의 물질적 측면들)으로 어느 정도는 그 사람의 깊은 마음속 진실을 가리고 있다는 사실을 깔고 말하는 것이다. 우리는 또 얼마나 자주 표지만 가지고 그 책을 판단하지 말라 하고 이야기하는가! 밀러의 작업은 그와 같이 겉멋 들린 사람들을 무시하는 태도가 트리니다드 사람들에게는 아주 이상한 것으로 받아들여진다는 점을 잘 보여 주고 있다. 이곳에서는 사람들이 옷을 얼마나 잘 입는가, 얼마나 멋진가에 따라 사람을 판단할 수 있고 그렇게 해야 한다고 생각한다. 겉이 여기서는 진실이다. 밀러가 결국 말하고자 하는 것은 만약 옷 잘 입는 것과 같은 것이 당신이 성취할 수 있는 그 어떤 것이라면 그것이 바로 한 사람으로서의 당신을 직접 보여 주는 것이 아니냐는 이야기이다. 사람의 깊이는 그들에게 거짓이나 비밀이 간직된 그곳이다. 이 점이 바로 서구인들의 구분, 즉 물질적인 것(겉으로 보이는 외양)과 비물질적인 것(물질적인 소유물들 아래 놓여 있는 진실)의 이분법과 큰 차이가 있는 것이다. 여기에서 물질문화는 진실한 당신의 모습을 감추는 번드르르한 겉면이 아니라 당신이 진실로 누구라는 것을 직접 보여 주는 것이다. 그러므로 물건은 사회 안에서 중요한 역할을 한다는 것이고 밀러는 이처럼 객체화에 대한 그의 관점을 통해 물건을 이해하고자 했다.

그 안과 밖에 대해 논하기 전에 우리는 먼저 변증법에 대해 거론해야 한다. 변증법적 논리의 패턴은 흔히 세 부분으로 구성되어 있다고 한다. 테제, 안티테제(혹은 반), 그리고 종합(혹은 우리 목적을 위한 중간입장). 사람들은 세상에 대한 일반적인 생각에서 출발한다(테제). 그러나 그들이 새로운 환경과 상호작용함에 따라 새로운 비교가 시도되고 그들 자체 안에서, 혹은 세계에 대한 생각들과 그들이 실제 경험한 것들 사이에서 상반된 입장이 나오게 된다(안티테제). 이 경우 서로 다른 유형의 사람들로부터 비롯된 어떤 것이나 이국의 물질문화 패턴이 안티테제가 될 수 있다. 여기에서 새로운 이해의 방식이 나타나 그들이 아닌 것에 대한 이해를 통해 그들이 무엇인지를 파악할 수 있도록 해 준다. 이렇게 등장한 이해는 사람으로 하여금 그 자신을 볼 수 있게끔 해 주고 그들의 세계를 새로운 방식으로 재생산한다(종합). 당신은 새로운 나라를 여행해 본 적이 있는가? 그 경험이 당신 자신과 국가에 대한 이해의 방식에 대해 어떻게 느끼게 했는가? 새로운 나라에서의 경험은 방문객들에게 그들 자신의 고국을 새로운 눈으로 볼 수 있도록 어떤 영향을 준다고 한다. 이것이 바로 변증법이 작동하는 방식이다. 제3장에서 당신 이름이 새겨진 트라월과 경쟁의식이 결국 발굴학교 안에서 어떤 일을 만들어 냈는지를 기억해 보라! 이러한 상황도 변증법적 과정으로 이해해 볼 수 있지 않을까? 발굴학교의 상황은 당신이 혁신적 생각을 하도록 이끌어 트라월에 이름을 새기게 했고 결국 경쟁적 발굴학교가 이름 새긴 쪽과 새기지 않은 쪽으로 맞서는 상태로 이끌었다.

밀러는 헤겔의 정신현상학[4]을 배경으로 하여 물질문화에 관한 통찰력 있는 이론을 내놓았다. 계몽주의 시대를 살면서 헤겔은 우리가 이 책에서 논의의 초점으로 삼은 바로 그 이원론에 반론을 폈다. 그는 철학적으로 인간과 물질세계는 분리될 수 없음을 분명히 했다. 다시 말해서 그는 능동적 인간 주체와 수동적 비인간 객체를 대립시키는 관점에 반대했다. 그 대신 헤겔은 사람이 하는 모든 것은 그들과 다른 사람이 창조한 물질세계에 대한 사유와 이해를 통해 만들어진다고 주장했다. 이 이야기는 마치 피드백 루프에 대한 것처럼 들리지 않는가! 헤겔에 따르면 그가 객체화(objectification)라고 불렀던 과정의 한 부분인 이 루프는 모순의 관점에 의해 추동되는 특정한 어떤 연쇄를 가진다. 이에 대해 밀러는 다음과 같이 요약하고 있다.[15]

우리가 만들어 낸 모든 것은 바로 그 행동으로 인해 우리 앞에 나타나고 이루어질 수 있는 잠재력을 가지지만 우리에게 낯선 것이 될 수도 있다. 우리는 우리 자신의 창조물로서 역사나 우리 자신을 인식하지 못할 수가 있다. 그래서 그들은 그들 자신의 관심과 궤적을 가지게 된다.

요컨대 객체화란 사람들이 사물을 만들고, 사용하고, 관찰하는 방식이다. 그리고 그 사물은 사람들에게 그들이 누구이고 세상의 다른 것들과 어떻게 관계를 맺는지 다시 생각해 보라고 끊임없이 요구한다. 이는 외국 여행이 당신에게 당신 자신의 나라를 새로운 눈으로 보도록 요구하는 것과 유사하다.

고고학자 린 메스켈(박스 6.2)은 고대 이집트의 '물질세계'[16]에 대해 글을 쓰면서 물질성에 관한 이론과 객체화의 개념을 이용하여 이원론을 비판하고 그것을 넘어서는 방법을 보여 주고자 했다. 고대 이집트에서 인간과 비인간 사이의 복잡한 관계를 물질성의 이론을 통해 보면 그 '문화'의 세 가지 상징적 측면들, 즉 조각상, 미라, 그리고 피라미드 사이의 관계로 파악된다고 메스켈은 주장한다. 신의 조각상은 인간으로 취급된다. 그것은 신을 대변하는 것으로 간주되지는 않지만, 그것을 신의 몸으로 본다.[17] 메스켈은 고대 이집트에서 신상(神像)이 어떻게 만들어지는가에 대한 것이 아니라 어떻게 태어나는가에 관해 서술하였다. 사람과 유사하게 신성한 조각상은 씻겨지고, 옷이 입혀지고, 먹여진다. 미라 역시 주체와 객체 사이의 경계에 걸터앉은 듯하며 맥락에 따라 이쪽 편이었다가 다른 쪽 편으로 옮기기도 한다.[18] 미라를 만드는 과정은 전에 살아 있던 주체의 몸을 객체의 형태로 전환시키는 일이지만 그 분리, 즉 주체와 객체 사이의 경계는 엄격하지 않고 서로 침투할 수 있다. 현대 서구세계도 따지고 보면 마찬가지이다. 미라는 마침내 할리우드에서 제작한 여러 작품의 스타로 살아 돌아왔다. 미라 형태의 살아 있는 시체가 말 그대로 우리들의 꿈속에서 배회한다. 끝으로 피라미드는 (그림 6.2) 인간 주체의 한계를 뛰어넘는 데 사용되는 '물질적인 것'이다. 거대하고 인상적인 이 기념물은 죽은 자를 위한 집이다. 이 이집트 피라미드는 죽음과 삶, 부재와 현전, 비물질과 물질의 이원론을 무너뜨린다. 객체화의 세 가지 형태, 즉 조각상, 미라, 피라미드를 통해 사람들은 에이전시를 드러내며 그것들은 자신을 만든 사람들을 만들어 간다.

제8장에서 살펴보겠지만 최근 대칭적 고고학(symmetrical archaeology)이나 신유물론(new materialism)이란 용어를 사용하는 연구자들이 늘고 있다. 이들은 일반적 사고의 틀로서 변증법이 그들이 제거하려 하는 이분법을 단순히 재창조할 우려가 있다고 느낀다.[19] 이들은 또한 물질성의 연구가 주체와 객체 사이의 본원적이고 절대적인 차이를 전제할 수 있다고 심각한 우려의 목소리를 낸다.[20] 밀러와 같은 물질문화 이론가들은 그러한 비판을 의식하고 그와 상반된 주장을 내놓는다. 밀러는 자신의 관점을 견지하면서 객체화의 법증법 이론이란 다음과 같은 것이라고 한다.

린 메스켈(Lynn Meskell)은 스탠퍼드대학교의 인류학 교수이다. 사회 고고학, 물질성 그리고 문화유산과 관련된 중요한 논문과 저서, 그리고 편집서 내의 장들을 엄청나게 발표했다. 그녀의 저서, *Object World: Material Biographies Past and Present*[21]는 물질성에 대한 고대 이집트인의 감각을 집중적으로 조명한 책이다.

리시포스(Lysippos)의 사진(본인작품)[CCBY-SA 3.0(http://creativecommons.org/licenses/by-sa/3.0)], Wikimedia Commons에서

그것은 주체 및 객체와 같은 어떤 이전의 형태를 상호 구성하는 것에 대한 이론이 아니다. 그것은 표상(representation)에 대한 어떤 이론과도 완전히 구분된다. 객체화에서 우리가 가지게 된 모든 것은 시간상의 과정이다. 그 과정에서 어떤 형태를 만들어 내는 바로 그 행동이 의식과 어떤 솜씨와 같은 능력을 만들어 내고, 그럼으로써 그것은 형태와 의식을 가진 것의 자-의식, 그리고 솜씨를 가지게 된 그것의 능력을 변화시킨다는 것이다.[22]

그림 6.2 대 스핑크스와 카프레의 피라미드(기자)(칼레나(Kallerna)의 사진(본인작품)[GFDL(http://www.gnu.org/copyleft/fdl.html) 혹은 CC BY-SA 4.0-3.0-2.5-2.0-1.0(http://creativecommons.org/licenses/by-sa/4.0-3.0-2.5-2.0-1.0)], Wikimedia Commons에서)

이 역시 핵심은 앞서 예로 든 궁수의 문제로 돌아간다. 밀러가 언급했던 표상이야말로 고고학 이론을 떠도는 이원론의 핵심적 사고와 관련이 있다. 이 문제는 특히 상징 및 의미와 관련하여 다음 장에서 검토가 이루어질 것이다. 하지만 우리가 잊지 말아야 할 것은 물질성 연구의 대다수가 이제 표상에 대한 이원론적 모델에 대해 반론을 펴고 있다는 사실이다. 고고학의 가장 보편적 접근이었던 관점에 반대하면서 물질성의 연구자들은 더 이상 물질적인 것과 비물질적인 것을 구분하지 않는다. 한편으로는 궁수가 지닌 물건(활, 화살, 활시위)을 통해 묘사된 궁수에 대한 생각이나 다른 한편으로는 그 물건의 의미 혹은 그것이 표상하는 것(이를테면 능숙한 궁수에 대한 관점, 로빈 후드나 빌헬름 텔의 기억)에 대한 논의에서 어떤 장점도 발견하기 어렵다는 것을 알게 된 것이다. 사실 물질성을 연구해 온 일부 연구자들은 완전히 비물질적인 것은 없다는 점을 인정한다.[23] 산으로부터 유령에 이르기까지 혹은 물건으로부터 사고에 이르기까지 그 내 구성에서는 차이가 있겠지만 모든 실체는 물질적 요소를 가지고 있으며 그 충격의 강도는 다르더라도 머리에 전해지는 전자기파로부터 얼굴을 주먹으로 가격하여 받는 둔기 외상까지도 마찬가지다.

현상학

현상학은 사람과 물건의 상호구성에 관한 사고에 또 하나의 유용한 방법을 제시하였으며 고고학에서는 물질성의 논의와 자주 결합해 왔다.[24] 현상학적 연구는 19세기와 20세기의 저명한 철학자, 이를테면 에드문트 후설, 마르틴 하이데거(박스 6.3), 그리고 모리스 메를로-퐁티 등에 의해 진행되어 왔으며 크리스토퍼 틸리,[25] 그리고 줄리언 토마스[26]와 같은 고고학자들이 발전시킨 접근법에 토대를 제공해 주었다. 현상학이 내건 대표적인 슬로건은 '세계 내 존재(Being-in-the world)'이다. 줄리언 토마스가 지적한 바와 같이 현상학은 어떤 특정한 실체와의 연관이 우리를 관계의 확장적인 망으로 이끄는 세계, 그 세계의 드러냄을 다룬다.[27] 이 점은 밀러가 헤겔의 변증법을 수용하면서 했던 이야기와 비슷하게 들리지만 여기서 무슨 결론적인 이야기를 하기보다 논의를 좀 더 진행해 볼 필요가 있을 것 같다. 최근의 적용을 중심으로 살펴보기에 앞서 그 이면의 사고와 함께 철학으로서 전개되어 온 과정을 역사적으로 개관해 볼 필요가 있을 것 같다.

현상학의 첫 번째 주요 인물인 독일의 철학자 에드문트 후설(1859-1938)은 원래 세계에 대한 인간의 지각에 관심을 두고 연구했지만, 점차 인간 의식과 관련된 문제에 초점을 맞추게 된다. 그는 인간의 지각은 단지 물질세계에 대한 인간 경험의 문제가 아니라고 주장하면서 관념론 대 유물론(혹은 비물질 대 물질)이라는 대립을 넘어서고자 했다. 그 대신 후설은 사물이 인간 각자에게 어떻게 드러나는가[28] 하고 물으면서 이 문제를 복잡한 방향으로 끌고 갔다. 이안 호더[29]가 최근 현상학을 '존재에 대한 사물적 본질'을 탐구하는 학문이라고 묘사한 이유가 여기에 있다. 현상학자들은 현실을 단순히 하나의 외부 물질세계가 아니라 그보다 복잡한 것으로 본다. 즉 분리된 세계에 대한, 그리고 이론적인 (인간의) 접근을 통해 파악된 외부 물질적 현실, 그 이상이라는 것이다.[30] 이러한 관점에서 현상학은 객체화 이론이 지닌 약점을 비판적으로 거론한다. 주체 혹은 객체에 관한 단순한 전제에서 출발할 수는 없다는 것이다. 그럼에도 불구하

마르틴 하이데거

마르틴 하이데거(Martin Heidegger, 1889-1976)는 독일의 철학자이며 현상학에 관한 저술로 유명하다. 에드문트 후설의 후임으로 프라이부르그대학의 철학 교수로 재직했다. 커다란 영향력을 가진 그의 저서 『존재와 시간』은 오늘날에도 변함없이 인용되고 있으며 고고학자들 사이에도 그러하다. 그는 망치와 같은 허드레 물건을 이용하여 인간-물건 사이 상호작용의 여러 형식을 드러내 보여주었다.

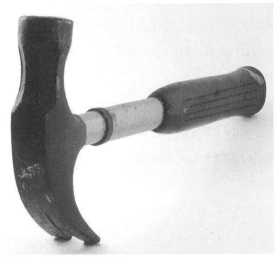

말렌 티센(Malene Thyssen)의 사진(http://commons.wikimedia.org/wiki/Use:Malene from https://commons.wikimedia.org/wiki/File:Hammer2.jpg)

고 후설의 작업은 여전히 인간 의식에 주로 초점이 맞추어져 있으며 사람이 무엇을 지각할 수 있는가를 묻고 있다. 하지만 이후의 사상가들이 그의 아이디어를 발전시켜 보다 명석하게 인간을 둘러싼 세계의 성질에 대해 집중하게 된다.

현상학의 사물적 차원에 대해서는 후설의 제자였던 마르틴 하이데거의 저작을 통해 가장 잘 설명된다. 하이데거는 세계가 우리를 둘러싼 견고한 환경 위에 인간의 이해와 상징들이 겹겹이 쌓여 있는 그런 것이 아니며 인간과 세계의 (일종의) 종합과 같은 것이라고 본다. 그래서 그의 연구는 사람이 그 안에서 어떻게 기거하느냐의 문제, 혹은 존재(Being)에 대한 물음이 된다. 그 때문에 하이데거의 저술에서는 '거주(dwelling)'라는 용어가 자주 조합된다. 하이데거의 위대한 저서 『존재와 시간』은 지금까지 이 책에서 마주쳤던 여러 차원의 이원론에 대한 비판과 그곳으로부터의 탈출에 관한 20세기의 가장 중요한 시도라고 생각된다. 하이데거는 맥락이 달라짐에 따라 경험에도 심각한 차이가 있다고 주장한다. 사람(주체)이 사물(객체)과 만나는 것처럼 세계는 결코 보편적으로 경험될 수 없다고 한다. 반대로 사람은 그들의 세계와 분리될 수 없다.[31] 우리는 항상 그 안에 이미 거주(*dwelling*)하고 있으며 우리는 항상 세계 내 존재(Being-in-the-World)이기 때문이다. 그러므로 사람은 세계에 포함되기 이전의 어떤 상태에 있었던 적이 없었기 때문에 자연과 문화는 분리될 수 없다. 존재는 '일생의 과정을 통해 세계와 상호작용하는 모습으로 드러난다'.[32] 예를 들면 당신이 태어나기 전에도 당신은 사물(당신 어머니의 몸이나 사람 목소리와 같은 외부의 자극)과 상호작용했으며 그것이 단순하든 어떻든 당신은 사물과의 관계에 참여해 왔다.

하이데거는 사람-사물의 관계에서 '손에 있음(present-at-hand)'(관찰자가 한 사물을 바라보거나 응시할 때)과 '손에 준비됨(ready-to-hand)'(사물이 어떤 형태의 사용과 연계될 때)의 중요한 차이를 구분했다. 망치라는 예를 통한 그의 고전적인 설명에서는 하나의 기획이 발전하면서 어떻게 망치의 존재가 사람의 의식 속에서 희미해지고 마침내 사라지게 되는지를 보여 준다. 사람이 망치를 하나의 물건으로 응시할 때(아마 기획을 실행에 옮기려 할 때), 망치는 '손에 있음'의 상태로 전이한다. 작업이 진행됨에 따라 망치는 더 이상 하나의 단일한 물건이 아니고 '장비 총체(equipment totality)'[33]의 한 부분이 되거나, 사람, 망치, 못, 그리고 못질할 벽 사이의 관계에서 그 일부가 되기 때문에 망치는 '손에 준비됨'의 상태로 접어든다. 망치가 생각했던 것만큼 말을 듣지 않을 때, 너무 잘 만든 것 아냐 하고 그저 감탄할 때, 또는 더 그럴 만한 일이지만 엄지손가락을 내리치고 난 다음 입에서 욕이 나올 때 아마도 우리의 목수는 망치를 다시 한번 응시하기 시작하게 된다(손에 있음). 그리고 그것을 잃어버렸을 때도 그와 같은 방식으로 그 물건에 대해 생각하지 않을 수 없게 될 것이다.[34] 객체화에 대한 논의의 핵심도 따지고 보면 주체와 객체 사이의 그와 같은 철학적 성찰에 초점이 맞추어져 있다. 다만 현상학처럼 거주함(dwelling)과 행함(doing)에 주의하지 않았다는 차이가 있을 뿐이다. 이 사례를 통해 우리는 망치가(그리고 그 어떤 물건 혹은 어떤 물건들의 세트이든) 아주 다양한 방식으로 사람에게 알려질 수 있고 관계될 수 있다는 것을 알았다. 하이데거는 사물('thing')이란 단어의 어원을 그 뿌리까지 추적하여 고대 게르만어의 'ding'이란 어휘에서 비롯되었다고 주장하였는데 모임(gathering)이란 뜻을 가진 단어이다. 이 단어가 말해 주듯이 하이데거는 모든 사물이 실은 관계의 모임이라는 점을 그 용어가 지적해 주고 있다고 주장했다. 사람도 마찬가지지만 사물도 그것이 하나의 망치이든 무엇이든 세계로부터 떨어져 나와 하나의 객체로 될 수 없다. 그 인간이든 비인간이든 그 출발점은 완전히 인간일 수도 없고 완전히 비인간이라 할 수도 없는 그런 관계 안에서 나온 것이다.[35] 이러한 점에서 '객체' 위에 '사물'을 강조하는 현상학의 관점은 객체화나 물질성의 관점보다 인간과 비인간 실체들 사이의 상호-의존적 관계를 더 많이 인정하는 것으로 보인다.[36]

현상학의 고고학적 활용에 커다란 영향력을 가진 세 번째 철학자는 프랑스의 사상가 모리스 메를로-퐁티(1908-61)이다. 하이데거의 작업을 토대로 한 메를로-퐁티의 연구에서는 몸을 통한 세계와의 연계에 새로운 강조점을 두게 된다. 특히 그는 인간이 그들의 감각을 통하여 세계 내에 거주하는 방법에 관심을 기울였다. 고고학자들은 다음과 같은 그의 관점을 받아들인다. '사물의 통일성(unity)에서만 우리는 우리 몸의 통일성을 포착하며, 우리들의 손과 눈, 그리고 모든 우리의 감각기관들이 너무나도 많은 교체 가능한 기구처럼 우리에게 나타난다는 것을 출발점으로 삼아 사물을 가지는 것이다.'[37][ii] 메를로-퐁티에게 감각(sensations)이란 감각-발생(sense-events)으로부터 분리되기 어려운 것이다. 감각은 세계 안에 사람이 빠져듦, 혹은 있음으로 가장 잘 이해된다.[38] 궁수를 다시 한번 기억해 보라. 그녀는 감각을 통하여 세상에 참여함으로써 능숙한 솜씨를 얻었다. 제4장의 끝에서 우리가 보았던 것처럼 어떻게 우리의 감각이 뻗어 나가 세계에 도달하는가에 초점을 맞추면 사물과 몸 사이의 경계가 모호해진다는 이 중요한 문제를 메를로-퐁티 역시 잘 알았다. 시각 장애인이 지팡이를 사용하여 세계 내에 도달하는 방식을 보면서 메를로-퐁티는 우리 피부의 가장 겉면에 있다

---

ii   역자 주: 이 문구는 메를로-퐁티의 『지각의 현상학』에서 인용되었다. 이안 호더의 저서 *Entangled*에도 사물에 의존하는 인간, 인간에 의존하는 사물을 설명하면서 이 문구가 인용되어 있다. 메를로-퐁티도 하이데거를 따라 사람은 태어나면서부터 세상에 던져진다는 '세계 내 존재'의 전제에서 출발한다. 그는 사람이 세계와 맺는 가장 원초적 관계는 지각을 통해서 이루어진다고 하며 몸을 통해 세계를 경험하는 것으로 그는 이해했다. 그런데 몸의 위치와 조건, 시간에 따라 끊임없이 다른 모습으로 주어지는 사물을 지각할 수 있는 근거는 몸의 통일성 때문이며 그것이 사물에 통일성을 가져다준다고 메를로-퐁티는 보았다. 이를 거꾸로 이야기하면 인용문처럼 우리가 몸으로 사물과 체험하면서 사물의 통일성이 우리 몸의 통일성도 알 수 있게 해 준다고 말할 수 있다.

고 생각하는 우리 몸의 경계가 도대체 무슨 의미가 있느냐고 말한다. 여기서 우리는 인간과 사물의 구분이 정말 어려운 문제라는 것을 알게 된다.[39]

지금까지 보아 왔지만, 고고학과는 잘 연결될 것 같지 않았던 밀러의 작업과는 달리 현상학은 훨씬 직접 적용되기 시작했다. 현상학의 아이디어를 적용한 유명한 연구는 크리스토퍼 틸리에게서 나온다. 1994년의 저서 『경관의 현상학』을 시작으로 그는 현상학과 일련의 관계를 맺어 왔다. 여기서 틸리는 앞서 열거한 여러 현상학적 철학자들, 그중에도 메를로-퐁티의 저술을 토대로 그 당시까지 고고학자들이 경관을 연구해 왔던 방식을 비판하였다. 틸리가 보기에 당시까지 고고학의 경관 연구는 일차적으로 지도를 통해 접근했으며 조감도를 통해 측정하였다는 것이다. 그것은 과거의 사람들이 해 왔던 경험이라고 할 수 없다. 그 대신 틸리는 우리가 직접 경관을 찾아가서 우리의 모든 감각을 이용하여 그것을 경험함으로써 경관을 더 잘 이해하게 될 것이라고 주장한다. 여기서 우리는 틸리가 세계 내 존재라는 관점을 강조하는 모습을 볼 수 있고 그는 자신이 했던 말 이상으로 여러 유적을 스스로 방문하여 자신의 경험을 기록했다. 예를 들어 그는 영국 도싯의 크랜본 체이스(Cranborne Chase)로 알려진 석회암 고원지대를 가로질러 9.8km의 길이로 뻗은 두 개의 평행한 구(溝), 도싯 커서스(Dorset Cursus)를 따라 걸었다.[40] 그것을 따라 이동하면서 틸리는 땅의 기복과 경관의 여러 형상이 나타났다가 사라지는 모습, 그리고 그의 이동과 함께 기념물이 드러나거나 마주치는 양상들을 주목했다. 이 새로운 관점으로 그는 기념물이 과거에 어떻게 경험되었고 이해되었는지에 대해 혁신적인 해석에 도달할 수 있었다.

하지만 틸리의 연구가 나오자마자 기다렸다는 듯이 공격이 들어오기 시작했다. 한편에서는 고고학자 앤드류 플레밍[41]과 같은 이가 해석의 정확성에 문제가 있다고 비판하였다. 앤드류 플레밍은 여러 유적에서 경험할 수 있는 것과 볼 수 있는 것에 대해 오류가 있다고 지적한 것이다. 비키 커밍스[42]를 비롯한 여러 고고학자는 이에 대해 반응하면서 더 나은 기록법을 찾고 기념물에 대한 현상학적 경험을 증명하는 방법도 모색했으며 틸리[43] 역시 플레밍의 비판에 대해 그 자신의 답변을 내놓은 바 있다. 이론적 관점으로부터 중요한 비판을 던진 사람은 조안나 브뤽[44]이다. 첫 번째로 브뤽이 주장한 것은 틸리가 그 자신의 경험을 정확하게 기술했다 해도 다른 사람, 예컨대 다른 젠더에 속하는 사람, 임신한 사람, 장애를 지닌 사람 등, 그가 누구냐에 따라 경험은 달라질 것이라고 말한다. 훨씬 중요한 브뤽의 비판은 틸리가 '공통의 생물학적 인간성'[45]

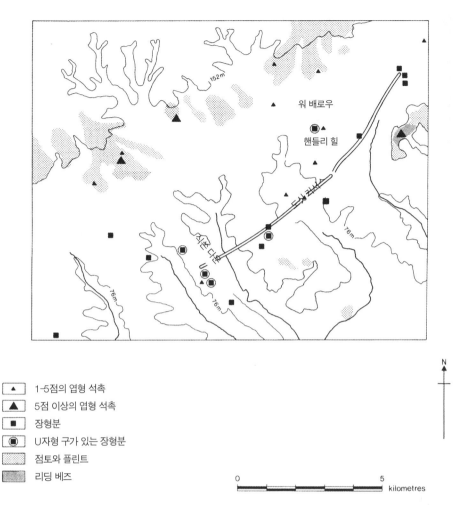

그림 6.3 도싯 커서스의 조감도(틸리가 그의 지표조사 자료를 통해 보완한 도면)(Barrett, Bradley and Green 1991, fig. 2.4에서(Cambridge University Press)

때문에, 인간 경험은 비슷할 수밖에 없다고 주장하면서 자신이 과거의 인간과 경험을 공유할 수 있다고 말한 점에 대한 지적이다. 다시 말해서 그들은 비록 우리와 다른 문화를 가졌지만, 우리와 같은 자연을 공유하였기 때문에 그들의 경험은 우리와 같다고 주장한 셈이다. 여기서 문제가 무엇인지 당신은 분명히 알 것이다. 현상학은 이분법을 극복하기 위해 창안된 사유임에도 불구하고 틸리의 현상학은 근대 사유에서도 가장 타협점을 찾지 못한 자연 대 문화라는 이원론[46]의 토대 위에 있다는 사실이다. 제4장에서 우리가 보았던 것처럼 몸은 단순히 자연의 어떤 것이 아니고 변함없는 것도 아니며, 서로 다른 역사적 맥락에서 서로 다른 방식으로 나타나는 그 어떤 것이다. 몸에는 분명

물질적 요소들이 있지만, 우리가 이원론으로 돌아가지 않는 이상, 몸을 문화-이전, 혹은 보편적 자연의 어떤 것으로 환원시켜 생각할 수는 없다.

사람들이 고고학에서 현상학이라고 하면 틸리의 연구가 떠오를 정도로 그의 접근은 아주 커다란 영향력을 행사해 왔다. 여러 가지 측면에서 그의 연구는 전통적인 경관 고고학의 다른 접근들과 공통점을 가지고 있으며 매튜 존슨[47]이 강조했던 몸소 현장을 찾으라는 주문도 자주 실행에 옮겼다. 하지만 이것을 현상학이 고고학에 줄 수 있는 전부라든가 혹은 현상학이 고고학에 적용될 경우 유일한 방법은 이것이라고 사람들이 느끼게 한 것은 틸리의 중대한 실수라고 할 수 있다. 틸리가 자신의 연구를 발전시키고 여러 논저를 통해 자신의 주장을 확장시켜 나가는 가운데 줄리언 토마스(박스 6.4)와 같은 다른 고고학자들도 하이데거의 저술을 인용하면서 좀 색다른 방식으로 사람과 사물 사이의 관계에 대해 상세한 생각들을 내놓게 된다. 예를 들어, 줄리언 토마스는 영국 신석기시대 후기의 유물을 연구하려면 사물을 관계의 집합(gathering)으로 보는 하이데거의 사고가 필요하다고 이야기한다.[48] 토마스는 신석기시대 후기의 유물이 특정 문화에 소속된다는 식으로 파악하는 것(제2장에서 논의했던 문화사 고고학자들의 방식처럼)에도 비판적이지만 그것을 계급사회나 계층사회를 입증하는 증거물로 보는 것(역시 제2장에서 보았던 과정주의 고고학자들의 관점에서 생각했던 것처럼)에도 동의하지 않았다. 이처럼 경계 지워진 틀 안에 유물을 넣고 보는 것과는 다른 시각을 그는 모색한 것이다. 하이데거가 정의한 관점에 따라 토마스는 어떻게 이 물건들이 세상의 어떤 특정한 국면을 만들어 내는가에 대해 검토했다. 각제(角製) 전곤두(戰棍頭), 흑옥제 대구(帶鉤), 그리고 마제석도(磨製石刀) 등과 같은 유물은 서로 모여서 서로 다른 관계들이 이루어지고, 그것을 만들고 사용했던 사람들과의 관계를 형성하며, 그리고 그것이 나온 곳의 장소성과 그것이 드러낸 의미를 만들어 낸다.[49] 유물이 단독으로 어떤 정체성이나 권력을 상징하는 것이 아니라 영국 신석기시대 주민들의 세계 안에 어떤 특별한 국면을 열어 보여 준다는 것이다. 이는 틸리와는 매우 다른 측면의 현상학적 분석이라 할 수 있다. 하지만 이와 같은 통찰이 유물을 정리하거나 유물을 몸소 경험했던 것으로부터 나오지는 않았다. 이는 물건과 맺어진 관계의 특정한 세트 안에서 이루어진 세계 내 존재에 대해 사색함으로써, 그리고 그와 같은 '장비 총체(equipment totality)'를 배경으로 하여 드러나는 존재의 어떤 성격에 대해 사고한 결과로부터 나온 것이다.

줄리언 토마스

줄리언 토마스(Julian Thomas)는 맨체스터대학의 고고학 교수이다. 영국 신석기시대 전공자이며 저서로는 *Time, Culture and Identity*[50]와 *Archaeology and Modernity*[51] 등이 있다. 하이데거의 사고를 받아들여 아래의 원반형 석기와 같은 물질적인 것이 본질적인 외연이 정해진 물건들로서(*as bounded objects with essences*)가 아니라 관계에 의한 집합(*as gatherings of relationships*)으로 생각해야 한다는 주장을 한다.

ⓒ 런던박물관

제8장에서 강조하겠지만 일부 이론가들은 현상학적 접근이 인본주의적이고 인간-중심의 이론[52]이라고 비판한다. 인간이 인간 외적 사물에 의해 어떻게 영향을 받는가 하는 문제에 초점을 맞추고 있다는 것이다. 그러면서 특히 틸리의 작업에서 사람이 어떻게 경관을 경험했는가를 강조했던 경우를 문제 삼는다. 하지만 현상학적 철학이 고고학에 직접, 그리고 간접적으로 영향을 끼쳐 온 것은 무시할 수 없으며[53] 앞서 예를

든 두 가지 연구사례가 결코 전부라고 할 수 없다. 좀 앞서간 면은 있지만 제8장과 제9장에서 팀 인골드의 작업을 이야기할 때와 제10장에서 비요나르 올센의 연구를 검토할 때 우리는 다시 하이데거의 영향을 거론하게 될 것이다. 이처럼 현상학과 물질성에 대해 고고학이 강조해 온 결과 이제 고고학은 인간존재가 그들을 둘러싼 세계를 어떻게 경험하는지에 대한 논의로 관심이 옮겨가게 되었으며, 이것이야말로 지금 우리가 방향을 틀게 된 매력적인 연구 방식이라고 생각된다.

세계 내의 경험

틸리가 저술한 『경관의 현상학』이 출판되면서부터 인간이 세계를 어떻게 경험했는가, 특히 물질적인 것, 즉 물질성과 연계되면서 어떤 경험을 하게 되었는가의 문제를 고고학자들이 본격적으로 다루기 시작했다고 해도 틀린 말이 아니다. 이러한 연구 중의 일부는 노골적으로 현상학적 경향을 따른다. 이를테면 틸리[54]는 집필을 계속하여 돌의 물질성에 관한 책을 2004년도에 출판하는데 이 책에서 그는 신석기, 청동기시대 유럽의 서로 다른 지역에서 이 돌이라는 물질형상의 질감과 색깔, 그리고 모양 등을 사람들이 어떻게 경험하였을까에 대해 서술하고 있다. 이와 그리고 다른 책에서도 가장 중요한 문제는 체화(embodiment)였다. 즉 사람들이 몸을 어떻게 이해해 왔는가(제4장에서 논의했던 젠더와 몸을 둘러싼 제반 문제)에 대해서뿐 아니라 과거의 특정한 시간과 공간에서 이루어진 체화된 경험들이 과연 무엇을 의미하는가에 대해서도 논의하였다. 이러한 종류의 관심은 다음과 같은 두 가지 중첩된 주제의 연구로 발전하게 된다. 첫째, 사람들이 자신을 둘러싼 세계에 참여하는 데 감각이 하는 중요한 역할이 어떤 것인가에 대해 많은 고고학자가 관심을 집중하게 되었다. 이것은 인간 경험의 다른 요소들, 이를테면 감정이나 기억과 같은, 언뜻 생각해 봐도 덧없어 보이는 것과 나란히 함께 논의되고 있다. 지금부터 차례로 이 문제들에 대해 살펴보기로 하자.

고고학자들은 시각, 혹은 시각의 어떤 요소들에 대해서는 오랫동안 관심을 지니고 있었다. 이 기념물로부터 당신은 무엇을 볼 수 있는가? 이 두 유적은 서로 볼 수 있는가? 하지만 최근에서야 고고학자들은 시각을 넘어서 여러 가지 감각, 즉 청각, 촉감, 후각 등에 대해 생각하기 시작했다. 시각은 특히 오늘날의 세계에서 매우 중요한 감각이 되었다.[55] 사람들이 흔히 하는 이야기로 '보는 것이 믿는 것이다'라는 말도 있고, 혹은 요즘 지식의 소셜 미디어 시대에 '사진 찍으라! 아니면 그 일은 없었던 거다'라고 말하기도 한다. 하지만 이는 우리 일상생활의 현실을 생각해 보면 다른 모든 감각에 우리가 의존하지 않는 때가 거의 없다는 사실을 부정하는 말이다. 사실 세상에는 시각을 잃어버린 채 수많은 사람이 생존해 가는 반면, 우리에게 만일 촉감이 없다면 세상이 어떻게 돌아갈지 상상하기 힘들다. 이러한 점을 재고해 보면 시각만을 중요시하는 것은 지난 수백 년 동안 발전되어 온 생각일 뿐이며 과거의 풍부한 감각 경험으로 이해의 폭을 확대할 필요성이 제기된다. 예를 들어 로빈 스키트는[56] 우리가 과거 사람들의 가장 중요한 감각 경험에 대해 완전히 다르게 생각해 본다면 말타의 선사시대도 아주 다른 방식으로 이해할 수 있다고 이야기한다. 이와 비슷하게 커밍스도[57] 웨일즈의 기념물을 돌로 축조하는 방법에 대해서 어떤 질감의 돌을 사용했는가 하는 질문을 던질 수 있다고 말한다. 가령 이 유적에서는 기념물이 어떤 모습으로 보이는가 하는 것만큼이나 촉감이 그들에게 어떠했는가 하는 문제도 탐구해 볼 필요가 있다는 것이다. 물론 과거에 대해 생각할 때 체화된 감각 경험에 관한 이러한 성격의 문제를 다루어 본다는 것은 대단히 사변적으로 보인다. 하지만 스키트나 커밍스 같은 고고학자들이 힘주어 말하는 것은 다른 사람들이 가졌던 것과 같은 경험을 재포착하려는 것이 아니라 다시 한번 우리가 세계의 물질성에 주목함으로써 그러한 감각들이 어떤 종류의 경험을 전면으로 가져오는가 하는 문제를 다루어야 한다는 것이다. 그래서 바위가 매끄러운가, 아니면 거친가 하는 것은 단순히 과거와 현재의 사람들에게 공유된 경험이라고 말할 수 없으며 바위의 물질성이 지닌 질적 특성이라고 해 두는 것이 옳다.[58]

이와 같은 논의와 함께 과거 사람들의 삶에서 아주 중요했을 것으로 보이는 경험의 요소로서 기억과 감정에 관심을 가지고 연구를 진척시키는 고고학자들이 있다. 이 연구는 과거의 사람들이 생각했던 그 무엇을 '기억'한다거나 그들이 느꼈던 그 무엇을 느껴 보기 위한 시도는 아니다. 이 연구는 과거의 사람들이 살았던 삶에서 기억과 감정의 요소가 가지는 중요성을 고려하면서 그러한 요소를 통해 지금 우리가 마주친 유물과 유적을 이해해 보기 위한 시도라고 할 수 있다. 예컨대 기억과 관련된 중세시기 장례의 연구에서는 시신을 처리하는 절차에 기억과 망각 두 가지의 다른 실천이 서로 얽혀 있음을 보여 준 바 있다.[59] 기억의 중요성은 장기간에 걸친 역사적 실천에서도 드러날 수 있다. 예를 들어 북아메리카 카호키아(Cahokia) 유적에서 파악된 퇴적의 역사를 보면 두 세대 이상에 걸쳐 전해지는 기억을 확인할 수 있다.[60] 이보다 더 긴 장기적 패턴을 볼 수 있는 유적이 영국 남부에 있는 신석기시대 기념물, 햄블던힐(Hambledon Hill)이다. 이 유적의 주 환호에서는 44개체의 인골이 발견되었는데 오직 두 개체만이 신체의 모든 부위가 묻혀 있었다.[61] 이 둘은 어린이 인골이었으며 유적의 같은 구역에서 부장품과 함께 플린트 무더기 아래에 묻혀 있었다. 두 개체의 인골은 모두 조기에 두개골의 봉합선이 닫히는 질환을 앓았다. 여기서 기억의 증거는 이 두 어린이가 적어도 170년이란 시간을 격해서 묻혔다는 사실이다. 사람들이 먼저 죽어서 묻힌 어린이와 그 묻었던 방법에 대한 기억을 여러 세대에 걸쳐 가지지 않았다면 이 유적에서 그러한 무덤은 있을 수 없었을 것이다.

　　기억과 함께 감정도 과거 사람들의 경험을 이해하는 데 그 중요성이 점점 커지는 경향이다. 감정이야말로 그 무엇보다도 덧없는 것으로 보이는데 그것을 연구한다는 것은 너무 나간 것 같은 느낌도 든다. 과거 사람들이 느꼈던 그 어떤 것을 과연 우리는 어떤 방식으로 생각할 수 있을까? 오늘날 세계 여러 곳의 사람들이 느끼는 감정은 천차만별이어서 인류학자들은 감정을 사람들 사이에 보편적인 것으로 보아야 할 이유가 없다고 말해 왔다. 우리가 이런 사실을 생각하면 감정의 연구는 이중적인 문제를 안고 있는 것 같다. 이 분야의 연구에 토대를 마련한 사라 탈로우(박스 6.5)[62]는 그러한 문제점을 인지하고 감정의 연구가 개개인의 경험을 복원하는 일이 아니고 특정한 맥락에서 감정이 가진 의의를 탐구하는 작업이어야 한다고 강조했다. 탈로우는 역사고고학의 맥락에서 장송 의례의 실천을 이해하기 위한 연구에 감정의 의의를 어떻게 추가시킬 것인가를 탐구했다. 최근에는 고고학계의 또 다른 연구자들이 감정의 연구를 시도하고 있다. 사람들이 어떤 특정한 성격의 장소를 어떻게 경험했는가, 혹은 피장자의 시신을 왜 그러한 방식으로 다루었는가와 같은 문제를 다룰 때 감정의 힘(power of emotion)이 핵심적인 역할을 할 수 있다고 본다.[63] 또 어떤 경우에는 특정한 감정, 이를테면 고뇌와 두려움과 같은 것이 어떻게 작동하는지까지 논의를 확대하는 연구자도 있다.[64]

　　그것이 감각이든, 기억이든, 아니면 감정이든 경험에 관심을 가진 사람에게는 사물의 물질성은 중요한 의미가 있다. 예컨대 어떤 물건은 기억을 일깨울 수 있다. 사랑했던 사람에게 속했던 어떤 물건을 당신이 보았을 때 어땠는지 한번 생각해 보라. 아니면 오래된 학창시절의 책을 발견했을 때나 혹은 친구의 사진을 발견했을 때도 생각

사라 탈로우

사라 탈로우(Sarah Tarlow)는 레스터대학의 역사고고학 교수이다. *Bereavement and Commemoration: An Archaeology of Mortality*를 비롯한 여러 권의 책과 논문의 저자이다. 탈로우는 죽음과 분묘의 고고학을 전공해 왔으며 감정의 고고학에 대한 혁신적인 글쓰기로 가장 잘 알려졌다. 그녀의 최초의 저서는 오크니 섬에 있는 공동묘지의 연구인데 아래의 사진은 그중 한 곳이다.

밥 존스(Bob Jones)의 사진[CC BY-SA 2.0(http://creativecommons.org/licenses/by-sa/2.0)], Wikimedia Commons에서(from https://upload.wikimedia.org/wikimedia/commons/2/2a/St_magus_kirk_and_graveyard_-_geograph.org.uk_-_1302651.jpg)

해 보라. 당신에게 영향을 미치는 냄새와 맛, 촉감, 혹은 시각들로 인해 예기치 못한 기억과 감정들이 되돌아오지 않는가? 이러한 감각, 기억, 감정의 영역들은 분명 서로서로 얽혀 있다. 사람들이 물건을 만들고 사용하면서 그것의 냄새, 형태, 그리고 촉감 등은 뒤에 그 사람을 일깨울 만한 기억이 형성된다. 그래서 사람이 물건을 만들고 물건이 사람을 만드는 것이다. 야니스 하밀라키스[65]는 물질세계와의 관계 및 연결을 통해서 감각, 기억, 그리고 감정과 같은 것들이 형성되어 나오는 과정을 꾸준히 탐구해 왔으며 그래서 이 분야의 가장 세련된 연구자로 알려져 있다. 그의 연구는 다른 누구보다 훨씬 앞서간 사고를 하고 있으며 그에 따르면 감정과 기억들은 사람의 몸에 자리 잡는 것이 아니며 우리를 둘러싼 세계와의 관계 속에 위치 지어진다고 한다. 그는 '어셈블리지'라고 하는 중요한 관점을 사용하는데, 이는 그의 작업과 함께 신유물론에 대해서 논의할 제8장의 주제들과 공통점이 많다.

얽힘

이 장에서 우리가 논의하게 될 내용 중에 맨 마지막 주제는 가장 유명한 고고학 이론가의 한 사람인 이안 호더에게서 나왔다. 객체화와 현상학을 비롯하여 여러 사고들을 결합한 그의 저서『얽힘: 인간과 사물의 관계에 대한 고고학(*Entangled: An Archaeology of the Relationship between Humans and Things*)』[66]이 있다. 이안 호더 이론의[67] 핵심적인 내용은 인간과 비인간, 디펜던스와 디펜던시의 관계에 대한 그의 관점이다. 디펜던스는 어떤 일을 가능케 해 주는 의존관계를 말한다. 사람이 어떤 새로운 작업을 완성하려면 이 관계로 맺어진 물건을 사용한다. 예컨대 하이데거의 망치처럼 그것으로 벽에 못을 박을 때가 망치에 대한 사람의 의존, 즉 디펜던스의 완벽한 사례라 할 수 있다. 물론 하이데거가(그 누구라도) 말했던 것처럼 우리는 그 관계가 망치질 작업을 하는 동안에 한정되어 있다는 것을 잊지 말아야 한다. 만약 나무로 된 자루가 부러져서 두 동강 난다면, 만약 쇠로 된 대가리가 자루에서 빠지게 되면, 그리고 만약 망치가 너무 무거워서 들어 올려 두드리기 힘들다면, 그 모든 관계는 무너져 버리고 하이데거는 그림을 벽에 걸 수 없고, 부서진 울타리를 수리할 수 없게 된다. 망치를 설계하고 그것을 사용하는 사람이 예상했던 대로 망치가 기능하는 동안에는, 물질성을 논의하면서 외웠던 주문으로 되돌아가서 '사람이 망치를 만들고 망치가 사람을 만든다'(아니면 최소한 그들이 새로운 업무를 해낼 수 있도록 도와줄 잠재성을 가진)의 관계가 성립한다. 이러한 종속성과 연관되는 의존의 제2차 형태에 대해 호더는 탐구하였는데 그것이 디펜던시이다. 디펜던시는 인간과 물건 사이의 속박 관계라 할 수 있다. 사람이 물건과 상호작용하게 됨에 따라 개개인이든 사회든 그들 능력의 성장이 제한되는 관계, 즉 디펜던시의 다양한 관계에 포함되어 간다.[68] 호더는 한 병의 위스키와 디펜던시에 대해 논의하면서 알코올 중독, 혹은 그 중독으로부터의 회복에 대해 위스키가 행사하는 제한은 디펜던시의 관계로 설명할 수 있다고 주장한다.

디펜던스나 디펜던시 모두 관계에 대한 용어라는 점을 주목할 필요가 있다. 물건이 사람에게 제공하거나 행사하는 유익함과 불리함은 모두 물건 자체에 생래적으로 들어 있는 것이 결코 아니다. 그래서 호더[69]는 얽힘(entanglement)을 디펜던스와 디펜던시 사이의 변증법적 관계라고 정의한다. 이 말은 사람과 물건, 물건과 물건, 물건과 사람, 사람과 사람 사이에 형성된 관계의 복잡한 그물망을 의미한다. 사람들은 이 얽힘의 그물망에 잡혀서 꼼짝없이 빠져든다. 이는 현상학자들이 이론화한 거주(dwelling)의 개념과 아주 유사하다. 호더는 자신의 얽힘 이론이 사물의 '객체적 성질(object-nature)'을 강조하기 때문에, 이 장에서 논의한 것과 같은 다른 이론들과 뚜렷이 구분된다고 단정적으로 말한다. 이 '객체적 성질'은 '사물의 물질적 성질'[70]이라고 하는 것과 서로 통하는 말이다. 이 이야기가 좀 친숙하게 들리는가? 이 장의 첫머리에서 물질성의 정의를 끌어낼 때로 돌아가 보자. 사물의 물질적 성질들은 사람을 잡아 가둔다고 했다.

사물 그 자체가 얽힘의 부분을 생산한다. 호더는 이를 역사자산 목록에 등재된 집을 구입하여 문화재보호법의 규제 아래에 들어가는 사례를 들어 설명하고 있다. 이 집의 물질적 성질에 대해 말하자면 지붕은 오랜 세월로 인해 낡아져서 물이 새기 시작하는 상태이다. 구매자가 지붕을 교체해야 하는데 이는 구매자가 보수가 좋은 직장을 가지고 있거나 새로 개축하는 데 드는 비용을 감당할 만한 다른 수단이 있어야 한다는 것을 의미한다. 구매자가 원하는 바에 따라 집으로서의 구실은 계속되어야 하고, 문화제도는 인간과 역사적 자산이 어떻게 상호작용해야 하는지 지시하고 있으며, 구매자는 얽힘에 빠져들었는데 부분적으로는 집의 '순수한' 물질성('sheer' materiality) 때문이다.

고고학적 맥락에서도 이런 방식으로 탐색하기 위해 호더는 터키 신석기시대 유적인 차탈회위크(박스 2.3)로 돌아간다. 그와 그의 조사단이 여러 해 동안 발굴조사를 계속해 온 유적이다. 이 유적에 사람들이 들어와 집을 짓고 살았던 시기는 7400-6000 cal. BC까지의 시기이고 모두 진흙으로 지어졌다. 앞서 현대 세계의 집 구매자의 사례와 대비시켜 생각해 보자. 이 유적에서 건축 행위는 사람과 점토를 디펜던스와 디펜던시의 관계로 엮어 놓는다. 진흙으로 벽을 쌓아 올리겠다고 한 사람들의 결정과 그들이 사용하는 점토의 특별한 성질이 사람들을 주변의 물질적 조건과의 관계로 엮어 넣었다. 과연 어떻게 사람이 그를 둘러싼 물질적 배경과 엮이는지에 대해서 호더[71]는 탐구하는 것이다. 사람들이 사용하고 있는 특정한 점토들은 쉽게 부풀었다 수축하는 편이며 그래서 무너지기도 쉽다. 이는 사람들이 기둥으로 벽을 지탱할 수 있게 해 놓고 계속 반죽한 점토를 발라 올리지 않으면 안 된다는 것을 의미한다. 거주민들이 기둥으로 쓰기 위해 나무를 계속 벌채할 경우, 주변 일대에서 나무가 사라지고, 그래서 벽을 더 두껍게 해야 한다면 다른 점토를 얻기 위해 더 깊게 파 들어갈 수밖에 없다. 그런데 이 새로운 점토는 모래가 많이 섞여 있어서 틀로 찍어 내는 새로운 방법을 적용할 수 있으며 새롭고 좀 더 복잡한 기술이 도입됨으로써 더 많은 시간과 노동력이 투입되어야만 한다. 진흙으로 처음 집을 짓겠다고 한 그 결정으로 인해 차탈회위크의 주민들이 그들을 둘러싼 물질성에 얽혀 들어가는 모습을 이안 호더는 생생하게 보여주고자 했다.

제8장에서는 고고학 이론의 좀 더 급진적인 방향들에 대해서 살펴보게 될 것이다. 이 이론들은 '순수한' 물질성의 그러한 형식이 인간과 비인간의 복잡한 혼합물(뒤에 다시 나오겠지만 이를 브뤼노 라투르는 '하이브리드'라고 부른다) 안에서 빠져나와 드러날 수 있느냐의 여부를 문제 삼는다. 지금으로서는 이안 호더가[72] 극단적인 반-이원론적 주장을 비판했다는 정도에서 넘어가기로 하겠다. 우리가 나중에 보게 될 것이지만 이 입장의 이론가들은 하이브리드와 네트워크에 대한 그들의 주장을 극단적으로 밀고 간다. 이안 호더에 따르면, 빙하기가 끝나는 것과 같은 어떤 현상들은 사람과는 아무 관계 없이 진행된다. 하지만 다른 경우들, 예컨대 역사적 자산인 집의 지붕과 같은 현상은 그 물리적 성질들(이를테면 젖은 나무가 서서히 썩는 것과 같은)이 사람과 분리되어 진행되기는 하지만 사람들을 잡아 서로 얽매이게 한다. 이 얽힘에 관한 호더의 이론은 사람과 사물이 디펜던스와 디펜던시의 복잡한 그물망 안에 어떻게 잡혀 들어가는지를 탐구한다. 객체화와 현상학, 혹은 그 두 사고의 결합을 과도하게 사용하는 이론가들과는 다르게 이안 호더는 사물의 객관적 성질의 중요성을 강조한다. 이러한 그의 항변에도 불구하고 그의 얽힘 이론이 가진 요소들은 제8장에서 우리가 보게 될 대칭적(symmetrical) 이론이나 신유물론의 아이디어와 공통적인 특징들을 가지고 있다. 그러나 여전히 그는 인간과 비인간을 몇 가지 점에서 서로 구분하는 구도로 파악하려 한다. 그는 인간-비인간의 관계가 1차적이고 기본인 곳에서도 그 둘의 관계를 변증법적 관계 안에서 보아야 그것을 가장 잘 이해할 수 있다고 말한다.[73] 이 점이 바로 이안 호더의 핵심이론을 뒤의 장에서 다루지 않고 여기서 논의하게 된 이유이다.

맺음말: 사람이 화살을 만들고 화살이 사람을 만든다

당신은 객체화, 현상학, 경험, 그리고 얽힘의 이론들을 비교해서 그 공통점과 차이점을 가려낼 수 있겠는가? 이 네 가지 모두 인간과 세계 사이에 존재하는 복잡한 관계의 세트에 관한 이론이다. 우리들의 친구 그 궁수에게 다시 돌아가 네 가지 이론을 차례로 살펴보도록 하자.

우리가 이미 살펴보았듯이 객체화에 관심을 둔 사람에게 가장 중요한 문제는 사람이 사물과 관계를 맺게 됨에 따라 자기 자신을 변화시켜 가는 점에 대한 것이다. 그래서 객체화의 관점에서 보면, 활과 화살을 사용함으로써 궁수라는 존재로 나타날 가능성을 가지게 되며 실천이 반복됨으로써 한 사람에게 활과 화살 사용의 숙련된 솜씨를 가지게 한다고 할 수 있다. 활을 사용할 때마다 그 사람에게 변화가 생겨나고, 활 그 자체도 변화시킨다(활줄이 닳고 느슨해지고 나무의 복원력도 달라진다). 현상학의 관점에서 보면, 우리는 줄리언 토마스가 주장했던 것처럼 활이 어떻게 세계-내-존재의 새로운 형태를 있게 하는가에 대해 사고하게 된다. 활은 궁수와 그들이 향하여 활을 쏜 그 사물 사이에 형성되는 새로운 성격의 관계를 만들어 낸다. 활을 사용한다면 그에 대해 현상학자들은 이렇게 지적하여 말할 것이다. 활 그 자체에 대해서는 실제로 생각하지 말고 목표물에 대해서 생각하라. 혹은 만약 솜씨 좋은 궁수라면 숙련된 운전자처럼 그 활에 대해 생각할 필요가 거의 없을 것이다. 여기서 활은 손에 준비된 것이다. 그리고 그것은 사람, 활, 화살, 그리고 목표물들을 함께 끌어모아 관계를 만들고 사람들을 새로운 방식으로 존재하게 만든다.

이러한 점에 대해서는 경험에 관심을 둔 사람들도 상당 부분 동의할 것이다. 하지만 그들이 지적하는 것은 새로 기름을 먹인 활줄에서 나는 냄새를 어떻게 느끼는가와 같은 그런 문제이다. 그 냄새는 이전에 있었던 사냥과 활쏘기를 당신에게 가르친 사람에 대한 기억을 어떻게 불러일으키는가와 같은 질문을 던진다. 여기서 기억은 활을 사용하는 사람의 머리에 들어 있는 것이 아니다. 그것은 활이 감각에 충격을 주고 이를 통해 그 사람에게서 반응을 끌어내는 그러한 방식으로 관계적으로(relationally) 나타나는 것이다. 끝으로 호더는 활이 사람을 새로운 성격의 관계로 엮어 넣는 방법에 관해 들여다본다. 활을 사용함으로써 당신은 당신 가족을 위해 식량을 마련해 주는 사람, 그래서 당신 가족이 의지하는 사람이 될 수 있다. 이는 당신이 플린트를 가공하여 화살촉을 계속 만들어 내고 활을 다듬는 데 더 많은 시간을 써야 한다는 것을 의미한다. 그리고 더 많은 시간을 밖의 경관에서 보내야 한다는 것을 의미한다. 여기서 활과 사람은 관계에 잡혀 든 것이다. 아무도 그 관계를 의도하지 않았고 누구의 계획에도 없었던 것이지만 그러함에도 결국 관계성이 생성되었다. 지금까지 말한 접근법 중 당신이 무엇을 선택하는가는 당신의 고고학적 물질을 통해 물어 보고 싶은 질문의 성격과 이론 그 자체의 성질에 달려 있다.

지금까지 논의한 예들에서는 물질성의 문제가 핵심이고 사람과 사물 사이의 관계성이 가장 중요한 문제이다. 우리가 제5장에서 논의했던 알프레드 겔과 사물 에이전시 이상으로 우리는 이 세계에서 사람과 사물의 능동적 활동이 중요하다고 보며 이 문제에 접근하는 다른 접근이 있다고 생각한다. 하지만 하나의 흥미로운 문제가 남는다. 사물의 물질적 특성과 연결되는 의미가 있다면 그것은 여전히 인간존재가 자신을 둘러싼 세계에 가져다 붙인 것으로 생각해야 하는가? 우리는 사람과 사물 사이의 변증법적 관계에 초점을 맞추어야 하는가? 그렇다면 더 넓은 관점에서 우리는 세계에 관해 어떻게 생각할 수 있는가? 우리는 과연 네트워크 전체, 혹은 인간존재를 포함한 관계의 어셈블리지에 관해 생각할 수 있는가? 그러면서도 인간존재를 항상 중심에 두지 않고 말이다. 지난 수년 동안 고고학자들은 스스로 이러한 질문을 던지기 시작했고 이러한 질문들은 고고학에 대단히 중요하다. 이에 대해서는 다음 장에서 다시 다루기로 하겠다.

제7장
세계를 매개함
고고학적 기호학

머리말: 외딴 숲속의 기호

숲속에서 나무가 넘어지는데 그곳에 듣는 사람이 아무도 없다면, 소리가 난 것인가? 그림 7.1에서 보는 것처럼 우리의 믿음직스러운 트라월도 완전히 당혹스러워하고 있다. 이 고전 철학의 질문에 대한 답은 당신이 세계를 이해하는 방식에 따르는 것이라면 무엇이든 좋다이다. 현실이라는 것과 그것이 인간의 관찰 및 이해와 관계하는 방식, 이 모든 것은 당신의 특별한 의견에 달려 있다는 것이다. 한편으로 경험주의자들은 그래! 정말 이곳, 외부에 세계가 있고 우리들의 발견과 기록, 측정, 그리고 해석을 기다리고 있다고 강력히 주장한다. 다른 한편에서는 '구성주의자'들이 세계는 오직 인간존재로서의 우리 주체를 통해서만 알려질 뿐이라고 하면서 알려지는 그 방식에 초점을 맞춘다.[1] 바로 앞 장에서는 우리의 지각을 통해서 세계를 아는 것에 대해 논의했었다. 인간의 경험과 이해의 보편적 성질에 대해서는 어떠한 전제도 피해야 할 것이라고 우리가 주의 준 것은 기억하는가? 만약 당신이 이러한 종류의 논쟁을 즐기는 사람이라면 제10장을 기대할 수 있다. 제10장에서는 이러한 논쟁을 확장하여 존재론에 대한 비판으로 나아갈 것이며 거기서는 단 하나의 세계가 아니라 다수의 세계가 가능함을 내다보게 될 것이다.

만약 당신의 대답이 '예'라면 그 나무는 소리를 냈다. 아무도 그 소리를 들은 사람이 없다 해도 말이다. 이 말은 사람의 지각이 세계를 만들어 내는 일과는 아무 관계가 없으며 단지 사람은 세계의 한 부분일 뿐이라는 것을 의미한다. 현실은 바로 거기에 사람이 있고 그가 지각할 수 있을 때 그는 본다. 다른 한편으로 당신의 대답은 '아니오'일 수 있다. 나무가 쓰러지는 과정에 사람이 그곳에 없고 그런 해석도 없었다면 소리는 나지 않은 것이다. 이는 사람의 지각이 현실을 만들어 내는 데 아주 커다란 역할을 하고 있음을 의미한다. 그러므로 당신이 보고, 듣고, 냄새 맡고, 맛보고, 느끼고 한 것은 대체로 우리 자신의 유일한 문화적 관점의 산물이라고 본다. 사람들은 그들 자신의 지각을 통해서만 세계를 이해할 수 있을 뿐 다른 방법은 없다. 그러므로 현실은 문화적으로 구축된 것이다. 우리는 보통 이러한 종류의 관점을 인간중심적(anthropocentric)이라는 말로 부른다. 인간(anthropos)과 인간의 관점을 다른 동물이나 식물, 바위, 혹은 흙과 같은, 이 경우 숲을 구성하는 어떤 것보다 중요하다고 보는 생각의 틀이기 때문이다.

'예'라고 한 먼저의 대답은 현실 세계를 구성하고 참여하는 데 인간과 비인간을 동등한 출발선에 둔다. 반면 두 번째 대답은 인간을 '현실 세계'의 중심적 위치에 둔다. 모든 현실이란 인간에 의해 지각된 것이고 문화라는 차원에서 처리되고 조직된 것이라고 보기 때문이다. 이 문제는 우리가 숲에 있는 다른 생명체들, 예컨대 식물과 동물과 같은 것들도 나름대로 그들의 방식에 따라 그 소리를 지각하고 해석한다고 우리가 인정했을 때 훨씬 더 복잡해진다. 하지만 이 문제에 대해서는 제9장에서 다시 거론하기로 하고 여기서는 잠시 접어 두기로 한다. 여기서는 해와 해바라기의 관계와 같은 '기호학'에 대해 검토하고자 한다.

바로 앞 장에서 사람이 물건을 만들고 물건이 사람을 만든다 하는 문제를 검토했다. 이 장에서는 기호의 연구, 즉 기호학을 통해 문화 재생산의 피드백 루프와 인간-사물 얽힘의 문제를 어떻게 풀어 가는지 논의해 보도록 하겠다. 여기서는 이원론에 대한 새로운 접근의 방법들을 살펴보게 될 것이므로 고고학 이론에서 이원론이 하는 역할에 대해 시종 초점을 맞추려고 한다. 앞으로 논의하겠지만 일부 이론가들에 따르면 기호학이 과거와 고고학자들이 오늘날 발굴해 낸 유물에 대해 사고하는 데 새로운 빛을 비춰 줄 방법이 될 것이라고 한다.[2] 그런데 잠시만 시간을 갖고 쉬어 가자. 우리는 아직 기호(sign)가 무엇인지조차 설명한 적이 없지 않은가! 다른 장에서와 마찬가지로 주의하면서 좀 더 천천히 나아가 보기로 하자! 우선 기호에 대한 폭넓은 정의를 해 보면 기호(sign)는 생물에게 반응을 유발하는 어떤 종류의 자극이라 할 수 있다.[3] 나무가 넘어지면서 낸 소리는 일종의 기호이며, 이 책장에 인쇄된 글자, 들판에 흩어져 날리는 낙엽,

그림 7.1 우리의 나무에 대해 생각함(케이-페이 스틸 그림)

혹은 대학시험에서 학생이 긴장해서 생기는 경련들도 모두 기호가 될 수 있다. 여기서 든 각각의 예들은 모두 어떤 종류의 반응을 끌어낼 잠재력이 있다. 다만 사람이 그것을 읽었을 때에 한한다. 그에 대한 가능한 반응은 가지가지이다. 머리 위로 넘어오는 나무를 피하려고 몸을 움직이는 것부터, 지난주 수업에서 교수가 물질성(제6장)이란 주제를 제시했을 때 글자 T-H-E-O-R-Y를 연결하여 수업에서 토론할 개념을 구성하는 것까지 다 잠재적 반응이다. 그리고 외출하게 되면 스치는 냉기를 막기 위해 스카프를 준비해야겠구나 하는 각성부터 긴장한 학생들에게 가능한 평정심을 유지할 수 있도록 지어 보이는 안심시키는 미소까지 모두 반응이다.

그런데 어떻게 고고학자들이 이 기호의 이론에 관심을 가지고 그것이 쓸모 있다고 생각하게 되었는가? 사실 지금까지 예를 들었던 거의 모든 사례는 고고학의 영역에서는 거의 다루어진 적이 없었다. 숲에서 나무가 넘어지는 것에 대한 고고학적 설명을 읽어 본 적이 있는가? 물론 이 이야기는 타당하지만, 사물과 함께 고고학자들이 기호로 인식하고 해석하려 한 패턴들을 개념화할 수 없다는 말인가? 이 장에서 살펴보게 될 기호학 이론을 이런 식으로 생각하는 데 적용할 수는 없을까? 예를 들어 적당한 크기의 기둥구멍이 원형으로 돌아가는 한가운데 위치한 불탄 자리가 있다고 했을 때 고고학자가 그것을 보고 일종의 일상 주거가 한때 자리 잡고 있었으며 가운데 있는 것은 노지라고 해석할 때 기호학 이론을 적용해 볼 수 있을까? 과거의 사람들이 기호를 사용하고 이해하는 방식에 대해 생각할 때 우리는 기호학의 개념들을 사용할 수 있을 것이다. 과연 그 사용자는 그 일상 주거구조물을 어떻게 이해하였을까? 그리고 그것은 어떤 의미나 이해와 연관되어 있을까?

흔히 기호학에 대해 생각할 때 고고학자는 표상(representation)에 초점을 맞추거나, 어떤 자극이 다른 개념을 나타내 줄 수 있는가 하는 문제만을 생각하는 경향이 있다. 기호학 하면 표시 관계(*standing-for relationship*)를 연상한다는 것이다. 예를 들어 글자 T-H-E-O-R-Y가 '이론'이라는 개념을 어떻게 나타내는가? 혹은 어떤 깃발이 한 국가를 어떻게 나타내 주는가 하는 문제만 생각한다는 것이다. 나중에 설명하겠지만 어떤 기호학 접근은 그와 같은 표상의 연구 그 이상의 문제들을 다룬다. 하지만 우리는 너무 앞서가지 않을 것이며 차근차근 설명해 나가겠다. 기호학 이론을 다루려면 부담스러운 일이 가로놓여 있기 때문이니 오해하지는 마시길! 최소한 당신의 교수님이나 알고 있을 난해한 용어 상당수를 자연스럽게 받아들일 준비가 되어 있어야 한다. 우리가 기회를 주었을 때 우리는 이 새로운 개념들을 앞 장에서 이미 제시된 주장들과 연결할 수 있어야 한다. 이어지는 두 절에서는 고고학자는 아니지만, 기호학의 걸출한 사상가 두 사람, 즉 페르디낭 소쉬르, 그리고 찰스 샌더스 퍼스를 서로 대비시켜 설명할 것이다. 비교 서술을 하는 가운데 고고학도에게 기호학 이론의 기본을 알게 해 줄 용어들도 소개될 것이다. 우리가 이 용어들에 대해서는 당신이 이론적, 개념적 안개 속에서 헤매지 않도록 시종 예의 주시할 것이다. 그리고 비교 서술을 통해 우리는 소쉬르와 퍼스가 상반되는 점이 과연 무엇인지 당신이 주의를 기울일 수 있도록 도와줄 것이다.

제2장에서 초기 탈과정주의 고고학을 설명했던 것을 기억하는가? 고고학자들이 환경에의 적응과 같은 주제에 지치고 싫증을 느껴 과거의 의미와 상징의 세계가 무엇인가 하고 문을 두드렸던 시기 말이다. 앞으로 구조주의의 창시자 소쉬르에 대한 설명에서도 드러나겠지만 사실 그것은 이원론에 푹 빠져 있는 세계였다. 우리는 여기서 소쉬르와 초기 탈과정주의 고고학자들의 구조주의 기호학을 퍼스와 그 추종자들의 작업과 대비시켜 보려 한다. 최근 일부 고고학자들은 구조주의의 이원론을 벗어나기 위한 하나의 수단으로 퍼스의 저술을 원용하고 있는데 이러한 고고학자들이 최근 약간의 증가세를 보이기는 하지만, 여전히 의미와 상징에 초점을 둔 연구에 머물러 있는 경향을 보인다. 일부 연구자들은 퍼스가 준 상징성의 케이크를 받아들고만 있지 않고 이원

론이란 오랜 친구로 인해 목에 걸리지도 않고 먹어 버렸다.[i] 앞 장에서 보았던 것처럼 많은 고고학자가 그 의미가 정확히 무엇인지를 논하는 일을 그만두고 물질성의 이론으로 전환하였다. 그 이유는 의미를 포착하려는 일이 우리 세계의 '물적(thingly)' 성격을 무시할 수 있다는 생각 때문이다. 퍼스로부터 가져온 생각은 사물과 그 관계를 위한 자리를 만들어 낸 설명 안에서 의미를 위한 공간을 생성해 내고자 한다.[4] 그래서 물질성의 연구가 등장한 이래 퍼스를 향한 관심이 그토록 커지게 된 것은 전혀 놀라운 일이 아니다.[5] 퍼스에 대한 설명을 마무리한 다음, 그의 생각을 적용한 기호학적 고고학 연구의 최근 몇몇 사례를 소개하고자 한다. 하나는 흑해 연안의 새로운 토기에 관한 연구이고 다른 하나는 남부 아프리카의 하이브리드 건축형태를 둘러싼 연구이다.

결론에서는 잠시 외딴 숲속에서 쓰러진 나무의 이야기로 돌아가기로 하겠다. 기호학적 고고학이 생물과 무생물 사이에서 전제하고 있는 구분을 심각하게 비판하는 고고학 이론의 새롭고 급진적인 움직임으로 옮겨갈 준비가 되어 있다는 것을 말하면서 이 장을 결론 맺고자 한다.

소쉬르의 이항

언어학자 페르디낭 드 소쉬르(박스 7.1)는 기호학 이론의 핵심적 인물이다. 서술의 의도를 생각한다면 우선 소쉬르의 언어학적 분석이 많은 점에서 구조주의(제2장)와 닮아 있다는 점을 기억해 둘 필요가 있다. 구조주의는 반드시 언어에 초점을 맞출 필요가 없다. 그러나 그 뿌리는 소쉬르[6]에 직접 연결되어 있으며 소쉬르의 주요 관심사는 언어와 언어가 개념을 나타내는 방식이었다. 그는 기호가 기표(*signifier*)와 기의(*signified*) 두 개의 주요 부분(박스 7.1, 표 7.1)으로 구성되어 있다고 생각했다. 여기서 기표는 자극(보통은 청자가 듣는 한 단어 혹은 단어의 소리)이다. 기의는 대응되는 개념으로 청자의

---

i   역자 주: 자주 볼 수 있는 것은 아니지만 영어에서 관용구처럼 사용되는 "You can't have your cake and eat it (too)"가 있음. 케이크를 가지기도 먹기도 할 수는 없다는 뜻으로 두 가지를 다 할 수는 없다는 문구. 이 책의 저자는 이를 변형시켜 일부 고고학자들이 퍼스에게 기호학 이론도 배워서 그것을 소유하고, 그것을 또 소화해서 이원론을 극복하기도 했다는 이야기를 서술한 것임. 16세기 노포크 공작, 토마스가 크롬웰에게 보낸 서한문에서 사용한 예를 비롯하여 역사가 있는 문구임.

페르디낭 드 소쉬르

페르디낭 드 소쉬르(Ferdinand de Saussure, 1857-1913)는 스위스의 언어학자이며 제네바대학에서 인도유럽어 역사와 비교 연구의 교수직으로 있었다.[7] 1906년 언어 일반에 관한 강의를 시작했고 그것이 그의 저서『일반 언어학 강의(*Cours de Linguistique Generale*)』의[8] 토대가 되었으며 이는 아직도 전 세계 언어학자들 사이에서 회자되는 책이다. 아래 도표는 소쉬르가 말하는 기호의 기표(자극)와 기의(이를테면 자극으로 인해 떠오른 이미지), 두 부분으로 된 구조를 표현한 것이다.

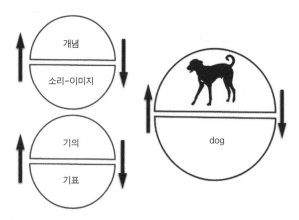

아만다44(Amada44)의 개 삽화(공개자료), Wikimedia Commons에서; Saussure 1986 : 6을 기초로 한 크레이그 시폴라의 그림

마음속에서 떠오르는 뜻(그것이 무엇이든 기표가 나타내는 그것)이다. 영어를 쓰는 사람이 'dog'라고 발화되는 소리를 듣거나 'D-O-G'라고 적힌 글자를 읽으면, 그것이 다리가 네 개이고 털이 복슬복슬한 짐승을 마음속에 떠오르게 만든다. 치와와에서 마스티프까지 그 크기나 모양은 상관없이 말이다. 확실히 이 경우 기표와 기의 사이에는 '자연적으로' 연결될 만한 것은 없다. 다시 말해서 'dog'라고 발음했을 때 당신이 만들어 낸 소리는 네발 달린 짐승과 닮은 점이 전혀 없다는 것이다. 이러한 문제에 덧붙여서 또 한 가지 중요한 점은 영어를 쓰지 않는 사람은 그러한 연결을 만들지 못한다는 사실이다. 그런 네발 달린 짐승을 보았을 때 영어를 쓰는 화자는 그것을 'dog'로 알지만, 독일어를 쓰는 화자는 'hunde'를 생각한다는 것이다.

거의 모든 언어학적 기호나 단어들은 기표와 기의로 구성되는데 이 둘의 관계는 임의적(*arbitrary*)이며 오직 문화적 관습(*cultural convention*)에 의해서만 성립하기 때문이라고 소쉬르는 지적하였다(박스 7.2). 다시 말해서 이 텍스트를 읽는 당신이 글자 D-O-G를 이 책을 쓴 우리처럼 같은 동물 종에 연결할 수 있는 것은 당신이 살아오는 과정의 어느 시점에 누군가가 그렇게 연결하는 것을 보았기 때문이라는 이야기이다. 당신의 어린 시절 그것을 잘못 알아 엉뚱한 것을 가리켰던 때가 있었을 것이다. 하지만 당신이 세계를 배우는 동안 'dog'라 말하고 당신 주변에 다른 것을 가리켰을 때 당신의 가족들이 정정해 주고 격려해 주어서 개와 개가 아닌 것의 구분을 당신이 받아들이게 된 것을 당신은 기억할지 모른다. 이 예는 제2 저자 크레이그 시폴라의 두 살배기 딸이 했던 행동을 떠오르게 한다. 그 아이는 길거리에서 아주 덩치가 크고 얼룩무늬를 한 그레이트데인과 마주치자 잠시 골똘히 쳐다보고 나서 아이의 인사법인 듯한 소리를 냈다. '무어우-우-우-우'. 물론 어떤 범주화에 대한 우리들의 이해는 조정될 여지가 얼마든지 있다! 하지만 이것은 문화적 관습이 작동하는 방식이며 사람들이 언어의 사용과 해석을 배워 가는 길이다. 아주 극소수의 경우에만 언어학적 기호가 광범위한 인간집단들 사이에 꼭 같은 반응을 끌어낸다. 이는 어떤 단어는 그것의 사회적, 문화적으로 용인되는 개념과 어떻게 연결되는지를 우리 주변의 인간과 문화들이 우리에게 말해 주기 때문이다.

쥐 냄새가 나는가?[ii] 오 그래, 또 이원론이군. 소쉬르의 기호학은 수많은 이원론, 즉 기표/기의, 소리/개념 등을 포함하여 오래된 친구 물질/비물질의 구분을 기초로 성립한다. 제8장과 제10장에서 논의하겠지만, 의미와 상징에 대한 이러한 방식의 접근은 모두 근래에 들어서 비판의 대상이 되고 있다. 이와 같은 사고는 물질적인 것을 '주변화'하고 인간의 의미에 견주어서는 빈 수레와 같은 것으로 취급한다는 것이다.[9] 우리가 다음 장에서 만나게 될 물질성과 같은 개념에 고고학자들이 집중적으로 관심을 보내는 이유도 거기에 있다. 소쉬르와 구조주의자들의 접근에서는 사람과 나머지 세계를 인위적으로 분리한다. 왜냐하면, 사람만이 환상적 표상의 능력을 지녔다고 보기 때문이다. 이는 어느 정도 사실이긴 하다. 하지만 한편으로 소쉬르는 거기 외부의 세계가

---

ii   역자 주: Do you smell a rat? 영어에서도 무슨 낌새를 느끼거나 의심이 들 때 냄새를 맡는다는 표현을 함. 우리 주변에 사는 쥐가 벽 사이나 마루 밑에서 죽으면 얼마 안 가서 냄새가 나는 것을 빗대어 한 말.

인간의 기호와 의미의 시스템을 만들어 간다는 것을 분명히 인식하고는 있었다. 다만 그러한 점이 그의 연구에서 중심적인 역할을 한 적은 없었던 것이 사실이다. 그 대표적인 예가 '윙윙'이나 '꿀꿀' 같은 의성어(onomatopoetic)라 할 수 있다. 이러한 종류의 기호에서는 기표가 기의에 임의적이지 않은 방식으로 연결된다. 이 경우는 사람과 문화가 안내해야만 성립하는 그런 관계가 아니며 그 대신 기표와 기의 사이에 닮은 점이 있어서 연결이 이루어진다. 이에 대해서는 도상적(iconic) 관계라는 이름으로 뒤에 논의하게 된다. 그래서 누군가 발음했던 '윙윙'이라고 들렸던 경험과 꿀벌이 날아다니며 내는 소리를 당신의 귀로 경험한 것이 닮았다. 앞서 제2 저자의 딸이 개와 혼동해서 낸 소리를 듣고 당신은 즉각 그 동물이 무엇인지 알았는가? 여기서는 발음 혹은 기표, '무어우우우우'가 얼룩소(기의)가 내는 소리를 닮았기 때문에 알지 못했을 것이다. 이 사례를 서론에서 제기한 외딴 숲속의 그 문제로 돌아가 적용하여 보면 아주 재미있어진다. 왜냐하면, 이 사례는 (사람의 지각으로부터 독립된 외부의 그곳에 있는 현실에 초점을 맞춘) 경험주의와 (문화의 렌즈를 통해 인간이 어떻게 현실을 구성하는가 하는 문제에 집중하는) 구성주의 사이의 구분을 문제 삼고 있기 때문이다. 언어는 대부분 임의적인 방식으로(구성주의) 개념을 나타낸다. 그러나 의성어 같은 경우, 물론 부분적으로는 인간 지각과 해석으로 형성되기는 하지만, 우리 밖의 그곳 세계의 영향으로 단어가 만들어진다.

지금까지의 이야기는 임의적 관계(문화적 관습)와 닮음에 의한 관계(도상적 연결)가 서로 배타적이지 않다는 것을 말해 준다. 이 점은 서로 다른 언어들 사이에서 의성어가 어떻게 다르게 나타나는지를 살펴보면 충분히 알 수 있다. 예를 들어 영어권의 화자는 꿀벌이 만들어 내는 소리를 'buzz' 혹은 'Bzzz'라고 말하지만, 독일어권의 화자는 같은 꿀벌의 소리를 'sum'이라고 말한다.[10] 왜 이렇게 꼭같은 현실, 즉 꿀벌이 날아다니는 소리는 서로 비슷하지만 다른 발음으로 표기되었을까? 아마도 인간의 지각이 우리가 생각했던 것보다 임의적이고 문화적으로 구축된 것이기 때문이겠지만 이 문제는 이 장의 제일 마지막에서 다시 한 번 다루게 될 것이다.

여기서 소쉬르의 영향을 받은 접근이 지닌 결점 중 하나를 끝으로 짚고 넘어가야 할 것 같다. 즉 변동을 설명하거나 이해하는 능력이 없다는 점이다. 이 문제는 고고학자들에게도 무언가 경종을 울리고 있다. 언어는 우리가 그것을 사용하고 이 세계에 있는 새로운 어떤 것들을 지칭하면서 변해 간다. 만약 우리가 타임머신을 갖게 되어 2004년 2월 4일 이전으로 돌아가 거기서 우리 자신을 만나 서로 의사소통할 때 별문제가 없다 하더라도 페이스북이 나오기 전이기 때문에 페이스북 '페이지'라든가, '좋아요', 또는 '콕찌르기' 같은 것을 지칭하는 방법은 없을 것이다. 그러면서 우리의 언어는 그 무언가에 적응하기 부족함이 없을 정도로 유연하고 유동적이다. 제3장에서 다룬 바 있는 문화 재생산의 탄력 있고 창의적인 과정과도 유사한 점이 있어 사람들이 언어를 새로운 맥락에 가져다 사용하게 되면 언어는 끊임없이 변화를 수용하려 한다. 바로 이러한 점이 소쉬르도 언급했던 랑그(*langue*)와 파롤(*parole*)의 차이와 관련이 있을 것이다. 편의상 사전적 정의를 살펴보면 랑그는 단어와 그들을 연결한 문법적 규칙이라 할 수 있다. 이에 대해 파롤은 단어들이 실제로 사용되고 대화의 한 부분에서 변화되는 방식으로 정의된다. 개념의 정의가 이와 같다면 이는 구조 및 에이전시와 대단히 유사한 것으로 볼 수 있다(제3장). 우리가 끊임없이 수정 보완하여 새로운 사전을 출판해야 하는 이유는 우리가 새로운 맥락에서 언어를 사용함에 따라 언어가 변해 가기 때문이다(이를테면 페이스북이 사용되기 이전과 이후의 세계와 같은 맥락의 차이). 제3장에서 검토했던 실천, 에이전시 그리고 구조처럼 언어는 동적이고 끊임없이 변해 간다. 하지만 애석하게도 소쉬르는 파롤보다는 랑그 쪽에 더 큰 비중을 두었다. 다시 말해서 끊임없이 변해 가는 상태에 있는 살아 있는 언어가 아니라 사람들이 의사소통을 위해서는 습득해야 하는 언어의 구조에 소쉬르는 일차적 관심을 두었다는 이야기이다. 제3장을 통해 우리가 배웠던 것처럼 실천과 구조가 동일한 과정의 서로 다른 측면이라 한다면 양자는 결코 인위적으로 분리될 수 없는 것으로 이 점에서 우리는 소쉬르의 언어학에서 무언가 부족한 점을 인정하지 않을 수 없게 된다.

물질문화와 관련된 예를 하나 들어 보면 이해에 도움이 될 것 같다. 앞서 제3장에서 언급했던 사례이지만 부르디외의 카빌레 가옥(박스 3.1)의 문제로 돌아가 보자. 여기서 부르디외는 가옥 내부에서 흥미로운 공간적 패턴을 발견했다. 가옥의 내부 공간은 여성 공간/남성 공간, 어둠/빛, 낮음/높음 등과 같은 대립의 원리로 조직화된 것이었다. 구조주의자라면 물론 조직의 관계에 대해서만 초점을 맞추었을 것이다. 가옥의 어두운 부분이 가옥의 밝은 부분과의 관계에 따라 정해지는 것처럼 가옥 내 남성 공간과의 특별한 관계에 따라 여성적 공간이 자리하게 된다. 이와 같은 물질적 패턴에 대한 관찰을 통해 구조주의자들은 그것을 낳게 하는 마음의 '형판(型板)'과 같은 것을 복원하고자 한다. 그리고 그 둘 사이의 관계는 직접적이어서 전자는 후자가 반영된 것이라고 전제한다. 이 이야기는 결국 구조주의가 물질세계를 사람의 머리에 든 사고와 개념

표 7.1 소쉬르 및 구조주의와 관련하여 언급된 용어의 개요

용어	기본 정의
기표	하나의 개념(기의)과 연결된 소리 혹은 이미지; 기호의 한 부분
기의	기표에 의해 떠올려지는 개념; 기호의 한 부분
문화적 관습	(함께 기호를 이루는) 기표와 기의 사이의 임의적 관계를 성립시켜 주는 문화적 신호
도상	문화적 관습보다는 닮았기 때문에 서로 연결되는 기표와 기의의 기호
랑그	언어학적 구조; '사전적' 정의; 문법의 규칙
파롤	언어학적 실천; 실제 말하기에 사용되는 언어(변형적)

의 반영물로 보았다는 것을 의미한다. 언어학자는 물질세계를 그것이 나타내는 것이 무엇인가를 알아내기 위해 관심 있게 다룬다. 말하자면 공기 속의 진동으로 구성된 발화언어라는 물질성이 마음속의 생각과 같은 비물질적인 것을 나타내 준다고 보는 것이다. 그래서 구조주의 고고학자라면 그와 똑같은 방식으로 카빌레 가옥의 물질성을 이해하려 할 것이다.

이러한 접근의 방식에 문제가 있다는 것을 누구보다 잘 알았던 사람이 피에르 부르디외 아닐까? 그는 세대와 세대를 거쳐 그와 같은 패턴이 재생산되는 것이 어떻게 가능할까 하는 문제에 대해 깊이 생각했으며, 그 결과 그는 실천의 중요성을 강조하게 된다. 이를 통해 사람의 몸은 어떤 방식으로 행동하도록 조건 지워진다고 이해하면서 그의 실천이론에는 변화의 여지가 주어진다. 반면 소쉬르의 기호학은 그가 영감을 주어 등장한 구조주의처럼 변화를 설명할 방법을 가지고 있지 못하다. 말하자면 지금 우리가 거의 모두 알고 있는 '페이스북'과 같은 것을 어떻게 이해할 것인가에 대한 대책이 없는 것이다. 부르디외와 기든스와 같은 사상가들은 실천/에이전시와 구조 사이의 관계를 살펴볼 것을 요청하고 있다. 다음 절에서 우리는 기호학의 두 번째 주요 사상가, 찰스 샌더스 퍼스의 작업을 간단히 살펴려고 한다. 여기서 우리는 구조주의가 안고 있는 이원론의 문제를 피해 가면서 어떻게 상징과 의미의 일반론에 초점을 맞추어 갈 것인가에 대해 논의하려고 한다.

퍼스의 삼부모형

지난 15년 동안 고고학자들은 찰스 샌더스 퍼스의 기호학을 통한 실험적 연구들을 시도해 왔다.[11] 만일 이 주제에 관심이 끌린다면 고고학과 인류학의 기호학적 연구의 역사를 잘 정리해 놓은 책으로 로버트 프러셀의 저서 『고고학적 기호학』[12]을 한번 읽어 보길 권한다. 이 분야의 연구사를 깊이 있게 서술한다는 것은 이 책의 범위[13]를 넘어서는 일이기 때문에 여기서는 현대 고고학 이론과 관련되는 퍼스의 이론만을[14] 그야말로 개괄적으로 요약하려 한다. 찰스 퍼스가 인기하고는 거리가 먼 저술가라는 점은 짚고 넘어갈 필요가 있다. 그도 그럴 것이 그의 저술에는 난해한 용어들과 신조어들이 가득 차 있어 새로운 독자들을 질리게 만든다. 이 점을 감안하여 여기서는 그의 용어나 개념들을 설명하는 것을 대부분 생략하겠지만 사실 그의 기호학적 접근을 완전하게 파악하려면 그 모두를 이해해 두는 것이 꼭 필요하다.

소쉬르와 그의 기호에 대한 이부(二部: 기표와 기의) 개념과 비교해 보면, 퍼스(박스 7.2)[15]는 기호를 세 가지 부분, 즉 기호(Sign), 대상체(Object), 그리고 해석체(Interpretant)로[16] 구성되어 있다고 생각했다[iii](표 7.2). 여기서 기호는 소쉬르의 기표와 비슷한 개념으로 어떤 사람, 혹은 어떤 생명체의 지각에 포착된 것이다.[17] 대상체는 기호가 표상해 주는 것, 즉 의미하는 것이다. 대상체는 해석자의 외부, 즉 '바깥쪽 그곳'의 세계에 존재한다. 마지막으로 해석자의 마음속에 떠오른 기호의 의미, 그것이 해석체이다.[18] 해석자는 관찰된 기호-물체 사이의 관계에 따라 반응하게 된다. 그 의미는 또 다른 관찰자에게도 같이 포착된다. 이런 점에서 해석체는 또한 잠재적인 새로운 기호가 될 수 있다. 사람과 다른 생명체에게도 인지되고 경험되고 해석될 수 있는 기호는 대상체이다. 다음에 설명하겠지만 대상체는 세 가지 방식으로 기호와의 관계가 성립된다. 그중 하나가 대다수의 언어학적 기호가 그러한 것처럼 규칙성, 혹은 문화적 관습에 의해서이다. 이에 대해서는 앞서 말한 바 있다(이를테면 '개'는 털이 복슬복슬한 짐승들의 특정한 조합이 떠올려진다).

[iii] 역자 주: 퍼스의 용어는 연구자에 따라 번역에 약간의 차이가 있다. 여기서는 김경용의 번역을 따른다(김경용, 1994, 『기호학이란 무엇인가: 기호의 우리, 우리의 기호』, 서울: 민음사).

표 7.2 기호에 대한 퍼스의 삼부모형

용어	기본 정의
기호(Sign)	해석자에 의해 지각된 어떤 것
대상체(Object)	기호의 의미; 해석자 바깥에 존재하는 것
해석체(Interpretant)	기호의 의미; 해석자에 의해 성립되는 기호와 대상체의 연결; 새로운 기호가 될 수 있는 잠재성을 가짐

박스 7.2 찰스 샌더스 퍼스

찰스 샌더스 퍼스(Charles Sanders Peirce, 1839-1914)는 미국의 철학자이며 실용주의의 창시자이다.[19] 존 홉킨스 대학에서 강의했다. 퍼스의 대표적 저술은 기호학뿐만 아니라 방대한 분야의 주제들을 포괄한다.[20] 그의 연구서 *What is a Sign?*,[21] *Of Reasoning in General*[22] 그리고 *The Categories Defended*[23] 등은 새로운 것을 추구하는 독자들에게 훌륭한 출발점을 제시해 준다. 아래의 다이어그램은 퍼스가 말하는 기호의 구조를 잘 설명해 준다. 박스 7.1에 나오는 소쉬르의 기호와는 완전히 대비되는 삼부 체계(three-part system)인 점이 주목된다. 기호와 대상체를 괄호 표시로 묶은 이유는 기호와 대상체 사이에 어떤 특정 해석자가 매개되어야만 그 연결이 성립함을 나타내 주기 위해서이다.

Bauer 2013을 기초로 한 크레이그 시폴라의 그림

잠깐 살펴본 바와 같이, 3이라는 숫자는 퍼스의 저술에 반복되는 주제처럼 나온다. 기호 자체를 기호, 대상체, 그리고 해석체의 세 가지 부분으로 파악한 것처럼 퍼스는[24] 기호와 대상체 사이의 연결에 세 가지 형식이 있다고 주장하는데 흔히 이를 일컬어 기호 양식(*sign mode*)이라 한다(표 7.3). 우리는 이미 소쉬르와 그가 주장한 언어의 관습적 성격을 소개했기 때문에 퍼스의 저술에 나오는 세 가지 형식 중 상징(*symbol*)의[25] 설

그림 7.2 영국과 유럽의 여러 유적에서 출토된 후기구석기시대 플린트 석기(로얄 온타리오 박물관의 허가로 게재)

명에 큰 어려움이 없을 것 같다. 상징에 의한 기호와 대상체의 연결은 문화적 관습에 의해 성립한다. 상징은 사회적 규정을 통해 해석자가 만들어 내고 되풀이한다. 소쉬르가 집중적으로 관심을 기울여 왔던 기호의 유형, 즉 랑그도 상징에 포함된다. 고고학의 해석에서는 이 상징이 기호 중에서 아마도 가장 이해하기 어려운 형식이다. 왜냐하면 그 연결이 임의적이고 문화적으로 구축되었기 때문이다.

다음 형식은 도상(*icon*)[26]이다. 도상에 의한 기호와 대상체의 연결은 서로 물질적으로 닮았기 때문에 성립한다(표 7.3). 의성어는 아주 훌륭한 도상의 사례이다. 어떤 해석자들에게 기호('웅웅'이라는 발음)는 대상체(꿀벌이 날아다니는)와 닮았기 때문에 연결된다. 고고학에서는 형식분류가 도상적 기호가 적용되는 좋은 본보기이다. 예를 들어 고고학자들이 후기 구석기시대 문화층에서 플린트 석기들을 발견했다고 하자(그림 7.2). 이때 기호는 흙을 털어낸 석기 유물들이고 대상체는 해석자들에 의해 석기의 모양에 따라 석기들이 배당된 일반 형식들이다. 기호(새로운 유물들)가 그 대상체(후기 구석기시대 다양한 석기 형태들에 기초하여 정의된 형식)와 닮았기 때문에 고고학자들은 서

표 7.3 퍼스의 기호 양식(기호와 대상체의 연결이 성립하는 세 가지 형식)

용어	기본 정의
도상(Icon)	해석자에게 기호와 대상체가 서로의 물질적 유사성 때문에 연결이 성립
지표(Index)	해석자에게 기호와 대상체가 공간-시간상의 물리적 연관성 때문에 연결됨
상징(Symbol)	해석자의 문화적 관습을 통해 기호와 대상체의 연결이 성립됨

습없이 새로 발견한 유물을 형식에 배당한다. 하지만 여기서 한 가지 지적해야 할 것은 이 경우의 대상체는 고고학자 개인이 지닌 이해의 방식을 넘어서 존재해야 한다는 것이다. 고고학자 사회에 폭넓게 받아들여지고 후기 구석기시대 플린트 석기 전반에 그 관계가 성립한다고 인정될 때 대상체와의 연결도 성립한다는 것이다.

끝으로 아주 까다로운 기호의 연결형식이 **지표**(*index*)[27]이다. 기호와 대상체가 해석자에게 시간-공간상으로 관계된다고 했을 때 그 연결이 성립된다면 그것이 지표이다(표 7.3). 퍼스가 든 고전적인 예로 바람 부는 날 풍향계가 있다.[28] 농부는 창문 밖을 내다보고 풍향계가 가리키는 방향(기호)을 보고 바람이 어느 쪽으로 부는지 가늠한다(대상체). 여기서는 대상체가 기호를 어떤 쪽을 향해 물리적으로 미는 상황임을 알 수 있다. 이러한 지표의 형식은 도처에서 볼 수 있으며 언어에도 있다. 예를 들어 우리가 '여기로 오시오'라고 말할 때, '여기로'라는 기호는 의도된 대상체와 공간-시간의 공유 상황에 의해 연결된다. 즉 우리가 말하는 그 지점과 바로 그 시점이라는 것을 공유할 때 연결이 성립하는 것이다. 요약하면 대상체는 해석자를 넘어 그 바깥에 존재하므로 그것이 기호와 연결되는 것은 다음과 같은 세 가지 형식에 근거한다. 도상, 혹은 지표의 형식으로 물질적으로 그렇게 존재하거나 상징과 같이 일반적 규정에 의거하는 형식이 있다.[29]

세 가지 기호 양식의 기초적인 내용을 설명했으므로 퍼스 시스템의 삼부 구조를 전반적으로 요약해 보자. 위에서 말한 것처럼 이 구조는 사회 내에서 기호가 사용되고 변형되는 것을 동적인 관점에서 파악할 수 있도록 해 준다. 즉 해석체는 또한 기호-대상체 관계의 관찰자에 의해 창안된 새로운 기호이기 때문이다. 소쉬르는 실천의 파롤이 아니라 구조의 랑그에 일차적인 관심을 기울였지만 여기 퍼스의 기호학에서는 좀 더 앞을 내다보는 관점을 찾아볼 수 있다. 박스 7.2의 도해를 통해 설명한 것처럼 모든 기호는 뒤에 물러나 있는 대상체와 전면에 나선 해석체 사이의 중개자 역할을 한다.[30]

퍼스의 기호학적 과정을 가장 폭넓게 응용한 사례로 언어학자 리차드 파멘티어의

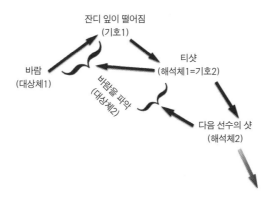

그림 7.3 기호학적 과정의 다이어그램(Bauer 2013: 16을 따라 크레이그 시폴라가 그림. Parmentier 1994; Peirce Edition Project 1998도 참조)

연구[31]를 들 수 있다. 그는 바람의 방향을 판단하고자 하는 골프선수의 예를 들고 있다. 그 선수는 풍향계를 보고 집을 나선 뒤, 아무도 눈치채지 못하게 그라운드에서 잔디 몇 잎을 뜯어 공기 중에 날려 보낸 다음 그것이 땅에 떨어질 때의 움직임을 관찰한다. 여기서 바람의 방향(대상체)은 잔디 잎이 떨어질 때의 움직임(기호)과 지표 형식에 의해 연결이 성립된다. 어떤 사람, 혹은 어떤 것이 그 연결을 만들어 내야 하는데 이 경우는 골프선수이다. 이 골프선수는 잔디 잎으로 실험한 결과와 바람에 대한 자신의 이해를 토대로 볼을 어떤 방향으로 쳐서 보낸다(해석체).[32] 그리고 앞서 말했던 것처럼 새로운 기호로서 역할을 할 잠재성을 가지고 있다. 두 번째로 등장한 덜 노련한 골프선수는 첫 번째 선수를 따라잡기 위해 그저 첫 번째 선수가 보낸 방향으로(이전의 해석체이면서 새로운 기호) 공을 치는 결정을 한다. 잔디의 실험을 토대로 첫째 선수가 공을 쳐서 보낸 방식이 둘째 선수(새로운 해석체)에게 새로운 기호가 된다. 이 새 기호는 둘째 선수가 경쟁적 선수를 따라잡고자 한 것이니 대상체와는 도상적으로 연결이 성립되었다고 할 수 있다(그림 7.3).

고고학에서의 기호학

알렉산더 바우어는[33] 퍼스의 기호학적 개념을 적용하여 흑해 연안을 따라 나타나는 청동기시대 전기 물질문화의 흥미로운 패턴들을 해석했다. 이 지역의 서기전

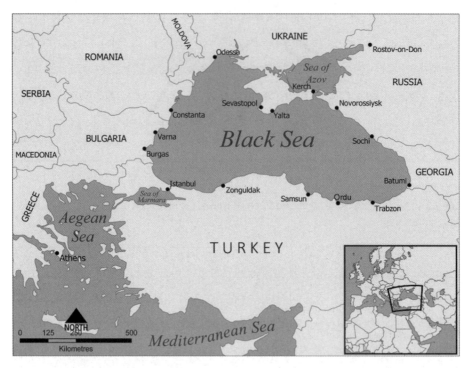

그림 7.4 흑해 일원의 지도[노먼 아인슈타인(Norman Einstein)이 제작하여 올림(본인 작품)][GFDL(http://www.gnu.org/copyleft/fdl.html) or CC-BY-SA-3.0(http://creativecommons.org/liscences/by-sa/3.0/)], via Wikimedia Commons]

3300~2100년에 해당하는 문화층에는 새로운 형식의 물질문화가 심심치 않게 포함된다는 사실에 바우어는 주목했다. 이전 시기에는 이 지역에서 사용되지 않았던 형식이었지만 이 시기 흑해 연안의 전역에 걸쳐 하나의 유물복합체가 퍼지게 되고 여기서는 서로 매우 비슷한 유물들이 확인되고 있다. 다시 말해서 흑해 연안을 가로질러 그 전역에 걸쳐 살았던 집단들 사이에 유사한 형식의 건축물, 토기 그리고 금속기 등이 사용되기 시작했다는 것이다. 아울러 취락의 공간 조직이나 이용되는 자원에서도 유사한 양상이 폭넓게 나타나게 된다.[34] 그중에도 바우어는 특이한 형식이라 할 수 있는 수제 흑색마연토기(그림 7.5)의 제작과 사용에 특별히 관심을 가졌다. 사실 이 토기는 흑해 연안 전역에 걸쳐 거의 동시에 등장한 유물이기도 하다.

　　이처럼 명확한 고고학적 패턴을 해석하는 데 과연 퍼스의 개념이 어떤 도움을 줄 수 있다는 말인가? 바우어는 질문을 다음과 같이 구성했다.[35] 즉 '흑해 연안의 청동기시대 전기 토기에 나타나는 뚜렷한 동질성, 혹은 "도상성(iconicity)"을 우리는 어떻게 다룰 것인가? 그리고 이 시기 전역에 걸쳐 등장하는 사회조직이 시사하는 바는 무엇인

174

그림 7.5 흑해 일원의 토기(Alexander Bauer 사진)

가? 부분적이라도 그와 같은 유사한 물질성에 의해 사회조직이 구성되었다고 할 여지는 없는가?' 흥미로운 점은 이 새로운 형식의 토기는 지리적으로 그 기원지가 어디인지 분명하지 않다는 사실이다. 다시 말해서 어느 한 집단이 토기 형식을 발명하고 그것을 이웃한 집단들과의 직접적 의사소통을 통해 공유하거나 이웃 집단과의 교역을 거쳐 새로운 토기 형식이 흑해 연안 전역으로 퍼져 나갔음을 거의 확인할 수 없다는 것이다. 아울러 바우어는 새로운 토기 형식을 공유하는 여러 지역 집단들 사이에서는 뚜렷한 교역 활동의 증거도 찾아지지 않는 사실에 주목한다.

이와 같은 고고학적 문제를 퍼스의 관점에서 보면 에이전시를 통해(제3장 참조) 세계를 변화시키는 사람들에 대한 논의가 아니다. 에이전시의 여러 형태가 수행한 결과를 어떻게 보고, 어떻게 이해할 것인가의 문제이다. 즉 그처럼 널리 분포하는 토기를 사용했던 집단이나 그것을 보았던 집단에 의해 그것이 어떻게 해석되었는가 하는 문제를 다루고 있다. 그래서 문제의 초점은 사람의 의도에 대한 질문을 넘어 그것이 인간이든 비인간이든(제5장, 제6장 참조) 에이전시들의 실제적 결과에 맞추어진다. 바우어의 1차적 관심은 왜 새로운 형식의 토기가 나타났는가의 문제가 아니라 이와 같은 토기의 출현이 그것을 만들어 내고 사용했던 집단들에게 어떤 영향을 주었는가 하는 문제에 초점이 맞추어져 있다. 여기서 바우어는 이렇게 주장한다. 새로운 토기 형식이 그

토기의 사용자 집단을 사회 세계에 안착시키고 그들에게 그와 같은 토기 형식을 만들어 내도록 하였다.[36]

바우어의 해석에서는 새로운 형식의 토기가 무엇을 '의미했는가(stood for)' 하는 것이 중요하지 않다. 그것이 어떻게 '성립했는가(stood)' 하는 문제가 중요하다. 새로운 토기의 물질적 특성은 이 시기 흑해 연안의 어느 집단에서도 특이했다. 아울러 흑해 연안 전역에 걸쳐 분포하는 집단들이 사용했던 토기에서는 광범위한 물질적 유사성(도상성)이 확인된다. 앞서 논의한 바를 되새겨 보면 도상적 기호 양식은 물질적 유사성을 통해 해석자로 하여금 기호를 대상체와 연결하도록 한다. 여기서는 '집안의' 토기란 어떤 모습(대상체)이어야 한다는 생각을 지닌 어느 한 집단의 어느 한 사람이 여행하거나, 교역을 통해 연안 지역의 다른 어느 한 집단의 토기(기호)를 마주했을 때를 생각해 볼 수 있다. 이때 해석자에게는 자신의 집단과 멀리 떨어진 집단 사이의 유사성(해석체)이 그의 머릿속에 (지표적으로) 떠오르고 이것이 해석자에게는 도상적 기호 양식이 된다. 결국 내륙의 제 집단들은 다른 형식의 토기를 사용하고 연안 전역의 제 집단들에게는 그 토기 형식의 도상성이 사회적 정체성의 상징으로 전환되어 가게 된다. 왜냐하면 서로 다른 토기 형식의 사용이 해석자들에게는 내륙 주민과 연안 주민 사이에 일종의 차이점으로 지적될(만들어질) 수 있기 때문이다. 제3장에서 이야기했던 발굴 학교에서 이름이 표시된 트라월을 기억해 보라! 이 경우와 비슷하지 않은가?

조 크로스랜드(박스 7.3)는[37] 기호학적 고고학 분야에서 또 한 명의 주도적 인물이다. 그녀는 퍼스의 삼부모형을 19세기 남부 아프리카에 등장하는 새로운 건축물 형태와 주거유형을 해석하는 데 적용하였다(그림 7.6). 조 크로스랜드의 설명에 따르면 새로운 공간적 패턴들은 유럽의 크리스트교 선교사들의 도래와 무언가 관련이 있다고 한다. 그뿐만 아니라, 선교사들은 원주민 집단이 세계 내에 살아가고 세계를 보는 방식에 변화를 가져와야 한다는 뚜렷한 동기를 가졌고 어떻게 살아야 한다는 서구식 관념과 기대를 함께 들여왔다.

선교사들이 오기 전, 이 지역 토착사회의 주거는 동심원의 패턴으로 펼쳐져 있었다. 복합 가옥들이 메인 코트를 중심으로 그곳에 자리 잡은 족장의 가옥 쪽을 향하게 하여 원형으로 배치된 구성이었다.[38] 족장의 가옥을 중심으로 둘러싸는 방식은 주거들이 배치된 구간뿐만이 아니라 다른 모든 구간, 이를테면 농경지의 구간이나 목초지의 배치, 그리고 경작되지 않는 땅들도 에워싸는 방식으로 배치된다.[39] 가옥은 평면이 원

조 크로스랜드

조 크로스랜드(Zoe Crossland)는 콜럼비아 대학 인류학과 조교수이다. 크로스랜드는 퍼스 기호학을 고고학에 적용하는 혁신적인 모습을 보여 유명해졌다. 최근 출간된 저서, *Encounters with Ancesters in Highland Madagascar: Material Signs and Traces of the Dead*[40]에서 그녀는 아래의 사진에서 보는 것과 같은 마다가스카르의 입석(立石)들이 산 사람들과 죽은 사람들과의 관계를 기호학적 상호작용과 얽힘의 복잡한 물질성을 통해 어떻게 매개하는지 검토했다.

마다가스카르의 고원지대, 임메리나(Imerina)왕국 암보히트란드리아나나하리(Ambohitrandriananahary)의 방어 취락으로 가는 길가의 입석. 방어취락 유적이 배경으로 잘 보임. 조 크로스랜드(Zoe Crossland)의 사진, 허락받고 게재

형이다. 규모가 커져서 대형화되어도 배치구성은 원형을 따른다. 대다수 가옥은 편의주의적인 방식으로 축조된다. 그래야 목초지의 풀이 고갈되어 휴경 기간이 도래한다든지 하는 환경적 스트레스가 닥쳤을 때 쉽게 옮겨 지을 수 있기 때문이다.

이러한 패턴과는 대조적으로 선교사들의 주거 전통은 영구적이고 가옥과 취락의 평면은 방형 혹은 장방형을 기본으로 한다. 토착 주민들을 크리스트교로 개종시키는 노력의 한 부분으로 선교사들은 토착민들을 독려하여 그들의 전통적 주거 건축을 버

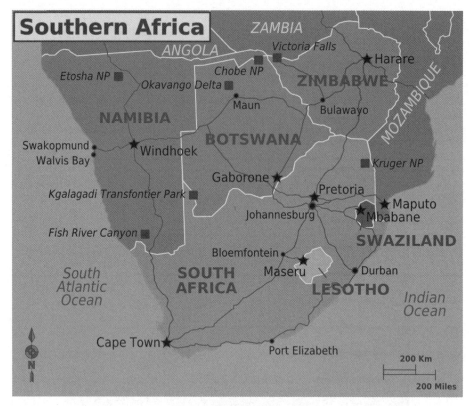

그림 7.6 남부 아프리카 지도[닉 루(Nick Roux)와 쇼운트(Shaund)가 아프리카 지도를 기초로 작성한 그림(공개자료), Wikimedia Commons에서]

리고 장방형 평면의 주거를 채용하도록 하였다. 크로스랜드가 지적한 바와 같이 새로 도입된 건축은 영국적 사생활의 가치가 체화된 것으로 그들 가정 주택의 젠더화되고 분할된 작업경관(taskscape)[iv]으로 구성된 것이었다.[41]

남부 아프리카에서 계속되어 온 선교활동의 기획으로서 새로운 형태의 건축물이 나타났다. 하지만 그 결과로서의 고고학적 양상은 상당히 복잡하다. 여기에 퍼스의 기호학을 응용하여 풀어내야 할 문제가 있다. 장방형 건축형태로 변해 간 것을 토착인의 관점을 변화시키는 전략이라고 생각하면서 논의를 시작해 보자. 선교사들은 그들의 건축 '형식'이 선량한 크리스트교도의 삶을 살아가는 모범과도 같은 역할을 한다고 생

---

iv 역자 주: 인류학자 Tim Ingold의 용어이다. 서로 관련된 구성물들이 배치되어 경관을 이루는 것처럼 작업 경관(taskscape)은 서로 관련된 활동들이 배열된 것이라고 말한다. 그래서 그는 taskscape가 인간활동이 사회적으로 구축된 공간이라고 말한다. 1993년 경관의 시간성과 공간성의 차원에 대해서 논한 "The Temporality of the Landscape"(*World Archaeology*, 25(2), pp. 152–174)에서 이 조어를 정의하고 사용했다.

각했다. 그래서 선교사들은 토착인의 주거와 가정 안으로 그들 건물의 방식을 밀어넣으려 했고 그것을 토착인이 살아가는 일상적 삶의 일부가 되도록 했다. 크로스랜드는[42] 선교사들의 그러한 행동을 퍼스의 용어를 이용하여, 같은 대상체(Object)를 서로 다르게 연결하는 기호들(Signs)로 해석했다. 즉 하나는 도상적(iconic)이고 다른 하나는 지표적(indexical) 연결이다. 영국적 주거의 공간적 패턴을 재생산하려는 그들의 시도에서 남부 아프리카에 등장한 선교사의 새로운 구조물은 도상이었다. 즉 선교사들이 고향에서 보고 기억하는 마을과 가옥들의 도상인 것이다. 같은 방식으로 그것은 또한 선교사들의 이상적 전망 안에서 토착인의 삶에 대한 도상이 된다. 하지만 선교사의 건축물이 도상이라 해도 그것은 영국에서 문명화된 삶을 살고 기억을 가진 관찰자에게만 도상일 뿐이다. 그래서 선교사의 건물이 표상하는 도상적 기호 연결의 세트를 그 지역 토착 주민이 받아들여 일련의 표지적 기호가 되게 하려면 그들과의 의사소통이 필요하다. 표지적 기호의 연결은 경험의 문제이지 표상의 문제가 아니다(표 7.2를 보라). 예를 들어 다른 물질적 존재들은 어떤 행동을 장려하거나 유발하지만 어떤 것은 행동을 제한한다. 가령 문을 닫을 수 있는 출입구의 물질적 양상은 건물의 일정 공간을 사적인 것으로 만들어 내기 위해 이동을 제한한다. 찻잔의 모양은 당신이 그런 방법으로 그것을 들고 그렇게 쥐도록 유도한다. 건물의 어느 한 부분에 찻잔이 놓여 있다면 어떤 유형의 행동에 대한 또 다른 지표는 필요하지 않다. 다시 말해서 공간과 그곳에서의 지표적인 것에 대해서는 물질적으로 경험해야 한다. '문명화된' 삶의 새로운 방식에 대한 도상으로 기능할 수 있는 것도 그러한 경험이라 할 수 있다. 즉 그 경험만이 선교사들이 의도했던 바대로 기능할 수 있기 때문이다. 하지만 불행하게도 그 지역 토착 주민에게는 그러한 공간에 대한 사전 경험이 없었다. 그래서 선교사들의 관점에서가 아니라 그들 자신의 문화적 관점을 통해 그 공간을 배우게 된다. 선교사들의 목적성에도 불구하고 번역의 문제는 발생했고 이는 토착 주민의 '행위 방식과 보는 관점(ways of doing and seeing)'에는 수없이 다르게 할 여지를 남겼다.

이러한 상호작용은 흔히 문화적 혼종(hybrid)의 생성으로 귀결되며 그것은 새로운 것인 동시에 오래된 모습을 가진다. 토착 주민에게는 이것이 수용이면서 개조로 받아들여질지라도 분명한 혼종이다. 행위의 오래된 방식은 쉽게 대체되지 않으며 길게 그 흔적을 남기는 법이다. 예를 들어 기독교로 개종한 다음 전통적인 실천 중 일부를 폐기한 족장(chief)은 또한 개종자로서 자신의 새로운 지위를 이용하여 지역 교회를 통솔하거나 그의 정치적 영향력을 새로운 지역으로 확대하기도 했다.[43] 여기서 우리는 도입된 종교와 전통적인 정치구조 사이의 혼종을 볼 수 있게 된다. 족장은 자신의 지역구 한가운데에 새로운 교회를 (도입된) 석조 건축물로 세웠다. 이와 같은 새로운 형태의 건물을 채용하면서 마을의 주거도 좀 더 영구적인 형태, 훨씬 덜 가변적인 구조로 구축하였다. 이러한 새로운 건물의 물질성은 자원이 부족해졌을 때 주거가 옮겨갈 수 있는 여지를 훨씬 제한하는 결과를 낳았다. 그런 경우가 닥쳐 족장과 선교사는 실제로 교회를 한번 옮기게 된다. 새로운 자원을 확보할 수 있는 곳으로 80마일 정도 석조건물인 교회를 옮기고 다시 마을의 일관성은 유지하였다.

크로스랜드는[44] 이 족장의 상황을 기호학적 용어와 틀로써 정리했다. 그 사회의 중심에 자리 잡은 족장의 지위는 그의 새로운 건물 기획을 통해서 지표적으로도, 그리고 도상적으로도 분명하게 드러난다. 그 석조 건축물은 공간에 대한 족장의 투자와 연결되는 지표로서 역할을 하며 석조건물이 마을의 중앙에 자리 잡은 그 위치는 그가 사회 안에서 차지하는 지위의 도상이다. 마을의 가운데에 그와 같이 강력한 구조물을 구축함으로써 그가 혁신하려 했던 기호 관계를 사용하는 그의 능력은 제한받게 된다. 다시 말해서 그 구조물의 물질성과 그 위치의 의미가 새로운 맥락에서는 이전처럼 발휘되기 어렵다는 것이다. 그러나 족장은 어느 정도 능력을 발휘하여 그 구조물을 80마일 옮겨가 그의 새로운 마을 가운데에 자리 잡게 할 수 있었다. 이처럼 완강한 기호를 조작할 수 있는 능력은 족장의 증대된 권력과 통제력의 지표이다.

이상 각각의 연구사례를 통해 우리는 퍼스의 기호학을 통해 에이전시의 초점이 어떻게 이동해 가는지를 볼 수 있었다. 에이전트, 혹은 기호의 전송자와 그들의 의도로부터 그 에이전트와 전송자를 둘러싸고 있는 다수의 관찰자 집단으로 옮겨간 것이다. 우리는 이를 기호학의 성과(*semiotic consequence*)라고[v] 부를 수 있다고 본다. 말하자면 바우어와 크로스랜드는 폭넓은 관찰자와 해석자 집단이 전송자의 의도와는 상관없이 그들의 문화적 여건과 물질적 배경을 토대로 기호를 어떻게 이해하는가를 잘 보여 주

---

v   역자 주: 기호학의 성과라는 서술은 조나단 컬러의 논문 "Semiotic consequence"를 떠올리게 한다. 컬러의 문학비평은 독자 반응비평(reader-response criticism)에 속한다고도 하거니와 이는 작가가 무엇을 전달하느냐가 문제가 아니라 독자가 작품을 읽는 행위에 초점을 맞춘다. 기호 전송자의 생각이 어떠하든 해석자 집단이 기호를 어떻게 이해하는가에 주목하는 바우어와 크로스랜드의 관점과도 상통한다. 위의 논문에서 컬러는 기호학의 성과를 '의미의 논리에 주의하는 읽기'라고 하여 해석자의 발견에 중요성을 부여한다(Culler, 1981, Semiotic consequence, *Studies in 20 Century Literature* 6-1, 5-15).

고 있다. 이런 점에서 이 접근법은 사람, 사물, 그리고 양자의 혼종 사이의 관계에서 되어 감의 과정을 들여다보려 한 것이다. 흑해 연안의 여러 집단에 의해 만들어진 토기의 유사성은 그것을 도상성(iconicity)으로 하여 정체성의 한 상징으로 번역될 가능성을 가진다. 이 등식에 나란히 있는 토기와 인간집단, 이 둘이 하는 역할의 비중은 꼭같다. 이는 어떤 목적을 달성하기 위해 새로운 토기를 창안해 내는 도공의 문제가 아니다. 중요한 것은 도공, 토기, 그리고 넓게 퍼져 있는 인간집단들이 서로 얽혀 있다는 사실이고 여기서는 그중 어떤 하나의 실체가 다른 어떤 실체에 대해 우위에서 그것을 조정하는 것이 아니라는 점이다. 남부 아프리카에서 선교사의 건물과 주거의 유형은 서로 다른 물질세계의 경험과 문화적 배경을 가진 관찰자들에게 각기 다른 물질적 의미를 지닌다. 크로스랜드는 퍼스의 이론을 통해 어떤 기호는 다면적 가치를 지니고 성격상 모호하며 특히 다문화의 맥락에서 그러하다는 것을 증명해 주었다. 하지만 크로스랜드는 그와 함께 그 지역 족장이 구사한 새로운 기호의 기호학적 충격에 대해서도 보여 준다. 새로운 석조건물 교회라는 견고하고 바뀌기 힘든 성격이 전통적인 방식의 지위를 지켜 내려는 족장을 공격하는 모습을 그려 낸 것이다. 하지만 족장은 그의 새롭고 육중한 과업인 교회를 수많은 난관을 뚫고 결국 옮겨 냈음을 기억하자! 각각의 사례들을 통해 우리는 단순한 표상의 문제를 넘어서 문화 및 폭넓은 물질세계와 관련되는 기호학적 매개 혹은 기호학적 성과로 나아갈 수 있었다. 이러한 접근은 관습을 단지 '읽는 것'에서 그치는 것이 아니라 '해독하는 것'으로 나아간다.[45] 아울러 물질세계 안의 존재와 관련되는 것으로 파악하면서 앞의 장에서 검토했던 현상학적 접근과의 유사성을 보여 준다. 우리는 퍼스의 기호와 대상체의 개념을 염두에 둘 필요가 있다. 기호는 인간 해석자가 그것을 그렇게 만들었기 때문에 기호인 것이 아니다. 기호가 인간의 해석을 강요한다. 기호는 그 필요성 때문에 존재하며 물질적인 조건에 근거한다. 하지만 해석체는 살아 있는 실체의 해석을 통해 나타나므로 이 접근은 생명체와 비생명체의 능력에 차이가 있다는 기존의 전제를 유지한다. 그래서 우리는 다음 장에서 이 접근에 대해 약간의 비판적 검토를 진행하고 대칭적 고고학과 신유물론에 대해 논의하고자 한다.

맺음말: 숲으로 돌아가서

지금까지 퍼스 기호학의 접근에 대해서는 기본적인 내용을 전부 언급했다. 책을 덮고 퍼스와 퍼스의 영향을 받은 고고학자들이 이 장의 서두에서 철학적 문제를 과연 어떤 방식으로 제기했었는지 돌아가서 생각해 보자. 고요한 숲 속에서 나무 하나가 쓰러졌을 때 그것은 소리를 냈는가 아니면 내지 않았는가?

이미 돌아왔다고! 그러면 당신의 생각은? 퍼스는 아마 다음과 같은 사실을 출발점으로 삼을 것이다. 즉 나무가 쓰러질 때의 모든 지각 가능한 측면들은 잠재적 기호이며 기호의 **잠재적 대상체**는 확실히 세계 내의 '그곳에(out there)' 존재한다. 이와 같은 예를 들어 이야기할 수 있는 우리의 능력, 그 자체가 나무의 쓰러짐이라는 일반적 과정을 폭넓게 이해하고 있다는 사실을 증명해 준다. 직접적이고 물리적인 경험과 관찰을 통해서거나 아니면 다른 경로, 이를테면 나무가 쓰러지는 설명을 읽거나 그런 비디오를 시청함으로써 사람이라면 그런 이해를 지니게 된다. 그래서 이 모두는 잠재적 대상체이고 우리는 이것을 나무의 쓰러짐(기호)이라는 새로운 경험과 연결할 수 있다. 우리가 앞에서 들었던 사례에는 그러한 연결을 할 수 있는 해석자가 없었다. 그래서 이 특별한 사례에서는 아무런 소리도 없었고 기호는 불완전한 상태로 남게 된다. 이 점에 대해서는 이미 이야기한 바 있지만, 퍼스 기호학은 이 장의 서두에서 대략 묘사했던 두 가지 입장 사이에서 모호한 태도를 보일 수밖에 없게 된다. 기억해 보라! 바로 우리가 '예' 하고 직설적으로 대답하게 되면 그것을 인간의 지각을 넘어선 세계의 존재를 강조하는 격이 되고, '아니오' 하고 곧바로 대답하면 사람의 지각을 세계의 형성에 핵심적인 요소로 삼게 되는 것이나 마찬가지가 된다. 사실, 퍼스는 '거기 그곳에' 존재하는 물질 세계와 기호학적 매개를 통한 인간의 지각 및 이해 그 둘을 다 중요하다고 생각했다. 앞서 우리는 이러한 점에 대해 의성어 단어를 예로 들면서 설명한 적이 있다. 서로 다른 언어집단에 속한 사람들은 이를테면 꿀벌이 날아다니는 소리와 같은 '자연'의 소리를 음성적으로 재생산하는 방식에 체계적인 차이를 보인다. 이러한 점은 또한 우리가 흔히 전제로 받아들여 온 자연과 문화의 분리가 잘못된 것이라는 사실도 보여 준다. 그리고 인간의 표상과 이해, 그리고 그것 너머의 세계는 서로가 서로에 커다란 영향을 준다는 사실을 증명해 주는 것이다.

이 장에서 우리가 설명했던 것처럼 퍼스는 기호가 물질적이면서 그리고 문화적으로 구성된 세계 안에서 작동한다는 사실을 알고 있었다. 소쉬르와 그의 구조주의 기호학과는 달리 퍼스는 표상을 넘어선 기호와 기호학적 매개를 훌륭하게 설명할 수 있는 이론을 고고학에 제공했다. 그리고 그의 기호학은 기호의 다면적 가치와 동적인 성격을 사회 안에서 이해하는 틀이기도 하다. 퍼스 기호학의 접근에서는 기호를 해석할 수 있는 능력을 지닌 생명체가 기호학적 과정에서 중요한 역할을 한다. 생물기호학과 관련된 여러 문헌에서 분명하게 지적되고 있는 것처럼 사람이 기호를 해석하는 유일한 생명체는 아니다. 이 주제와 관련해서는 제9장에서 우리는 다루게 될 것이다. 여기서는 단지 퍼스의 기호학이 기호학적 과정과 폭넓은 문화 재생산을 이끌어 가는 데 사람을 포함한 다른 생명체들의 주도적인 역할을 강조한다는 점만을 말해 두고자 한다(제3장). 다음 장에서는 또 하나의 새로운 고고학적 접근법을 만나게 될 것이다. 이 접근법에서는 생명체 대 비생명체의 존재론적 지위에 대해 어떠한 방식의 구분도 전제하지 않는 '대칭적' 틀을 만들어 내려 한다.

제8장
대칭의 발견
행위자-네트워크 이론과 신유물론

머리말: 총이 사람을 죽이는가, 아니면 사람이 사람을 죽이는가?

누군가 총을 발사했다면, 누구에게 혹은 무엇에게 책임이 있는가? 방아쇠를 당긴 사람인가, 아니면 그의 손에 들려 있는 총인가(그림 8.1)? 사회에서는 당연히 총 든 사람을 처벌해야 한다는 반응이 높고 그래서 죄인에게 긴 형량을 선고하거나 심지어는 그를 사형에 처하기도 한다. 그런데 달리 생각해서 사람들이 총을 소유하는 것을 금지하거나 해서 거리에 나도는 무기의 수를 줄여 본다면 어떨까? 사실 이 문제는 미국이 특히 그렇지만 세계적으로도 중대한 정치적 논란거리이다. 만일 우리가 오로지 사람에게만 책임이 있다고 한다면 우리가 물질적 세계를 바꾼다고 해서(이를테면 사람들이 총을 접하지 못하도록 하는 것) 살인을 막지는 못할 것이며 총을 정당하게 사용했던 선량한 시민들도 처벌하게 될 수도 있다. 만일 총 그 자체를 핵심적 문제로 생각하게 되면, 유통되는 총기류의 수를 줄이고 사람들이 총기를 소지하지 못하도록 하는 일은 총이 가진 치명적 위험성을 감소시키는 방법이 될 것이다. 당신이 어느 나라에 살고 있는가, 그리고 당신이 지지하는 정치적 색채가 어느 쪽인가에 따라 아마 당신은 어느 한쪽 편을 들어 당신의 의견을 열렬히 주장할 것이다.

하지만 사회학자 브뤼노 라투르가 이 논쟁을 보게 된다면 그는 간단하지만, 핵심적이라 할 수 있는 포인트가 빠져 있다고 말할 것이다. 즉 사람을 죽인 것은 총을 지닌 사람이라는 것이다.[1] 총도 사람도 그 단독으로는 그 둘이 결합된 상태에서 하는 행동

그림 8.1 누가 범인인가?(케이-페이 스틸 그림)

과 같은 방식으로 행동할 수 없다. 이를 출발점으로 삼아 브뤼노 라투르는 우리가 통상적으로 생각해 온 사고법을 통렬히 비판하기 위한 사고의 세계를 구축해 나갔다. 나아가 그는 사물과 사람, 문화와 자연의 차이에 관한 근거를 허물면서 그가 '대칭적(symmetrical)' 태도로 보는 세계에 접근하려 한다.[2] 라투르에게 핵심적 요소는 사람도 아니고 총도 아니다. 그것은 그들이 만났을 때의 관계, 혹은 그들 사이의 네트워크이다. 라투르에게 전체로서의 세계는 다양하고 다중적인 행위자들을 포함한 네트워크로 구성되어 있으며 여기서 행위자들이란 어떤 것은 인간이고 또 다른 어떤 것은 비인간이다. 이처럼 행위자와 네트워크를 강조하기 때문에 라투르의 이 아이디어는 행위자-네트워크 이론(Actor-Network Theory) 혹은 ANT라는 이름을 얻었다. 앞으로 논의하겠지만 이 이론은 이전의 어떤 시도들, 즉 구조와 에이전시의 만남을 통한 재귀적 관계의 형성이라든가(제3장에서 실천이론을 통해 살핀 바 있음), 사물과 에이전시를 공유하려는 시도(제5장에서 알프레드 겔의 작업을 통해 논의한 바 있음) 등을 넘어서려고 한다. 이 새로운 대칭적 접근은 이전의 시도를 넘어 사람과 사물이 함께 작업하는 방식에 대해 새롭게 사고하려 한다. 21세기가 시작되면서 일부 고고학자들은 라투르의 저술들을 인용하는 사례가 점점 늘어나고 심지어 그중 어떤 연구자는 '대칭적 고고학'이라는 새로운 방향을 제시하면서 그에 걸맞은 선언들을 완비해 놓고 있다.[3] 그들이 내뱉는 전

186

장의 외침, '사물은 우리다!'[4]를 통해 하나의 학문으로서 고고학적 접근의 새로운 길을 개척하고자 하는 그 방향이 어떤 것인지 알 수 있다. 이는 제6장에서 논의했던 것처럼 물질성(materiality)의 접근에서 말하는 사람이 물건을 만들고 물건이 사람을 만든다는 제안을 넘어서는 주장이다. 대칭적 고고학자들은 자신들의 접근이 이 책에서 반복되어 나오는 이원론이라는 성가신 관념을 완전히 제거하였다고 생각하고 있다. 그들은 또한 정상적이라면 상반된다고 생각될 수 있는 고고학의 요소들, 이를테면 '과학'이나 '이론'과 같은 개념들은 재통합해 나가는 것을 목표로 한다.

대칭적 접근과 함께 또 하나의 유사한, 혹은 서로 관련이 많은 이론이 확인된다. 이 이론은 물질세계를 재검토해야 할 필요성을 제기하며 그것에 새로운 방식으로 활력을 불어넣어야 한다고 주장한다. 이들이 하나의 통합된 주장이나 접근을 제시하고 있다고 보기는 어렵지만, 우리가 이들에게 폭넓게 이름을 붙여 본다면 신유물론자(new materialist)라고 할 수 있지 않을까 한다. 특히 그들이 끌어온 철학적 전제들의 세트는 신유물론이라는 이름으로 포괄할 만하다.[5] 신유물론은[6] 대칭적 고고학처럼 사람과 사물이 두 개의 완전히 다른 성격의 실체(주체와 객체라는 용어를 사용하기도 함)라고 보는 것을 거부할 뿐만 아니라 앞서 예로 든 총과 사람과 유사하게 양자는 함께 등장하는 것으로 파악하고자 한다. 신유물론은 특히 '물질의 생기(vibrancy of matter)'라고 말하는 것에 커다란 관심을 가지며, 혹은 어떤 측면에서는 물질 그 자체가 '살아 있을' 수 있고 아주 여러 가지 방식으로 세상에 대해 어떤 작용을 할 수 있다는 생각을 지니고 있다.[7] 신유물론은 대칭적 고고학과는 성격이 다르다. 그들이 사용하는 용어가 달라서 특히 신유물론자들은 네트워크라는 말보다 그물망(meshwork)이나 어셈블리지라는 용어를 선호하며, 앞으로 보게 되겠지만, 좀 더 실질적인 접근의 방식을 취한다.[8] 하지만 이 두 접근은 많은 공통점을 가지고 있다. 특히 이 둘은 과학과 이론을 서로 다른 진영으로 분리하기보다는 같은 수준의 한 운동장에 올려놓는다. 사실 많은 연구자가 학술적 탐구의 새로운 노선을 발전시키기 위해 신유물론과 대칭적 고고학, 이 둘로부터 사고의 요소들을 끌어내기 때문에, 이 두 접근을 구분한다는 것 자체가 억지일 수도 있는 것 같다.[9] 중요한 사실은 이 두 접근법이 자신들은 과정주의와 탈과정주의를 분리했던 그러한 구분법(제2장)으로부터 근본적 전환을 꾀하고 있다고 생각한다는 점이다.

이 장에서 우리는 과거를 향한 그와 같이 새로운 접근법에 대해 살펴볼 것이다. 다음 절에서는 라투르의 저술을 중심으로 대칭적 고고학이 나오게 된 배경에 대해 약간 깊이 있는 논의를 시작하겠다. 그리고 난 후에 대칭적 고고학 그 자체로 들어가 그들이 추구하고 전개해 나가려는 주장들을 좀 더 자세히 검토해 보겠다. 여기서 하나의 라투르 식 접근의 사례로서 서기 10세기 극지방의 고래잡이에 관한 연구를 소개해 보도록 하겠다. 이 절에서는 우리가 통상적으로 생각하는 고고학적 연구방식에 대해 근본적인 문제를 제기하는 대칭적 고고학의 일부를 보게 될 것이다. 다음으로 우리는 신유물론으로 넘어가게 될 것이다. 여기서 신유물론이 대칭적 고고학과 공통점은 무엇이고 상이점은 또 무엇인가를 살피게 된다. 그런 다음 신유물론적 접근을 과거에 적용한 연구 사례를 검토하면서 구석기시대 유럽의 물질을 보는 새로운 이해의 방식을 보게 될 것이다. 이 장의 마지막 절은 이상과 같은 아이디어를 재검토하면서 지금까지의 고고학적 연구와는 전혀 다른 이 두 접근법이 고고학에 의미 있는 발전을 가져올 잠재력은 어느 정도인지 가늠해 보고자 한다.

근대성에 대한 라투르의 비판과 그 너머!

지난 20년 동안 학술계의 분야를 넘나드는 스타로서 브뤼노 라투르(박스 8.1)는 가장 진귀한 인물 중의 한 사람으로 등장했다. 그리고 그의 저서는 수많은 분야에서, 이를 테면 지리학, 인류학, 사회학, 과학과 기술연구(그가 공동으로 토대를 마련한), 철학 등과 함께 당연히 고고학에서도 여러 연구자가 탐독하고 있다. 라투르의 연구 경력은 과학 사회학 분야에서 출발했다. 그는 이 분야에서 과학자들이 자신의 연구를 어떻게 해 나가는지에 대한 많은 논문과 저서를 출간했다.[10] 여기서 라투르는 이 무미건조하고 고정 불변인 것처럼 보이는 과학적 사실이 과학자 자신들뿐만 아니라, 일할 때의 과학자 상호 간의 관계나 그들을 재정적으로 지원하는 기관 등이 벌이는 복잡한 협상의 과정을 통해 나온다는 점에 큰 관심을 지니고 있었다. 예컨대 어떤 고고학 유적이 있다고 한다면 그 연대에 관해, '스톤헨지는 2,500 cal. BC에 축조되었다'라는 식의 해답이 그저 우리에게 주어지는 것이 아니라는 이야기다. 그 연대는 그 유적을 발굴했던 사람들, 그들이 발굴해 낸 물질, 고고학적 층서에 대한 해석, 방사성탄소연대 측정의 비용을 대는 기관, 영국의 국가적 아이콘으로서의 스톤헨지가 지닌 중요성(특히 사람들의 관심과 예산을 끌어댈 수 있는 수단이 될 수 있으므로) 등등이 연결된 네트워크로부터 나온다는 것이다. 이 과학적 사실은 서로 다른 수많은 실체의 작업을 통해 나온다는 뜻이다. 이 단계에서 라투르가 하는 작업은 마치 '과학에 대한 사회적 구성주의자'가 하는 주장처럼 읽힐 수도 있을 것 같다. 즉 과학이란 정치나 일상생활, 혹은 인간 존재의 통상적 관심사와 분리하여 생각할 수 있는 앎의 방식이라 할 수 없다고 주장하는 구성주의자와 다를 것이 없어 보인다. 물론 과학적 활동이 일상적 관심사에 항상 포함되어 있긴 하다. 특히 이 문제는 탈과정주의 고고학자들이 주목하는 바이기도 하지만,[11] 그로부터 어느 정도는 떨어져서 형성되어 있는 것이 사실이다. 이는 과학이 세계에 관한 움직일 수 없는 사실을 발견하는 것이 아니라 그것을 만들어 내도록 돕는다고 하는 것이 옳다는 뜻이다. 이러한 주장은 아주 논쟁적인 지적일 수도 있고 많은 사람이 이에 부정적 견해를 가질 수도 있다.

1990년대 초반부터 브뤼노 라투르는 자신의 비판적 견해들을 훨씬 더 깊이 있게 발전시켜 나갔다. 아주 중요한 그의 저서 『우리는 근대였던 적이 없다(*We Have Never Been Modern*)』[12]가 프랑스어로 처음 출판된 것은 1991년이었고 1993년도에 영어로 번역되었다. 이 책에서 그는 과학사에 관한 자신의 분석을 확장하여 근대의 인간, 즉 지난 200년 내외의 시기에 걸쳐 서구에서 살아온 인간들이 세계에 대해 가졌던 생각은 아주 이상한 것이었다고 주장한다. 라투르의 주장에 따르면, 우리는 사물들을 깔끔하게 나뉘는 범주들로 구분하고 그러한 범주들이 섞이는 일이 없도록 하려고 대부분 시간을 소비해 왔다고 한다. 이러한 사고의 과정을 라투르는 정화(淨化: *purification*)[13]라고 불렀다. 이 정화는 지금 우리에게 친숙한 일종의 데카르트적 이원론에 부합하도록 사물을 간결한 묶음, 즉 문화와 자연, 마음과 몸, 주체와 객체 등으로 나누어 놓는 작업이다. 제1장에서 예를 들어 말한 바와 같이, 우리가 언제 어느 곳에서든 항상 그 무엇이 자연에서 성장한 것인가 사람이 길러 낸 것인가를 구분하려 드는 것을 보면, 우리가 일종의 '정화' 사고에 빠져 있다는 것을 알 수 있다. 우리가 지금까지 논의했던 것처럼 그러한 종류의 분류법이 가진 문제는 실제 세상이 그렇게 돌아가지 않는다는 것에 있다. 이는 마치 당신이 당신의 인성 중에서 어떤 것은 선천적으로 가지게 된 것인가 아니면 후천적으로 생긴 것인가를 판단하려 할 때, 그럴 수 없다는 것을 알게 되는 것과 같다. 그리고 사물이 그러한 범주들의 세트와 들어맞지 않는데 불구하고 그러한 구분이 근대세계에서 너무나도 당연한 것처럼 받아들여지도록 은폐해 온 논법들을 라투르는 드러내 보여 주고자 했다. 제1장의 달리기 선수의 예로 돌아가서 생각해 보자. 경기력 향상을 위한 약물을 금지하는데 우리가 과연 자연과 문화의 엄격한 구분을 원칙으로 적용할 수 있는가 하는 문제이다. 따지고 보면 외과 시술로부터 상처의 치료에 이르기까지 섭취하는 음식이나 트레이너조차 자연과 문화의 그러한 구분은 모호해질 따름이다. 현실에서 자연과 문화가 분리되고 주체와 객체가 대립하는 것이 아니라 실제로 세상은 그러한 경계 지움을 거부하는, 관계의 복잡한 네트워크로 구성되어 있다고 라투르는 주장한다. 다시 말해서 세상을 자연과 문화로 쪼개어 놓는 일은 근대인이 생각하는 방식인데, 실제 현실에서 우리는 그러한 일에 항상 실패해 왔고, 그래서 결국 우리는 근대였던 적이 없다.

박스 8.1 **브뤼노 라투르**

브뤼노 라투르(Bruno Latour)는 프랑스의 과학 사회학자이고 행위자-네트워크 이론의 창시자 가운데의 한 사람이다. 파리 시앙스 포(Sciences Po)[i]의 교수로 재직하고 있다. 과학과 기술연구와 관련된 그의 저술은 여러 학문의 분야에서 최고의 학술적 인기를 누리고 있다. 그의 저서로 대표적인 것은 *Science in Action*,[14] *We Have Never Been Modern*,[15] *Reassembling the Social*[16] 등이 있다. 총을 든 사람인가 아니면 사람에게 쥐어진 총인가? 아래 사진에 나오는 총은 에이전시가 어디에 있는가에 대한 고전적 질문과 관련이 있으며 라투르는 자신의 저서에서 이 질문을 던지고 있다.

애덤 힐(Adam Hill)의 사진(본인작품)(CC0), Wikimedia Commons에서

---

i   역자 주: 파리 정치학 연구소(Institut d'Études Politiques de Paris)를 줄여서 부르는 말인데 프랑스 사회
     과학의 가장 이름있고 인정받는 학술교육기관이다.

옳은 이야기다! 그런데 이런 이야기가 고고학과 무슨 관련이 있는가? 이는 이원론에 대해 우리가 생각할 때 사고의 도구가 될 수 있다. 지금까지 보아 온 바와 같이 실제 이원론은 여러 가지 방향에서 공격의 대상이 되고 있다. 무엇을 근거로 다르다고 선을 긋는가? 여기서 라투르가 그다음으로 만들어 낸 사고의 움직임이 진정으로 고고학에 중요한 의미가 있다고 일부 연구자들은 생각할 것이다. 라투르의 연구가 실험실 안을 대상으로 했기 때문에 그는 과학자들의 작업 그 자체보다는 그들 서로 간의 관계에 초점이 맞추어지게 되고 나아가서는 비인간, 즉 현미경이나 미생물과 같이 세상을 가득 채우고 있는 사물들이 수행하는 다양한 역할에 관심을 집중하게 된 것으로 보인다.[17] 여기서 우리는 라투르의 철학, 혹은 그의 존재론이 어떻게 인간 존재만이 아니라 세상의 비인간, 즉 사물 모두를 포함하는 네트워크에 자리를 내어 주도록 요구하는지 알 수 있게 된다. 그러므로 현미경은 새로운 진보를 이루려 하는 인간 마음의 산물이라고 할 수 없다. 그것은 능동적 활동가이며 인간의 맨눈으로는 볼 수 없는 새로운 세계를 볼 수 있게 하는 역할을 한다. 우리가 '인간 주체가 대상인 객체를 이용하여 자연을 들여다보는 것은 우리 문화 세계의 성과이다' 하는 식의 사고에서 벗어날 때, 비로소 인간과 사물은 함께 새로운 종류의 활동을 이루어 낼 수 있고 새로운 이해의 방식이 좀 더 뚜렷하게 될 것이다. 이러한 관점을 가지고 제7장으로 돌아가 우리가 이야기했던 그 나무를 다시 생각해 보면, 나무가 쓰러질 때, 그 주위에 어떤 사람도, 어떤 생명체도 없어서 그 소리를 듣고 해석하지는 않았지만, 그것과는 관계없이 나무는 분명 소리를 냈던 것이다.

세상이 자연과 문화로 구성되고 주체와 객체가 구분된다는 생각에서 우리가 벗어난다면, 그리고 사물이 활동함으로써 관계와 네트워크가 성립된다고 생각하게 된다면 그때 에이전시와 역사에 대한 우리의 생각도 움직이게 될 것이다. 지금까지 이 책의 거의 모든 장에 걸쳐 기본적으로 인간 존재를 사물의 한가운데 두고 생각하는 접근들에 대해서 논의했다. 우리는 이러한 사고법을 인간중심주의라고 부른다. 의미를 강조했던 구조주의로부터(제2장), 인간이 항상 에이전트가 되는 에이전시 이론을 거쳐(제3장), 물건을 2차 에이전시로 보는 관점을 지나(제5장), 사람이 사물을 가지고 어떻게 세계를 만들어 내는가(제6장) 등의 관점에서는 모두 인간이 역사의 중심에 있었다. 그다음 무엇을 할 것인가를 결정할 수 있는 주체라는 것에 기반을 두고 생각하는 역사, 즉 수동적이고, 순종적이며, 수용적인 객체 위에서 활동하는 주체를 중심으로 한 역사의 관점을 버린다면 물질적인 것의 역할은 완전히 다르게 될 것이다. 물질적인 것은 인간 정체성에 대한 표상물로서, 환경을 정복하기 위한 인간의 도구로서, 혹은 의미를 상징하기 위해 복잡한 방식으로서 존재하는 것이 아니다. 그것은 세계 안의 능동적 참여자이다. 총이 없으면 발사할 수 없는 것처럼 신석기시대 주민은 나무를 쓰러트릴 석부가 없으면 농사를 지을 수 없다. 바로 앞 장의 퍼스가 보여 준 접근에서조차도 기호의 해석을 위해서는 인간만이 아니라 그 외의 것을 생각하긴 했지만, 최소한 유기적 생명체의 존재는 요청하고 있다. 여기서 우리는 진정으로 과거에 관한 반-인간중심주의적 접근을 지향해야 할 때가 되었다.

　　이상과 같은 관점에서 그 핵심은 인간과 비인간이 함께 하는 역할이라 할 수 있다. 라투르와 그의 이론을 대놓고 인용하는 고고학자들이 그것을 '대칭적(symmetrical)' 이라고 묘사했던 이유도 거기에 있다. 그것이 또한 때에 따라 포스트휴먼적 접근이라고 묘사되는 것도 그런 이유에서이다.[18] 이는 신을 대신해서 인간 존재를 세상의 중심에 두었던 근대 계몽주의 철학의 휴머니즘과 상반된 입장에 선다는 것을 의미한다. 그렇다고 여기서 에이전시가 객체에 속한다고 볼 수는 없다. 관계의 상태가 바로 에이전시이다. 이 말은 총과 사람의 관계라는 에이전시는 총을 갖지 않는 사람이라는 에이전시와 질적으로 다르다는 뜻이다.[19] 진정으로 인간 홀로라는 말은 성립하지 않으며 주체로부터 분리된 객체로서 에이전시가 '된다는(possess)' 것도 의미 없다. 에이전트(agent)라든가 행위자(actor)라는 용어를 대신해서 라투르는 '활동자(*actant*)'라고 말하는데[20] 그것이 인간, 비인간, 아니면 그 둘의 어떤 조합을 필연적으로 지칭하게 되는 것을 피하려는 의도에서 그런 용어를 사용하는 것이다. 대칭적 고고학자들이 지적하는 바와 같이 물질적인 것은 수백만 년 전 우리 종의 출현 이전부터 존재했으며 우리가 진화하는 과정의 부분적 조건이었다. 그래서 그들은 이렇게 말한다. '인간성은 사물과 함께 시작되었다.'[21]

고고학, 사물의 학문

　　고고학자들이 브뤼노 라투르에게 관심을 갖기 시작한 것은 1990년대 중반이며 2000년대 초반부터는 심각하게 받아들이게 되었다. 한편에서는 언어와 언어학적 의미에 중점을 두어 왔던 연구자들과 다른 한편에서는 '과학'으로서의 고고학, 혹은 '이론'으로서의 고고학에 거리를 두려 했던 학자들이 기존의 관점에 환멸을 느끼게 되면서 라투르 쪽으로 돌아섰다. 1980년대 아주 공격적인 태도를 보였던 탈과정주의 고고학자들은 물질적인 것은 텍스트로서 읽혀야 한다고 주장해 왔다(제2장). 하지만 2000년대에 접어들면서 이들은 사물 그 자체에 무언가 더 큰 비중을 두고 볼 필요가 있다고 생각하기 시작했다(제6장에서 논의한 것처럼). 앤드류 존스는 2002년도 자신의 저서 『고고학 이론과 과학의 실천』[22]에서 라투르의 저술을 인용하면서 과학과 이론 사이의 간극을 재검토하자는 제안을 처음으로 하게 된다.[23] 라투르의 저술에서 영감을 받은 존스는 과거에 관해 생각하는 두 가지 사고방식에서 고고학의 분열을 볼 수 있다고 주장한다. 그 한쪽 편은 대체로 과정주의 고고학의 견해라 할 수 있다. 그들은 과학적 고고학자로서 고고학 자료를 정태적 대상으로 보고 과학적으로 타당한 기법을 올바로 적용하면 자료는 그 비밀을 스스로 드러내게 되어 있는 것처럼 믿고 있다.[24] 다른 한쪽 편은 대체로 탈과정주의자들로서 사회적 지향점을 찾고 있다. 그들은 의미, 에이전시 등의 문제에 관심이 있고 사회의 유동적이고 유연한 성격에 주목하고 있다.[25] 누가 옳고 누가 그른가를 넘어서 존스는 이와 같은 분열이 라투르가 비판한 근대주의적 이분법의 구도를 그대로 따른 결과라는 점을 지적하고 있다. 한쪽 편에서는 자연적, 물질적, 과학적인 것이 문제이지만 다른 한쪽 편에서는 문화적인 것과 물질적인 것 뒤에 있는 관념적인 것과 그에 대한 해석이 왕이다. 그러므로 고고학 이론을 둘러싼 전반적인 논쟁은 그러한 이분법에서 결코 벗어나지 못했던 것이고 존스는 지난 세기의 끝자락에서 그와 같은 상황을 지적한 것이다. 우리가 제2장에서도 보았던 것처럼 이론적 논쟁은 그러한 구분에 기초한 것이었으며 이에 대해서는 아래에서 다시 한번 다루도록 하겠다.

이와 같은 비판과 나란히 또 다른 연구자 그룹이 라투르의 저술로부터 영향을 받아 일련의 접근법을 발전시키게 된다. 2003년 출간된 비요나르 올센(제10장 박스 10.5)의 책[26]을 필두로, 올센과 크리스토퍼 위트모어(박스 8.2)의 저작, 그리고 마이클 샹스와 티모시 웹무어 등은 모두 '대칭적 고고학'으로 통한다.[27] 이들은 모두 라투르의 저작을 인용하고 있을 뿐만 아니라(제10장), 자신들의 접근에 스스로 붙인 제목만 보아도 중요한 영감은 라투르로부터 받은 것임을 알 수 있다.[28] 대칭적 고고학이 말하고 있는 요점은 고고학이 너무나도 분명하게 물질적인 것에 대해 집중할 수밖에 없는 학문인데도 불구하고 전통적으로 고고학은 물질적인 것 너머의 그 무언가를 얻기 위해 너무

많은 시간을 허비해 왔다는 것이다. 문화사 고고학의 경우 고고학자들은 유물을 만들어 낸 문화집단이나 종족집단에 대해서 알기를 원했으며 과정주의 고고학은 그 핵심적 연구 목표가 물질적 적응의 과정, 즉 경제적 혹은 환경적 설명이었다. 초기 탈과정주의 고고학자의 대다수는 찾아가야 할 연구 목표가 유물 뒤에 숨겨진 상징과 의미라고 생각했다. 하지만 라투르의 철학을 수용한 관점에서는 그러한 물건들 뒤에 숨어 있는 사회세계란 존재하지 않는다고 말한다. 왜냐하면 역사는 바로 그 물질적인 것을 수단으로 하여 이루어지기 때문이다. 물질적인 것은 인간 존재와 맺은 관계와 물질적인 것들 사이의 관계를 통해 역사가 이루어지므로 우리가 역사를 추적할 수 있는 것도 그러한 관계 때문이다. 그렇다고 하면 인간과 사물 사이의 간극은 허물어지거나 혹은 그 둘 사이의 관계는 다른 방식으로 이해될 수밖에 없다. 즉 사물은 우리이다!²⁹

이 사고의 새로운 방식으로부터 실로 많은 비판적 제안과 논점들이 등장했다. 첫째, 대칭적 고고학은 가장 근본적인 차원에서 과연 고고학의 궁극적 연구 목적이 무엇인가를 우리에게 묻고 있다. 일차적으로 사람에게 더 이상의 관심을 두어서는 안 되며, 우리는 관계, 즉 사람과 사물에 대한 우리들의 아이디어가 도출되는 네트워크(network)³⁰ 혹은 혼합(mixture)³¹에 주목해야 한다. 예컨대 어떻게 사람들이 야금술을 발견했는가 하는 문제를 고고학적으로 논의할 때도 우리는 하나의 연결망, 즉 사람과 함께 나무, 불, 목탄, 광석, 점토 등을 포함한 어떤 네트워크에 대해 생각해야만 한다. 네트워크를 통해 생각했을 때, 그러한 것들이 모여 또 다른 형태의 물질, 즉 금속의 존재를 드러나게 할 수 있을 것이다. 금속이 등장하고 이 네트워크에 결합되면 행동의 새로운 가능성들이 만들어지게 된다. 여기서 사람은 여전히 어떤 역할을 하고 있지만, 그간 고고학자들이 사람들에 대해 가지고 있었던 이미지와는 사뭇 다르다. 과거의 사람은 홀로 역사를 이끌고 가는 존재가 아니며 이제 고고학자들은 유물이 과거의 사람들에 대해 말해 주는 것에 관심이 없다. 우리가 탐구하는 어떤 네트워크에서 '그 뒤에'라든가 '그 위에'와 같은 또 다른 어떤 차원을 설명하겠다는 방식에 대해 우리는 거부할 필요가 있다. 예컨대 로마 제국의 붕괴는 '경제적' 원인, 혹은 새로운 '사회적' 관계에 기인한 농업의 확산 때문이라고 우리가 주장했다면 대칭적 고고학자들은 우리가 '경제적' 또는 '사회적'이란 용어를 동원하여 설명해야 할 실제적 변동을 은폐하고³² 있다고 비판한다. 그것은 사람과 사물의 관계, 그 바깥쪽에서 작용하는 어떤 힘이 결코 아니며 오히려 그와 같은 관계성에 의해 만들어지는 실체라고 할 수 있다.³³

194

크리스토퍼 위트모어

크리스토퍼 위트모어(Christopher L. Witmore)는 텍사스 공대(Texas Tech University)의 고전학 조교수이다. 지금까지 그의 작업은 그리스 경관의 장기적 변동을 살피는 것이었는데 이를 통해 근대적 이원론을 극복하는 학문으로서의 고고학을 개념화하는 연구에 초점을 맞추고 있다. 그는 *Archaeology: The Discipline of Things*[34]의 공동저자이며 대칭적 고고학의[35] 정초를 위한 주장을 담아 글을 쓰고 있다. 위트모어가 내놓은 대표적인 아이디어는 시간에 관한 것인데 시간은 반드시 선형적인 것이 아니며 예측하기 어려운 방식으로 되돌아오기도 한다는 것이다. 이를 설명하기 위해 그는 로마시대의 길을 따라 그대로 나 있는 런던 옥스퍼드 거리의 그림(아래의 사진)을 가지고 설명한다.[36] 이 경우, 우리는 이렇게 질문하지 않을 수 없다. 이 길은 로마시대의 것인가 혹은 오늘날의 것인가? 과거 혹은 현재? 시간은 한 방향으로 흐르는가 아니면 왔다가 가는가?

출처: https://en.wikipedia.org/wiki/Oxford_Street#/media/Fole:Oxford_street_December_2006.jpeg

하나의 예를 들어 이에 대한 생각을 좀 더 구체적으로 살펴보도록 하자. 피터 휘트리지는 라투르의 개념을 토대로 서기 1천년기의 북미 극지방 툴레의 고래잡이에 대해 검토한 적이 있다.[37] 그가 조사한 집단은 우미알리크(*Umialik*: 보트를 가진 부유한 우두머리)가 이끄는 집단 조업을 통해 고래를 잡았다. 우미알리크는 고래잡이에 투자하고 이끌어 갈 뿐 아니라 사냥에 성공할 경우 가장 큰 이득을 챙긴다.[38] 고래잡이를 위해 모인 남성들이 교대로 갑판이 없는 가죽배를 타고 수염고래를 쫓다가 고래를 만나면 작살을 던지고 끌고 해안으로 온다. 실천이론의 관점(제3장)에서 보면, 이 연구사례는 우미알리크가 에이전시로서 사람을 모으고, 사냥을 나가자고 사람들을 설득해서 작업이 계속되게 하며, '사냥'과 공동체 전체의 구조를 유지해 나가는 것으로 해석될 수 있을 것이다.

하지만 휘트리지는 행위자-네트워크 이론에 근거를 두고 이 과정을 아주 다른 관점에서 이해하고자 했다. 그는 먼저 작살 머리를 제작하는 기술의 변화를 검토하는 것에서 출발했다. 물론 이 변화가 기술발전의 상대적으로 사소한 측면에 불과할 수도 있다. 하지만 휘트리지는 작살의 머리를 어떻게 만드는가 하는 방법의 변화가 얼마나 중대한 결과를 가져오는지를 보여 줌으로써 그것이 네트워크 안에서 활동자(actant)로서 간주될 수 있음을 증명하였다. 만일 작살에 달린 미늘의 수를 바꾸어 주면 소켓의 모양과 자루에도 변화를 주어야 하고 끝머리의 모양이나 나머지 여러 부분의 형태에 세부적인 조정이 뒤따라야 한다. 결국, 이로 인해 사용되는 배의 종류를 포함한 주변 장비들까지 바꿔 줘야 한다. 이러한 기술의 변화는 결코 간단한 문제가 아니며 새로운 성격의 재료와 자원(예를 들면 가죽과 나무, 기름과 노동력 등)을 필요로 한다. 휘트리지도 지적했던 것처럼 작살 제작기술의 사소한 변화는 그와 비교되지 않을 정도의 큰 규모로 행위자들을 재분배할 수 있는 잠재력을 가진다.[39] 중요한 사실은 이러한 변화의 그 어떤 것도 어느 한 기획자 혹은 새로운 작살 끝의 설계자가 의도했던 것이 아니라는 점이다. 네트워크 전체에서 어쩌면 우연히 발생한 변화이다. 그러므로 여기서 에이전시는 서로 다른 여러 활동자(actant)들에게 분배되는 것이라고 할 수 있다.

휘트리지는 이러한 아이디어를 훨씬 발전시켜 이 시기 고래사냥의 일반적 과정을 고찰하기에 이른다. 그래서 어떻게 그 변화가 사냥꾼들이나 사냥기술과 연결되는 데 그치지 않고 바닷가에 거주하는 가족 구성원까지 연결되는가에 대해 검토하게 된다. 여기서 작살, 로프, 고래, 그리고 배 등은 바다에서 함께 연결되며, 이러한 관계는 육지에 올라와서도 유효하지만, 고래의 각을 뜨고 처리할 때는 여기에 가족들까지 연결된다. 그래서 고래사냥 기술의 변화는 또한 전통적인 사회관계에도 영향을 준다고 할 수 있다. 이러한 점에서 생각하면 사회적인 것과 물질적인 것을 나누어 생각하려는 시도는 문제가 많다는 것을 알 수 있게 된다. 물론 이보다 고래 자체가 이 협동 작업에서는 무엇보다 중요하다. 그들의 생물학과 생태학은 사냥 네트워크가 어떻게 조직되는가 하는 그 방식에 아주 중요한 의미를 가진다(제9장에서도 비슷한 논의가 있을 것이다). 그러므로 사회적인 것은 인간 존재만의 전유물이 아니며, 기술적 변화는 적응의 과정으로만 해석될 일은 아니다. 즉 에이전시는 (남성) 사냥꾼에게만 주어지는 것은 아니다. 이처럼 휘트리지의 접근은 수렵채집민들의 삶에 대해 지금까지와는 아주 다른 관점을 제공해 주고 있다.[40]

라투르의 의견을 따르는 사람들과 대칭적 고고학자들은 우리가 만나는 물건들에 관해 고고학자들이라면 보다 신중하게 생각해야 한다고 강력하게 요청한다. 단순히 인간 존재의 역할을 강조할 필요는 없으며 우리가 항상 물건에 의해 어떻게 따라 잡히는지에 대해 집중해야 한다. 그리고 우리가 뒤섞여 있다는 것에 유의해야 하며 그것은 과거를 분리하여 우리와 다른 진영으로 만드는 일이 문제시될 수 있다는 것을 의미한다. 대칭적 고고학자들은 자신들의 그와 같은 접근을 통해 얼마 전부터 고고학자들이 다 함께 반대하기 시작한 이분법의 문제점들을 완전히 극복했다고(overcome: 대칭적 고고학자들은 평가절하[undercut][41] 라는 용어를 선호) 주장한다.

이와 같은 접근법을 통해 대칭적 고고학자들은 흥미로운 연구들을 개발하고 있다. 고고학적 실천, 이를테면 실제로 땅을 파는 행위와 같은 것을 다른 식으로 생각한다면 어떻게 이해해야 할까? 시간이 일직선으로 흘러가는 그 어떤 것이 아니라 아주 복잡하게 뒤엉킨 것이라면 그에 대해 어떻게 생각해야 하나?[42] 그들은 고고학에 대해 다른 방식으로 생각할 것을 제안한다. 우리가 제6장에서 논의했던 물질성과 얽힘이 사람과 사물의 상호-구성에 관한 관점의 시작이었다면,[43] 여기서는 사람과 사물이 연구를 위한 출발점이 아니라 혼합의 결과이고 관계의 산물로 본다. 이에 대해서는 제10장에서 다시 논의하겠지만 대칭적 고고학은 새로운 방향으로 발전해 가고 있는데 특히 올센과 같은 연구자의 작업이 그러하다. 이 새로운 주장들은 대칭적 고고학의 '두 번째 물결'이라고 할 만한데, 고고학자의 정치적, 도덕적, 그리고 윤리적 실천에 대하여 훨씬 급진적인 방식을 제안한다. 그것은 사물을 그 정당성에 따라 그렇게 두라는 요청이며,[44] 이와 같은 관계성의 접근을 아예 넘어서기조차 한다.

대칭에서 신유물론으로

대칭적 고고학과 함께 포스트휴먼의 또 다른 접근의 세트가 등장했다. 이 역시 물질적인 것을 향한 관심이 우선하는데, 특히 물질 그 자체가 과거에 대한 우리의 이해에서 하는 역할을 전면에 내세운다. 만약 대칭적 고고학이 사람과 사물 사이의 관계에 중점을 두었다면 새로운 유물론에 관심이 깊은 이 접근은 어떤 물건들이 만들어지는 재료와 그 물건들이 가져다주는 이득과 같은 것에 관해 더 깊이 있고 세밀하게 파고든다. 이 접근에서는 사람과 그들이 지닌 총의 관계와 같은 것은 더는 문제가 아니다. 여기서는 금속, 화약, 플라스틱, 몸체, 몸체를 제작하는 데 쓰는 재료 등 모두의 역할에 대해 문제 삼는다. 사실 이 접근법은 철학에서 물질과학에 이르기까지 다양한 학문 분야로부터 영향을 수용한다. 예를 들면 질르 들뢰즈(박스 8.3)와 같은 철학자의 저술과 함께 물리학자 캐런 배러드[45] 같은 인물의 작업으로부터도 많은 영향을 받았다.[46] '신유물론자(new materialist)'로 알려진 이들의 사고는 마르크스주의와 관련된 오래된 유물론적 접근과는 크게 달라서 그들과 분명한 선을 그으려고 한다.

이와 같은 접근이 중요하다는 것을 알려 처음으로 고고학자들의 관심을 끌게 된 인물은 인류학자 팀 인골드(제9장의 박스 9.1)이다. 2007년 한 고고학 학술지(*Archaeological Dialogues*)[47]에 실린 그의 논문에서 인골드는 아주 독창적인 그 무엇인가를 보여 주었다. 자신의 논문을 읽는 독자들에게 밖으로 나가서 돌멩이를 하나 집어 들고 그것을 물동이에 담갔다가 그들이 논문을 읽는 동안 그들 곁에 젖은 돌멩이를 놓아두라고 한다. 논문을 읽고 있는 동안 인골드는 이따금 돌멩이가 있는 곳으로 와서 어떻게 변해 가고 있는지에 대해 말한다. 논문 끄트머리까지 읽었을 때쯤 거의 다 말라서 약간의 젖은 얼룩이 남아 있을 뿐이다. 이제 돌이 다르게 느껴지는가? 광이 덜 나고 그것을 가지고 무언가에 대고 두드리면 좀 다른 소리가 난다.[48] 변화란 없을 것 같고 완전히 고정적으로 보이는 그 어떤 것, 돌멩이 같은 물질의 성질도 어느 한 시점에서 그것이 맺게 된 관계에 따라 달라질 수 있다는 것이다. 그것이 마른 상태인가 아니면 젖은 상태인가? 따뜻한가 아니면 차가운가? 돌은 특정한 본성을 가진 것이 아니라 일종의 특정한 역사를 가진다.[49] 최근 얼마 전에 물에 젖은 적이 있고 무언가로 내리쳐서 끝이 날카롭게 되었지만, 원래 냇가에서 풍화되어 반들반들해진 것 아닌가? 인골드는 돌멩이와 같은 그런 것조차도, 우리가 흔히 변화 없고 그대로인 것이라고 의미부여를 해 온 그런 물질도, 실제로는 변화하며 생기를 가지고 변형될 수 있다고 한다. 어떤 의미에서 살아 있는 것이다.

하지만 여기서 우리가 새겨 두어야 할 점이 있다. 그것은 단순히 우리가 돌멩이 하나의 성질을 어떻게 이해해야 할 것인가를 다시 생각해 보았다는 데 그치는 것이 아니라 그 이상의 큰 의미가 있다. 인골드가 묘사한 것은 돌멩이가 그것을 둘러싼 세계와 맺은 관계를 통해 그 돌멩이의 성질이 나타난다는 사실이었다. 팀 인골드는 그와 같은 관계의 세트를 '그물망(meshwork)'이라고 부르는 것에 반해, 신유물론자들은 이를 '어셈블리지(assemblage)'[50]라고 하는데 이는 철학자 질르 들뢰즈(박스 8.3)의[51] 저서에서 따온 용어이다. 사실 고고학자들이 어셈블리지라는 용어를 사용한 것은 아주 오래전부터의 일이다. 한 유적에서 나온 석기, 토기 혹은 금속기의 조합상을 일컬을 때 이 용어를 사용해 왔다. 이를테면 당신이 발굴한 주거지에서 나온 'ceramic assemblage(토기 유물복합체)'는 검토해 봤소라는 질문은 고고학자가 흔히 던지는 말이다. 어떤 의미에서 보면 오늘날 이론 고고학에서 사용하는 어셈블리지라는 용어의 의미가 우리가 그동안 흔히 써 왔던 같은 단어, 유물복합체의 뜻과 크게 다르지 않다고 할 수도 있다. 어셈블리지는 각기 다른 여러 종의 물건들이 함께 모여서 어느 한 총체로 간주할 수 있는 것을 말한다. 그런데 여기에는 물질적인 것도 들어 있지만, 아이디어, 신앙, 감정, 기억, 상징, 그리고 그 이상의 것들도 포함된다.[52] 이 어셈블리지는 크고 작은 여러 스케일로 작동한다. 이를테면 두 개의 수소 원자와 한 개의 산소 원자가 하나의 어셈블리지를 구성한 물 분자의 규모로부터, 점토, 완화제, 그리고 열이 모여 만들어진 토기, 그리고 하나의 항성, 행성들, 달, 소행성 등이 모인 태양계에 이르기까지 규모가 다양하다는 것이다.[53] 고고학자들이 주로 관심을 가지는 어셈블리지의 규모들은 따로 있다. 물론 그 안에도 크기의 차이는 있지만 대체로 하나의 토기의 수준에서 유적이나 연구 대상으로 삼은 지역 정도에 관심을 가진다. 이 어셈블리지는 또한 들뢰즈가 강조했던 것처럼 항상 '되어 감(becoming)'의 과정 중에 있다. 즉 이는 어셈블리지들이 진행 중에 놓여 있는 어떤 종류의 과정이라는 의미이다. 그래서 고정적이고 변동 없는 상태가 아니라 특정한 어떤 역사를 지닌다. 이처럼 달라진 어셈블리지의 개념을 가지고 고고학적으로 생각해 본다면 어떤 이야기가 가능할까?

어셈블리지의 개념을 통한 연구 중 하나는 디자인에 관한 문제이다. 즉 디자인이 어떤 일을 하는가에 대해 개념적으로 재고해 볼 수 있다. 예컨대 토기를 제작하는 누군가에 대해 고고학자가 생각한다고 했을 때 우리는 보통 토기를 만들어 내는 사람이 가진 아이디어가 어떤 것인가에 중점을 둔다. 즉 점토라는 주물러 다듬기 좋은 재료를 가지고 원하는 모양의 토기를 제작해 내는 것에 대한 아이디어가 어떠하냐에 초점을 맞춘다는 것이다.[54] 마찬가지로 우리가 플린트 몸돌을 들고 작업하는 석기 제작자를 떠올리게 되면, 재료를 가지고 작업을 시작하기 전에 제작자가 마음속에서 원하는 도구, 이를테면 석촉이나 긁개와 같은 것에 대한 그의 디자인이 어떤 것인지에 대해 우리는 관심을 기울이게 되는 것이다. 사람들이 어떤 물건을 만들기로 했을 때 마음속에 어떤 개념을 가진다고 생각하는 방식을 보통 '질료형상론(hylomorphic)' 모델[55]이라고 하며 이러한 생각은 고대 그리스 철학자 아리스토텔레스까지 거슬러 올라간다.[56] 사실 우리가 흔히 사용하는 고고학 용어인 '물질문화'에 대해 생각해 보아도 이 단어 자체에서 우리는 질료형상론 모델을 포착해 낼 수 있다. 말하자면 이 용어 자체가 어느 하나의 물건(물질문화 어느 한 건)은 어떤 물질과 그것에 가해진 아이디어나 문화의 조합으로 구성되었다는 것을 보여 주고 있다.[57] 하지만 이 모델이 물건의 제작이 이루어지는 방식을 잘 나타내 주는 것이 아니라는 좋은 증거가 있다. 처음부터 이 모델에는 물질이 하는 일이 없다고 보고 인간 존재의 창의성을 강조해야 한다는 생각이 깔려 있다. 이에 대해 회의적 반응이 있을 수 있지만 좋다! 인간이 물건의 제작을 디자인하고 실행에 옮기는 존재라고 하자. 그러면 그들은 물질에 의한 제약을 받지 않는가? 최대한 양보해도 우리는 물질이 인간 존재와 그 에이전시의 대리인 정도의 역할은 한다는 사실을 받아들이지 않을 수 없다(제5장에서의 집과 건축가에 대한 논의를 상기해 보자).

하지만 우리가 어셈블리지라는 개념을 통해 물건에 대해 생각한다면, 다른 가능성이 열린다.[58] 철학자 마누엘 드란다는 그의 강연과 저작을 통해 자주 독일의 건축가 프라이 오토(Frei Otto)의 사례를 들어 디자인할 때의 물질이 하는 역할에 관해 이전과는 다른 이해의 방식을 설명한다. 바로 그것이 어셈블리지에 기초한 관점이다.[59] 프라이 오토는 1972년 뮌헨올림픽이 개최되었던 경기장(그림 8.2) 설계의 책임을 맡게 되었다. 그는 가벼운 텐트와 같은 지붕 구조물의 제작으로 유명했는데 올림픽 경기장에도 같은 방식을 도입하고자 했다. 컴퓨터에 의한 디자인이 사용되기 이전이어서(당시는 1960년대였음) 그가 구상해 낸 지붕의 형태를 계산할 방법이 필요했다. 전통적인 디자인 모델로 하려면 동원할 수 있는 것은 수학과 제도, 천재적 아이디어의 조합이었다. 아무튼 오토는 자신에게 필요한 형태를 계산해 냈는데 사실 그가 이용한 것은 수학이나 제도

질르 들뢰즈

질르 들뢰즈(Gilles Deleuze, 1925-95)는 프랑스의 철학자이다. 그는 자신의 저서를 통해 서양 철학의 지배적 전통에 대한 대안적 해석을 발전시켰다. 그의 책 『차이와 반복』이[60] 이미 위대한 걸작이지만, 정신분석학자 펠릭스 가타리와 함께 작업한 두 권의 저서 『안티-오이디푸스』와[61] 『천 개의 고원』이[62] 가장 유명하다. 이해하기 어렵기로 소문이 나서 쉽게 읽어 낼 수 없는 그의 책이지만 지난 15년 동안 여러 사회과학의 분야, 특히 지리학에서 들뢰즈의 영향력은 점점 커지고 있다.[63] 아래 사진은 수평으로 뿌리가 뻗어 나가는 리좀(rhizome)이다. 들뢰즈와 가타리는 비선형적이고 항상, 여전히 되어 감의 연결성에 관하여 색다른 모델을 구상하고 그와 같은 사고의 방식을 리좀의 관점이라고 했다. 나무 모양의 위계적 지식의 체계 대신에 리좀적 사고를 주장하여 세계를 알아 가는 여러 방식이 있음을 보여 주었다.

출처: https://commons.wikimedia.org/wiki/file:Bamboo_with_rhisome_1.JPG

와 같은 것이 아니었다. 그 대신 그는 색다른, 그리고 아주 값싼 물질, 즉 비누 거품막을 계산에 활용했다. 오토는 비누 거품이 아주 재미있는 성질을 가지고 있다는 사실을

그림 8.2 1972년 뮌헨 올림픽 스타디움으로 프라이 오토와 비누거품 필름이 함께 디자인한 것임(2014_ Olympiastadion_Munich_I.JPG: derivative work: Hic et nunc[CC BY-SA 3.0 (http://creativecommons.org/licenses/by-sa/3.0)], Wikimedia Commons에서)

알았다. 비누 거품은 저항을 최소화하는 형태를 만들어 낸다. 우리가 욕조 안에서 거품을 불면 그것이 둥그런 구를 만드는데 그 형태를 보면 왜 그런지 이해할 수 있을 것이다. 그것이 어떤 힘을 만나게 되었을 때 거품막은, 들뢰즈의 용어를 빌어 말한다면, 어떤 다른 것이 되어 가는(become) 것이다. 그래서 오토는 자신이 생각한 크기의 넓은 판 위에 막대사탕 자루를 끈으로 묶고 그 판을 비누 거품막 아래에 놓았다. 그런 다음 그가 필요로 하는 곡선의 형태를 계산할 수 있었는데 수학자들은 이러한 모양을 쌍곡포물면(雙曲抛物面: hyperbolic paraboloid)이라고 한다.[64] 뮌헨올림픽 스타디움의 디자인이 프라이 오토만의 작업으로부터 비롯된 것이라고는 할 수 없다. 디자인은 그와 함께 비누 거품막과 막대사탕 자루, 그리고 끈이 만들어 낸 것이다. 이와 같은 특정 물질들이 어떤 특정한 형태를 취하게 되는 경향성(철학자들이 형태생성의 능력이라고 부르는)을 그려 낸 것이 디자인이다. 그래서 디자인은 건축가와 거기에 참여한 여러 물질의 어셈블리지로부터 출현한 것이라 할 수 있다. 인골드가 말한 돌멩이처럼 우리가 물질들을 신중히 들여다보면 죽어 있는 듯이 보이는 물건도 이전 우리가 생각했던 것보다 훨씬 생기를 가진 어떤 것이 된다.

202

고고학에서의 신유물론

고고학에서 신유물론자의 접근이 빠른 속도로 늘고 있다. 어셈블리지의 개념을 통해 물질, 매장의례, 공동체 그리고 심지어는 고고학 그 자체의 과정과 실천에 대해 우리가 어떻게 생각해야 할 것인가 하는 논의가 진행되어 왔다.[65] 신유물론자들은 또한 세계가 경험되는 방식에 대해 새로운 사고를 제시한다. 그들의 주장에 따르면 사물들의 감각적 특성은 어셈블리지의 핵심적 부분을 형성한다고 하며 사람들은 그 어셈블리지를 통해 살아감으로써[66] 세계의 경험이 이루어지는 셈이다. 신유물론자들은 물질적인 것 그 자체에 대해 새롭게 주목함으로서 과학적 접근과 이론적 접근이 서로 융합될 수 있는 새로운 길을 열었다. 이처럼 그들이 과학적 접근을 수용함으로서 제인 베넷(박스 8.4)과 같은 연구자의 주장도 끌어들이게 되는데 베넷은 앞서 예를 들었던 비누 거품막과 같이 물질이 어떤 방식으로 작용할 수 있는 능력에 주목하며 그것을 물질의 생기(*vibrancy*)[67]라고 부른다. 물질적인 것을 주의 깊게 들여다보면, 그들이 인간 존재들과 함께 구성하는 어셈블리지에 대해 새롭게 생각할 수 있게 될 것이며 그를 통해 그 물질적인 것들이 어떻게 활동하는지, 그들이 어떤 것인지, 그리고 서로 다른 상황에서 어떻게 변해 가는지도 새롭고 흥미로운 방식으로 생각할 수 있다. 이러한 사고의 방식이 우리에게 어셈블리지의 생성과 되어 감(*becoming*)의 과정을 새로운 눈으로 보게 해 줄 것이다. 즉 사람과 물질이 그들 각자가 가지고 있는 특정한 성질, 기억, 경험들과 함께 참여하여 생성되는 새로운 어셈블리지와 그 되어 감의 과정으로 보게 된다는 것이다.

이와 같은 접근법의 영향을 받은 연구 중에서 가장 혁신적인 사례의 하나는 챈탈 콘넬러(박스 8.5)의 저서 『물질의 고고학』이[68] 아닐까 한다. 이 책에서 콘넬러는 신유물론적 접근에 관해 서술한 다음, 유럽 구석기시대와 중석기시대 유물이 지닌 여러 문제에 관해 재검토하는 작업을 진행했다(신유물론의 접근 중에 비서구적 존재론에 관한 개념은 제10장에서 다시 살펴보게 될 것이다).

박스 8.4 제인 베넷

제인 베넷(Jane Bennett)은 존스 홉킨스 대학의 정치학 교수이다. *Vibrant Matter: A Political Ecology of Things*의[69] 저자인 제인 베넷은 정치학 분야에 처음으로 신유물론의 접근을 도입하여 세계 내에서 보다 지속 가능한 삶의 방식에 관해 주장했다. 아래 보이는 것은 송전탑인데 이 사진을 게재한 이유는 베넷이 어셈블리지를 매우 유용한 개념으로 설명하면서 제시했던 가장 유명한 사례가 2003년 미국에서 있었던 정전사태의 기술이었다. 이 사태를 두고 정상적으로라면 우리는 인간의 실수나 기계적 결함 때문에 발생한 어떤 것으로 생각해 넘길 수도 있을 것이지만, 베넷은 이 사태의 발생이 물질의 성질로부터, 전력회사의 정책, 사람들의 활동과 번갯불 등 모두가 걸려 있는 문제라고 주장했다. 베넷이 말하고 싶은 이야기는 정전사태를 이해하려면 우리는 어셈블리지 총체에 대해 생각하지 않으면 안 된다는 사실이다.

아놀디어스(Arnoldius)의 사진[CC BY-SA 2.5(http://creativecommons.org/licenses/by-sa/2.5)], Wikimedia Commons에서

204

챈탈 콘넬러

챈탈 콘넬러(Chantal Conneller)는 맨체스터 대학의 고고학 조교수이다. 콘
넬러는 영국 구석기시대와 중석기시대의 전문가로서 수렵채집사회를 어떻게 생
각해야 할 것인지에 대해 고민해 왔다. 특히 신유물론의 개념을 통해 수렵채집사
회가 물질이나 동물과 어떻게 관계를 맺는지에 대한 연구를 진행하고 있다. *An
Archaeology of Materials*[70]와 같은 저서를 비롯하여 논문 Becoming Deer[71]
등이 있다. 아래의 사진은 앞의 논문에서 영감을 받아 게재하였다. 영국 스타 카
(Star Carr)의 중석기시대 유적에서 출토된 뿔이 부착된 사슴의 앞머리뼈인데 사
람이 머리에 쓸 수 있도록 구멍이 뚫려 있다. 이 유적의 발굴을 주도했던 콘넬러는
사람들이 이 앞머리뼈를 사용해서 사람과 이 마스크의 어셈블리지를 형성하였으
며 그것을 통해 사슴이 가지고 있는 성질 중에 어떤 것을 가질 수 있고, 더 사슴과
비슷하게 될 수 있었다고 말한다.

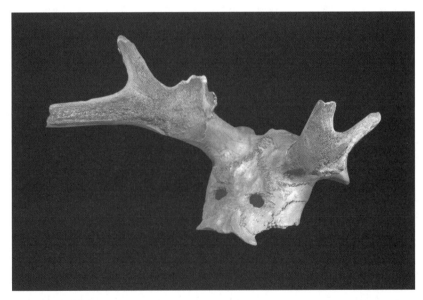

ⓒ 영국박물관 이사회

콘넬러의 저서에서 다루었던 연구의 사례를 하나 들어 보자. 그녀는 어느 특정한
형태와 디자인이 어느 특정한 물질로 제작되었다면 둘 사이의 관계에서 물질이 어떤

역할을 했는가 하는 질문을 던진다. 이른바 **콩뚜르 데꾸뻬**(*contours découpés*)(그림 8.3)[ii]로 알려진 조각을 살핀 콘넬러는 말의 머리 모양을 한 이 목걸이 장식이 말의 설골(舌骨: 그림 8.4)로 제작되었음에 주목한다. 이 목걸이 장식은 지금으로부터 14,800년에서 13,000년 사이의 중기 마그달레니안기[72]에 해당하는 것으로 알려졌다. 말의 설골이 재료로 이용된 것은 최소한의 가공으로 말 머리와 같은 어떤 형태를 가공해 낼 수 있고, 뒤이어 안에 새김질을 더하면 최종의 이미지를 만들어 낼 수 있기 때문이었다고 콘넬러는 지적한다. 사실 재료가 되는 그 물질의 형태 자체는 말의 머리를 연상시켜 주며 그 디자인에 잘 부합하는 재료라는 데 틀림없다. 같은 시기의 동굴벽화에서도 그와 유사한 방식으로 동굴 벽의 모양에 따라 동물의 특정한 묘사가 바로 그 자리로 유도된다고 그녀는 파악하는데,[73] 마치 떠다니는 구름처럼 당신 머리 위에 그려진 동물들의 모양을 보게 된다면 수긍이 갈 것이다. 이 두 가지 사례를 통해 우리는 재료가 어떻게 자신을 디자인에 참여시키는지 알게 된다.

여기에서 콘넬러의 요지는 인간이 그와 같은 형태들을 어떤 특정 물질에 보편적으로 맞추어 내는 존재라고 생각하지 않는다는 점이다. 그 대신 돌(동굴벽화의 경우)이나, 뼈(콩뚜르 데꾸뻬의 경우)와 같은 물질의 특정한 성질이 마그달레니안기의 특정 어셈블리지에 나타난 것이라고 주장한다. 당신 머리 위에 구름처럼 떠다니는 동물들의 형상을 그렇게 알아보기란 사실상 힘든 것과 마찬가지로 어느 시기와 어느 지역의 사람이건 설골의 모양새에서 말 머리를 인지해 낼 수 있는 것은 아니다. 이러한 것은 말을 사냥하고 도살 해체하는 과정, 마그달레니안기의 동물 예술품 전통, 그리고 어떤 형상을 수용하는 뼈의 물질적 성질 등이 서로 연결되어야만 나타날 수 있다. 단순히 물질에 감추어진 어떤 형태나 또 그것을 어떤 형상에 맞추어 낸 인간 존재만으로는, 콩뚜르 데꾸뻬와 같은 것이 하나의 특정 결과로서의 어셈블리지에 결코 나타날 수 없다.

다음으로 콘넬러는 이 마그달레니안의 어셈블리지를 후기 구석기시대의 더 이른 시기에 나타나는 물질과 형상의 또 다른 관계들과 비교하는 연구를 진행했다. 이를테면 비교 대상으로 33,000년 전 프랑스 남서부 오리냐시안기의 둥근 구슬(basket-shaped beads)들이 있다.[74] 이 오리냐시안의 맥락에서 사람들은 거대한 맘모스의 턱

---

ii   역자 주: 유럽의 후기 구석기시대 조각 소품의 종류 중 하나. 표현하고자 하는 형체의 윤곽을 오려 내고 그 안에 세부를 묘사하는 기법으로 제작되었음.

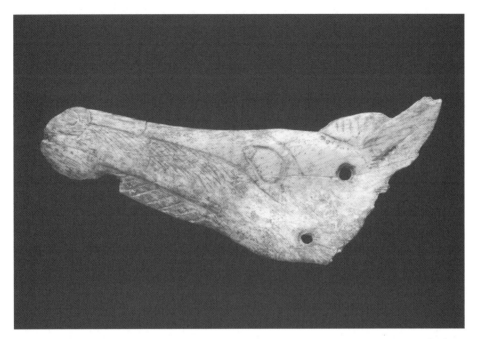

그림 8.3 프랑스 이취리츠에서 발굴된 마그달레니안기의 말 머리 모양의 꽁투르 데꾸페(국립박물관, 그랑 팔레 전시관의 수집품(국립 고고학 박물관) / 루와 하몽(Loïc Hamon)(Conneller 2011, figure 1.1에서)

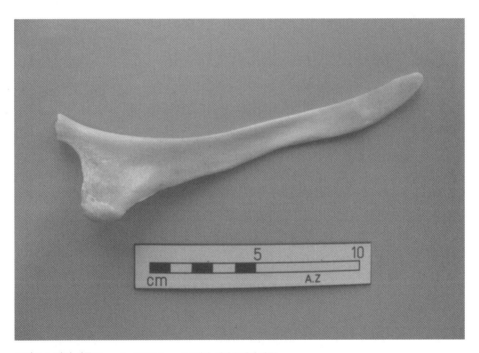

그림 8.4 말의 설골(Conneller 2011: figure 1.2에서, 챈탈 콘넬러 제공)

뼈와 같은 것을 포함하여 다양한 종류의 물질들을 다루었는데 그것을 둥근 구슬로 변화시키게 된다. 말의 설골이 가진 형태가 그것이 궁극적으로 되고자 하는 물건의 형상과 닮은 점을 가지고 있음에 반하여, 맘모스 턱뼈의 경우에는 그 어떠한 유사성도 포착되지 않는다. 게다가 구슬을 제작하는 공정은 훨씬 복잡하다. 즉 맘모스 턱뼈를 막대기 모양으로 갈라야 하는데, 이것은 물질이 가진 성질에 반하는 방향으로 가는 공정이다. 이는 얼핏 보아 사람들이 맘모스 턱뼈가 가진 물질적 성질에 별로 주의를 기울이지 않았던 것은 아닌가 하는 생각을 들게 한다.[75] 어떠한 물질을 가지고 둥근 구슬을 제작했다 하더라도 같은 형태의 물건을 만드는 데 같은 기술이 사용되었을 것이다. 이러한 점에서 보면 사람들이 만들고자 하는 그것을 마음속에 하나의 아이디어로서 가지고 있다가 그것을 물질을 덮어씌워 구현해 냈다고 보는 것이 확실히 옳은 이야기인가? 하지만 콘넬러는 그렇지 않다고 자신 있게 주장한다. 이 맥락에서는 단단한 정도라든가 작업할 때 얼마나 다루기 쉬운가 하는 것이 문제가 아니며 다른 물질적 특성들, 특히 마연했을 때 매끄럽고 광이 잘 나는 성질과 같은 것이 중요했다는 것이다.[76] 오리냐시안의 구슬을 제작하는 데 사용되었던 물질, 이를테면 활석, 조개, 치아 등을 포함한 모두는 그런 점에서 비슷한 성질을 가지고 있다. 그리고 중요한 것은 그들이 모두 형태적으로도 서로 닮았다는 사실이다. 그러므로 사람들이 각자의 마음속에 자리 잡은 디자인을 어떤 재료(이 경우는 상아)에 단순히 덮어씌었다고 결론 낼 것이 아니라, 물질로부터 그와 같은 성질을 끌어내기 위해 사람과 다른 기술들이 함께 모였다고 보는 것이 옳다. 이 둥근 구슬을 통해 드러난 형태는 그것을 마연하는 사람의 마음속에 있을 뿐만 아니라 다른 구슬들에도 마찬가지로 자리 잡고 있다. 그러므로 다시 반복되는 이야기이지만, 최종적으로 완성된 물건으로 나타나게 하는 것과 고고학자로서 우리가 그 제작을 이해하고자 할 때 중요한 것은 어셈블리지이다.

수천 년 그 이전으로부터 어셈블리지를 추적하는 콘넬러는 물질 그 자체를 더 자세히 검토했다. 뼈의 모양을 관찰하고 도살과정을 조사했으며 상아의 물질적 성질의 목록을 상세하게 작성했다. 무엇보다도 콘넬러는 결코 물질이 그저 정태적이며 인간 존재가 다가와서 자신을 변형시킬 때까지 단순히 기다리고만 있는 그런 존재라고 생각하지 않는다. 우리가 고고학자로서 써 내려가는 역사에서 물질은 능동적인 활동자(player)이다. 그들은 살아 있고, 변해 가며, 생기 있고 되어 간다. 다른 어셈블리지에서 그들은 다른 일을 할 수 있다. 그리고 결코 고정되었다고 할 수 없고, '자연적'이지 않으며, 인간 존재와 마찬가지로 가변적이다. 물론 이 이야기는 물질이 그 어떤 일도 할 수 있다는 것을 의미하는 것은 아니다. 물질들은 확실히 우리가 그들에 대해 인정하는 것 그 이상으로 그 무언가를 할 수 있다는 뜻이다.

맺음말: 과정주의와 탈과정주의 고고학을 넘어서

대칭적 고고학자와 신유물론자들은 사물을 좀 더 진정성 있는 시선으로 보아 달라고 요청한다. 사물이 우리를 새로운 눈으로 세계를 볼 수 있게 한 것, 사물이 지금 여기 우리 눈앞에 있으므로 해서 먼 과거에 대해서도 알 수 있게 해 준 것, 그리고 사물이 자기 자신이 포함된 다양한 네트워크와 어셈블리지 안에서 자신의 성질을 바꾸어 가는 모습을 깊이 있게 고려해 달라고 요청하고 있다. 이러한 접근법들은 격렬한 논쟁에 휘말려 있지만,[77] 그것을 주장하는 이들 사이에도 중요한 의견의 차이가 존재한다. 이에 대해서는 제11장에서 다시 다루어 보도록 하겠다. 활자화되어 나오지는 않고 학회에서 설왕설래하는 이야기이긴 하지만 신유물론과 대칭적 고고학, 그 양쪽에 대해 종종 나오는 비판은 과연 그러한 접근이 탈과정주의의 맥락에 대한 강조와 과연 얼마나 다른가 하는 점이다. 결국, 탈과정주의 고고학도 어떤 유물이 과연 과거에 어떤 것이었나를 이해할 수 있으려면 그 유일한 방법은 유물의 맥락에 주의할 수밖에 없다고 주장하지 않았는가(제2장 참조)? 그 차이는 두 가지이다. 첫째, 탈과정주의 고고학은 의미를 강조했고, 그래서 고고학 자료의 의미에 관한 적절한 은유를 언어에서 찾았다. 그러나 대칭적 고고학과 신유물론의 고고학자들에게 의미는 물건이 하는 수많은 일 중 일부라고 생각하고, 심지어 일부 연구자들은 의미가 전혀 중요하지 않다고까지 말한다(아래를 보라). 둘째, 대칭적, 그리고 신유물론의 고고학자는 사물과 물질에 대해 인간 존재가 생각하는 것, 알고 있는 것, 이해하는 것을 넘어 사물과 물질이 실제로 세계에 기여하는 것이 무엇인가 하는 문제를 강조한다. 그래서 그들은 사물의 성질과 능력에 대해 주목해 달라고 하면서 이러한 것이 다양한 어셈블리지의 부분으로서 어떤 변화를 가져오는지에 관해 생각해 줄 것을 우리에게 강력하게 요청한다. 이는 과학의 지위를 복권하여 주겠다는 뜻이다. 탈과정주의는 진정 의미 깊은 활동, 즉 해석에 견주어 보면 과학은 하류의 작업이라고 생각했다. 그러나 대칭적, 신유물론의 고고학자들은 현재

고고학자가 만난 과거의 물질세계를 다룰 수 있는 핵심적인 자리로 과학을 위치시키려고 한다.[78] 이러한 점에서 이 새로운 접근이 가져온 아이디어들은 신고고학의[79] 이른 세대가 주장했던 것과 적어도 일부는 통하는 점이 있다.

대칭적 고고학과 신유물론의 고고학, 이 둘의 근본적인 목적은 고고학의 이론이 그 초창기부터 문제 삼아 왔던 이분법 그리고 그것을 둘러싼 논쟁에서 벗어나는 일이다.[80] 비물질적 관념과 물질적인 것, 그리고 문화와 자연의 이원론, 즉 이 장의 서두에서 우리가 살폈듯이 브뤼노 라투르가 공격했던 그 이원론으로부터 탈피하는 것을 말한다. 제2장에서 우리가 서술했던 고고학 이론이 그동안 논쟁의 역사를 통해 오갔던 이편과 저편은 바로 이원론 구도와 그대로 일치한다. 문화사 고고학에서는 고고학이 공유된 관념에 관한 연구였고, 과정주의에서는 자연의 세계에 적용하기 위한 사회적, 물질적 자원의 연구가 고고학이었으며, 탈과정주의의 고고학은 특정한 문화적 맥락에서 사물이 의미하는 것을 연구했다. 이 장에서 소개한 고고학자들이 주장하는 것은 지난 50년 동안의 고고학 논쟁이 아주 특별하고 문제시되는 세계관 위에서 진행되어 왔다는 사실이다. 이러한 관점이 우리로 하여금 사물과 물질적인 것을 있는 그대로 볼 수 없게 하였다고 그들은 주장한다. 그래서 대칭적 고고학과 신유물론의 고고학 이 두 그룹은 고고학에 대한 우리의 이해가 완전히 달라져야 할 필요성을 제안하며 우리에게 새로운 존재론을 요구한다. 우리가 제2장에서 검토했던 것처럼 존재론은 존재에 관한 이론을 의미한다. 최근 고고학과 인류학에서는 세계에 대한 생각이 근본적으로 다른 사고의 방식을 쟁점으로 끌어내기 위해 이 존재론이라는 용어를 점점 빈번히 사용하게 되었다. 대칭적 고고학과 신유물론의 고고학에서는 함께 '평탄한 존재론(flat ontology)'이라는[81] 개념의 도입을 시도하는데 이는 사람과 사물을 동등한 기반 위에 놓고 보자는 입장이다. 이는 사람과 사물이 동일하다는 뜻은 아니다. 사람과 한 잔의 차, 사람과 컴퓨터 사이에는 중요한 차이점이 있으며 실질적으로도 그렇고 윤리적으로도 그러하다. 그리고 한 잔의 차와 컴퓨터 사이에도 차이가 있음은 분명하다. 그래서 이 평탄한 존재론으로 시작했다는 것은 동일한 방식으로 마무리될 수 없음을 의미한다. 그러나 분석의 끝에서는 권력과 권위의 차이를 보이지 않는다는 점은 강조해 둘 필요가 있다. 이 접근법에서는 하나의 특정한 차이, 특히 인간과 다른 모든 것 사이의 종적, 존재론적, 혹은 계층적 차이에 미리 매달리지 말고 모든 차이를 펼쳐 놓고 검토해 달라고 요청한다. 이러한 점을 강조하는 존재론의 관점은 라투르나 들뢰즈와 같은 서구의 사상가에게서 나온 것이기도 하지만 비서구인의 사고에서도 그러한 관점의 세트를 찾아볼 수 있다. 이와 같은 비서구적 관점들을 이전보다 더욱 진중하게 검토하는 연구에 대해서는 제10장에서 논의하게 될 것이다.[82]

이 평탄한 존재론의 접근은 이 책에서 검토한 다른 모든 접근에 비해 한 발짝 더 나가 있다. 실천이론에서는 이원론이 구조와 에이전시 사이에 남아 있었다(제3장). 사물 에이전시의 설명에서도(제5장), 사물이 기꺼이 에이전시를 부여받지만, 그것은 이차적이며 인간 존재의 1차 에이전시와는 다르다. 제6장에서는 물질성에 대한 여러 접근법을 살펴보았는데, 이들은 사물과 사람 사이의 관계를 훨씬 복잡하게 파악해 나갔다. 그럼에도 불구하고 이 모든 접근법들은 기본적으로 인간중심주의에 머무른다. 그러나 대칭적 고고학과 신유물론의 고고학은 그렇지 않다.[83] 심지어 이안 호더의 얽힘에 대한 최근 이론도 그 두 접근이 그리했던 것처럼 이원론을 제거하지 못했고 이에 대해서는 이안 호더도 분명히 인정한 바 있다.[84] 그는 특히 ANT와 같은 접근에서 이원론을 제거했다는 것은 사물의 물질적 성질을 완전히 파악하지 못했다는 것이며 그래서 우리는 인간과 비인간의 분리를 통해 성립하는 변증법에 계속 의지할 수밖에 없다고 주장한다.[85] 이에 대해 우리가 동의하든 동의하지 않든 이안 호더는 이원론 안에서 계속 작업해 나갈 것을 분명히 한 셈이다. 말하자면, 라투르나 들뢰즈의 사고를 중심으로 한 접근과는 다르게 인간을 분리하는 관점에 선 것이다. 제7장에서는 인간과 상징에만 관심을 두어 왔던 의미의 연구를 살펴보았는데 이 접근 역시 지금 이 장에서 소개한 접근법만큼 멀리 가지는 못하였다.

대칭적 고고학과 신유물론적 고고학의 비판에 관해 이야기할 때, 우리가 두 번째로 논의해야 할 것은 고고학자들, 특히 탈과정주의자들이 관심을 기울여 왔던 일정 범위의 중요 요인들이 이 접근법들에서는 무시되거나 저평가된다는 점이다. 특히 대칭적 고고학은 권력, 불평등, 정체성, 젠더, 인격성 등과 같은 문제에 대해서는 전혀 언급조차 하지 않는다.[86] 이런 것은 결코 사소한 문제가 아니다. 1980년대의 고고학자들이 애써 고고학의 주요 문제로 부각시켜 온 것이며 우리의 연구가 정치적 영향력을 가질 수 있도록 만들었다. 예컨대 우리가 젠더 역할의 복잡성에 대해 제대로 관심을 두지 않았을 때, 우리는 자신도 모르는 사이에 현재의 선입견으로 과거를 투사해 볼지도 모른다(제4장). 그러므로 과거의 정체성에 관한 복잡한 탐구를 포기한다면 그것은 심각한 퇴보를 의미한다고 말할 수밖에 없다. 사실 이 접근법들은 탈과정주의 고고학적 설명에 대한 그들의 거침없는 비판으로 인하여 그들이 생각하는 과거에는 복합적인 인간 요소들의 일부가 결여되어 있는 것은 아닐까 우려되며, 그럴 가능성이 충분한 것 같다. 왜 대칭적 고고학과 신유물론의 고고학이 권력이나 정체성과 같은 문제를 다루려 하지 않는지에 대해 생각해 보면 큰 이유는 없는 듯하다. 사실 신유물론의 영향을 받은 고고학자 중에는 실지로 그러한 성격의 논의를 시도하기도 했다.[87] 삶의 그러한 요소들에 대한 우리의 이해를 더욱 발전시킬 방법에는 물질에 대해 다시 생각해 보는 것도 필요하다. 즉 과거의 세계를 만들어 낼 때 우리가 물질에 부여한 새로운 역할, 즉 당시 거기 살았던 사람의 정체성을 단순히 표시한다거나 상징하는 것이 아니라 그것을 만듦이란 차원에서 다시 생각해 보는 방법이 필요하다는 것이다.

이 장의 서술을 시작하던 곳으로 돌아가 생각해 보면 지금 우리는 너무 멀리 와 있는 듯하다. 이 장을 시작하면서 우리는 어떤 사람이 총에 맞았을 때 우리는 누구에게 죄를 물어야 하는가, 사람인가, 아니면 총인가 하고 질문을 던졌다. 결국 그가 총을 쏘기로 결정한 것이기에 답은 개인에게 죄가 있다고 보아야 한다는 것이었다. 그런데 우리가 총기 사용을 금지할 수 있다면 이 모두는 피해 갈 수 있을 것이다. 이제 이에 대해 좀 더 다르게 생각해 보도록 하자. 어찌 되었든 총 그 자체에 죄가 있다고 하기는 어렵다. 그래서 차라리 여기에서 훨씬 더 큰 역할을 한 것은 사람, 총, 그 어느 하나가 아니라 네트워크나 어셈블리지로 보아야 한다는 것이다. 한편으로는 사람과 그의 에이전시, 다른 한편으로는 사물과 '사회'로 나누는 이분법을 인간 삶의 구조로 생각해 왔지만, 이제 이를 받아들이지 않는다. 사람은 더 이상 역사를 이끌고 가는 힘이 아니다. 사람은 세계 안에 함께 하는 물질과 힘들의 소용돌이와 같은 일련의 관계 안에 있는 한 요소일 뿐이다. 그들에게는 어떤 종류의 행동은 허용되지만 다른 것은 할 수 없다. 고고학 유적을 발굴하는 것은 과거에 거기 살았던 사람을 이해하기 위해서만이 아니며, 역사 속의 한 행위자로서 변형되어 간 물건들을 그 자체로 살피기 위해 조사하는 것이다. 이는 사람이 과거와 현재에서 그들의 행동에 책임이 없다는 것을 우리에게 말하고자 하는 것이 아니며 어떤 행동이 이루어지더라도 그것을 폭넓은 과정과 관계의 세트 안에서 생각할 것을 우리에게 요구하는 것이다.

우리는 이 장에서 물질과 물건에 대해 살펴보았다. 물론 이들은 고고학자들이 서술하는 그런 물건들의 단지 한 세트일 뿐이다. 만일 우리가 역사나 디자인에서 그들이 하는 역할에 더 신뢰감을 보낸다면 그것은 무엇을 의미하는 것일까? 그렇다면 우리의 과거 안에는 살아 움직이는 구성원이 더 많이 생기는 셈이다. 만약 우리가 기꺼이 사물을 역사 안에서 활약하는 행위자로 생각한다면 확실히 동물이나 식물들도 또한 그들의 역할을 확장하게 될 것이며 이에 대해서는 팀 인골드도 강조한 바 있다.[88] 많은 고고학자가 애호하는 진화라는 거대한 서사 안에서는 그와 같은 이야기가 어떻게 맞추어질까? 다음 장에서 이 문제에 대한 논의를 이어 가기로 하겠다.

제9장
다종의 고고학
사람, 식물 그리고 동물

머리말: 고고학, 인류를 넘어

12,000년 전, 터키 아나톨리아의 서남부지역으로 가서 당시의 한 장면을 떠올려보자. 사람들이 T자형의 거대한 돌기둥들을 원형으로 세우고 있다. 이 작업에는 엄청난 양의 노력과 공동의 목적을 달성하기 위해 함께 일할 많은 수의 사람이 필요하다. 무슨 일이기에 한 장소에 저 많은 사람이 모였을까? 물론 저 사람들을 먹여야 하는데 식량은? 그래서 사람들은 이 지역의 식물을 더 집중적으로 수확하게 된다. 씨앗이 모이고 다시 그곳에 뿌려진다. 다른 사람들은 자기가 사는 지역에서 새로운 씨앗을 가져오기도 하고 그것을 뿌리기도 한다. 식물이 자라면서 사람들은 선택을 시작한다. 씨앗의 크기나 맛, 계절적 변동 혹은 그 밖의 어떤 형질들이 그들에게 더 적합하다고 생각되는 종류의 것을 우선으로 취하게 된다. 이것이 식물들의 생물학적 특성을 변화시킨다. 서서히 식물들은 사람에게 의존하게 되고 그들의 통제 아래 들어간다. 한때 '자연적 과정'이었던 것이 문화의 손으로 넘어간다. 사람들이 한때 '야생'이었던 그것을 지금은 '순화된' 것으로 바꾸어 놓은 것이다. 그리 오랜 시간이 걸리지 않아서, 그래도 1-2천 년 뒤에, 비슷한 과정이 동물에게도 일어났다. 처음에는 양과 염소였는데 뒤에 소가 추가되었다. 가두어지고, 방목되고, 그리고 특정한 형질을 얻기 위해 선택적으로 도살되었다. 그러는 동안 인간은 자연의 속박을 벗어나 자신을 둘러싼 세계의 주인임을 자처한다. 수렵채집민은 더 이상 볼 수 없고, 이제는 모두 농민이다. 문명의 위대한

행진이 시작되고 필연적으로 지금 우리가 알고 있는 이 세계가 도래했다.

당신이 지금까지 이 책을 읽은 대로라면, 위의 문단은 무언가 좀 문제가 있다는 생각이 들 것이다. 처음부터 당신은 위의 문단이 아주 복잡한 어떤 과정을 짧게 요약하고 있다는 생각을 하게 된다. 혹은 이와 같은 내용으로 서술하는 고고학자라면 이보다는 좀 더 미묘한 느낌을 살려야 되지 않을까 생각할 것이다. 아무튼 여기서 정리해 낸 여러 주제를 보면 순화의 과정에 관한 고고학적 논의에[1] 대해 불쑥불쑥 한 마디씩 던지고 있음을 알 수 있다. 예를 들어 인간은 동물이나 식물과는 상반된 존재인 것처럼 묘사한다. 특히 어느 시점에서 그들을 지배한 것처럼 주장한다. 여기서 문화는 인간의 소유물이고 자연과 분리되며, 마찬가지로 야생과 순화, 수렵채집민과 농경민은 구분된다. 다시 말해서 농경의 출현에 관한 우리의 전통적 이해는 이 책에서 그렇게 비판해 온 이원론적 사고에 의해 압도되어 있다는 것이다.

바로 앞 장에서 우리는 대칭적 고고학과 신유물론에 대해 살펴보았다. 이 두 접근은 인간과 사물, 넓게 보아 물질 사이의 상호작용을 새로운 관점에서 생각해야 한다고 요청하고 있다. 이와 같이 새로운 관점에서 사물에 대해 생각하게 되면, 사람에 관해, 그뿐만 아니라 동물과 식물에 대해서도 지금까지와는 다른 성격의 질문에 빠져들게 된다. 인간이 동물 및 식물과 분리되어야 한다는 사고법에서 벗어나면 순화의 과정은 어떻게 생각해야 할까? 아마 우리는 동물과 식물도 관계, 네트워크, 혹은 어셈블리지 안에 끌어들여 놓고 생각하기 시작할 것이다. 우리가 만일 제5장에서 얘기했던 것처럼 동물과 식물이 에이전시를 가진다고 생각했을 때 과연 어떻게 될까? 제6장에서 사물에 초점을 맞추었던 것처럼 우리가 그들의 물질성에 중점을 두고 생각한다면 또 어떻게 될까? 식물과 동물의 순화는 흔히 인류 역사에서 중대한 전환으로 다루어진다. 만약 이 순화의 전환기를 이야기할 때 동물과 식물에 대한 인간의 통제에 관한 것이 아니라 식물과 동물의 삶에 관한 이해도 중요하다고 한다면 우리 자신에 대한 이해의 방식이 어떻게 변해 갈까? 최근 일부 고고학자들 사이에 비판의 대상인 인간중심주의에 대한 이와 같은 도전을 어떻게 받아들여야 하나? 여기서 우리는 관계의 문제가 핵심이라는 것을 또다시 보게 된다(그림 9.1).

만일 당신의 삶 안에서 동물과 식물에 대해 생각한다면 고고학자들이 전통적으로 생각해 왔던 과거의 동물과 식물에 관한 사고의 기초, 즉 단순한 구분법들의 문제점이 무엇인지 곰곰이 따져 보게 될 것이다. 그들의 요구가 당신의 요구를 어떻게 만들어 가

그림 9.1 식물 및 동물과의 관계: 우리의 트라월은 자신이 개에게 씹힐 위험이 있음에도 불구하고 세계 안에서 이 동물 및 식물은 능동적이라고 생각한다(케이-페이 스틸 그림)

는지 생각해 보라. 그들은 당신이 데리고 산책 가기를 원하고, 집에 있으면 먹이를 주기를 원하고, 물 주기를 원하고, 당신이 일어나야겠다고 생각한 시간보다 훨씬 일찍 당신 위에 올라앉아서 당신을 깨운다. 핵심을 위 삽화에 있는 트라월이 말해 주고 있다(그림 9.1). 일단 우리가 그와 같은 다른 존재와 관계를 맺으면 마치 개가 그러하듯이 그 존재는 우리를 돌아본다.[2] 과학 철학자인 도나 해러웨이(박스 9.2)는[3] 우리 삶 안에 있는 다른 동물을 그저 애완동물이나 소유물로 볼 것이 아니라 반려 종이라고 생각하는 편이 훨씬 나을 것이라고 말한다. 이 장에서 우리는 고고학의 안과 밖에서 전개되어 온 그와 같은 사고의 진전이 얼마나 중요한 영향력을 행사하는지 검토하게 될 것이다.

　1980년대와 1990년대 고고학자들이 처음으로 새로운 방향의 사고를 시작하면서 과거의 동물과 식물이 사람에게 어떤 의미가 있는가, 혹은 무엇을 상징하는가 하는 문제에 관심을 두게 되었다. 이 장은 이에 대한 논의로부터 시작할 것이다. 당시 초기의 연구들을 토대로 고고학의 밖에서 진행되고 있는 동물과 식물에 대한 좀 더 비판적 이해와 글쓰기에 대해 살펴보기 시작했고 이와 같은 시도들은 과거에 대한 '다종적(multi-species)' 접근의 가능성으로 이끌어 주었다. 팀 인골드(제8장에서 만난 적이 있음; 박스 9.1)와 도나 해러웨이(박스 9.2)는 이 점에서 매우 선진적인 사상가이다. 다음으로 우리는 고고학자들이 이러한 아이디어를 어떻게 적용하는지 살펴보기로 하겠다. 이와 같은 접근이 제기한 폭넓은 비판, 특히 진화에 관한 논의를 고고학에서 어떻게 받아들여야 할 것인가에 대해서도 검토해 보도록 하겠다. 뒤이어 우리는 제7장에서 살펴보았던 연구자와 그 아이디어로 되돌아가서 다루어 볼 것이다. 그리고 진화론적 사고는 비이원론적 접근에 속한다고 할 수 있으며 앞으로도 많은 얘깃거리를 던져 줄 것이라고 주장하고자 한다. 끝으로 앞서 제기한 순화의 문제로 돌아가서 결론을 맺고자 한다.

고고학, 식물 그리고 동물

고고학에서 처음으로 식물과 동물을 심도 있게 다룬 연구자들은 물론 과정주의자들이다. 돌이켜보면, 과정주의 고고학(제2장을 보라)은 경제와 같은 연구주제(사람들이 삶을 어떻게 영위했고 생존했는지)에 관심이 많았고 과거에 대한 과학적 접근을 발전시키고자 했다. 식물과 동물의 연구, 고고식물학과 고고동물학 등은 빠르게 고고학의 성숙한 하위분야로 자리 잡게 된다. 에릭 힉스와[4] 같은 연구자는 사냥, 목축, 낙농, 채집 그리고 곡물 수확 등의 다양한 패턴들을 토대로 과연 어떠한 경제형태가 구성되는가 하는 문제에 도전하였다. 여기서 중요한 것은 동물이 무엇을 의미하는가, 혹은 사람들이 그들을 돌보아야 하는가 등이 문제가 아니라 식량으로서의 칼로리 함량이라든가, 도살 패턴 그리고 계절성과 같이 '하드한' 이슈들이 문제였다.

탈과정주의 고고학자들은 동물이 몇 마리가 있고 언제, 어떻게 그들이 도살되는가 하는 질문보다 더 중요한 문제가 있다고 말했다. 우리가 제2장에서 보았듯이 초기 탈과정주의 고고학에 커다란 영향을 준 것은 구조주의, 특히 인류학자 클로드 레비스트로스의 저술이었다. 레비스트로스는[5] 그 유명한, 자연의 종들은 '먹기에도 좋지만' '생각하기에도 좋다'라는 말을 한 적이 있다. 탈과정주의 고고학자들은 이 아이디어를 받아들여 특히 동물을 대상으로 적용하기 시작했다. 고고학 유적에서 발견된 동물의 뼈는 이제 단순히 경제와 같은 것을 대변해 주는 것이 아니라 갑자기 폭넓은 총체적 관심의 대상물로 간주하기 시작했다. 말하자면 동물의 뼈는 '상징적인' 것이 되었다. 예를 들어 남부 스칸디나비아의 중석기시대 후기 수렵채집민의 에터뵐러(Ertebølle)문화를 연구한 크리스토퍼 틸리는 당시 사람들에게 붉은 사슴은 '커다란 상징적 의미'를 가지고 있다고[6] 주장한 바 있다. 사슴을 잡을 때 사용한 사냥용 창끝의 장식, 사슴 이빨을 사용한 장식, 사슴뿔이 부장된 무덤 등과 함께 그것의 경제적 중요성까지 검토하고 나서 틸리는 사슴과 인간 사이에는 총체적으로 보아야 할 은유적 연결과 같은 것이 있었다고 주장했다. 사슴은 사람들에게 '상징의 원천(symbolic source)'을 제공하고 사람들은 그것을 이용하여 '암시와 유추'를 만들어 냈다[7]고 한다.

초기 탈과정주의 고고학자들의 이론적 관심으로 인해 촉발된 것이지만 얼마 지나지 않아 많은 동물 고고학자도 동물의 세계와 동물의 삶이 가지는 사회적 측면에 관심을 가지기 시작했다. 동물 뼈 연구의 전문가로서 자신들의 전문지식을 활용할 뿐만 아니라 이론적 문제에 대해서도 폭넓은 지식을 가진 네리사 러셀은[8] 동물 뼈 자료들이 문화적 질문에 답할 수 있는 자료로 사용될 수 있는 방법에 대해 개괄적으로 설명한 적이 있다. 예를 들어 러셀이 그녀의 동료 케빈 맥거원과 함께 터키 차탈회위크 유적에서 출토된 황새 뼈를 조사한 연구가 있다(제6장의 이안 호더에 대한 논의에서 나온 그 유적과 같은 것임). 한 특정 퇴적물 안에서 황새의 왼쪽 날개가 발견되었고 그 안에서는 개의 머리뼈와 완전한 형태의 소의 각골 하나, 그리고 야생 염소의 각골 두 개도 함께 출토되었다.[9] 날개 하나가 완전한 형태로 묻혀 있었던 것으로 보이는데 자세히 분석해 본 결과 도살 흔적이 일절 발견되지 않았다. 날개에 도구를 댄 자국은 날개를 그 무언가에 부착하기 위해 뚫었던 것으로 보이는 구멍이 전부였다. 이 유적에서 발견된 황새의 표현과 함께[i] 그러한 증거들을 토대로 러셀과 맥거원은 어떤 특별한 의례에서 누군가 황새의 날개를 몸에 걸쳤을 것으로 추정했다.[10] 황새가 춤을 추고 그것이 사람들에게 목격되고 차탈회위크에서 사람들은 그것을 흉내 냈을 것이다. 러셀과 맥거원은 현대의 비서구 사회에서는 황새와 풍요를 연관시키기도 하므로 이는 이 유적에서도 비슷한 연관이 있었다는 것을 의미한다고 주장했다. 이 유적에서 독수리(이 유적의 집 벽에 자주 그려짐)가 죽음을 상징한다면, 황새는 삶을 상징한다.[11] 이상과 같은 예를 통해 우리는 동물 뼈 그 자체에 대한 세밀한 분석을 토대로 과거의 사람들이 동물에 대해 가질 수 있는 생각을 흥미롭게 풀어낼 수 있음을 알 수 있다.

　　때때로 고고학자들은 식물의 상징적 잠재력과 그것이 과거 사회에서 담당하였을 역할에 대해서 주목하기도 한다. 예를 들면 크리스틴 하스토프와 시셀 요하네센이[12] 서기 500년에서 1500년까지의 기간 동안 페루지역에서 옥수수의 역할을 조사한 연구가 있는데 이들은 시간의 흐름에 따라서 옥수수가 가진 상징성의 힘은 점점 강해져 갔다고 주장한다. 페루의 만따로 지역(Mantaro Valley)에서는 시간이 지남에 따라 옥수수의 수확량은 점점 증대하였고 그에 따라 옥수수 맥주의 생산량도 증가하였다. 민족지 자료와 역사기록을 인용하여 하스토프와 요하네센은 그 지역 토착 집단에게 옥수수 맥주가 얼마나 중요한 것인지를 보여 주었다. 특히 옥수수 맥주는 그 상징성의 힘 때문에 어떤 사회적 행사가 베풀어질 때 중요한 역할을 한다. 하스토프와 요하네센은 다

---

[i]　역자 주: 러셀과 맥거원은 논문을 통해 제임스 멜라아트의 조사 기록물에서 祭堂 F.V.1의 남벽에 그려진 황새 두 마리를 찾아 자료로 제시하고 있음.

시 생산량의 증대와 관련된 고고학적 증거와 수확물 처리작업의 여러 공정의 증거들을 사회적 불평등의 증가와 관련된 다른 근거자료와 연관 지었다. 그리고 이러한 사실에 근거하여 그들은 옥수수 맥주가 정치적 권력구조의 발전에 중요한 역할을 했다고 주장했다. 이러한 일들은 일차적으로 엘리트들이 잔치를 벌여 제 지역 주민들에게 맥주를 분배하는 방식을 통해 이루어졌다.[13] 잔치를 벌이는 활동은 일종의 채무 관계를 만들어 내며 잔치에서 생긴 부채는 노동력으로 갚을 수밖에 없으므로 결국 당시의 정치적 불평등이 강화되는 방향으로 진행된다. 이처럼 옥수수는 부채의 성격을 가진 것을 발생시키고, 그에 대한 상환의 의무도 만들어 낸 셈이기 때문에 그것이 가진 상징성의 힘은 중요할 수밖에 없다. 이 두 필자에 따르면 고고학적 증거는 사람들이 단순히 옥수수를 재배하고 이용한다는 사실을 넘어 훨씬 많은 것을 우리에게 말해 준다고 강조한다. 사실 다른 분야들과 연결하여 생각해 보면 옥수수는 당시 사람들의 사회적 그리고 정치적 삶에 대해 말해 줄 수 있는 것이 너무나도 많다.[14]

여러 고고학자 중에도 이들은 동물과 식물 관련의 '하드'한 자료들을 폭넓은 사회적 성격의 질문과 연결하는 아주 훌륭한 작업을 해냈다. 하지만 동시에 동물과 식물에 대한 그들의 모든 논의에 있어서 진정한 핵심은 그 자체가 아닌 다른 어떤 것, 즉 인간 존재에 관한 이야기였다는 것을 지적하지 않을 수 없다! 틸리는 붉은 사슴을 경제적 중요성의 차원에서만 논한 것이 아니라 그것의 상징성에 대해 검토했고, 러셀과 맥거원은 인간이 황새에 관한 믿음이 어떤 것이었나 생각했으며, 하스토프와 요하네센은 옥수수가 정치적, 사회적 자본을 어떻게 만들어 낼 수 있었나를 설명할 수 있었지만 그들의 관심과 논의의 초점은 일차적으로 인간 존재에 두었다. 고고학자로서 놀라울 것이 하나도 없다. 우리가 인간에게 관심을 가지는 것은 당연한 일이다. 그러나 이러한 접근에서 인간 존재에 초점을 맞추는 것은 인간과 세상의 다른 모든 것들 사이의 차이를 크게 벌려 놓는 일이다. 황새, 옥수수, 사슴에게 문제되는 것은 그들이 상징하는 것, 혹은 그들이 표상하는 것이며, 문제 삼아야 하는 것은 항상 그들이 사람의 머릿속에 어떻게 떠오르는가 하는 것이었다. 그래서 그들이 과거 세계에서 살아 움직이는 에이전트로서 했던 역할이 어떤 것인가 하는 것은 문제 삼지 않았다. 앞 장에서 물질적인 것에 대해 우리가 살펴본 바와 같이, 사람과 그 외 모든 것의 차이, 혹은 구분은 정도의 문제가 아니다. 차이란 다른 말로 존재론적이다. 이 말은 이원론이 이제 이전 시대의 것이라는 의미이다. 이 책에서 반복해서 논의해 온 인간 대 동물, 혹은 문화 대 자연, 그리고 이에 수반되는 모든 문제는 지나갔다는 뜻이다. 그러므로 고고학자들은 인간, 식물, 그리고 동물에 관한 논의의 방식을 찾아야 한다. 인간 존재를 향한 관심을 숨길 필요는 없지만, 세계 안의 유일하고 특별한 실체로 구분하려는 태도는 피해야 한다. 달리 말해서 우리에게 필요한 것은 '평탄한' 존재론이다(제8장을 보라). 잠시 뒤에 우리는 그와 같은 생각을 실행에 옮기는 고고학자들을 보게 될 것이다. 하지만 그 전에 이와 같은 논쟁에 영향을 준 중요한 사상가들에 대해 간단히 설명하고 넘어가야 할 것 같다. 이러한 논의를 거치면서 그동안 동물과 식물에 관한 우리의 이해가 전반적으로 인간 중심적이었어야 했던 이유와 우리가 이 문제를 극복할 방안에 대해서도 생각해 볼 수 있을 것이다.

다종의 세계에 대한 사고

고고학과 밀접히 관련되는 학문 분야 중에는 사람과 함께 어떤 성격의 사회, 혹은 어떤 성격의 세계를 만들어 나가는 식물과 특히 동물의 역할에 관해 관심을 가진 연구자들이 점점 늘어나는 추세이다. 예를 들어, 지리학에서는 코끼리,[15] 순록,[16] 그리고 원숭이에[17] 관해 대단히 흥미로운 연구들이 많이 발표된다. 그와 같은 동물들이 인간과 함께 작업하면서 어떻게 서로서로 삶의 터전을 형성해 가는지 동물들의 역할에 주목하는 연구들이다. 이와 같은 새로운 방식의 사고를 하게 된 계기 중 하나는 동물 행동에 대한 세밀한 관찰 연구로부터[18] 마련되었다고 보지만, 더 중요한 동기는 인간 중심주의와 그러한 생각에 토대를 제공하는 자연과 문화의 이분법적 사고에 대한 비판으로부터 비롯되었다고 할 수 있다. 이러한 주제를 다룬 저자들은 많지만, 동물과 식물에 관해서라면 두 사람의 연구자가 특별히 중요한데 팀 인골드와 도나 해러웨이이다.

앞의 장에서도 우리는 팀 인골드의 저술들을 만난 적이 있다. 그의 논문에서 우리는 단순한 돌멩이 하나를 두고 그것이 생기를 가진 것으로 파악될 수 있음을 살펴보았다. 하지만 아마도 그는 자연과 문화의 이분법적 사고를 문제 삼고 비판했던 저술들을 통해 더 유명한 것 같다. 사람, 동물, 그리고 식물이 살아가는 모습의 인류학적 분석을 통해 보면 세계-내-존재로서 그들의 살아가는 방식에는 놀라울 정도의 유사성을

팀 인골드

팀 인골드(Tim Ingold)는 애버딘 대학교의 사회인류학 교수이다. 1990년대 그의 연구는 특히 생태학적 심리학과 현상학의 영향을 많이 받았다. 이 두 분야가 융합되어 나온 걸출한 논문집이 *The Perception of the Environment*[19]이다. 최근 인골드는 만듦(making)의 관점과 선(line)의 중요성이란 화두를 끌고 왔는데 이와 같은 근래의 연구는 들뢰즈와 가타리(박스 8.2 참조)의 영향을 점점 크게 받는 듯하다. 그의 저서 *Lines,*[20] *Being Alive,*[21] 그리고 *Making*[22] 등에서 그런 모습이 잘 나타난다. 아래에는 나무의 사진을 실었는데 다음에 나오는 사례와 잘 맞아떨어지며 인골드의 작업을 잘 대변해 준다. 이 나무는 레스터의 공원에서 자라고 있다. 사람에 의해 식재되었고 사람이 이 나무를 규칙적으로 가꾸어 왔다. 일정 시점이 되면 사람이 베어 넘겨 버릴 것이다. 나무는 사람과의 관계를 공유하며 다른 동물들 이를테면 개, 새 그리고 다람쥐 등도 마찬가지이다.

올리버 해리스 사진

보인다는 점에서 그는 이분법을 비판한다. 세계-내-존재! 무언가 익숙하게 들리는 말 아닌가? 이 표현을 우리는 제6장에서 현상학에 대해 논의할 때 만난 적이 있다. 팀 인골드가 인간과 비인간의 이분법을 비판하게 된 것은 제6장에서도 이야기한 바와 같이 마르틴 하이데거의 영향이 크다(비중은 좀 약하지만, 모리스 메를로-퐁티의 영향도 있다). 그렇다고 해서 동물이 된다는 것이 과연 어떤 것인가에 대해 생각할 때 인골드가 경관의 문제에만 머물러 있었다는 것은 아니다. 오히려 그는 하이데거의 거주(dwelling)의 개념을 받아들여 인간, 동물, 식물 그리고 경관 사이의 틈새를 서로 연결하기 위해서 이 세계-내-존재의 아이디어를 사용했다.

인골드는 하이데거를 인용하여 인간과 동물 사이의 차이를 어떻게 생각할 것인가의 문제에 대해 심오한 의미를 담고 있는 이 접근을 '거주의 관점(dwelling perspectives)'이라고 불렀다. 이와 같은 관점에 기초한 인골드의 저술은 상당수에 달하지만, 무엇보다 돋보이는 성과는 건축(architecture)과 관련된 연구사례이다. 건축이라 하면 오로지 인간에 속하는 것으로 생각하는 것이 보통이다. 하지만 나무와 같은 커다란 식물 유기체도 동물이 기거할 수 있는 주거를 제공하고, 심지어는 비버의 굴이나 새들의 둥지처럼 동물들이 일정한 형식의 구조물을 만들어서 들어가 사는 경우도 있다. 하지만 그러한 것들은 집과 같이 사람들이 축조한 건축과는 다르다고 생각하는 것 같다. 인간의 건축은 문화적 패턴에 따르는 것이고 의도적 선택이라는 것이다.[23]

앞 장에서 이미 살펴본 것처럼, 인간의 디자인에 대한 그러한 생각은 그다지 설득력이 없다. 왜냐하면, 건축에 대한 생각과 같은 그런 관점은 건축의 과정에서 물질적인 것들이 하는 역할을 전혀 고려하지 못하고 있기 때문이다. 이에 대해 인골드가 지적했던 것처럼 그러한 관점은 분명 자연과 문화의 구분에 근거한 생각이라는 점이다. 나아가 이 관점은 세상 안에서 활동하는 인간 존재가 동시에 그 밖에서는 왠지 모르게 자연 위에서 활동한다고 전제해 두는 것 같다. 하지만 인골드는 하이데거를 인용하면서 '건축한다는 것은 그 자체가 이미 거주하는 것'이라고[24] 주장한다. 즉 세계 안에서 무언가를 만듦으로써, 당신은 완전히 세계의 일부가 되고, 그 안에 빠져들게 된다. 그렇다! 하지만 이 이야기가 과연 실제적으로 의미하는 것이 무엇이고 이는 또 식물과 동물에게는 무엇을 의미하는가? 여기서 인골드는 우리에게 참나무와 집 사이의 차이가 무엇인지 생각해 보라고 요청한다. 이 중 어떤 것이 건축인가? 물론 당신은 당연히 '집이지' 하고 말할지 모른다. 집은 사람이 디자인해서, 그 의도대로 축조한 것이다. 그러나 나무는 자연적으로 '그곳에' 있을 뿐이다. 하지만 당신이 만약 자연 대 문화의 이분법에서 벗어나 생각을 시작하자마자, 당신은 그렇게 뚜렷이 구분될 수 없다는 것을 깨닫게 되리라고 인골드는 주장한다. 나무는 집처럼 그 안에 갖가지 것들이 들어가 산다. 여우는 그 뿌리 사이에 굴을 파고, 올빼미는 나무에 둥지를 틀며, 다람쥐는 나뭇가지를 건너 달리고, 딱정벌레는 그 안에 알을 낳는다.[25] 나무의 모양새는 이런 모든 것들과 바람과 날씨의 흐름, 그리고 뿌리를 내린 그 장소의 영향과 같은 그 밖의 일들로 인해 변해 간다. 나무는 유전자 구조에 의해 미리 그 형태가 잡혀가지 않는다. 다시 말해서 그 실제적 과정을 보면 다른 존재들과 맺은 관계의 세트에서 그것이 자라나고 존재한다고 할 수 있다. 그러므로 세계-내-존재함을 통하여 그것은 나타나며 그 자체가 역사적이라 할 수 있다. 이런 점에서 제7장에서 쓰러진 나무의 사례에서 보았듯이 우리는 그 어떤 것도 인간과의 관계 때문에 우선적이라고 생각할 필요가 없는 것이다. 다음으로는 집에 대해 생각해 보자. 이 역시 그 어느 곳으로부터도 최종적인, 그리고 미리 정해진 것으로서 나타나지 않았다. 우리는 이 집의 나타남을 그것이 만들어질 때 사용된 재료, 만들어지면서부터 그 안에, 구석과 구멍들에, 들어가 사는 사람과 동물들이 포함된 과정으로 보아야 한다.[26] 집이 세워진 채로 그렇게 있으려면, 차라리 그렇게 살아 있다고 말하는 편이 나을지 모르지만, 수리도 해야 하고 가꿈도 필요하다. 이는 나무에 물도 주어야 하고 햇볕도 쬐어야 하는 것과 마찬가지다. 그래서 이 역시 사람, 동물, 식물, 그리고 물질적인 것들로 구성되는 관계적 '그물망(meshwork)'의 한 부분이라고 팀 인골드는 주장한다.[27]

나무와 집의 차이는 자연의 유기체이냐 혹은 인간의 디자인이냐의 문제가 아니다. 그 차이는 절대적인 것이 아니라 각자 나타남의 과정에서 인간의 참여가 다른 정도의 문제라고 인골드는 말한다.[28] 세계 안에는 사람의 개입이 전혀 없이 자라는 나무들도 있다. 어떤 나무는 사람이 보호하는 숲 안에서 자라기도 하고 또 어떤 나무는 사람이 심고, 가꾸고, 가지치기도 하고, 나중에는 베어 넘어뜨리기도 한다. 이처럼 서로 다른 성격의 관계가 진행될 수 있다. 지금은 집의 건축에 인간 존재가 더 많이 참여하지만 그렇다고 이것이 전적으로 구분되는 존재론적 영역에 속하는 것은 아니다. 자연과 문화의 이원론은 무너졌다고 보기 때문에, 인골드는 다른 이분법, 예컨대 재배된 식물과 야생 식물의 차이와 같은 것에 대해서 문제 삼는다. 전통적으로 전자는 문화의 일부로 보고 후자는 자연의 일부로 간주했을 것이다. 그러나 인골드는 그 차이를 단지 정도의 문제라고 생각한다. 즉 성장의 조건에 인간이 얼마만큼 개입했는가의[29] 정도라고 보는 것이다. 이는 우리가 과거로 거슬러 순화가 시작된 그 시점을 찾아갈 필요가 없다는 뜻이기도 하다. 그 대신 우리는 인간, 식물, 그리고 동물이 서로의 관계에 점점 더 잡혀 들어가는 과정, 즉 호더의 용어로 말하면[30] 디펜던스와 디펜던시의 서로 맞물리는 과정의 역사를 추적할 수 있다(제6장 참조). 문화와 자연의 차이가 무너졌다는 것은 뒤에 다시 말하겠지만 역사와 진화의 구분에 대해서도 뜻하는 의미가 크다.

동물에 관한 도나 해러웨이의 연구는 인문학과 사회과학의 전반에 걸쳐 커다란 영향을 주었다. 물론 그녀가 고고학에 끼친 직접적인 영향을 인골드와 비교하기는 어렵다. 그러나 뒤에 살펴보겠지만, 최근 고고학에서 점점 그 중요성이 커지는 일련의 접근들의 맨 앞에는 그녀가 있다. 동물에 관한 해러웨이 연구는 그녀가 반려 종이라고 부르는 것에[31] 초점이 맞추어져 있다. 그녀가 이 용어로 포괄하는 것은 단지 애완동물만이 아니라(비록 그녀는 그것을 포함하고 있지만), 인간과 만난 모든 동물, 도시와 농장, 공원과 의약 실험실에서 볼 수 있는 동물 모두를 포함한다. 해러웨이는 인간과 동물 사이를 엄격히 가르는 전통적 관념에 대해 강한 불만을 표시한다. 인간을 비인간인 다른 모든 동물과 다른 특출한 존재로 간주하는 생각은 어떤 특별한 형태의 인간성(남성, 백인, 이성애자)을 다른 것에 대해 특권적 지위를 부여하는 사고방식으로부터 나온 것이라고 해러웨이는 강하게 주장한다. 나아가 해러웨이는 우리가 그와 같은 강고하고 성급한 '대분할(great devide)'을 전제로 받아들인다면 실제적 세계의 그 복잡성을 이해할 수 있다는 희망을 버려야 할 것이라고까지 말한다(이 대목에서 해러웨이는 앞 장에서 우리가 만났던 브뤼노 라투르를 연상시킨다).[32]

미리 깔끔하게 구분해 놓은 상자에다 세상을 나누어 담을 것이 아니라고 하면서 해러웨이는 사람과 동물이 세계 안에서 공존하기 위해 함께 살아가는 방식 즉 '함께 되어 감'의 과정에 주목할 필요가 있음을 제안한다.[33] 그리고 '파트너라면 그의 동반자를 앞지르지 않는 법'[34]이라고 덧붙인다.[35] 다시 말해서, 우리가 동물에 대해 고려할 때 그가 세계와 맺은 관계들, 심지어는 그를 소유한 농부와의 관계로부터도 따로 떼어 놓고 하나의 단일 범주(이를테면 하나의 소)로서만 생각하는 일은 가능하지 않다는 것이다. 또한 소를 생각하지 않고는(그리고 함께 일을 하는, 혹은 함께 되어 가는 동물) 농부에 관해 이야기하는 것도 가능하지 않다고 말한다. 이처럼 우리가 사고함으로써 우리는 동물에 대해 훨씬 가깝게 주목할 수 있게 되고 동물이 우리에게 해 주는 것과 우리에

박스 9.2 도나 해러웨이

도나 해러웨이(Donna Haraway)는 산타 크루즈의 캘리포니아대학 석좌 명예교수이다. 예일대에서 생물학으로 박사학위를 마친 뒤 과학과 기술 연구 및 페미니즘과 관련된 폭넓은 문제들을 연구해 왔다. 그녀가 명성을 얻게 된 것은 1985년 출간한『사이보그 선언문』으로부터였다. 이 책에서 그녀는 인간과 기계의 경계가 모호하다고 지적하게 되는데 이는 자연/문화의 이분법과 같은 문제를 풀어 나가기 위한 방향의 제시였으며 그녀의 주장을 발전시킨 책이 *Simians, Cyborgs and Woman*[36]이다. 최근 그녀의 연구는 인간과 동물 사이의 관계에 초점이 맞추어져 있다. 그 성과물이 *Modest Witness@Second Millenium. FemaleMan*ⓒ *Meets OncoMouse*[TM]: *Feminism and Technoscience*와[37] *When Species Meet*[38] 등과 같은 책이며 여기서 그녀는 의학과 과학의 영역을 안팎으로 넘나드는 작업을 한다. 아래에 사용한 사진은 이 책 공동저자의 반려동물이며 해러웨이의 연구를 대변해 주려고 제시했다.

크레이그 시폴라 사진

게 말해 주는 것이 무엇인지 더 잘 알 수 있게 될 것이라고 해러웨이는 제안한다. 동물들이 사람들과 상호작용해 온 방식을 통해 우리가 그 과정을 이해하고자 한다면 그것이 바로 그들의, 그러므로 우리들의, 역사일 것이라고 덧붙인다. 바로 이와 같은 해러웨이의 관계에 관한 주장들로 인해 그녀의 책은 관계적 사고에 관한 최고의 사례로 뽑히고 있다.

이처럼 관계에 대한 사고를 중시함으로써 해러웨이는 자신의 생각이 세계 내에 동물이 존재하는 방식에 관한 전통적인 사고와 어떻게 다른지를 분명히 하면서, 동시에 '함께 되어 감'에 대해서도 강조한다. 예를 들어, 해러웨이가 생물인류학자 바바라 스머츠(Barbara Smuts)의 연구에 대해 언급한 적이 있다. 박사학위 논문을 위해 스머츠(사실 그녀는 유괴와 몸값 요구의 사건을 겪은 후였음)는 케냐의 바분을 연구했다. 연구 중에 그녀는 바분의 '자연 상태의' 행위를 간섭하지 말라는 이야기를 들었고 그래서 바분에 근접했을 때 최대한 고요한 상태를 유지하고 어떤 방법으로든 그들에 개입하는 것을 피하려고 했다. 하지만 스머츠는 오히려 이러한 태도가 바분으로 하여금 그들이 정상적으로 했을 어떤 행동을 보이지 못하게 했을 것이라는 생각에 도달하게 된다. 바분에게 인간의 존재는 파악되었는데 목석같은 상태로 있는 것이 그들에게는 당연히 이상하게 여겨질 것이기 때문이다(우리들 누구도 그럴 것이다). 스머츠는 자신이 바분을 보고 그들의 존재를 인정할 때 바분은 (처음엔 이상한 눈으로 그녀를 보고 나서는) 이내 긴장을 풀고 완전히 정상적인 행동을 보였다. 실험에 간섭하지 말라고 하는 '객관주의' 과학자들의 태도와는 반대로 바분의 무리에 참여하고 그들에게 반응함으로써 스머츠는 그들과의 관계를 형성할 수 있었고 그들을 연구할 수 있게 되었다. 그녀와 바분, 둘 다 함께하기 위해서는 서로 배워야 했다. 해러웨이의 용어를 빌면 서로 함께 되어 가야 했다.

해러웨이 자신의 연구도 비슷한 노선을 따라간다. 개 키우기의 역사에 관한 연구에서 해러웨이는 순화의 과정을 인간과 동물 그리고 다른 유기체들이 모여서 새로운 방식으로 상호 조직되기 시작하는 특별한 '매듭(knots)'임을 보여 주었다.[39] 우리가 이 제9장을 시작하면서 했던 이야기처럼 인간-중심적 과정으로 보는 관점과는 아주 다르게 인간-동물의 관계성으로 이해하는 관점은 그 둘이 '함께 되어 감(becoming with)'의 과정을 거쳐 나타남에 초점을 맞춘다. 해러웨이 역시, 특정한 개와 특정한 인간 사이의 관계, 그리고 특정한 개와 다른 동물들 사이의 관계 등에 관한 세부적 연구들을 묶어 하나의 역사로 엮어 내려 한다. 하지만 그녀는 관계의 과정들을 '균일한' 것으로 보지는 않으며 그것들을 그저 한 덩어리로 모아 놓는 작업에 대해서도 반대한다.

과학과 기술을 포괄하는 그녀의 연구방식, 그리고 인간의 예외성을 '어리석음'이라고 말하는 그녀의 태도로 인해 해러웨이를 포스트휴머니스트라고 간주하기도 한다 (제8장에서 이에 관해 이야기한 적이 있음). 그래서 해러웨이의 책은 과학소설과 같이 읽힐 수 있을지도 모른다. 그러나 우리가 지금까지 보았듯이 그녀의 작업은 인간 존재를 세상 모든 것의 중심에 두는 생각(우리가 보통 인본주의라고 부르는)을 철저히 부정하는 입장을 진정으로 견지하고 있음을 알 수 있다. 해러웨이 자신은 사실 포스트휴머니즘이라는 용어를 거부하지만[40] 그녀의 작업은 포스트휴머니즘의 기치 아래 들어가는 일련의 접근들과 일관되게 관련성을 가진다. 그녀는 오늘날 우리가 인간성을 어떻게 이해할 것인가 하는 문제와 관련하며 포스트휴먼의 의미를 끊임없이 탐구하고 있으며 물질(바로 앞 장에서 살펴본 바 있음), 그리고 이 장에서 논의한 비인간 유기체들과 함께 하는 '관계의 춤(dance of relating)'에[41] 항상 잡혀 든다. 해러웨이가 말하는 바의 핵심은 이 모든 논의가 동물을 인간과 같은 것으로 만들려는 노력(그들을 의인화하는 것)[42] 도 아니며 동물과 인간 사이의 차이점을 절대화하려는 것(그리고 존재론적으로도)도 아니다. 맨 처음 제1장에서 우리는 이 문제를 제기하고 만화를 통해 의인화한 트라월을 가지고 논의한 적이 있다. 만화로 제시하였으므로 우리 트라월의 관점을 지나치게 단순화시킨 점은 있지만, 그와 같은 장면에서는(이를테면 현대 고고학 이론을 개괄적으로 소개하는 것 같은) 나름대로 설명의 자료로서 효과가 있었다고 생각된다. 우리가 그 만화에 대해 생각해 볼 때 사물은 그리 단순하지 않다는 사실을 다시금 떠올려 보게 된다. 이는 우리가 동물, 식물, 사람, 트라월 등 그 어떤 것이든 그들 사이의 차이점을 탐구할 필요가 있다는 뜻이다. 우리가 그 차이점을 이해함으로써 그들과 관계를 맺고 그들 사이에 권력이 어떻게 작동하는지 생각할 수 있으며 그들의 차이점에 어떠한 비중을 두어야 할지도 이해할 수 있게 될 것이다.[43] 이 제9장의 목표는 맨 처음 이야기했던 것처럼 인간과 동물을 만들어 가는 관계에 대한 이해이다.

인간 그 이상의 고고학

다른 이들도 있지만, 인골드와 해러웨이는 특히 식물, 인간, 동물이 역사적으로 위치 지워진 관계성의 묶음에서 함께 나타나는 과정을 깊이 있게 논의해 온 연구자들이다. 옳은 이야기다! 그런데 그와 같은 아이디어들이 고고학에 어떻게 적용될 수 있다는 말인가? 사실 우리는 여전히 지난 시기의 고고학적 사고에 머물러 있으면서 그와 같은 아이디어들을 가지고 그것이 무엇을 의미하는지 이해해 보려 한다. 하지만 이미 어떤 논문들은 그러한 아이디어를 발전시켜 과거의 동물과 식물에 대해 새로운 생각으로 나아가려면 어떻게 해야 하는지를 모색하고 있다. 여기서 그와 같은 연구사례 몇 가지를 검토해 보고 이 새로운 이론적 사고가 기존의 생각과는 어떤 차이가 있는지 살펴볼 필요가 있을 것 같다.

항상 인기 있는 동물로부터 이야기를 시작해 보자. 고고학에서 동물을 다른 방식으로 생각하는 데 하나의 계기가 된 가장 훌륭한 사례는 닉 오버턴과 야니스 하밀라키스의 연구가[44] 아닐까 한다. 그들은 앞으로 고고학에서는 사회 동물고고학(social zoo-archaeology)에 대한 연구가 필요할 것이라고 주장한다. 그런데 이 용어는 약간 혼동을 일으킨다. 네리사 러셀이[45] 자신의 접근 방식에 붙였던 용어인데 둘 사이에 상당한 차이가 있음에도 불구하고 이름은 같다. 사실 오버턴과 하밀라키스의 아이디어를 더 잘 이해할 수 있게끔 해 주는 개념은 그들의 논문에서 발전시킨 동물존재론(zoontology)이란[46] 용어에서 찾는 것이 좋다. 오버턴과 하밀라키스는 특히 해러웨이와 같은 사상가로부터 영향을 받아 전통적 동물고고학(동물이라 하면 칼로리와 경제성만 생각하는)에 대해서도 비판적이지만 동물의 상징성이나 의례에서의 역할을 집중적으로 조명하는 최근의 경향에 대해서도 못마땅하게 생각한다. 앞서 살펴본 바와 같이 두 가지 연구 경향 모두 인간중심주의의 접근에 머물러 있는 까닭에 순전히 '인간에게 어떤 이득'이 있는가 하는 문제를 중심으로만 동물에 대해 생각한다는 것이다.[47] 그들은 또한 일정한 형태의 모든 비인간을 간단히 하나로 묶어 '동물'이라는 카테고리로 지칭하는 것에 대해서도 비판적이며 다양한 유기체들을 함께 묶는 지나친 단순화의 문제점도 지적한다. 마치 해러웨이처럼 오버턴과 하밀라키스는 우리에게 동물들의 삶을 세부적으로 들여다볼 것과 인간 존재와 그들의 관계에 대해서도 자세히 살필 것을 요청하고 있다. 여기서 종들은 그들이 '서로 만들어 감(co-shaping)'이라고 부르는(해러웨이가 '함께 되어 감'이라고 불렀던 것과 꼭 같은) 관계에 잡혀 있다고 본다.

　이러한 관계가 실제로는 어떻게 작동하는가? 오버턴과 하밀라키스는 남부 스칸디나비아의 마지막 수렵채집 단계의 중석기시대 에터뵐러 집단을 사례로 그들의 아이디어를 깊이 있게 검토하였다. 앞에서 살펴본 바 있지만, 이 사례는 크리스토퍼 틸리가 연구했던 것과 같은 집단이다. 특히 그들은 백조의 특별한 종과 인간 사이의 관계에 관심을 기울였다. 오버턴과 하밀라키스는 덴마크의 아거순트(Aggersund) 유적을 재검토하였는데 이 유적에 대한 전통적 해석에 따르면 이곳은 겨울철 몇 달 동안 백조사냥을 위해 인간집단이 모여드는 장소라는 것이다. 1970년대의 전형적인 사고의 틀 안에서 유적의 발굴이 이루어졌을 때는 그와 같은 경제적인 관심이 지배적이었다. 오버턴과 하밀라키스는[48] 이 유적에서 백조의 사냥이 이루어졌다는 사실을 부정하지는 않았다. 그러나 그들이 주목하는 것은 백조와 인간이 세계에 대한 그들의 경험을 통해서 어떻게 서로를 이해하게 되는가 하는 문제, 그에 대한 생각들을 어떻게 발전시켜 나갈 것인가 하는 문제였다. 그래서 그들은 백조의 행동에 관해 우리가 알고 있는 모든 것을 상세히 조사했다. 백조가 취할 수 있는, 그리고 사람에게 목격되었던 모든 행동의 패턴, 즉 짝짓기, 먹이 소비의 패턴, 또는 이주의 방식 등을 조사한 것이다. 오버턴과 하밀라키스는 또 단순히 모든 백조가 다 똑같다는 생각은 버려야 한다고 강조한다. 가령 우리가 백조들을 자세히 살핀다면 그들 사이에서 암놈과 수놈의 차이를 알아챌 수도 있고 행동으로나 모습으로나 미성년은 다르다는 것을 파악할 수도 있다. 이처럼 백조의 행동을 자세히 조사한 다음 오버턴과 하밀라키스는 동물이 도살되는 양상을 세밀하게 분석한 자료와 결합하여 6,000년 그 이전의 덴마크에서 백조와 사람이 서로서로 관계를 맺어 가는 과정에 대해 아주 복잡한 그림을 그려 내었다. 백조의 날개는 주민들이 춤추기를 거행할 때 중요했고, 그것은 의사소통의 방법으로 꼭 필요했던 일이었다. 그래서 사람들이 백조의 날개 부위에서 깃털을 뽑는 것은 또 다른 중요성을 지닌 작업이었다.[49] 여기서 백조의 역할과 그들의 실천과 수행의 세부적 양상들은 인간 존재의 이해와 그들의 참여만큼이나 중요한 의미를 갖는 것이었다.

　우리가 연구하는 과거의 사회에 대해 생각할 때, 동물이 어떤 중요한 역할을 수행했을 것이라고 상상해 보는 일은 어려운 일이 아니다. 그래서 우리가 제5장에서 거론했던 물건 에이전시에 대해 생각하는 것보다 동물 '에이전시'라는 개념은 훨씬 실제적이고 직접적으로 마음에 와닿는다. 물건이 세계 안에서 활동할 수 있다고 한다면 그것은 논쟁의 여지가 있는 것처럼 느껴지지만 동물이 그럴 수 있다고 한다면 쉽게 수긍이 간다. 오늘날 가축화된 반려 종처럼 온순한 것들조차도 그럴 수 있다는 것에 공감이 된다. 그러나 식물이라면 어떨까? 확실히 식물은 무언가 수동적이다. 예컨대 들판이 소떼로 가득 찼다면 사람들은 깜짝 놀라겠지만 그 아래 펼쳐진 풍성하고 감탄할 정도의 풀에는 아무도 시선을 주지 않는다. 소떼가 그 풀을 뜯어 먹고 있는 것을 보면서도 말이다. … '식물상태의(vegetative)'와 '살아 움직이는(animate)'이라는 형용사의 대비가 어떻게 생각되는가? 왜 우리가 텔레비전 앞에서 하루 온종일 꼼짝 않고 있는 사람을 '소파 감자(couch potato)'라고 부르는지 생각해 보라![50] 물론 다른 모든 이야기처럼, 이런 말은 세상이 돌아가는 방식에 대한 우리의 기본전제를 그대로 드러내 준다. 식물은 움직인다. 특히 해를 향해서 그렇다. 식물은 자신을 둘러싼 세계에 영향을 주고 그것을 만들어 간다. 나무뿌리는 자라서 건물을 위태롭게 하고, 꽃은 곤충을 끌어들이며 과실은 사람을 시켜 나무를 돌보게 만들며 씨를 뿌리도록 한다. 지리학자 레슬리 헤드, 재닛 애치슨, 앨리슨 게이트가[51] 지적했던 것처럼 식물이 '수동적'이라는 인식은 아리스토텔레스까지 거슬러 올라가는 전통적인 서구의 관념에서 비롯되며 식물이 실제로 활동하고 인간과 관계로 엮이는 방식에 대해 아무것도 말해 주는 것이 없는 관점이라 할 수 있다.

이제 고고학자들이 이러한 문제에 파고들기 시작했다. 예를 들어, 마리예크 반 더 빈은[52] 여러 다양한 맥락에서 사람과 식물이 함께 공진화(co-evolution)해 가는 과정을 탐구했다. 어떻게 식물의 물질적 성질이 영향을 미치고, 그리고 세계와 상호 작용하는지에 대해 연구한 것이다. 이 연구에서 그녀는 이렇게 지적한다. 사람들이 식물을 섭취했을 때 식물의 맛과 그 화학적 성질이 어떠한가에 따라 사람들이 자신을 둘러싼 세계를 어떻게 경험하는가를 크게 바꾸어 놓는다는 것이다. 식물은 사람과 얽혀야 할 필요성 때문에 여러 종류의 의존관계에 접어든다. 하지만 그와 같은 식물의 성질이 사람과 맺은 관계를 통해서 나타난 것이라는 생각에 관해서 반 더 빈은 매우 비판적이다.[53] 가령 설탕의 예를 들면 설탕은 아주 광범위하게 교역되는 물품이 되었지만 그렇게 된 것은 그것의 맛뿐만 아니라 노예노동에서 자본주의까지 참여하는 복잡한 역사를 통해서이다. 이와 같은 역사적 연결성은 아프리카에 옥수수가 도입되어 더 많은 인구를 부양할 수 있게 되고 그를 대상으로 사탕수수 생산량 증대에 필요한 노예를 약탈하게 되는 과정에서도 확인된다.[54] 많은 종류의 식물들이 인간과 함께 그물망을 짜면서 세계와의 관계 속으로 들어가고, 이를 통해 (일부) 사람들은 이득을 챙기고 또 (일부) 식물들도 그러하며, 농업과 같은 새로운 형태의 실천이 세상에 나타나게 된다.

식물은 인간 존재나 동물과는 아주 다른 방식으로 번식한다. 휴 바튼과 팀 덴햄은[55] 식물번식(즉 성적 접촉 없는 재생산, 즉 가지를 잘라 낼 수 있고 그것은 다른 어디에 심으면 되는)이 멜라네시아와 동남아시아에서는 친족관계의 또 다른 모델이 된다(그림 9.2). 서구사회에서는 농경과 관련된 은유법을 이따금씩 볼 수 있다. 이를테면 '자신의 길을 앞만 보고 가다(ploughing a furrow)', 혹은 '불화의 씨앗을 남기다(sowing the seeds of discontent)'와 같은 말이 있다. 다시 말해서 알곡 식물과 맺어 온 어떤 관계의 역사가 세상일에 관해 생각할 때 하나의 수단으로 이용된 것이다. 바튼과 덴햄은 민족지와 고고학 자료를 이용하여 타로토란이나 참마와 같은 식물이 그 물질적 성질에 따라 서로 다른 방식으로 수확되고 이동 경작되는 양상을 보여 주었다. 이처럼 식물의 성질에 따라 사람과 어떤 식의 관계를 맺게 되는 양상을 일컬어 '베제컬쳐(vegecultures)'라고 불렀다.[56] 덴햄과 바튼이 연구한 식물은 서구의 알곡 식물과는 재생산의 과정이 달라서 그들은 사람에게 다른 방식의 사고와 사회구성을 제공해 주었다. 이와 함께 잘라낸 나뭇가지를 주변에 옮겨 심는 방법은 새로운 형태의 식물 혼종(hybrid)를 만들어낼 가능성을 높여 준다. 식물이 그 자신을 만들어 내는 방식으로 식물의 새로운 형태가 나타날 수 있다는 것은 새로운 성격의 인간 공동체가 나타날 가능성도 열어 준다. 이런 점에서 사람과 식물은 서로서로 함께 되어 간다고 할 수 있다.

이와 같은 접근법들은 서로 연결되어 있다. 이러한 접근법들을 통해 우리는 더 넓은 환경, 즉 우리가 경관이라고 부르는 것에 대해서도 생각해 볼 수 있다. 앞선 사고의 전통에 따르면 경관은 인간 활동에 경제적 자원을 제공하는 배경으로서의 어떤 것으로 생각되었다(과정주의). 아니면 사물의 상징으로서 사람에게 주어지는 어떤 것(탈과정주의)이나 사람들이 그 안에 던져져 경험하는 그 어떤 것으로(현상학적 접근) 간주하기도 했다. 이에 비해 지금의 접근은 훨씬 능동적이다. 사람, 식물, 동물 그리고 지구상의 물질적인 것 등 모두는 서로를 형성하고 서로에 의해 형성되어지는 과정에서 일정한 역할을 담당한다. 이것은 세계에 대한 '생태계(ecosystem)'적 사고법이라 할 수 있다. 그러나 물론 여기서의 생태계란 자연의 작동이라는 개념을 토대로 한 것이 아니다. 우리는 그것을 해러웨이가 '관계성의 춤'이라고 불렀던 것, 즉 살아 있는 것이든, 그 밖의 것이든 다양한 모든 요소의 상호작용으로 이해할 수 있다. 그리고 그와 같은 상호작

그림 9.2 베제컬쳐에서의 사회와 식물 (재)생산, 그 상호 얽힘의 성격[존 무크(John Muke)와의 대화를 통해 팀 덴햄이 구상한 그림, 휴 바튼과 틴 덴햄의 허가로 게재(Barton and Denham 2011: figure 2.2에서]

용의 역사가 만들어 낸 진행 중의 산물이 경관이라고 할 수 있다.[57]

역사와 진화를 넘어서

이 모든 것에서 진화의 자리는 어디인가? 고고학에서 진화는 오래된 관심의 대상이었고 특히 과정주의적 사고를 지향하는 연구자들에게서 더욱 그러했다.[58] 그런데 이 장에서 지금까지 서술한 관점들과 진화론적 접근을 비교하면 과연 다른 것은 무엇이고 같은 것은 무엇인가? 처음부터 우리는 진화주의 고고학이 아주 커다란 덩어리이고 복잡한 분야이며 여러 가지 다른 형태를 가지고 있다는 점에 유의해야 한다고 말한 바 있다. 하지만 진화주의는 종종 자신의 접근이 결국 찰스 다윈의 아이디어로 거슬러 올라간다고 하면서 그런 연유로 다윈주의로 불러도 좋다는 뜻을 비친다. 만약 이러한 접근법들에 관심이 있다면 당신이 읽어 볼 만한 문헌은[59] 부지기수이다. 제1장에서 우리가 강조했던 것처럼, 우리는 이 책에서 진화주의 고고학을 비중 있게 다루지는 않겠다고 했다. 왜냐하면, 이 책에서 우리는 고고학적 사고의 특정한 궤적을 추적하고 특정한 관계의 세트를 중심으로 논의를 진행하고자 했으며 백과사전적인 서술은 지양하겠다고 했기 때문이다. 사실 우리는 그와 꼭 같은 이유에서 러시아와 체코의 고고학 이론이[60] 공헌한 바를 모르지 않지만 이에 대해 논의하지 않았다. 그럼에도 불구하고 여기 주어진 서술의 맥락에서는 진화주의 고고학과 어느 정도 겹치는 부분이 있기 때문에 짚고 넘어가지 않을 수 없다.

지금 이장에서 우리가 이야기하는 접근법과 겹치는 부분 중 첫째로 중요한 것은 다원주의 접근이 식물 및 동물과의 관계를 다루고 있을 뿐만 아니라 그 역시 인간중심주의를 기피한다는 사실이다.[61] 사람도 다른 식물이나 동물과 마찬가지로 진화의 주체라고 말하는 순간 우리는 즉각 사람을 중심에서 밖으로 밀어내는 셈이 된다.[62] 문제는 이러한 입장이 진화주의를 두 가지 어려운 선택의 기로에 서게 만든다는 점이다. 첫 번째 가능한 선택은 모든 인간 행위들을 다원식 자연선택의 원리에 맡길 수 있느냐는 것이다. 이는 인간의 모든 행위가 성공적인 재생산을 위해 기여하는 것인가에 따라 설명될 수 있다는 것을 의미한다. 이는 모든 것을 하나의 단일한 계기적 요인으로 환원시켜 보려 한다는 점에서 극단적인 환원주의적 사고이며 그래서 문제가 있다. 재생산의 가능성을 감축시키려 하거나 심지어는 그것을 모두 제거해 버리려는 인간의 다양한 실천들은 또 우리가 어떻게 설명해야 하는가(독신주의자가 되려는 것이 분명한 사례)? 이처럼 진화주의의 직설적인 모델을 가지고는 설명되지 않는 인간행위가 너무 많다. 그래서 또 다른 가능한 선택이 있을 수 있는데 그것은 유전의 문화적 측면에는 조금 다른 원리를 적용하자는 관점이다. '이중유전이론(dual inheritance theory)'으로[63] 이어지는 접근이 그것인데 현재 진화주의 고고학에서는 가장 인기 있는 이론 중 하나이다. 유전의 한쪽 측면은 자연이고 다른 한쪽 부분은 문화라고 한다. 이 이야기를 들으면 우리는 즉각 또 다시 이원론으로 돌아가는 것 같은, 그래서 다시 사람은 특별한 존재가 되는 것[64] 같은 느낌을 받는다. 이안 호더도 지적한 바 있지만,[65] 사람, 사물, 동물, 그리고 장소들 사이의 관계는 수많은 변수들을 갖고 있으며 여기서 대다수의 진화주의 고고학자들이 의지하는 개념, 즉 재생산의 성공 기회는 그러한 변수 중 단지 하나에 달려 있다고 보아야 한다. 도움이 안 되는 이원론으로 돌아가지 않으면서 이중유전이론에 대해 논의하려면 좀 더 최근의 접근법에 대해 검토해 볼 필요가 있다. 여기서는 문화적, 그리고 유전자적 변화가 서로 함께 짜여 있는 관계를 탐구하며, 더욱 생산적인 접근의 방식으로 나아가고자 한다.[66] 이와 비슷하게 우리가 유기체와 환경, 혹은 유기체와 물질적인 것 사이의 이원론을 출발점으로 삼을 수 없다는 점을 인정하는 입장에서는 그 두 측면들이 어떻게 함께 나타나는가 하는 문제에 초점을 맞추는 것이 더 생산적이라고[67] 말하기도 한다. 즉 유기체가 환경에 적응하는 만큼 그것은 다시 환경을 형성하여 간다고 보기 때문이다.

여기서 말하는 접근법과 비교해서 진화주의 고고학이 다른 점은 관계성에 대한 태도가 아닐까 한다. 스티븐 셰넌은 진화주의 고고학에 관한 자신의 저서에서 찰스 다윈이 유명한 『종의 기원』을 마무리하는 대목에 나오는 뒤엉킨 둑(entangled bank)에 관한 서술을[ii] 다시 볼 필요가 있다고 말한다. 그 둑에는 수많은 새와 벌레와 식물들이 서로서로 관계로 짜인 채 살아가고 있다. 셰넌은[68] 고고학자들이 그들 자신이 만들어 놓은 '뒤엉킨 둑'의 그 복잡성이라는 함정에 빠져 있는 상태를 한탄한다. 대다수 고고학자는 편협한 지역주의에 빠져 있으면서 그러한 소규모의 대상에서 나온 특수성들로부터 보다 일반적 역사를 도출해 내야 한다는 생각을 갖고는 있지만, 쉽지는 않다는 뜻이다.[69] 하지만 여기서 우리가 이야기하는 접근법들은 아주 다른 관점에 서 있다. 우리가 새로운 이해로 나아가고자 들여다보는 것은 그와 같이 엮인 관계의 세부적 양상들, 환경에 둘러싸인 유기체의 생태적 연관들, 그와 같이 다양한 종들의 함께 되어 감 등이다. 그러므로 우리가 다루는 그것의 규모가 크거나 작거나 한 것이 문제는 아니라는 것이다.[70]

인골드와 해러웨이 같은 연구자의 관점으로부터 우리가 나가야 할 방향은 역사를 진화의 법칙으로 환원시키는 일 따위가 아니다. 그렇다고 유기체의 삶을 있는 그대로 만들어 가는 생물학적 과정을 무시하자는 것도 아니다. 우리는 역사와 진화의 구분이 우리가 또한 피해야 할 이분법이라고 생각하며 그것을 넘어섬으로써 우리가 연구하는 식물, 동물, 그리고 사람의 공진화(co-evolution)와 상호 되어 감(mutual becoming)에 대해 생각해 볼 수 있을 것이다.[71] 다시 말해서, 우리는 진정으로 사람, 식물, 동물, 그리고 물질적인 것을 포함하는 폭넓은 생태학에 집중할 필요가 있다.[72]

---

ii   역자 주: 찰스 다윈의 『종의 기원』 마지막 단락을 시작하는 문구에 나오는 말. 이 문단에서 다윈은 강둑과 같은 곳에 살아가는 생명체들이 진화의 산물임을 시적인 표현으로 서술함.

생물기호학

생물기호학(*biosemiotics*)의 아이디어들을 가지고 이 장에서 소개한 접근법들과 이 책의 다른 장에 나오는 이론들을 연결해 볼 수 있고 이를 좀 더 발전시켜 나갈 수 있을 것 같다. 이에 관한 이야기는 제7장에도 약간 언급되어 있다. 기호학을 기억하는가? 그것은 기호의 연구이다. 생물기호학은 기호의 이론을 사람이 아니라 사람 외의 세계에 적용한 일련의 접근법들이다. 우리는 제7장에서 삼부(triadic)모형에 기초한 방법이 관계적 의미의 도출과정을 이해하는 데 큰 도움이 된다는 점을 말하였다. 생물기호학은 이 기호학 이론을 사람을 넘어 세계에 적용한 접근이라 할 수 있다. 이를테면 제7장에서 우리가 읽은 찰스 샌더스 퍼스는 해바라기와 해의 상호 작용을 기호학적 과정으로 설명한 적이 있다.[73] 해바라기는 온종일 움직인다. 해바라기의 꽃은 하늘의 동쪽에서 서쪽으로 이동하는 해를 따라간다. 퍼스에게는 해바라기의 움직임이 **지표적으로**(*indexically*) 태양의 움직임에 연결(즉 공간-시간적 연결을 통해)된다. 이러한 지표적 관계를 통해 새로운 '해석체(interpretant)'가 마침내 등장한다. 해바라기의 새로운 세대는 이 세대와 꼭 같은 방식으로 움직이지 않는다. 생물기호학 또한 진화론적 사고를 받아들여 그와 같이 지향성을 가지고 움직이는 변화와 재생산의 과정에 주목한다. 이러한 생물기호학과 대비되는 관계적 접근에 관해서도 이 책에서 소개한 적이 있는데 이 두 방법은 서로 배척하는 관계가 아니다. 다만 생물기호학은 생명체(life)를 일차적으로 주목할 따름이다.

존 배럿은[74] 찰스 샌더스 퍼스의 이론을 적용하여 우리가 삶의 과정을 어떻게 개념화하는가에 대해 논의하였다. 이 논의에서 그는 인간 존재를 식물, 동물, 그리고 다른 유기체와 근본적으로 분리할 수 없다고 말한다. 배럿은[75] 퍼스의 도식이 유기체가 환경과 맺고 있는 관계를 강조한다고 주장한다. 어떤 유기체나, 또는 어느 특정한 과정도(이를테면 진화과정과 같은) 생명체가 나타날 수 있는 특수하고 특정한 관계의 밖에서는 결코 존재할 수 없다고 그는 말한다.[76] 이러한 설명 안에서, '인간임(humanness)'은 놓인 맥락과 맺은 관계에 따라 되어 가는 어떤 것(becomes something that is situated and relational: 우리가 포스트휴머니스트라고 부르는 해러웨이를 비롯한 그 외 사상가들도 이와 비슷한 이야기를 함)이라고 배럿은 생각하고 있다. 그러므로 고고학의 연구 목적은 일차적으로 그와 같이 다양한 인간성(humanity)의 등장에 관한 설명이어야 할 것이다.

이와 같은 관점으로부터 우리가 강조해 두어야 할 흥미로운 점은 배럿이 채용한 생물기호학과 앞 장에서 우리 논의한 관계적 접근들 사이에는 중요한 차이점이 있다는 사실이다. 그것은 다름 아닌 유기적 생명체와 나머지 물질세계와의 구분이다. 앞 장에서 우리는 신유물론자들이 물질적인 것을 '생기 있는 것(vibrant)', 혹은 어떤 면에서 '살아 있는 것(living)'으로 간주하는 관점에 대해 살폈다. 이 분야의 주도적 인물인 제인 베넷은[77] 유기체와 무기물질의 경계를 무너뜨리고 싶다고 명확히 주장한다. 이에 비해 배럿은 당신이 이원론을 구축하고 있다고 말할지 몰라도 살아 있는 것과 살아 있지 않은 것 사이의 구분은 명확히 해 두어야 한다고 주장한다. 그의 이야기에 따르면 하나의 살아 있는 유기체는 '자기-확증성과 재생을 향하여 나아가지만' 살아 있지 않은 것은 그렇지 않다는 것이다.[78] 사실 그러한가? 살아 있는 것과 살아 있지 않은 것 사이의 이원론은 그렇게 확고한 것이라고 볼 필요가 있는가? 그렇다면 들뢰즈와 가타리가 '물질스러운 생명(a life proper to matter)'[iii]이라고 말했던 것에 대해서 우리는 어떻게 받아들여야 하나?[79]

이 이원론을 어쩔 수 없는 부동의 경계선으로 받아들이지 않을 수 없다는 고고학자들도 분명히 있다. 그들에게는 이 경계선이 당신과 당신이 입고 있는 옷, 혹은 새와 그들의 둥지 등과 같은 구분을 하기 위해 반드시 그어야 할 선으로 받아들일 것이다. 제11장에서 우리는 이 문제로 다시 돌아가게 될 것인데 거기서는 이론에 대한 우리 각자의 개인적인 의견으로 제시될 것이다. 이 문제와 씨름하고 있는 또 다른 고고학자 한 사람을 여기서 소개해 보고자 한다. 이를테면 램브로스 말라푸리스가 그러한 연구자인데 그는 이원론의 문제에 대해 최근 아주 흥미로운 주장을 내놓았다. 말라푸리스는[80] 인간 지능의 출현과 진화를 이해하려면 인간이 어떻게 사물과 함께, 그리고 그것을 통해, 사고하는 것을 습득하게 되었는지 깊이 있게 생각해야만 한다고 말한다. 그의 주장에 따르면 인간의 경계는 뻗어 나가 다른 경계를 넘어 들어가고 물질세계를 포괄하게

---

iii   역자 주: 들뢰즈는 베르그송주의를 받아들여 생명에 대한 새로운 이해에 도달하기 위해 노력했다. 그것은 쉽게 알아볼 수 있는 유기체의 생명에 대해서가 아니라 그것을 넘어선 물질, 비-유기체로 확장하여 생명의 성질을 보고자 했다. 팀 인골드는 물질문화 연구와 생태학적 인류학이 사회 및 문화적 생명의 물적 조건에 관심을 둔 연구라고 규정했다. 이 두 분야는 전통적 구분에 따라 각각 인문학과 자연과학이라는 이분법으로 나누어 접근해 왔다. 이러한 관점에서는 물질세계와 비인간의 사이에 살아 있는 유기체가 낄 자리가 없다고 인골드는 말한다. 즉 인간과 비인간의 나머지 세계, 유기체와 무기체로 분리하고 범주화하는 이원론의 문제점을 지적한 말이다.

된다고 한다. 거기에는 유기체인 것과 무기질인 것 사이에 확고하고 분명한 경계가 있을 수 없다고 한다. 이는 생명체와 비생명체인 사물 사이에 어떠한 차이도 없다는 것을 말하려는 것은 아니다. 다만 이러한 구분이 아메바와 코끼리의 구분이나 모래알갱이와 고층빌딩의 구분처럼 존재론적으로 기를 쓰고 구분해야 할 문제는 아니라는 뜻이다.

맺음말: 순화의 문제로 돌아가

우리는 이 장을 순화에 관한 전통적 이야기를 하면서 시작했다. 사람들이 그들의 세계 안에 식물과 동물을 끌어들이고, 동물과 식물은 순전한 '자연'이 아니라 문화의 한 부분이 되었다. 여기서 우리는 그러한 견해와는 상반된 관점에서 동물과 식물을 보는 접근법들을 살펴보았다. 이 접근법은 식물과 동물을 경제적이든, 혹은 상징적이든 과거의 사람들과 오늘날의 고고학자들을 위해 무언가를 끌어내는 자원으로만 보지 않는다는 것이다. 그 대신 우리는 인간, 식물, 그리고 동물이 얽힌 상태로 서로 되어 감의 과정에 있다고 보고 그것이 무엇을 의미하는지 생각하기 시작했다. 이러한 관점에서 우리의 논의는 사람에 대한 고정된 관념에서 출발하지 않으며 사람이 자신을 둘러싼 세계에 대하여 무엇을 했는가 하는 탐구로 넘어가지 않게 되었다. 그보다 우리는 그러한 공동체의 형성에 초점을 맞추어 그것이 무엇을 의미하는지에 대해 탐구하는 것이다. 이러한 것이 순화에 어떤 의미를 지니는가?

식물과 동물을 순화하는 인간으로부터 이야기를 시작하는 것은 순화를 세계의 능동적 주체인 인간이 수동적이고 거부하지 못하는 객체, 즉 동물 그리고 식물을 상대로 한 그 무엇이라고 설명하는 것이나 다름없다. 다른 말로 하면, 그러한 설명은 자동으로 문화/자연과 주체/객체의 이원론으로 넘어가게 된다. 그러므로 우리는 순화에 접근할 때 식물, 동물, 사람이 함께 연결된 과정으로 이해해야만 한다. 이러한 이해를 통해서만 우리는 순화의 과정을 통해 동물이 어떻게 변해 가고, 또한 사람은 어떤 변화를 겪게 되는지를 제대로 설명할 수 있게 된다. 이를테면 사회라는 측면에서는 물론, 성년이 되어 우유를 소화하는 능력과 같이 그들의 생리적 특징이나 유전자의 변화에 대해서도 적절한 논의를 할 수 있게 된다.[81] 이러한 변화는 다른 생물체와 사물의 변화도 가져오게 되며 다시 경관의 변형도 뒤따르게 된다. 사람들이 수확물에 의존하게 되면 그것을 위하여 일정한 범위를 벌목하게 된다. 이 작업은 침식을 동반하게 되며 물흐름의 패턴을 바꾸고 홍수를 유발하게도 하며 사람들의 거주지를 옮겨가도록 하고, 사람들이 그리함에 따라 동물과 식물의 관계에도 압력이 미치게 된다. 여기서 총체적 경관은 땅과 물, 기후와 사람, 동물과 식물이 연결된 생태계로서 서로 접속된 관계의 한 묶음이다. 여기서 순화는 진화적 과정이지만 하나의 역사적 과정이며, 그 안에서 서로 다른 변동이라고 상반된 두 진영으로 나누어 볼 수 없는 하나의 과정이다.

이 장에서 우리는 어떻게 고고학자들이 과거의 설명에서 식물과 동물의 역할을 다르게 보기 시작했는지, 그리고 그러한 설명을 위해 관계성의 이론을 구사하게 되었는가에 관해 살펴보았다. 어떤 면에서 보면 식물과 동물은 과거를 설명할 때 우리가 항상 부차적인 지위를 부여해 온 '타자' 집단의 한 본보기라고 할 수도 있다. 다음 장에서 우리는 비서구 사람의 목소리로 넘어가 그것을 우리의 설명에 어떻게 포함할 것인지 논의하게 된다. 식민주의의 관점에서뿐만 아니라 이론 그 자체를 구축하는 데 하나의 동력으로서 논의하게 될 것이다. 우리는 또한 사물 그 자체에 대한 '탈식민주의' 비판을 채용하자는 최근의 요청으로 넘어가 관계적 이론이 다 옳기만 한 것은 아니라는 주장을 처음으로 제기해 보고자 한다.

제10장
'타자들'
탈식민주의, 존재론적 전환과 식민화된 사물

머리말: 타자의 돌에서 타자로서의 돌로

그림 10.1에서는 고고학자가 쓰는 트라월이 돌과 상호 작용하는 것을 '비전통적 (nontraditional) 관점에서는 어떻게 생각할까를 보여 주려 했다. 제1장에서 우리는 사람이 돌에 대해 생각하는 여러 가지 방식에 대해 논의해 보고 어떻게 돌과 상호 작용하는지 살펴보았다. 그래서 나온 질문은 왜 하나의 돌은 하나의 트라월과 사귀지 못하는가이다. 이 책을 시작하면서 우리가 내놓은 하나의 사례를 기억하는가? 거기서 우리는 돌을 좀 다른 관점에서 보려고 노력해 보면 생각이 달라질 수도 있을 것 같다는 이야기를 했다. 이를테면 어느 아메리카 토착사회의 맥락으로 가서[1] 돌이 사람과 소통할 수 있다는 생각을 접할 수 있고 그것을 통해 무언가 배울 수 있는 것이 있을지도 모르는 일이다. 이와는 대조적인 관점이 스코틀랜드 고고학의 사례에 있다. 여기서는 다듬지 않은 돌은 '육중한 짐(dead weight)'과 같은 것으로 생각한다. 그래서 어떤 경우에는 사물이 상호작용이 가능한, 대상으로 인지할 만한 것이지만, 다른 경우에는 사귀기 어렵고, 생각하기도 어려우며 그저 죽어 있는 것 같다. 어떻게 그럴 수가 있는가? 더 중요한 문제는 어떤 쪽이 옳은가 하는 것이다. 발굴할 때 돌과 이야기하는 사람이 옳은가 아니면 돌을 말이 통하지 않는, 거추장스럽기만 한 장애물로 여기는 사람이 옳은가? 그렇다면 당신은 이야기할 수 있는 사람인가? 발굴조사의 현장에서 트라월과 돌 사이에는 사회적 유대가 있다고 보나, 아니면 그렇지 않은가? 하지만 이러한 질문에는 속임

그림 10.1 트라월과 사귀고 있는 돌(케이-페이 스틸 그림)

수가 숨어 있다는 것을 당신이 알았으면 좋겠다. 우리가 증명해 왔던 것처럼 질문은 양자택일의 형식으로 던져졌을 때 가장 위험하다. 이를테면 맞는가 아니면 틀렸는가, 살아 있나 아니면 죽어 있나, 말하는가 아니면 침묵하나 등과 같은 질문들이다. 이 문양! 알아보겠어? 예, 물론! 이러한 질문들 뒤에는 글자들의 한 조합이 숨어 있다. 바로 이원론이라는 단어다. 앞의 제9장에서 우리가 극복해야 할 목표로 삼았던 바로 그 말이다.

이 장에서는 탈식민주의 비판(*postcolonial critique*), 존재론적 전환(*ontological turn*), 그리고 물질로의 전환(*turn towards things*)과 관련된 아이디어들이 새천년의 고고학 이론에 어떤 영향을 주었는지 살펴보려 한다. 특히 앞에 열거한 질문들과 관련된 그 끈질긴 이원론적 사고에는 어떤 충격을 주었는지도 알아볼 예정이다. 이 세 가지 주제는 타자에 대한 관심이라는 공통성을 통해 서로 연결된다. 주지하다시피 각 주제의 연구자 그룹들은 각자 서로 다른 방식으로 타자를 정의한다. 예컨대 타자는 식민지의 압제하에 있었던 토착 주민집단일 수 있다. 또 타자는 평생 당신이 가지고 있던 것과는 아주 다른 신앙, 실천, 물건을 가진 '비서구인(nonwestern)'일 수 있다. 그리고 타자는 과거의, 혹은 우리가 '이국(foreign)'이라고[2] 들었던 적이 있는 그런 사람들일 수 있다.

서구의 학자들이 묘사하고 해석하려 했던 그 어떤 인간 '주체'도 타자일 수 있다. 그리고 이 장에서 논의하고 있는 사고 중에 가장 급진적인 생각, 즉 비인간 또한 타자가 될수 있다는 주장이 나온다. 앞 장에서 논의했던 식물이나 동물뿐만이 아니라 물건들도 타자일 수 있다는 것이다. 세베린 파울스가 지적했듯이[3] 탈식민주의 연구의 언어들은 보통 권리가 박탈된 사람에 관해 이야기하려고 준비된 것이지만 최근에는 사물에 관해 이야기할 때도 끌어다 쓰는 것을 볼 수 있다.

그런데 이 모든 타자의 공통점이 무엇인가? 서구의 학자들은 이 타자들과 그들에게게서 나온 모든 것을 특별히 여긴다. 그들(서구학자들)이 보기에 자신들과 다른 그런 것들 말이다. 한때 인류학은 비서구 문화의 연구에 초점이 맞추어져 있었다. 당시 클라이드 클러크혼이 인류학의 성격을 규정짓는 유명한 말 한마디를 했다. '사람을 비추는 거울'.[4] 그러나 20세기 중반의 인류학은 '원시적'이고 '이국적' 측면에 초점을 맞추었다. 인류학자들은 비서구 집단을 찾아 세계를 탐사했다. 아마존의 샤머니즘 행위, 토착 아메리카 부족의 친족 관계, 그리고 태평양 외딴 섬들의 선물 교환 패턴 등은 인류학 연구의 주요 메뉴였다. 클러크혼은 인류학자들이 타자들을 관찰하고 그것을 토대로 근대서구 사회의 문제를 해결할 때 도움이 될 수 있어야 한다고 주장했다. 이는 서구인의 필요성 때문에 타자란 무엇인가에 대한 하나의 믿음이 형성되었다는 것을 의미한다. 즉 관찰자의 것과는 '절대적, 그리고 근본적으로 다르게' 나타나는 관찰된 사람, 그런 사회, 혹은 물건을 의미했다. 여기서 그처럼 근본적인 차이를 가리킬 때 쓰는 아주 중요한 용어 '타자성(alterity)'라는 말이 사용되기 시작했다. 이 타자성의 인식은 관찰자의 자기-이해를 구축하는 데 중요한 재료가 되었다. 서구는 자신이 아닌 것을 통해 자신을 구축했다. 아이러니하게도, 서구는 타자들과의 관계에서 자신을 그들과 비교하면서 자신을 구축했으며 그들에게 없는 것(보통 서구의 특징)을 통해 타자를 구분해 냈다. 다음에 논의하게 될 연구자들은 그와 같은 순환논법을 끝내고자 노력했던 사상가이다.

다음 절에 우리는 탈식민주의 비판을 소개하려 한다. 거기서 우리는 몇 사람의 학자들을 소개하게 될 것인데 그들은 서구인들이 비서구인들을 연구하고 관계 짓는 기본 원리에 대해 문제를 제기한 사람들이다. 우리는 그들로부터 식민주의의 표상이 가지는 위험성에 대해 배웠다. 이를테면 서구인들은 그들 자신의 사회, 그리고 그들이 관찰하고 해석했던 비서구인의 사회, 이 둘 사이에 절대적이고 근본적인 차이를 파악하였고 연구자들은 그것을 쉽게 일반화하고 단순화했다. 이러한 상황을 폭이 넓은 붓을 가지고 칠하듯이 동전의 한쪽은 서구, 다른 한쪽은 비서구로 세계의 모습을 그려 내었다. 에릭 울프가 "유럽과 역사 없는 사람"이라고 하며 비판적인 입장을 표시했던 사고의 틀이 바로 그러한 것이다. 우리는 이국 문화와 그 사람들을 그런 식으로 표현하는 문제에 대해 상당히 많은 공을 들여 논의해 볼 것이다. 여기서는 우리가 고고학적 해석을 통해 표현해 내고자 하는 것이 과연 무엇인가? 서구적 전제를 버리고 좀 더 개선된 사고를 하려면 어떻게 해야 하는가 하는 문제들을 생각해 볼 것이다. 하지만 실제로 우리가 표현해 내고자 하는 과거의 모습은 또한 어떤 것인지(과거에 대한 관점)에 대해서도 검토하게 될 것이다. 여기서 우리는 고고학자로서 혹은 고고학 조사팀의 일원으로서 활동하는 토착 주민의 고고학적 실천에 주목할 것이며 그들의 새로운, 그리고 점점 비중이 커지는 연구성과에 대해 간단히 살펴보려 한다. 말하는 돌에 대해 생각해 보자. 서구학자들이 '이국(foreign)'과의 상호 작용에 대해 생각했다면 아마 그렇게(즉 사람과 돌 사이의 교류) 묘사했을 것으로 생각된다. 이에 대해 논의하면서 세계를 보는, 그리고 세계 내에서의 서구 유럽인의 관점에 대해 비판해 볼 것이다. 하지만 탈식민주의 역시 식민지의 불평등과 관련된 실제적인 문제라든가 식민주의를 정당화하려는 타자의 연구 방법에 대해 관심이 많다.

이상과 같은 논의를 토대로 우리가 가고자 하는 다중의 세계(multiple worlds)를 구상하면서 그것으로 향한 무모하지만 새로운 운동을 생각해 보고자 한다. 여기서 우리는 인내심을 가지고 실험적인 움직임을 열린 생각으로 대해야 한다. 우리의 믿음직한 돌에게로 돌아와서 설명에 도움이 될 만한 이야기를 꺼내 보자. 앞서 제기한 문제들을 풀어 가는 일련의 접근법을 두고 우리는 다음과 같은 의문을 제기할 수 있다. 돌에 대한 이해처럼, 왜, 그리고 어떻게 일부 사람들은 돌에 대해, 말하자면, 서구학자들과는 근본적으로 다른 이해의 방식을 가지게 되었는가? 꼭같은 돌을 두 사람이 보았을 때 어떻게 같은 것을 서로 완전히 다르게 볼 수 있는가? 즉 하나는 말하는 돌로 보는 반면, 다른 쪽에서는 하나의 무생물, 광물 덩어리로 보느냐 하는 것이다. 이런 식의 질문에 갇혀 버리면 우리는 다음과 같은 전제를 인정하는 셈이 된다. 즉 세상을 보는 눈에는 올바른 방식 하나가 있고, 다른 모든 (잘못된) 방식이 있다고 전제하는 것이나 다름없다. 우리는 이것을 고고학적으로 더 적절한 일련의 질문으로 바꾸어 볼 수 있다. 예컨대, 어떤 돌이 왜, 어떻게 과거 어떤 집단 X의 상징적 돌이 되었을까? 어떻게 우리는 이러한 상징성을 고고학적 패턴에서 알아볼 수 있을까? 왜 어떤 문화에서는 서구인들이 오직 인간의 성질이라고 말하는 것을 물건이나 동물도 가지고 있다고 생각하며 그 반대의 경우도 성립한다고 하는가? 이러한 질문은 원래 애니미즘(animism)에 관한 연구에서 흔히 언급되었던 의문점들이다. 이를테면 일부 토착사회에서는 샤먼이 자신은 재규어가 될 수 있는 능력이 있다고 믿는 것처럼 여기서 애니미즘이란 사람, 물건, 혹은 동물 등이 다른 것의 성질을 가질 수 있다는 믿음이라 할 수 있다.

'존재론적 전환'이라고 알려진 새로운 접근의 세트를 가지고 우리는 다음과 같은 질문을 던지고자 한다. 어떤 종류의 세계에서 돌이 말을 할 수 있고 사람이 재규어로 변할 수 있는가? 이 질문은 앞의 문단에서 우리가 제기했던 질문과 대단히 유사하게 보이지 않는가? 그렇다면 잠깐 숨을 돌리고 두 질문을 비교해 보자. 그 두 질문은 어떻게 다른가? 첫 번째 질문은 밖의 그곳 세상(이 경우에는 돌)이 각각의 해석자에게 같은 것이라고 전제하고 있다. 이러한 점에서 첫 번째 질문의 세트는 세계관, 혹은 앎의 방법, 즉 인식론(epistemology)에 관한 문제의 제기이다. 밖의 그곳에 있는 세상을 각각의 해석자들이 서로 다른 방법으로 알려고 하기 때문에 생기는 의문이다. 요컨대 세계는 하나인데 그것을 다르게 해석하는 두 개의 세계관, 혹은 인식론이 있는 셈이다. 두 번째 질문은 세계가 단 하나의 같은 세계인지에 대해서는 아무런 전제를 두지 않는다. 이는 돌이 사람처럼 말하는 세계와 그렇지 않은 세계, 이 두 개의 서로 다른 세계를 통해 문제에 접근한다. 이 근본적으로 다른 세계란 과연 본질적으로 무엇인가. 만일 그 세상에서는 사람이 이따금씩 재규어로 변할 수 있다면(단순히 그렇게 믿는 것이 아니라 실제로 될 수 있는 것), 그 세계의 나머지 부분은 과연 어떠한가? 이러한 종류의 질문이 바로 우리가 신 애니미즘(new animism)이라고 말하는 사고에서 나온 의문이다. 여기서 우리는 세계관, 혹은 앎의 방법(인식론)에 관한 문제에서 세계 내의 존재, 그리고 됨(becoming)에 관한 문제로 옮겨가는 것을 목격하게 된다.

이 장의 후반부는 훨씬 나아간 문제를 다루게 될 것이다. 우리는 제8장에서 다룬 바 있는 대칭적 정신과 신유물론적 접근을 토대로 하여 비인간의 사물을 타자로서 생각한다는 것이 과연 무엇을 의미하는 것인지 논의해 보려 한다. 사람들이 물건들을 식민지화해 왔는가? 사물의 현재 상태는 탈식민주의 이론가들이 말하는 식민지화된 주체의 상태와 유사한가? 사람들이 흔히 하나의 전제로 받아들이는 것처럼 비인간, 특히 비생물의 사물은 인간과 근본적으로 다르다는 것을 당신도 인정할지 모른다. 그러나 이 책의 전체를 통해 그러한 전제에 문제가 있음을 끊임없이 지적해 왔다. 사물은 에이

크리스 고스든

　크리스 고스든(Chris Gosden)은 옥스퍼드 대학의 유럽 고고학의 석좌 교수이다. 2001년도 출간된 책에 실린 '탈식민주의 고고학: 문화, 정체성, 그리고 지식의 문제'라고[6] 하는 장은 고고학에 탈식민주의 이론을 끌어들인 최초의 시도였다. 그는 영향력 있는 고고학의 저술을 여러 권 발표하였는데 *Archaeology and Colonialism: Culture Contact from 5000 BC to the Present*라는[7] 책도 그중 하나이다. 이 책에서 그는 '테라 눌리우스(terra nullius)'라는 관점을 검토하고 있다. '아무에게도 속하지 않는 땅'이란 뜻의 이 말은 토착인들의 땅을 차지한 서구인들이 그것을 정당화하기 위해 구사한 분류법에서 나왔다. 고스든은[8] 자신의 아이디어를 아래 그림과 같은 알버트 엑하우트(Albert Eckhout)의 회화와 연결시켜 설명하고 있다. 이 그림은 전면에 나와 있는 벌거벗은, '자연상태의' 토착인 여성과 아이, 그리고 뒤에 배경으로 깔린 질서 잡힌 식민지 경관을 대비시키고 있다.

국립박물관(Nationalmuseet)[공개자료 또는 CC BY-SA 3.0(http://creativecommons.org/licens\-es/by-sa/3.0)], Wikimedia Commons에서

전시를 가진다(제5장). 사물이 사람을 만든다(제6장, 제7장). 사물은 우리이다(제8장). 이 새로운 제안들은 비생물의 물질과 유물에 대한 서구적 이해의 방식에 문제가 많음을 지적하고 있다. 앞서 주장한 것처럼 만일 우리가 아닌 것을 통해 우리 자신에 대한 이해를 구축해 온 것이 사실이라면, 사물 에이전시, 사물의 인간성, 그리고 인간-사물 혼합물과 같은 주장들은 인간이 과연 무엇인지를 우리가 제대로 이해하지 못한다는 것을 말해 주고 있다. 다시 말해서 만약 인간의 영역에 속한다고 생각되어 온 성질들과 오직 인간만이 (말하자면 에이전시를 가지고) 비인간 쪽으로 확장될 수 있다고 우리가 생각한다면, 우리는 인간이 된다는 것이 과연 무엇을 의미하는 것인지에 대해 전반적으로 다시 생각할 필요가 있을 것 같다. 이 모든 관점은 새천년에 들어와 폭넓게 확산해 있는 포스트휴먼 비판의 일부라고 생각된다. 이 장의 마지막 절에서는 타자들에 대한 세 가지 접근법을 간단히 비교해 보기 위해 다시 우리들의 돌로 돌아가게 될 것이다.

탈식민주의 이론: 공유된 세계 내의 타자에 대한 이해와 표상

폭넓은 학문 세계의 사상 중에서 가장 비판적인 영역을 차지하고 있는 것의 하나가 탈식민주의 이론일 것인데 여기서는 이를 논의의 출발점으로 삼고자 한다. 탈식민주의 이론과 관련된 최초의 고고학 논문 중 하나는 2001년 출간된 책에서 크리스 고스든이 집필한 장이다(박스 10.1). 그 이후 탈식민주의 고고학 연구는[9] 급격한 증가세를 보였다. 이러한 움직임도 다른 학문 분야에서 이론을 끌어오는 고고학자들의[10] 또 다른 사례에 해당하는 것이라 할 수 있다. 그런데 이 탈식민주의는 문학 비평의 분야로부터 커다란 영향을 받은 경우라고 할 수 있다. 탈식민주의의 학문적 성과는 서구적 지식의 방법론(인식론)에 대한 비서구의 비판적 성찰로 구성되어 있다. 특히 이 사상가들은 학자들을 포함한 서구의 관찰자들이 '타자들'에 관한 정보를 어떻게 생산해 내는가에 대해 주목하였다. 이 장에서도 이 절에서만큼은 타자가 식민지를 겪었거나 여전히 식민지 상태로 있는 사람들임을 기억하라. 이러한 점에서 타자는 보통 '비서구인'이며 토착인 혹은/그리고 제3세계의 나라에서 살고 있다. 탈식민주의 저술가들은 흔히 타자들을 서발턴(subaltern) 그룹이라고 지칭한다. 이는 단순히 열등하고 다르다고 표현되는 집단이라는 것을 의미할 수 있다. 하지만 이것은 거의 모든 탈식민주의 문학에서 가

에드워드 사이드

　　에드워드 사이드(Edward W. Said, 1935-2003)는 콜럼비아 대학의 역사 비교문학과의 영문학 교수이다. 그는 자신의 저서 『오리엔탈리즘』[11]을 통해 가장 잘 알려져 있으며 이 책에서 중동지역 문화에 대한 서구인의 표상을 비판적으로 분석하고 있다. 아래 벽걸이는 사이드가 성장기를 보낸 팔레스타인에서 온 것인데 그와 그의 업적에 경의를 표하는 그림이다.

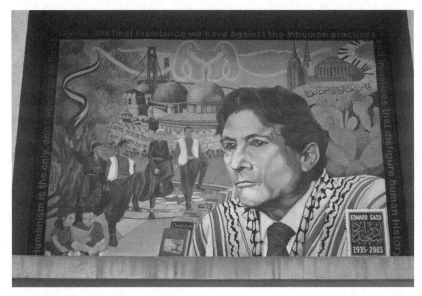

브라이안트레조(Briantrejo)의 사진(본인작품)[GFDL(http://www.gnu.org/copyleft/fdl.html) or CC BY-SA 3.0]

장 관심 있게 다루어지는 주제이기도 하며 식민자와 식민지인의 관계와 연결된다.

　　탈식민주의 비판은 기본적으로 서구의 관찰자가 타자의 문화와 식민지적 경험을 어떻게 오해하고 왜곡하는가 하는 질문을 던지며 아울러 타자들이 선천적으로 (서구인보다) 열등하다는 프레임을 어떻게 가지게 되었는지를 묻는다.[12] 식민주의의 역사를 통해 식민자들은 흔한 변명과도 같은 한마디, '식민지인들은 열등하다'는 말로 자신들이 벌인 제국주의적 활동을 정당화해 왔다. 이런 점에서 타자를 그와 같은 방식으로 그릇되게 표상하는 것은 식민지배를 정당화하기 위한 수단이었다.

탈식민주의 이론가로서 가장 영향력 있는 인물은 에드워드 사이드(박스 10.2), 가야트리 차크라보티 스피박(박스 10.3), 호미 바바(박스 10.4)이다. 사이드는[13] '오리엔트', 혹은 중동의 사람들과 문화를 표상하는 서구인의 관점을 날카롭게 비판했다. 그에게 '오리엔탈리즘'은 중동의 문화를 왜곡 표상(misrepresent)하는 **본질주의**(*essentialism*)의 한 형태이다. 본질주의란 어느 한 집단의 모든 구성원이 핵심적 특징과 가치를 가지고 있다고 전제한다. 이러한 특징과 가치는 변함이 없고 그 집단의 본질을 이루고 있다고 본다. 제1장과 제2장에서 우리는 어떻게 고고학자들이 자주 본질주의자가 되곤 하는지에 대해 살핀 적이 있다. 예를 들어 이원론이라든가 젠더 이분법의 개념 등과 같은 것처럼 근대 인간 삶의 어떤 요소들이 시간과 장소를 초월하여 모든 인간에게 본질적인 것으로 전제하는 경우이다. 그러한 맥락에서는 본질주의가 광범위하게 적용되어 집단들 사이의 차이를 은폐하는 결과를 낳는다. 여기서 우리는 본질주의를 구사하여 어떻게 서구와 상반되는 모습으로 타자를 그려 내면서 다른 모든 타자에게서는 유사점을 찾아내는지 보게 될 것이다. 그리고 본질주의는 그밖에 다른 방식으로도 사용되는데 마찬가지의 문제점을 안고 있다. 예를 들어 북미대륙에 들어온 유럽의 식민자들은 자신들이 만나고 식민지화한 토착 집단의 대다수가 그들 자신의 땅을 '개량할' 능력이 없고 그로부터 얻어낼 수 있는 수확을 극대화할 방법을 모른다고 주장한다. 이런 이야기가 더 나아가면 그것은 식민자의 '자연스러운 권리'를 부분적으로 뒷받침해 주며 그 땅을 취해서 개량하는 일은 의무라고까지 말한다. 이런 경우, 식민자들은 토착 집단을 어설프고 수동적이며 게으르다고 표현하며, 이는 유럽의 식민자들이 자신을 보는 것과 상반된 모습이다. 여기서 우리는 탈식민주의자들이 공격하는 중요한 이원론의 세트들을 만나게 된다. 서구인들은 흔히 자신들이 관찰한 타자들이 서구 식민자 문화와는 본질적으로 상반된다는 것을 주장한다. 한편으로는 타자들이 정체되어 있고(새로운 것을 발명하거나 변화를 가져오지 못한다는 의미), 기술적으로 열등하며 사회적으로 단순하다고 말한다. 그러면서 서구인들은 다른 한편으로 그들 자신의 문화가 역동적이고, 기술적으로 진보했으며 사회적으로 복잡하다는 프레임을 덮어씌운다(박스 10.1을 보라).

최근 고고학자 세베린 파울즈는[14] 서구인들이 비서구인의 과거를 어떤 공통의 '것(thing)', 즉 부재라는 것에 근거하여 이해하려 했다고 지적한 바 있다. 그들은 야금술, 농업, 정치적 지도력, 세상에 대한 세속적 이해 등과 같은 요소 중 어떤 것을 가지지 못하였다고 생각한다. 그래서 흔히 비서구인 집단들은 그들이 가진 것보다 그들이 가지지 못한 것을 중심으로 그 성격이 규정되었다는 것이다. 이와 같은 부재를 '사물적(thingly)' 본질로 이해할 수 있다고 파울즈는 주장하면서 그것을 진화하고 발전하는 모든 사회가 충족해야 할 '실제적(real)' 성질들이라고 보았다. 이 장의 머리말에서 논의했던 순환논법을 기억하는가? 파울즈와 휴펠이 경고했던 것처럼,[15] 원시성(primitivity)이란 문명의 이념적 창조물이며 문명은 원시가 진화한 결과물이 아니라는 것을 우리는 꼭 기억해야 한다. 이러한 비판은 사회와 문화의 진화에 대한 서구세계의 전제가 어떤 것인지 잘 지적해 주고 있다. 그러나 여기서 논의하고자 하는 것과 관련하여 더욱 중요한 점은 그들이 부재에 초점을 맞춤으로써 우리는 단순 대립이라는 서구 학계의 뿌리 깊은 요청이 무엇인지 더 잘 볼 수 있게 된다는 사실이다. 이 경우에 그것은 비서구 사회에서 인위적 격차를 파악하여 서구인 그 자신들과 그들이 연구하는 이국 집단 사이의 대립 관계를 발견해 낸 것이다.

가야트리 차크라보티 스피박이[16] 던진 '서발턴이 말할 수 있는가?'라는 유명한 질문이 있다. 이 핵심적인 질문은 사이드와 같은 사상가들이 비판했던 본질주의의 문제로 돌아가 연결된다. 스피박은 과연 학자들이 앞에 소개된 이원론의 문제를 넘어서 움직여 갈 수 있는가에 관해서 묻는다. 만일 그럴 수 있다고 해도 과연 서구 엘리트의 역사 해석을 통해 일차적으로 표상된 과거의 서발턴 집단들이 그들의 목소리를 낼 수 있는 가능성에 관해 스피박은 회의적이다. 여기서 무엇보다 중요한 사실은 과연 역사가들이 타자들의 과거에 대한 서구인의 표상을 쉽게 피해 갈 수 있겠는가를 스피박은 묻고 있다는 점이다. 스피박의 결론은 서발턴이 서구 엘리트의 표상, 즉 역사 문헌을 통해서는 결코 말할 수 없다는 것이다. 왜냐하면, 그러한 표상의 형식에서는 일반적으로 식민주의와 식민지적 불평등에 대한 서발턴의 경험들이나 토착문화들이 서구적 감각으로 여과되고 채색되어 버리기 때문이다. 그렇지만 스피박은 서발턴 사람과 역사에 관한 모든 연구를 쉽게 깎아 내리지는 않는다. 실제로 그녀가 지적한 것은 서구의 역사 기록물을 토대로 구성된 식민지 혹은 서발턴의 과거에는 아주 중요한 사실들이 정확히 언급될 수 없었고 자주 빼먹고 있다는[17] 사실이다.

아마 고고학자에게도 스피박의 연구가 전하는 가장 중요한 메시지는 고고학적 해석이라는 것도 물질문화를 대변해서 말하는 목소리라는 사실일 것 같다. 그래서 매튜 리브만은[18] '고고학이 우리 자신의 목소리를 과거 사람들의 입을 통해 나오게 하는, 무슨 복화술을 하는 것 같지 않은가?' 하고 묻는다. 이 질문은 우리에게 비판적 태도를 잃지 않고 유지하는 것이 고고학자의 의무라는 것을 일깨워 준다. 즉 어떻게 과거가 고고학자를 통해 나오는지, 그리고 고고학자는 지금 그들의 관점에서 과거를 어떻게 자리 잡게 하는지에 대해 비판적 생각을 잃지 말아야 한다는 것이다.

끝으로 검토해야 할 탈식민주의 사상가는 호미 바바이다. 고고학자로서 그의 작업 중에 가장 중요한 측면으로 꼽아야 하는 것은 문화적 혼종성(hybridity)과 양가성(ambivalence)에 대한 그의 비판적 사고들이다.[19] 앞서 소개했던 식민지적 이원론이 기억나는가? 바바의 작업은 그러한 이원론이 오류라는 것을 잘 지적해 주고 있다. 호미 바바의 연구는 식민자(coloniser)와 식민지인(colonised)으로 대립되는 단순한 이원론에 문제를 제기한다. 식민지적 상황에서 서로 다른 문화전통의 혼합물에 접근할 때 단순한 목록작성으로는 부족하다는 것이다. 그래서 그의 연구는 오래된(전통적) 실천과 물질적인 것, 그리고 새로운(이국의) 그것들이 식민주의의 과정에서 재정의되고 자주 혼동되는 양상에 주목한다. 이것이 바로 문화적 혼종의 과정에서 나타나는 양가성이다. 하지만 무엇보다 중요한 것은 이 문화적 혼종이 서발턴 집단에게 식민지 권력 구조를 상대로 협상하거나 저항할 수 있는 수단을 제공해 주었다고 봄으로써 이에 대한 논의의 길을 열었다는 사실이다. 예를 들어, 바바라 보스는[20] 아주 훌륭한 사례연구를 제시하였는데 캘리포니아의 스페인 식민지에서 수많은 종족집단 사이의 문화적 혼종을 어떻게 분류할 수 있는가에 관한 연구였다. 보스는 먼저 아주 다양한 문화적 실천과 물질

박스 10.3 **가야트리 차크라보티 스피박**

가야트리 차크라보티 스피박(Gayatri Chakravorty Spivak)은 콜럼비아 대학 비교문학 학부의 영문학 교수이다. 그녀는 비교문학과 사회 연구소의 창립 임원이기도 하다. 탈식민지 이론의 핵심 인물로서 스피박은 그녀의 비판적 에세이 '서발턴이 말할 수 있는가?'로 가장 유명하다.[21]

Can the subaltern speak?

사이에서 서로 다른 요소들을 섞어 새로운 종족 정체성, 즉 '칼리포니오(Californio)' 가 생성되는 과정을 보여 주었다. 여기서 보스가 보여 준 것 중, 우리에게 가장 중요한 것은 '칼리포니오'로서 받아들여지는 문화적 실천의 새로운 조합이 스페인의 인종 구분 시스템에 저항한다는 그녀의 지적이다. 보스의 작업과 같이 뛰어난 연구 사례가 있음에도 불구하고, 많은 고고학자는 혼종으로서의 사물들을 목록으로 작성하는 것에만 집중하는 경향을 보인다. 그와 같은 문화적 혼합물이 생성되는 과정을 규명해 줄 수 있는 권력 구조나 에이전시의 문제에 대해서는 별로 관심을 두지 않는다는 것이다.

고고학자 스티븐 실리만도[22] 유사한 일련의 관찰을 통해 고고학자들이 혼종성의

박스 10.4 **호미 바바**

호미 바바(Homi K. Bhabha)는 하버드 대학의 영미 문학·언어학과 교수이며, 인문학연구소 소장이다. 그는 탈식민주의 연구에 널리 쓰이는 중요한 개념들을 많이 내놓았는데 그중에 대표적인 것이 문화적 혼종성과 양가성이다.[23] 아래 사진은 호미 바바의 모교인 뭄바이 대학교이다.

아페이아(Appaiah)의 사진(Flickr)[CC BY-SA 2.0(http://creativecommons.org/licenses/by-sa/2.0)], Wikimedia Commons에서

관점을 사용하는 방식에 대해 문제를 제기한다. 실리만은 자신들의 해석을 과거로 가지고 가서 손쉽게 '프랑켄슈타인'이나 '노새'의 증거를 찾아내는 데 혼종성의 개념을 사용하는 고고학자들을 비판하면서 그와 같은 혼종성의 사례들을 더 나은 비판적 맥락(탈식민주의적 정신에 기반한)에 위치시키고자 했다. 예를 들면, 혼종성에 대한 고고학적 연구들은 그 혼종 이후에 어떻게 되었는가 하는 문제에 대해서는 거의 검토하지 않으며 그러한 혼종성이 수명을 다했다면 그것이 어떻게 끝났는지에 대해서도 생각이 없다는 것이다. 실리만은 그와 같은 혼종의 과정을 통시적 맥락에 두고 필요한 질문을 던지지 않는다면, 오늘날 고고학에서 그 용어는 아주 한정될 쓰임새를 가질 뿐이라고 주장한다(제3장에서 문화적 지속과 변동 사이의 복잡한 관계의 문제와 바로 연결되는 논의).

　탈식민주의 이론가들이 지식 생산, 혹은 인식론의 문제와 그것이 세계에 어떤 영향을 미치는가에 대해 커다란 관심을 지니고 있다는 사실은 되새겨 볼 필요가 있다. 탈식민주의 비판이 문학 비평의 분야에서 유래한다는 점을 기억해 보라. 원래 탈식민주의 사상가들은 식민주의의 표상에 관심의 초점을 맞추었다. 하지만 고고학에 변화를 초래한 탈식민주의 비판의 두 번째 움직임은 몇 가지 측면에서 인식론의 문제를 넘어서고 있다. 이 두 번째의 변화는 자기 나름의 고고학적 실천을 펼치기 시작한 토착 개인이나 공동체의 등장과 관련이 있다. 부족(tribal) 고고학, 토착(indigenous) 고고학 그리고 다양한 형태의 공동체(community-based) 고고학 등과 관련된 고고학 문헌들이 엄청난 양으로 쏟아져 나오는 것을 보면 변화는 너무나도 분명하다. 이러한 경향의 고고학적 해석과 표상에 참여하게 된 구성원들은 식민지인이나 과거 식민지인이었던 집단이라는 점에서도 그러하지만,[24] 이 변화는 여러 가지 측면에서 탈식민주의 비판과 같은 노선을 취하고 있는 현상이라 할 수 있다. 여기서 우리는 토착의 존재론 안에서 구축된 고고학 혹은 토착세계와 서구세계의 사이에 자리하는 고고학을 목격하게 된다. 토착인과의 공동협력이라는 고고학의 새로운 형태는 혼종된(hybridized) 고고학의 실천으로 이끌었다. 이를테면 발굴 장비 씻기와 같은 정화 의식을 한다거나 통상적인 고고학적 활동의 한 부분으로 의례의 수행을 포함하는 등의 새로운 실천이 나타났다.[25] 고고학에서의 이러한 움직임은 학문적 관심이 학계의 범위를 넘어 넓은 사회적 파급력을 가지게 하려는 노력의 한 부분이라고 할 수 있다. 로버트 프러셀과 스티븐 므로조우스키는[26] 이를 고고학적 실천의 '새로운 패러다임'이라고 한다. 프래그머티즘의 입장에서는 고고학자들이 자신들의 연구가 상아탑을 넘어 세상을 개선하는 일에 도움이 되려면 어떻게 그것을 활용해야 하는가 하고 물을 것이다. 그런데 이러한 경향은 토착 주민 혹은/그리고 토착 고고학자가 고고학을 자신의 세계를 개선하는 데 이용하는 결과로 이끌 수 있다. 탈식민주의 비판에 대해 논의하면서 강조했던 것처럼 그로부터 고고학자들이 자신들의 연구와 식민주의 사이의 관계에 대해 문제를 제기하기 시작했다. 토착고고학자들은 자신의 연구와 새롭게 구축된 토착공동체와의 연결에 비판적 시선을 돌림으로써 고고학이란 학문을 탈식민지화하려고 한다.[27]

신유물론과 다른 세계들

탈식민주의 비판과 나란히, 인류학자와 고고학자들은 세계에 대한 비서구의 이해 방식을 향해 새롭고 매우 급진적인 질문을 던지기 시작했다.[28] 앞 절에서 논의했던 서발턴 집단이 서구의 관찰자와는 다르게 세상을 이해하려 했던 것이 사실인 한, 우리는 여기서 굳이 식민주의 및 그와 관련된 권력의 불균형에 대해 다시 논의해야 할 이유가 없다. 그러므로 여기서 우리는 실질적 차원이 아니라 지적인 측면, 말하자면 고고학 이론에서 비서구적 관점을 사용하려는 지적인 도전에 주목해 보고자 한다. 이는 어찌 보면 탈식민주의의 초기 정신과 서로 통하는 점이 있다. 우리가 세상을 보는 다른 방식을 끌어넣음으로써 서구의 관점을 다양화하고 그 문제점을 지적하는 일에 도움이 될 것이다.

이 절의 제목에 '세계들'이라고 복수를 사용한 것을 보면 당신은 알아챌 수도 있을 것이다. 왜 그렇게 했을까? 여기서 우리가 시도하는 일은 서구의 관점, 즉 하나의 세계에 관한 과학적 탐구를 통해 나온 최선의 설명이라고 하는 그 관점의 한계를 넘어서려는 것이라고 보는 것이 일반적인 생각일 것이다. 서구의 과학은 우리에게 '바깥쪽 그곳의' 세계는 과학적 법칙과 방법을 통해 알 수 있고 예측할 수 있다고 말한다.[29] 그런데 우리는 때때로 이러한 법칙, 그리고 방법론과 완전히 모순되는 현상을 믿는 사람과 만나게 된다. 그래서 샤먼이 우리에게 자신이 재규어로 변할 수 있다고 말했을 때 우리는 실제로 그녀를 믿지 않는다. "그녀는 분명 착각했을 거야" 하고 생각한다. 그녀의 부족은 재규어의 사냥 능력 때문에 모두 그 동물은 숭배하므로 아마도 그녀가 자신을 속이고 재규어로 변한다고 스스로 생각하게 되었을 것이다. 어쩌면 그녀는 자신을 약에 취하게 해서 환각 상태로의 전이를 경험했을 것이다. 아니면 그 두 가지를 모두를 통해 그녀의 착각, 즉 우리가 공유한 이 세상에 대한 잘못된 믿음이 설명될 수 있을 것이다. 어떤 쪽이라도 우리 자신의 관점에서 보면 세상에 대한 그녀의 (잘못된) 이해는 설명되어야 한다고 생각하게 된다. 이 절에서 우리는 사람이 재규어로 변하는 것과 같은 그러한 현상을 연구하는 새로운 접근법의 세트를 소개하려고 한다. 이처럼 근본적으로 다른 어떤 믿음과 실천에 대해 우리의 세계(*our world*)에서 실제로는 어떤가 하는 관점에서 설명하려는 것이 아니다. 우리는 여기서 그러한 믿음과 실천에 대한 지식을 통해 그들의 세계(*their world*)가 작동하는 것을 더 잘 이해할 수 있을까 하는 여부를 묻고자 한다. 이 이야기는 결국 우리가 다중의 세계에 대해 열린 생각을 가지고 그것을 탐구할 필요가 있다는 것을 의미한다.

이미 지적한 바 있지만, 그러한 타자의 세계 중에 어떤 경우에는 사람, 동물, 그리고 '무생물의' 물건이 그들 사이의 경계를 넘어 흔히 서로 건너갈 수 있다. 우리는 경계에서 그와 같이 상호 침투할 수 있는 것이 사람들의 이해와는 무관하게 그런 것인지 아니면 어떤 특정 문화의 관점 때문에 그러한 것인지에 관해서는 의문으로 남겨 놓았다. 이러한 문제는 제2장에서 간단히 살펴보았던 존재론이란 것을 학문 분야마다 서로 다르게 사용하는 것과 관련된다.[30] 철학적 접근에서는 사람의 이해와는 무관하게(전자의 경우) 세계가 작동하는 방식에 대한 단 하나의 모델을 지칭하여 이 용어를 사용한다. 이에 비해 존재론에 대한 인류학적 접근은 세계와 그것이 작동하는 방식에 관한 특정 인간 혹은 문화의 이해를 탐구하는 것을 말한다(후자의 경우). 이와 같은 인류학적 정신에 따라 서구의 관찰자들은 너무나도 다양한 비서구적 인간-환경의 관계를 뭉뚱그려서 '애니미즘'이라는 용어를 사용하였고 이를 '원시 종교'의 분야에서 논의해 왔다.[31] 마리아 니베스 제데뇨(María Nieves Zedeño)는 애니미즘이 사물 속에 있는 생명력 혹은 영을 인식하는 것이며 한 세계관의 부분이라고 설명하였다. 애니미즘은 그래서 '하나의 사람이 될 수 있고 그처럼 행동할 수 있는 사물의 능력이다'라고 말한다.[32] 세베린 파울즈는[33] 최근 비서구의 종교에 대한 인류학적 분류법의 뿌리에 대해 문제를 제기한 바 있다. 여기서 그는 종교에 관한 우리의 근대적 관점이 과거와 현재에 걸친 모든 맥락에서 발견되는 종교에 대한 생각을 어떻게 지배했는지 드러내 보여 주었다. 이러한 보편성의 정신에서 우리가 너무나도 분명하다고 여기는 범주들의 구분과 같은,

세계에 대한 근본적 생각에 우리는 당연히 의문을 제기해야만 한다. 과학과 신앙, 혹은 사회관계와 종교 사이의 연결은 과연 무엇인가? 이 연결 관계를 우리는 깊이 있게 파고들어야만 한다. 그래야만 우리는 과거의 사람을 파악해 볼 수 있고 그럼으로써 우리 자신의 식별법과 분류법을 과거의 사람에게 덧씌우는 일을 피할 수 있을 것이다.

고고학자들이 이러한 문제에 접근할 때 어떤 경우에는 아주 전통적 인류학의 방식을 따르는 것을 볼 수 있다. 예를 들어, 제데뇨는 애니미즘으로의 전환을 비서구의 존재론을 고고학적 해석에 끌어넣자는 요청으로 보았다(탈식민주의 비판의 관점에서). 이 경우 제데뇨는 인류학적 감각을 가지고 그러한 존재론을 우리의 인식론(고고학자로서 우리가 지닌)에 맞추어 볼 필요가 있다는 주장을 한다. 그녀는 특히 유물의 분류체계에 관심이 많다. 제데뇨는 서구의 인식론, 즉 이원론적 토대 혹은 데카르트주의의 관점에서 보았을 때, 하나의 생물이라는 것은 '절대적이고 고정된 상태의 것이어서 자연의 한 사물 종이 다른 어떤 것으로 변하는 것은 가능하지 않다'라고[34] 지적한다. 그리고 그녀는 하나의 예를 들어 애니머시(animacy)에[i] 대한 토착 아메리카인의 이해가 어떻게 서구의 고고학적 분류체계를 조정하고 개선할 수 있는지에 대해 설명하였다. 이를테면, 이 연구에서 그녀는 어떤 '표준물(index objects)'을 확인했는데[ii] 그것은 토착 아메리카인들의 세계에서 주변의 물건에 생기를 불어넣어 주는 능력을 지닌 어떤 물질 혹은 물건을 가리킨다. 비록 제데뇨가 폭이 넓은 붓을 가지고 칠하고 있다 하더라도, 설령 북미대륙 전역에 걸쳐 거주하는 토착 아메리카인 공동체들의 본질을 추출하려 한다 해도 그녀의 연구는 토착 아메리카인의 존재론을 고고학 이론에 통합시켜 보려는 노력이었다. 그들의 존재론을 우리의 존재론과 결합하지 못하더라도 인식론과의 혼종(hybridizing)을 시도한 것이다. 이와 비슷한 관점에서 티모시 포키테트는[35] 북미

---

i   역자 주: 제데뇨는 애니미즘이 인간-환경의 관계에 대한 토착세계관을 서구인의 관점에서 해석한 것이라고 보고 그 용어 자체의 사용을 꺼린다. 대신 애니머시라는 용어를 쓰는데 이는 북미 토착 주민들 사이에 널리 퍼져 있는 아이디어로 생명의 힘, 영혼을 사물이 소유함을 가리키며 그들의 관계적 존재론에서 가장 중요한 개념이라고 제데뇨는 받아들인다.

ii   역자 주: 형식학, 혹은 분류체계는 여러 가지 목적에서 고고학의 핵심방법론이며 특히 물질문화의 시간-공간의 표지를 정의하는 데 기본절차이다. 그러나 현재 고고학자의 접근방법으로서 분류체계에 대한 논의만 있지 토착민의 세계관에 의한 분류체계의 연구는 거의 없다. 그들의 관계적 존재론에 의한 분류체계를 통해 우리의 분류를 조정할 수 있다고 생각한 제데뇨는 먼저 지질학 혹은 고고층서의 표준화석이나 표준유물과 같은 개념으로 '표준물'을 파악하고자 했다. 그것은 그것과 함께 있음으로써, 혹은 조합됨으로써 그 성질과 의미를 변화시키는 물건이다. 제데뇨가 자신의 연구에서 파악한 중요한 표준물은 붉은 칠이다.

대륙에서 친밀한 관계에서의 실천과 장기변동의 과정, 이 둘을 더 잘 이해하기 위해서는 어떻게 할 것인가를 모색하면서 '꾸러미 싸기(bundling)'와 관련된 토착 아메리카인의 아이디어를 발전시키고자 한다.

일부 고고학자들은 애니미즘으로 돌아가자는 것을 제데뇨나 포키테트가 제시한 모델보다 더 급진적인 방식으로 주장한다. 이와 같은 '신'애니미즘은 고고학과 인류학의 커다란 변화, 즉 '존재론적 전환'의[36] 일부라 할 수 있다. 존재론은 존재의 상태이다. 사람들이 세계와 맺는 관계, 혹은 세계를 보는 방식이다. 고고학자로서 존재론을 다루었던 벤자민 앨버티는[37] 존재론을 '존재하는 것의 이론이며 그것의 경험'이라고 말한다. 여기서 '전환'이란 과거이든 현재이든, 우리가 타자, 혹은 그 문화를 만났을 때 새로운 질문들의 세트로 물어 보는 것을 포함한다. 당신은 탈과정주의 고고학자들이 어떻게 사회관계와 상징에 주목하게 되었는지 기억하는가(제2장에서 논의했음)? 1980년대와 1990년대의 탈과정주의 고고학자들이 적극적으로 내세웠던 질문과 연구의 관심 안에서 구축된 전제는 우리 고고학자들이 살아가는 세상은 과거의 그들이 살았던 같은 세상이라는 것이었다. 그렇다고 고고학자들이 그때와 지금이 같다고 전제하는 것은 아니다. 네안데르탈이 휴대폰을 가지고 셀카를 찍고 서구의 감각과 관심사를 공유했을 것이란 이야기가 아니라는 것이다. 고고학자가 같은 세상이라 한 것은 네안데르탈이 살던 때에도 우리 세계를 지배하는 어떤 일반적 힘과 꼭 같은 힘이 작용하였을 것이라는 뜻이다. 이렇게 생각하는 것은 무리가 아니다. 비록 네안데르탈이 그들 세계를 움직여 가는 힘들, 이를테면 자연선택이라든가 질병에 관한 세균이론과 같은 힘들에 대해 완전히 다른 이해의 방식을 지녔다 하더라도 그런 세상의 힘들에 의해 네안데르탈의 삶도 형성되어 갔을 것이다.[38] 그러한 힘들은 모든 과거의 사람들이 살던 세상에서도 꼭 같이 작동했을 것이다. 존재론적 전환이 우리에게 요청하는 것은 왜 사람들이 이 세상에 대해 다른(잘못된) 관점(예를 들면 사람이 재규어로 변한다든가 병이 주술 때문이라는 관점)을 가지게 되었는가에 관한 해석을 무시하라는 것이다. 그 대신 우리는 새롭게 출발해야 한다면서 이렇게 질문하라고 한다. 즉 만일 그 세계에서는 사람이 재규어로 변할 수 있다면, 그 세계에서는 주술이 병에 걸리게 할 수 있다면, 혹은 그 세계에서는 돌이 말을 할 수 있다면 그것은 어떤 종류의 세계인가?

이와 관련해서 좋은 연구 사례가 인류학자 마틴 홀브라드의 작업이다.[39] 그는 쿠바의 점쟁이 바발라오스(babalawos)를 연구해 왔는데 특히 그가 관심을 가진 것은 점을 칠 때 사용하는 가루, 아체(ache)였다. 이 가루는 능력(power)이라고 점쟁이는 말한다. 가루가 능력이다(powder is power). 이 말에 대한 최초의 반응은 '아! 이것은 상징의 문제이군!' 하는 단정이 아닐까 한다. 즉 가루가 능력을 의미하거나, 능력을 대변해 주거나, 능력을 표상해 주거나, 또는 이 사람들은 그것을 실제로 능력이라고 믿는구나 하고 생각하게 된다.[40] 만일 우리가 그렇게 생각하지 않는다면, 만일 우리가 점쟁이가 착각한 것이라고 전제하지 않고 가루가 실제로 능력이라고 전제한다면, 우리의 접근방법은 어떻게 달라져야 하나? 이러한 요청들을 신중하게 받아들인 홀브라드는 우리가 연구를 시작할 때 가졌던 그러한 종류의 전제들에 관해 더 깊이 생각해 들어갔다. 하나의 사물과 그것이 표상하는 개념은 언어나 어떤 다른 수단에 의해 연결될 수도 있고 분리될 수도 있다는 그런 아이디어에 대해 재고해 볼 필요가 있다. 바발라오스의 주장을 신중히 받아들인다는 것은 우리가 지닌 사물/개념의 이분법을 거부하고, 가루가 능력이며 그러한 것들이 서로 동등한 세계의 가능성을 인정하는 것을 의미한다. 이러한 생각을 하는 순간만큼은 우리의 세계와 쿠바 점쟁이의 세계 사이에는 본질적인 차이, 즉 다름이 있는 것이고 이를 통해 상이한 존재론으로 안내된다. 이와 같은 다중의 존재론과 그에 따른 다중의 세계가 존재할 가능성은 인류학 분야의 여러 연구자에게 새로운 종류의 질문을 던지게끔 하였다. 이러한 성격의 연구에 토대를 닦아 준 에두아르도 비베이로스 데 카스트로는[41] 만일 우리가 어떻게 샤먼이 재규어로 변할 수 있는가를 이해하려고만 하면 아마존 주민들의 세계가 어떠한 것인지 우리는 탐구해 볼 수 있다고 말한다. 그는 '아메린디언의 퍼스펙티비즘(Amerindian perspectivism)'이란 용어를 만들어 발전시켜 왔는데 문화가 아니라 자연이 다양한 세계를 이해하기 위한 개념이다.[42] 필립 데스꼴라는[43] 서로 다른 여러 존재론을 엄청난 규모로 정리하여 4중의 도식으로 묶어 내었다. 그리고 세계에 따라 그들이 어떻게 달라지는지 보여 주려 하였다. 자 여기까지 문제가 될 것이 없다면 좋다! 그런데 이 타자의 세계에 대한 우리의 새로운 지식을 고고학 이론을 위해 어떻게 활용할 것인가?

앨버티의 작업은 이러한 실험적인 성격의 연구로서 하나의 좋은 사례라고 할 수 있다. 아르헨티나 북서부의 라 깐델라리아 '신체토기(body-pots)'에[44] 대한 연구를 통해 그는 '다른 식의 세계(worlds otherwise)'에[45] 손을 뻗는다는 것이 고고학자에게 어떤 의미인지 잘 설명해 주고 있다. 문제의 이 토기는 연대가 10세기 무렵에 해당하고 아주 다양한 생물체의 형태로 제작되었다. 이는 그 토기들이 인간이나 다른 동물의 신체

부위들을 본떠 제작되었음을 의미한다(그림 10.2). 토기의 모습은 앨버티가 인간, 새, 그리고 다른 동물들과 같이 어떤 실체들로 파악한 것과 그릇 모양을 혼합해 놓은 것처럼 보인다. 일부 토기들은 서로 동일하다고 해도 좋을 정도로 모양이 같은 것이 있다. 본뜬 인간의 모습이 서로 다른 특징을 보이기도 하고 어떤 경우에는 의인화된 성격의 형태를 지닌 것도 있다.[46] 토기를 하나씩 들고 살펴볼 때마다 앨버티는 다른 신체토기의 경우는 어떤 모습일까 하는 예상을 해 보았다. 그런데 그런 예상이 맞아떨어졌던 적은 거의 없었다. 토기에 사람 얼굴이 나타날 것이라고 그가 예측했을 때는 그 토기에 얼굴이 묘사되어 있지 않았다. 사람의 팔이나 다리가 토기에 묘사되어 있으리라고 예측했을 때는 불룩한 몸통만 있었다. 이와 같은 관찰을 토대로 앨버티는 이 신체토기가 사람 혹은 동물의 신체와 비교를 해야만 하고, 특정한 신체의 모습들은 고의적으로 결실되도록 하였다고 주장했다.[47] 신체토기의 형태가 말해 주는 것은 그들이 성급하게 제작된 편이고 그래서 엉성한 구석이 있고 그저 덜 마무리된 상태로 남겨진 부분도 있다는 점이다.[48]

이러한 토기를 놓고 고고학자들이 통상적으로 던져 왔던 질문이라면 이러한 물음이었을 것이다. 이 토기들은 과연 무엇을 의미하는가? 이 토기가 라 깐델라리아 주민들의 무엇을 표상하는가? 하지만 존재론적 전환에 공감하는 고고학자라면 그와 같은 접근이 다음과 같은 관점에 근거하고 있다고 생각할 것이다. 즉 비물질적인 의미와

그림 10.2 벤자민 앨버티가 연구한 신체토기[벤자민 앨버티 사진(Albert and Marshall 2009에서)]

그 의미가 달라붙어 있는 물질적 기본요소, 이 둘을 엄격히 나누어 보는 관점 말이다. 그래서 이를 유물에 대한 '질료형상론적 접근(hylomorphic approach)'이라고 앨버티는[49] 이름 붙였다(제8장 참고). 이러한 관점에서 고고학자들은 인간이 능동적으로 어떤 형태를 수동적 물질에 각인시킨 것(이 경우는 신체토기)이라고 전제한다는 것이다. 하지만 우리가 제8장에서 살펴보았듯이 물건은 그리 단순하지 않다.

의미와 상징에 관해 여기서도 비슷한 비판을 제기해 볼 수 있다. 제7장에서 우리는 구조주의 기호학에 대해 살핀 적이 있다. 구조주의 접근에서는 기호를 두 가지 기본 성분, 즉 '기표'(여기서는 신체토기)와 '기의'(여기서는 고고학자들이 통상적으로 답하고자 하는 수수께끼, 즉 그것이 의미하는 것이 무엇인가?)로 구성되어 있다고 본다. 앞서 논의한 바 있지만, 이와 같은 접근은 서구의 과학적 관점이 세계를 보는 유일하게 옳은 방법이라는 전제를 깔고 있다. 이와 같은 입장에서는 서구의 과학이 설명하던 대로 자연계에는 인간-동물의 혼종은 존재할 수 없는 것이 된다. 그러므로 신체토기 존재에 대해 가능한 단 하나의 설명은 그것이 문화적 관습이라고 해 두는 것이다(제7장). 다시 말해서, 신체토기를 제작하고 사용한 집단은 자신들의 상징기호론에 따라 동물과 인간을 혼합하는, 그럼으로써 자연을 위배하는 문화를 가지고 있었다는 것이다. 벤자민 앨버티와 이본느 마샬의 주장에 따르면 그와 같은 '표상주의자(representationalist)'의 접근은 '기호의 운반자로서 물건이 그것에 각인되고 그것을 통해 읽히는 어떤 이야기들과 문화적 믿음의 세트를 보여 준다'는 전제를 깔고 있다고 할 수 있다.[50] 그렇다면 이 신체토기는 무엇을 나타내는가? '신체토기 문화'에서는 왜 사람이 때때로 동물의 성격을 가진다고 믿는가?[51] 이는 두말할 필요 없이 애니미즘 연구의 본래 취지가 아닌가!

이러한 관점의 연구 말고 신체토기를 연구할 또 다른 접근법에 대해 생각해 본 적이 있는가? 이와 같은 질문의 한가운데에는 이미 우리가 거론했던 훨씬 더 커다란 의문이 자리 잡고 있다. 그것은 신 애니미즘에 무언가 새로운 것이 있는가 하는 질문이다. 다중의 세계에 대해 논의했던 것이 기억나는가? 앨버티와 마샬은[52] 신체토기가 하나의 상징으로서가 아니라 하나의 실체로서 존재하는 그 세계에 대해 참이냐 거짓이냐 하는 인식론의 질문을 넘어서야 한다고 우리에게 강력하게 요구한다. 동물의 형상을 취하는 인간의 능력과 자연에 관해 그런 인식론적 질문은 그만둬야 한다는 이야기이다. 이 제안은 하나의 세계에서 둘, 혹은 그 이상의 세계로 가자는 중대한 움직임을 의미한다. 이는 서구과학의 기초를 제거하면서 다음과 같은 질문을 던지는 움직임이

기도 하다. 서구 관찰자로서는 우리가 잃어버린 것은 무엇인가? 우리가 관찰한 집단의(혹은 사물들의) 세계에 대해 우리가 이해하지 못하는 것은 무엇인가? 그러한 토기가 구현되는 존재론적 논리를 찾아가기 위해서 우리는 생각을 흠씬 더 밀고 나가야 한다.[53] 앨버티와 마샬은 그들의 관점에서 신체토기가 두 가지 서로 연관된 제안을 한다고 주장한다. 첫째, '그러한 물질, 그와 같은 형태는 본래 안정적이지 않다는 생각을 가지게 한다는 것이다'. 둘째, '그 토기들은 어떤 차이점들이 끼워 넣어져서 개별성의 결정요소가 된다. 그러나 그것이 그렇게 결정적이지 않을(혹은 눈에 띄지 않을) 가능성을 가지지만 동적인 배경으로서의 물적 특성이 된다'.[54] 다시 말해서, 앨버티와 마샬은 이 '다른 식의 세계'에서는 사물이 끊임없이 변해 간다는 이야기를 하는 것이다. 아마도 신체토기는 어떤 특정한 형태를 가지고 굳어 버린 상태인 셈이며 지속적인 변형이 중단되어 있다. 이러한 사물들은 신체나 토기가 됨으로써 계속 새로운 형태를 가지려는 것이 중단된다. 앨버티와 마샬이 신체토기를 가지고 이러한 논의를 하는 이유는 이 존재론에서는 몸(신체)과 토기의 차이가 명확하지 않기 때문이다. 앞서 쿠바의 점쟁이에게 가루가 어떻게 능력인지를 기억해 보라. 그래서 앨버티와 마샬은 여기서 이렇게 주장한다. 이곳에서의 존재론에 따르면 토기가 몸(신체)이다. 몸의 표상이 아니고, 몸의 상징도 아니며, 실제 몸이라는 것이다.

　　이러한 사고는 복잡하고 재미있긴 해도 상당한 문제를 야기할 수 있다.[55] 여러 연구자가 또 다른 존재론 혹은 다중 존재론으로의 전환에 나름대로 관심을 보이는 상황이고 심지어 마틴 홀브라드는 다중의 세계의 주장으로부터 한발 물러선 의견을 내고 있다.[56] 세베린 파울즈와[57] 같은 연구자는 서구와 비서구의 집단들이 동일한 세계를 놓고 신중하게 자기주장을 펼치고 있는 현재와 같은 상황에서 다중세계의 주장은 많은 정치적 이슈를 무마시켜 버릴 위험성이 있다고 주장한다. 아마존 현지에서는 '다른 식의 세계'에 관한 주장이 벌목회사들의 활동에 저항하는 아마존 부족들에게 하나도 힘이 되어 주지 못했다. 다른 연구자들은 어떤 인간집단이든 그들이 왔다갔다할 수 있는 다중의 존재론에 그들 자신을 이끌어 가는 경향이 있다고 주장해 왔다.[58] 그들 중 일부는 다른 집단들이 공유하고 있는 것과 겹치기도 하고 다른 것은 그렇지 않기도 하다. 그럼에도 불구하고, 존재론적 비판은 고고학을 비롯한 여러 다른 분야에 주목할 만한 영향을 미쳤으며 사색을 자극하는 도구로 이용되었다.[59] 브뤼노 라투르(제8장에서 만났음)가 던진 물음처럼 이와 같은 종류의 접근들이 단순히 세상을 보는 또 다른 접근일 뿐인가 아니면 우리의 전제들을 폭파해 버릴 그 어떤 것인가?[60] 그와 같은 접근들이 라투르에게 영향을 주고 있는 것은 사실이며 최근 그의 연구에서 시도하는 오늘날 서구세계에 대한 복잡한 인류학적 설명에서 잘 나타난다.[61] 이 문제에 관해서는 다음 장에서 다시 한번 더 논의해 보기로 하겠다.

사물에 대한 변론

고고학자들은 그동안 제국주의 사회의 성향과 인문주의 담론으로 인해 침묵을 강요당하고 타자화되었던 집단의 서발턴 구성원들을 지지하고 사물의 편에 서서 단합해야만 한다.

비요나르 올센[62]

'대칭적 고고학'(제8장)의 기치 아래 연구하고 있는 고고학자들도 타자들에게 관심을 둔다는 점에서 탈식민주의 이론 및 존재론적 전환으로부터 영향을 받은 고고학자들과 유사하다. 하지만 위에 인용문에서 보는 것 같은 탈식민주의적 수사가[63] 대칭적 고고학에도 있듯이 포스트휴머니즘적 지향의 노선 안에서도 유사한 탈식민주의적 주장을 찾을 수 있다. 이 장의 주제인 타자 중에도 이 절에서 주목하는 것은 폭넓게 보면 '사물(things)'이다.[64] 그러므로 이 논리에 따르게 되면 식민주의의 횡포에서 사람들을 해방시키는 것이 아니라 여기서 우리의 도움을 필요로 하는 것은 사물인 셈이다.[65] 이러한 운동의 선두주자는 바로 비요나르 올센(박스 10.5)이다.[66] 그가 생각하는 사물로 향한 전환은 고고학 이론의 급진적 변화(하나의 혁명!)를 이끌고 있다고 해도 틀린 말이 아니다. 이 이론가 집단의 고고학자들은 식민주의의 연구자, 또는 뿌리 깊은 식민지적 불평등을 겪는 토착 고고학자들과 공동작업하는 학자들과 아주 비슷한 용어를 사용한다. 탈과정주의의 시대에 상징주의 고고학이나 사회고고학에 실망을 느꼈던 올센은[67] 고고학자들에게 사물을 그들의 방식대로 그렇게 두라고 강력하게 요구한다. 사물(things)을 사람들이 그 자신이나 그들의 사회관계를 표현할 때 쓰는 '소재(stuff)'로 환원시키지 말라고 하면서, 올센은 '사물의 타자성(otherness of things)'에[68] 대하여 깊은 관심을 기울일 필요가 있다고 주장한다. 이 말은 사물을 인간의 표현과 사용의 매체, 생기와 움직임 없는 것 등으로 볼 것이 아니라 그 자체가 뜻이 있는 '물 자체로(as things)' 보고 사물에 접근해야 한다는 의미이다. 그래서 우리는 '사물의 존재 그 자체를 존중하는 관점'을 발전시켜야만 한다고 올센은 주장한다.[69]

그는 이렇게 묻는다. 으깬 감자, 슬래그 덩어리, 플린트 박편, 밀폐용 수지, 불탄 뼈, 저장실, 그리고 실험실과 같은 것 말고 어떤 사물이 더 단호하게, 그리고 더 효과적으로 인간화와 함부로 하는 해석에 대항할 수 있겠는가?[70] 올센의 주장을 그 지향점에서 보면 '포스트휴머니즘'으로 분류하는 것이 적당하겠지만, 그와 그의 생각에 동조하는

박스 10.5 **비요나르 올센**

비요나르 올센(Bjønar Olsen)은 노르웨이 트롬쇠(Tromsø)대학 고고학 교수이다. 그는 대칭적 고고학의 선도자이며 영향력 있는 논문과 책을 여러 편 출간했다. 그중 대표적인 것으로는 『사물에 대한 변론』[71]과 『고고학: 사물을 연구하는 학문』[72](마이클 생스와 티모시 웹무어 그리고 크리스토퍼 위트모어와의 공저) 등이 있다. 그의 최근 연구는 아이슬란드 스키다달루어(Skíðadalur)의 버려진 농장의 잔해와 같은 폐허의 고고학에 집중하고 있다.

야르니 히야르타르손(Árni Hjartarson)의 사진(본인작품)[CC BY-SA 3.0(http://creativecommons.org/licenses/by-sa/3.0)], Wikimedia Commons에서

고고학자들은 인간에 그리 관심이 없다.[73] 제8장에서 우리가 보았던 것처럼 그들은 평탄한 존재론(flat ontology), 즉 사람과 사물이 동등한 평면에 발을 딛고 있는 존재론에서 출발하는 그런 고고학을 지향한다. 이것이 바로 대칭적 고고학에서 대칭이란 말의 의미이다. 만약 사물이 식민지화된 타자이고 우리가 해방을 요구하는 그들에게 돌아간다면 우리는 어떻게 이 새로운 서발턴에게 스스로 말을 할 수 있도록 할 것인가?

크리토퍼 위트모어의 생각도[74] 점점 그러하지만, 올센은 제8장에서 선보였던 대칭적 접근이 좀 더 분명한 발전을 보여야 한다는 생각을 뚜렷이 표명한다. 물론 대칭적 고고학의 초기 단계에 직접적인 영감을 제공한 이는 브뤼노 라투르이다. 대칭적 고고학의 핵심이라 할 수 있는 것은 관계성(relation)이다. 위트모어도 2007년 선언문 격의 논문을 통해 대칭적 고고학은 '혼합물(mixture)로부터 출발한다'는[75] 말을 던지면서 '"대칭의 원리"는 다름이 아니라 인간과 비인간을 마치 선험적으로 분리되고 동떨어진 실체처럼 존재론적으로 구분해 보지 않는 것'[76]이라고 덧붙인 바 있다. 여기서 중요한 것은 관계성이며 이것을 우리는 대칭적 고고학이 가져온 '제1차 물결(first-wave)'이라고 볼 수 있다.

하지만 올센과[77] 위트모어는[78] 초기 대칭적 고고학이 증명해 보이려 했던 관계성에 너무 의존적이었던 경향을 비판적으로 평가하면서 완전한 관계성의 설명을 넘어서는 시도를 하고 있다.[79] 이러한 측면에서 보았을 때 대칭적 고고학은 지금까지 이 책에서 검토해 왔던 그 어떤 접근법과 비교해도 뚜렷한 차이가 있는 듯하다. 고고학이 실천이론(제3장)을 받아들인 이후 고고학자들은 관계성의 이론에 점차 더 많은 관심을 기울이게 되었다. 그러면서 여러 가지 접근법들을 끌어들이기 시작했는데 가령 그것이 동물과의 관계성에 관한 해러웨이의 연구든(제9장), 비누 거품과 건축 디자인을 어떻게 함께 생각할 것인가에 대한 드란다의 서술이든(제8장), 아니면 관계를 통한 인격성(personhood)의 개념을 이야기한 스트래선의 아이디어이든(제4장) 다양한 생각을 수용하게 된다. 이와는 대조적으로 올센은 우리에게 '사물의 개체적 성질(individual qualities)'에 대해 주목해 달라고 요청한다.[80] 그의 주장에 따르면 사물이란 그것이 하나의 보트이든, 도끼이든 어떤 성질을 가지고 있으며 그것이 제1차적인 것이고 사물이 관계성 안으로 들어갈 때 무엇보다 우선적으로 생각해야 할 것이라고 한다.[81] 이를테면 팀 인골드와 같은 사상가가 의도하는 바에 따라 올센이[82] 강조하는 이야기지만, 사물을 관계의 결과물로서만 생각할 것이 아니라 관계가 그로부터 시작되는 것으로 이

264

해할 필요가 있다는 것이다. 이는 실제로 사물이란 '본질(essence)'과 같은 어떤 형태를 가지고 있고, 지금까지 우리가 마주친 타자들과는 매우 다른 위치를 점하고 있다는 뜻이다. 이러한 경향을 올센과 위트모어가 대칭적 고고학이라고 이름 붙이긴 했지만, 지금으로서는 같은 기치 아래에서 사고의 '제2차 물결(second wave)'로 분명한 그 모습을 드러내고 있다.[83]

이와 같은 관계성의 거부는 어디에서 유래하는가? 대칭적 고고학의 초기 단계에 1차적 영향을 준 사고가 브뤼노 라투르의 것이라면, 이 최근의 경향은 다른 인물이 대신하고 있는데 바로 그레이엄 하만(Graham Harman)이다.[84] 하만은 흔히 '사변적 실재론(speculative realism: 철학의 한 학파)'으로 알려진 철학 운동의 선도자 중 한 사람이다. 그는 자신이 객체-지향적 존재론(Objects-Oriented Ontology)이라고 불렀던 접근을 발전시켜 왔는데, 그 이름이 암시하듯 사물(objects)에 초점을 맞춘 사고법이다.[85] 물론 하만이 라투르를 폭넓게 인용하고 있지만, 사실 그에게 일차적 영향을 준 것은 하이데거에 관한 그의 특별한 해석이었으며, 우리는 앞서 제6장에서 이 독일 철학자를 만난 적이 있다. 보통 사물은 그들의 관계를 통해 고갈되는 법은 없다고 이야기된다. 즉 그들은 항상 그 무언가를 남겨두고 있어서 우리가 온전히 접근해 본 적이 없다. 이를 설명하기 위해 하만은 우리가 이미 살펴보았던 하이데거의 망치 사례로 돌아간다. 우리가 살펴보았듯이 하이데거는 망치를 손에 준비된 상태, 즉 우리가 망치에 대해 어떤 생각도 없이 그것을 사용하고 있을 때의 망치, 그리고 손에 있는 상태, 즉 당신이 망치로 엄지손가락이라도 내려쳤을 때 온갖 짜증을 담아 욕해 댈 때의 망치를 구분했다. 이 중 후자의 경우에 당신은 망치에 주의를 집중하게 되지만 전자의 경우에 망치는 배경으로 사라지고 그저 '장비 총체'의 한 부분일 뿐이다(제6장 참조). 하지만 이 중 어떤 경우도 망치가 가지고 있는 요소들 전부가 고갈되지 않는다는 것이 하만의 주장이다. 망치는 항상 망치에 대한 우리의 이해를 초과한다. 왜냐하면 망치는 실천적으로든(손에 준비된), 이론적으로든(손에 있는) 우리가 주의를 기울이지 못하는 성질을 가지고 있기 때문이다. 그러므로 사물(object)은 그것이 세상과 맺은 관계보다 항상 그 이상이라고 하만은 주장한다.[86] 즉 모든 사물은 어떤 본질(essence)과 그 자신의 실재(reality)를 가지며, 인간존재의 매개 없이도 각자가 상호 작용할 수 있다.[87]

이와 같은 관점의 연구는 관계성의 접근에서 탈피하여 과거에 대한 다른 어떤 접근으로 전환하고자 했던 고고학자들에 의해 처음으로 시도되었다. 크게 보아 그와 같은 시도는 고고학을 단지 과거에 관한 연구가 아니라 '사물의 연구 분야(discipline of things)'로 재조정하기 위한 폭넓은 노력에 포함된다고 할 수 있다.[88] 하지만 여기서 제기해야 할 의문이 있다. 우리는 진정으로 하나의 물건(object)을 그것이 관계 맺고 있는 모든 것으로 완전히 떼어 낼 수 있는가? 우리가 과연 한 세트의 성질을 그것이 다른 어떤 것보다 일차적이라고 주목하는 것이 더 나은 일인가? 이를테면 질르 들뢰즈와[89] 어셈블리지 이론으로부터 영감을 받은 신유물론의 경우, 제8장에서 본 것처럼 모든 것은 항상 됨의 과정에 잡혀 있으며, 그래서 하나의 물건을 세계로부터 떼어 내는 일은 그 어떠한 시도도 인위적이고 인골드가 말하는 전도에 해당한다고[90] 본다. 그리고 다른 고고학자들은 관계성의 접근을 포기하지 않아도 우리가 어느 한 물건의 실재와 넓은 세상과의 그 연결을 포괄적으로 사고할 수 있도록 그 위치를 조정해 가면서 나아갈 수 있다고 주장해 왔다.[91] 과거의 관계성을 움직여 가려는 이와 같은 시도들이 지닌 의미에 대해서는 마지막 장에서 검토해 보도록 하겠다.

맺음말: '타자'에 대한 다양한 접근

이 장에서 우리는 그림 10.1에서 본 것 같은 트라월과 돌 사이의 상호작용에 관한 연구, 혹은 비판의 세 가지 방법에 대해 논의하였다. 첫째로, 탈식민주의의 비판은 세계에 관한 토착 주민의 관점이, 여기서는 '돌과 트라월이 말한다' 하는 의견이겠지만, 이것이 현실을 왜곡한다고 할 수 있는가? 그럼으로써 식민주의를 정당화하는 것 아닌가 하고 묻는다. 돌, 아니면 트라월도 살아 있다는 '잘못된' 그리고 '퇴행적' 성격의 믿음이라는 것을 강조함으로써 서구의 합리성이라는 이름으로 식민지적 불평등의 지속을 정당화하는 것은 아닌가? 탈식민주의의 비판은 우리가 새로운 형태의 식민주의(신식민주의)에 빠진 것은 아닌지 우리의 연구를 좀 더 세밀하게 살펴 달라고 요청하고 있다. 토착인 해석자(돌이 말을 한다고 하는 집단의 사람)가 자신의 지식을 활용하여 그들 자신의 고고학 연구를 수행한다면, 서구인의 '전통적' 오해와 편견을 상당히 바로잡을 수 있을 것이다. 다음은 존재론적 전환이 '이국의 사실(foreign fact)'을 우리에게 받아들일 것을 요청하는 문제이다. 이 경우, 우리는 이러한 질문을 던진다. 즉 돌이 사람처럼 행동하는 이 새로운 세계에서 돌과 사람에 대한 우리의 이해는 어떻게 변해 가는가

하고 말이다. 끝으로 사물로의 전환에 대한 관점이다. 이 관점에서는 돌이 인간에 의해 식민지화됨으로써 무기력한 상징으로 사용되고 마는 상태에서 벗어나 그 자체로 출발할 수 있도록 하자고 제안한다. 동적인 물질로서의 돌에 대하여 질문하고(제8장), 그렇게 돌에게 말을 걸면서 분석을 시작한다면 어찌 될 것인가? 우리가 돌과 사람을 상반된 것으로 파악하였을 때 우리가 잃어버리는 것은 과연 무엇인가? 그런데 그레이엄 하만과 같은 사변적 실재론의 철학자로부터 영향을 받게 되면 이렇게 묻게 된다. 어떻게 트라월은 항상 사람들이 트라월에 대해 아는 것을 초월하며 그들 자신의 본질을 유지해 가는가? 이 접근의 관점은 이 책에서 우리가 설명한 모든 고고학 이론 중 최첨단에 자리한 논의라 할 수 있으며 고고학의 거대 담론을 제시하고 있다. 실제로 다른 존재론을 끌어안은 고고학은 과연 어떤 모습일까? 만약 우리가 사물을 탈식민지화하고 지금의 그들을 그 자체로 보고 연구한다면 우리가 쓰기를 원하는 과거에 대한 서사는 어디에 위치하게 되는가? 지금 우리가 당신에게 남긴 이 질문들과 함께 이와 관련된 좀 더 큰 주제는 마지막 제11장에서 다루고자 한다.

제11장

맺음말
벽을 허물고 관계를 구축하기 위해

머리말

어떻게 하면 책을 잘 마무리할까? 마치 하나의 훌륭한 수필이 그러하듯 책도 명석하고 간결한 결론으로 끝을 맺는 것이 좋을 것이다. 하지만 이론은 결론이 없는 법이다. 최종적 요점도 어떤 완성된 단계도 있기 어렵다. 도나 해러웨이의 강아지처럼(제9장) 이론은 고고학자인 우리와 항상 '함께 되어 감(becoming with)'의 과정에 있다. 현대 고고학적 사고에 관해 책을 쓴다는 것이 이런 느낌이라는 뜻이다. 이와 같은 교과서의 초안을 작성하는 중에도 새로운 아이디어들이 생겨나고 논의가 계속되며, 고고학에서 이론의 역할에 대해서도 논쟁은 진행 중이다.[1] 지금까지 그래 왔던 듯이 지금 이 순간도 살아 움직이는 것 같은 느낌이다.[2]

이 책을 통해 우리는 생동감 넘치게 진행 중인 그 이야기의 일부를 포착해 내려 했다. 모두 10개의 장으로 나누어 작업을 진행하였고 우리의 이 이야기 속에서 주요 악당은 누구이고, 또 영웅은 누구인지 이제 친숙해질 정도로 알고 있다. 우리의 적대자 역할은 지적 이원론이 담당했고, 지지자는 일련의 관계론적 해답을 제안했던 쪽이었다. 우리는 우리의 영웅들이 성장해 온 과정을 더듬어 보았다. 그들이 실천, 정체성, 사물 에이전시, 물질성, 기호학, 그리고 대칭성과 타자들과 같은 아이디어를 통해 이원론을 비판했던 입장들에 관해서도 살펴보았다. 최근 대칭적 고고학의 '제2의 물결'에서 몇몇 분파가 형성되어 관계성의 문제를 놓고 논쟁을 하고는 있지만, 그와 같은 아이디어들이 분명 21세기 고고학 이론의 발전에 핵심적인 역할을 하는 것은 사실이다.

이 책 전체를 통해 우리는 세상을 섞이기 어려운 이웃처럼 생각하는 이원론에 대해서는 비판 일변도로 다루었다. 하지만 그들이 본디 서로를 좋아하지 않았다는 것은 아니며 단지 서로 교류할 기회가 없었다는 것뿐이다. 각자의 세계를 비교해 보고 서로 대화를 시작하지 못했다는 것이다. 때로 그들 사이의 장벽은 넘어서기 어려울 정도로 보였다. '좋은 담장은 좋은 이웃을 만든다'라는 시인 로버트 프로스트의 유명한 글귀도 있지만, 이 책에 등장하는 고고학 연구자 대다수는 그에 동의하지 않는다. 장벽이 있다면 그것은 낮추어져야 한다고들 말한다. 최소한 우리에게 좋은 사다리라도 있다면 담장 위에 올라가서 그 너머를 들여다볼 수는 있을 것이다. 이 책의 각 장에서는 사다리를 세우는 여러 시도를 검토해 보았고 담장을 해체하거나 제거하는 방법도 생각해 보았다. 그래서 우리들의 다양한 이웃들과 처음으로 서로 마주보고, 아마 악수도 하고 마침내 공동의 어떤 기반에 대해 서로 배울 수 있도록 말이다.

이처럼 지적으로 파격적인 다양한 기획은 '정화(purification)'에 대한 브뤼노 라투르의 비판이라는 정신으로부터 출발하여 여러 가지 작업으로 실행에 옮겨지기 시작했다. 제8장에서 논의된 내용을 돌이켜보면 이원론에 대한 라투르의 공격은 대칭적 고고학의 일차적인 모습이 만들어지는 데 핵심적인 영감을 제공해 주었다. 이미 지적한 바와 같이 라투르의 가장 잘 알려진 책 중 하나는 『우리는 근대였던 적이 없다』[3]이다. 여기서 라투르는 근대 서구세계의 이상한 상황에 관해 이야기하고 있다. 이 근대 세계에서 사람들은 이를테면 자연 대 문화, 혹은 인간 대 비인간처럼 사물들이 서로 완전하게 분리된다고 주장한다는 것이다. 우리의 일상적 사고 안에서도 거의 같은 방식으로 우리의 세계를 서로 다른 영역들, 이를테면, 경제, 종교, 과학, 정치, 그리고 사회관계 등 서로 다르게 분리되는 것처럼 보는 것이 근대 서구의 전형적인 사고법이다.[4] 라투르는 확신을 지니고 이를 근대성의 허구라고 주장한다.[5] 나아가 근대성은 우리에게 그와 같은 정화의 관점에 동참할 것을 요구하며, 심지어는 그 이상으로 그것을 감시하기까지 한다. 그럼으로써 모든 것은 서로 구분되는 어떤 자리가 정해지며, 나머지 세계와의 연결은 끊어진다. 우리의 이웃이 우리와 분리된 삶을 살아가는 것이 우리로서는 편하게 느껴지는 것이다. 이웃들 사이에, 문화와 자연, 혹은 마음과 몸 사이에 쳐진 벽이 안전하다고 생각할지는 모르지만 실제로는 그 아래에서 모든 종류의 연결이 자라고 있다. 마치 당신이 분리에 최선의 노력을 다한다 해도 나무의 뿌리는 땅을 파고들어 가 이웃

집과의 사이에 쳐진 담장 밑으로 뻗어 간다. 다들 넘어 들어갈 수 없다고 믿었던 장벽을 부정하는 것이다. 라투르가 주장하는 것처럼 우리가 정화를 강조하면 할수록 우리는 우리 세계의 실제 상황으로부터 얻어 낼 수 있는 것은 점점 줄어들게 될 것이다. 왜냐하면, 실제 우리 세계의 모든 것은 복잡한 관계망으로 서로 섞여 있기 때문이다. 분리되었다고 믿는 우리의 정원, 우리 이웃 사이의 경계는 하나의 허상이고 투사된 생각일 뿐이기 때문이다. 제1장에서 단거리 선수가 마주했던 것과 같은 문제도 그 시작은 상반된 대립 구도에서 비롯된 것이다.

　이러한 반이원론적 정신의 편에 서 있는 다양한 사상가들 여럿이 벼르면서 사다리 세우는 작업을 준비해 왔다. 다양한 세트들을 서로 분리하여 서먹한 이웃들처럼 만드는 장벽을 기초에서부터 허무는 작업을 시작했다. 제3장에서 우리는 기든스가 구조와 에이전시 사이에 어떻게 사닥다리를 놓아 서로 연결하는지 알아보았다. 기든스는 이 두 이웃이 스스로 상호 의존적이라는 것을 깨달을 수 있도록 해 주었지만 각자 존재하도록 두었다. 이렇게 사다리가 있음에도 불구하고 장벽 자체는 자리에 그대로 남아 있었다. 제5장에서는 이 문제에 대한 알프레드 겔의 접근법을 배우면서 대조적인 양상을 보았다. 겔에게는 이 문제가 장벽의 한쪽 편에는 인간이, 그리고 다른 한쪽 편에는 비인간이 자리 잡은 상태로 보였다. 겔과 그의 지지자들은 장벽을 끌어내릴 방법은 가져왔지만, 그것이 벽돌 하나씩 내리는 방법이었다. 그의 분배된 인격성의 관점(스트래선을 통해)과 두 가지 형식의 에이전시(제1차와 제2차)의 개념을 통해 그는 그 작업을 하려 했다. 하지만 겔은 장갑을 벗자마자 구두에 묻은 먼지를 털어내고[i] 잘 마무리된 작업을 기념하기 위해 집으로 갔다. 하지만 우리는 그가 자신도 모르는 사이에 버려진 벽돌을 끌어모으고 자신이 그토록 애써 허물었던 성과를 회반죽으로 삼아 아주 비슷한 장벽을 쌓고 있다는 것을 알게 되었다. 비록 장벽의 다른 한쪽에 자리 잡고 있던 사람들과 그들이 가진 에이전시의 한 부분도 자리를 뜨게 만들기는 했지만, 사람들은 에이전시 대부분을 그들 자신의 것으로 가지고 있었다. 다만 겔의 이론이 가져온 여파로 사물(objects)에 이차 에이전트가 남겨진다는 것이 인정될 뿐이다.

　이 책의 전체에 걸쳐 지적하였지만, 사물은 끈질기고 완강하다. 이 말은 당신이 벽

---

i　역자 주: 신약성경에 나오는 문구를 응용한 것으로 보임. 성경에서는 믿음이 없는 유대 사람에게 그런 행동을 보임으로써 미련을 두지 않겠다는, 그들은 그대로 놔두라는 뜻으로 쓰임.

그림 11.1 무심코 쌓이는 벽(케이-페이 스틸 그림)

을 분해했다면 바로 그 잔해들을 처리하지 않으면 안 된다는 뜻이다. 그렇지 않으면 앞 마당에서 당신이 해체하고 있을 때 그것이 다시 쌓여 있음을 보게 될 것이기 때문이다(그림 11.1). 그렇게 되면 이웃들은 이전처럼 여전히 서먹하고 그들 정원에 있던 분리의 벽은 몇 미터 정도 옮겨지거나 다른 것으로 대체된다. 그들은 서로 여전히 마주볼 수 없고 인사도 나누지 못하여 지난 이야기도 시작하지 못한다. 이 책 전체에 걸쳐 비슷한 시나리오가 반복되었다. 어떻게 하면 이웃들을 화목하게 할 것인가에 관한 문제해결을 위해 새로운 고고학자 그룹이 나타나자마자 또 다른 그룹은 잔해더미에서 세워진 새로운 벽을 가리키고 있는 것처럼 보인다.

이 책의 마무리를 향해 가면서(제8장에서 시작됨), 우리는 가장 최근의 고고학자 그룹을 소개했다. 이들은 포스트휴머니즘과 관련된 일련의 접근을 통해 그와 같은 장벽 모두가 이제 더는 존재하지 않는다고 선언한다. 정화라는 근대주의자들의 이념이 현실의 혼합적 성격과 지속성을 은폐했다고 라투르가 우리를 설득한 것을 당신은 잘 알고 있을 것이다. 타자 중에도 라투르의 아이디어를 수용한 고고학자들은 정화의 오류를 증명해 내면서 그것이 얼마나 깊게 뇌리에 박혀 우리들의 사고와 행동의 방식에 영향을 주는지 밝히려 했다. 이 접근법들은 서로 다른 노선으로 전개되면서, 좀 더 급진적인 어떤 논의로 나아가기도 한다. 그렇다면 장벽이 마침내 없어졌다는 말인가? 고고학을 괴롭혀 온 이원론이 이제 완패하여 먼지 속에 누워 있는가? 아니면 또 다른 문제가 아주 가까이에 숨어 있는가? 이웃이 한때 우리가 생각했던 것처럼 그렇게 다르지 않다는 것을 깨달았는가? 아니면 어떤 경우에는 다른 점이 거의 없는가? 거의 이 정도면 패러다임의 전이라고 할 만한 것 아닌가?

272

새로운 패러다임인가?

한 발짝 물러서서 이러한 변화를 더 상세한 맥락에 놓고 생각해 보자. 잠시 이 책의 마지막 부분에서 논의하고 있는 포스트휴먼[6] 접근법이 과정주의나 탈과정주의처럼 폭넓게 수용되어 있다고 가정해 보자. 이를 고고학에서 새로운 패러다임의 등장이라고 말할 수 있는가? 이 책의 맨 앞에서 이와 비슷하지만, 일부 다른 양상에 관해 이야기하면서[7] 우리는 문화사 고고학에서 과정주의 고고학으로의 전이와 과정주의에서 탈과정주의로의 전이도 패러다임의 전환이라고까지 말하기 어렵다는 의견을 낸 바 있다. 왜냐하면, 그 모든 새로운 접근법들은 형식학이 되었든 방사성탄소연대 측정, 혹은 다른 무엇이든 이전에 해 오던 접근들을 계속 활용했었기 때문이다. 그리고 다른 무엇보다 그 모든 접근법은 우리가 이원론이라고 알고 있는 이항 대립에 토대를 두고 있어서 모두 하나의 존재론으로 포괄될 수 있기 때문이다. 제8, 9, 10장에서 논의했던 새로운 접근법은 이전과는 다른 존재론을 향해 열려 있는 것이 사실이다. 그러나 그럼에도 우리는 다음과 같은 두 가지 이유를 들어 그것을 패러다임의 전환이라고 보기는 어렵다는 의견을 가지고 있다. 무엇보다 첫째로는 고고학자들이 오래된 접근법을[8] 여전히 사용하고 있다는 점 때문이다. 야외조사라든가 과학적 기법에 관해서는 잠깐 언급하기도 했지만, 예컨대 신유물론이 우리가 실제로 어떻게 팔 것인가와 같은 발굴의 과정에 혁신적인 변화를 이끌었다고 이야기하기는 어렵다. 마찬가지로 신유물론은 형식학적 작업의 새로운 방법을 모색한다거나 그 필요성을 이해시키거나 존재론적 정합성이란[9] 관점에서 형식학의 적용을 복구하자고 하지도 않는다. 그렇다고 형식학에 대한 사망선고를 내리려고 하는 것 같지도 않다. 두 번째 이유는 패러다임의 전환이라는 바로 그 관점이 변화의 이원적 과정에 토대를 두고 있다는 점이다. 이 관점은 '이전'과 '이후'라는 관념에 기초하고 있으며, 시기와 관계없이 지속적인 변형의 과정을 생각하는 것이 아니라 한 시기 안에서는 사물이 기본적으로 변화 없는 상태로 있음을 전제하고 있다. 다시 말해서, 과정주의라고 불리는 정태적인 것이 있었고 그 뒤에는 역시 정태적인 탈과정주의가 온다 하는 식으로 이해한다는 것이다. 그러므로 지금의 패러다임 전환은 탈과정주의와 포스트휴머니즘 사이에 들어가는 셈이다. 물론 변화의 속도가 붙는 순간도 있고 오래된 아이디어가 특별히 극적인 방식으로 되살아나는 때도 있다는 것을 부정하는 것은 아니다. 여기서 제안하고 싶은 점은 그러한 일이 일어났다 하더라도 그것을 패러다임의 전환으로까지 보기는 어렵다는 것이다.

우리가 과거에 관해 써 내려가는 방법과 이론에 대해 포스트휴머니즘이 만들어 낸 차이를 넘어서 그것이 고고학자인 우리에게 준 또 다른 영향이 있다면 그것은 어떤 것인가? 포스트휴머니즘이 우리를 다시 생각하게 해 준 분야로서 첫 번째는 과학과 이론 사이의 관계에 대해서이다. 과정주의와 탈과정주의 고고학자들 사이의 거창한 주장들에서는 과학과 이론, 혹은 고고학의 과학적 요소와 인문학적 요소가 건널 수 없는 계곡의 양쪽으로 갈라서 있는 것처럼 이야기되었었다.[10] 그 격렬했던 주장들은 이제 많이 진정되어 있는 편이다. 그러나 차이는 그 자리에 그대로 남아 있고 분리된 각각의 영역에서는 서로 다른 규칙이 적용된다고 하는데 다만 인간에게 특권을 부여한다는 생각은 양쪽이 마찬가지이다(특권의 부여가 현재는 과학자이지만, 과거에 대해서는 사람들이다).[11] 특히 제8장과 제9장에서 우리가 다루었던 아이디어들을 죽 검토해 본다면, 당신은 그것이 결코 그와 같이 깔끔하게 구분되는 것은 아니라는 것을 알게 될 것이다. 해러웨이는 생물학으로 박사학위를 취득했고, 들뢰즈는 콤플렉시티 이론을 인용하고 있으며, 드란다는 철학뿐만 아니라 화학과 지질학을 구사하고, 배러드는 원래 물리학자였다. 이 연구자들은 모두 과학과 이론 사이의 이원론이 다른 어떤 분야에서와 마찬가지로 문제를 안고 있다고 밝힌다. 그들은 과학이 우리 모두를 엮어 넣은 관계의 네트워크 바깥을 담당해야 한다고 선언한 것과 나란히 과학이 인간 행동의 해석에 관여하는 것은 잘못이라고 선언하는 것은 환원주의라고 비판한다. 그래서 포스트휴머니즘은 평탄한 존재론과 함께 과학과 철학을 같은 세계로 되돌린다. 포스트휴머니즘은 과학이 '현실(reality)'에 초점을 맞추고 철학은 '인간 경험'에 주목해야 한다고 말하는 것이 아니라[12] 그 둘 사이의 장벽은 허물어져야 한다고 생각한다. 철학이 그러한 것처럼 과학은 물질의 생기(vibrancy)를 상대할 수 있는 도구를 우리에게 준다. 그러므로 그중 어느 하나 없이 다른 하나만으로는 우리는 아무것도 이해할 수 없다.

포스트휴머니즘이 영향을 미치기 시작한 두 번째 영역은 야외조사에 대한 생각과 이해의 방식이다. 이 접근법들이 야외조사에서 우리가 하는 그 무엇을 송두리째 바꾼다는 뜻은 아니다. 이러한 새로운 아이디어들이 이전에 우리가 해 왔던 모든 것을 부정하고 혁명적인 관점에 의지하는 것은 아니다. 그 반대로 이 새로운 아이디어들은 사물을 다른 식으로 이해할 수 있도록 도와준다. 토마스 얘로우와[13] 매트 엣지워드[14] 같은 연구자는 고고학자들이 유적을 발견하는 것만큼 어떻게 그들의 유적을 생산해 내는가 하는 문제를 연구해 왔다. 나아가 그렇게 함으로써 고고학자로서의 우리 자신을 또한 어떻게 생산하는가에 대해서도 묻고 있다.[15] 예컨대 엣지워드는[16] 발굴의 활동이 파서 노출한 사물의 생동(vibrancy)에 어떻게 우리가 주의하고 귀기울일 수 있는가, 그리고 어떻게 그 면을 '따라가는가' 하는 능력에 달려 있음을 밝히고 있다. 대칭적 고고학자도 이와 유사하게 어떻게 유적이 생산되는가 하는 문제를 사람에 의해서가 아니라 도구에 의해서 어떻게 달라지는가를 생각한다. 그래서 곡괭이질에서부터 발굴 평면 구획법에 이르기까지 파고 기록하는 데 사용되는 모든 도구를 주목하게 된다.[17] 발굴에서 드러나는 여러 양상들 가운데 어떤 것을 포착해 낼 것인가, 그리고 그것을 위해 어떻게 기록을 해야 할까 하는 문제를 놓고 우리의 생각을 움직여 가는 그 무엇을 이해하고자 하는 것이다. 이러한 논의 중 가장 중요한 연구로 개빈 루카스의[18] 접근이 있다. 여기서 그는 고고학 자료(archaeological record)의 본질을 파악하고 발굴된 유적, 그리고 우리가 생산한 유물과 정보의 자료 집성, 이 두 가지의 존재론적 상태를 이해하기 위해 어셈블리지 이론을 끌어오기도 했다.

　이 새로운 접근법이 고고학을 이제까지와는 다르게 생각할 수 있도록 해 준 마지막 영역으로 우리가 짚고 넘어가야 할 것은 규모(scale)의 문제이다. 고고학자들이 운용해 온 규모는 오랫동안 고고학의 이론적 논쟁에서 커다란 논란거리였다. 상당히 많은 고고학자, 특히 과정주의의 배경을 가진 연구자들은 고고학의 최대 장점은 '큰 규모(big scale)'와 '장구한 시간(deep time)'에 접근할 수 있는 것이라고 주장해 왔다. 다른 학문 분야, 적어도 인간 존재에 관심을 둔 타 학문이 다루지 못하는 장기 과정(long-term process)을 고고학은 연구할 수 있다는 생각을 주장한 것이다. 이와는 대조적으로 탈과정주의 고고학자들은 작은 규모를 들여다보는 경향이 있었다.[19] 그들은 대규모가 일반화이고 본질주의적이라고 하면서 과거의 사람들에게 진정 문제였던 정체성과 역사의 중요한 차이들은 간과해 버릴 것이라고 주장하였다.[20] 규모는 변화를 줄 수 있지만, 두 입장에서는 고고학자들이 상대해야만 하는 특정한 수준이 마치 따로 있는 것처럼 생각했으므로 이 또한 이원론이 아닐 수 없다. 하지만 오래전부터 일부 고고학자들은 특정한 규모에서 고고학 연구를 진행해야 한다는 생각에 꾸준히 문제를 제기해 왔다. 특히 페르낭 브로델의 역사 분석을 수용했던 고고학자들과[21] 그로부터 '시간 원근법주의(time perspectivism)'의 아이디어를 발전시킨 제프 베일리와[22] 같은 고고학자가 대표적이라 할 수 있다. 이러한 접근법들이 서로 다른 규모에 대해 고려한 것은 사실이지만 이따금 무엇보다 중요하다고 본 장기변동의 문제로 넘어가긴 했어도 서로 다른 규모들 사이의 관계에 대해 생각하려 했던 적은 거의 없다.

이와는 대조적으로 존재론적 전환으로부터 발전되어 나온 생각은 이 분야에 새로운 사고법들을 추가해 왔다. 고고학자들은 이 사고법을 통해 중첩된 여러 규모에서 논의해 볼 수 있고 서로 다른 규모들 사이의 관계에 대해서도 알아볼 수 있을 것이다. 이와 같은 접근 중에 훌륭한 사례로 제10장에서도 간단히 언급된 적이 있는 티모시 포키태트의 연구가 있다.[23] 포키태트는 북미 원주민의 '꾸러미(bundle)'라는 개념을 응용하여 서로 다른 규모로 북미 고고학에 접근했다. 개별 유물(objects)로부터 경관의 발전과 천체 운동의 변화에 이르기까지 다양한 규모로 논의를 진행한 것이다.[24] 여기서 우리는 포키태트가 토착인의 개념에 존재론적 무게를 두면서 그것이 고고학을 개념화하고 그에 참여하는 새로운 길을 어떻게 열어 가는지 보게 된다. 이러한 접근의 관점을 통해 그는 아주 소규모에 해당하는 친숙함의 순간으로부터 변동의 장기적 과정에 이르기까지 논의를 펼쳤다. 다중의 규모에 대한 꾸러미 작업의 방법은 우리가 제8장에서 보았던 어셈블리지의 아이디어와 상당한 공통점을 가지고 있으며 이러한 접근법은 모순 없이 폭넓게 응용될 수 있다고 본다.

저자들 사이의 대화

지금 이 시점까지 우리가 공감하는 것을 중심으로 다양한 이론을 소개해 보았다. 사실 여기서 억지로 말을 맞춘 것은 없다. 이 책에서 그 개요를 살펴본 접근법들은 정도의 차이는 있지만, 우리가 모두 공감하는 편이다. 하지만 상대적 중립성이라는 문제 때문에 우리는 항상 우리 각자의 생각이 무엇인지 명확히 표현하지 못하였다. 그래서 우리의 의견이 다른 것이 정확히 무엇인지, 어디에서, 그리고 왜 그렇게 다른 것인지에 대해서도 명확하지 않을 때가 많다. 하지만 이론이란 과거에 대한 견해의 차이와 입장의 간극이 가져온 격렬한 논쟁을 통해 그 반론들과 함께 살아서 번성한다. 고고학 이론 가운데 지금 이 시점에 가장 중요하다고 생각되는 주장들을 검토하면서 나온 견해의 차이들을 마지막 장의 이 절에 드러내 보이는 것은 나름의 의미가 있을 것 같다. 그리고 이미 앞 장에서 소개했지만 최근 이론적 논쟁들로 되돌아가 보는 것도 필요할 것 같다. 이렇게 함으로써 필자 둘이 나누어 집필한 이 책에서는 처음으로 각자의 의견과 목소리의 차이를 처음 드러낸 셈이다. 이를 위해서는 또한 우리 각자의 관심사에 대해 글 쓰는 방식에도 약간의 변화가 필요했다. 이 책의 다른 부분과 비교해서 내용이 좀 더 복잡해지는 대화체의 글쓰기를 보게 될 것이다. 그 이유는 여기서는 이 책 전반에 걸쳐 우리가 했던 작업처럼 현대이론들을 단순히 묘사하는 일을 하려는 것이 아니기 때문이다. 여기서 우리는 한 발짝 물러나 그러한 아이디어를 비판적 대화의 장으로 가져가서 전문고고학자로서 우리가 다양한 맥락에서 만나게 되는 반론들과 함께 토론하는 방식으로 서술하고자 한다. 우리의 대화는 이 책에서 소개한 접근들이 과연 이원론의 장벽을 허물 수 있는지, 아니면 그저 단순히 다른 어떤 곳으로 옮기는 것에 불과한지의 문제를 중심으로 진행될 것이다. 이 장의 마지막 부분에서는 다시 우리의 목소리를 합쳐서 이 책 다른 부분의 표준 글쓰기 스타일로 되돌아갈 것이다. 우리는 함께 고고학 이론의 미래와 우리가 계속 구축해 나가야 할 관계성에 관해 이야기하고자 한다.

시폴라

올리! 포스트휴머니즘의 주장은 결국 서로 섞이지 못하는 이웃들, 주체/객체, 자연/문화, 그리고 인간/비인간은 서로 교제를 시작할 수 있도록 해 주는 것이었지. 그런데 이 책에서 소개했던 이원론에 대한 다른 해결책도 그렇지만 그 역시도 이원론의 거대한 분리 장벽들에서 나온 오래된 벽돌과 모르타르가 재활용되는 것은 아닌지, 이미 지금 또 다른 구석의 장벽을 쌓고 버티고 있는지 의심스럽다네. 특히 학계와 나머지 세계의 장벽처럼 말일세. 로버트 프러셀과 스티븐 프로조우스키와[25] 같은 연구자와 같이 나도 그것이 고고학에 실질적인 영향력을 가지는지 묻고 싶다네. 다시 말해 내가 묻고 싶은 것은 우리는 '상아탑'에 앉아 있는데 고고학이 이 넓은 세상 안에서 무언가 차이를 만들어 낼 수 있는가 말일세. 덧붙여 내가 알고 싶은 것은 고고학의 현실적 요청들이 포스트휴머니즘 운동과 어떻게 연결될 수 있는가 하는 것일세.

이 문제에 대해 최근 세베린 파울즈가[26] 답을 내놓았는데 그는 '인간 정치기획(human political project)'의 폭넓은 장에 어떤 식으로든 참여하는 것을 포스트휴머니즘이 가로막는 경향이 있다고 주장했더군. 왜냐하면 그러한 접근들이 포스트휴머니즘 관점에서는 '인간중심적 제국주의'로 보이기 때문이라는 거야. 로버트 프러셀도[27] 비슷하게 대칭적 고고학의 실용주의적 비판을 내놓았는데, '도대체 대칭적 고고학이 정확히 무엇을 위한 고고학인가?'라고 물었다네. 그가 주장하길 대칭적 고고학은 권력구조의 특수성을 간과하고 있다는 걸세. 대칭적 고고학이 권력은 네트워크에서 나온다는 프레임으로 이해하는 반면 프러셀은 네트워크 이전에 권력이 존재하고 오히려 네트워크의 어셈블리지를 구성하는 것이 권력이라고 주장한다네. 이러한 비판에 대응해서 올센과 위트모어는[28] 최근 대칭적 고고학이 악마로 취급당해 왔다고 입장을 밝혔다네. 대칭적 고고학이 '진정성 있는 윤리의식이 부족하고 심지어는 사람을 탈인간화함으로써 사람을 사물에 돌려놓고 미심쩍은 정치적 선언을 합리화하려고 애쓴다'[29]는 거야.

아마 올센과 위트모어가 자신들의 연구에 대한 비판은 제대로 읽은 것 같아.[30] 그런데 그들이 강조한 요점은 적어도 내가 포스트휴머니즘(좀 더 특정해서 말하면 대칭적 고고학)에 대해 가진 핵심적 생각과는 차이가 있어. 대칭적 고고학은 분석의 출발점을 강조하잖아. 대칭적 고고학은 분석이 시작되기 전에는 어떠한 존재론적 차이도 사전에 전제해 두지 말라는 것을 우리에게 요구한다네. 우리가 가진 근대성의 감각으로 고고학적 어셈블리지나 과거를 보는 것을 피하려고 그리하는 것이네. 이러한 관점은 올센과 위트모어가 보증하는 고고학 접근의 '순진성(naivety)'과 연결된다네.[31] 올센과 위트모어가 보증하려는 출발점의 그와 같은 성격에 대해서 나는 그렇게 중요하다고는 생각할 수 없다네. 달리 말하면, 우리 연구의 '대칭적'(혹은 평탄한) 출발 그 자체가 자연스럽게 사람을 탈인간화하는 것이라고는 생각할 수 없네.

나는 주로 올센과 같은 연구자들이 사물에 대한 인간의 식민지화를 실제 인간에 대한 식민지화와 비교하는 방식에 대해 관심이 많다네. 이것은 올센과 위트모어가 대칭적 고고학의 비판에서 읽었던 비난의 감각에서 보면 탈인간화로 볼 수는 없네. 그렇지만 식민지화된, 혹은 이전에 식민지화되었던 집단들이 견뎌야 할 것을 공포라는 프레임으로 접근하여 그것이 '식민지화된' 사물의 지적인 문제와 어느 정도 유사하다고 한다면 그들을 격하시키는 것이나 다름없다고 생각하네. 우리가 제10장에서 논의했던 것처럼 올센은 수사적 표현을 써 가며 서발턴 사물과 서발턴 사람의 밀접한 평행성에 대해 말했지. 올센에 따르면, 시간이 결국 사물을 정당하게 대우하며 그래서 사람의 사용과 의미부여의 수단 그 이상이 될 수 있다고 주장하는 것이네. 마치 탈식민주의가 비서구와 식민지화된 집단에 대한 서구의 관점과 표상을 탈식민화하는 것처럼 올센은 그의 새로운 서발턴, 즉 비인간! 그것의 해방을 요구하는 것이네. 그런데 우리 중 누가 실제 식민지화된 사람들과 공동작업을 한다면, 과연 올센이 던지는 신-탈식민주의 레토릭을 쉽게 가져다 쓰겠나. 사실 '표상주의자', '인간중심주의자', '수구 이원론자' 등과 같이 당신이 내키는 대로 가져다 붙인 이름에도 불구하고 나는 여전히 고고학자들이 만들어 낸 표상과 그 표상이 다른 사람에게 미치는 실제적 영향력이 절대적으로 중요하다는 생각을 하고 있다네. 우리가 선택한 단어는 중요하네. 이 말은 우리가 만일 과거를 포스트휴머니즘의 관점에서 접근하려 한다면 아무래도 포스트휴먼적 레토릭에서 뽑아 쓰겠지만 좀 더 선택적이어야만 하지 않을까 하는 뜻이네. 내게는 식민지화된 사람들이 식민지화된 사물보다는 훨씬 중요하네. 그리고 사실 식민지화된 사물에 관한 주장은 앞서 언급했던 상아탑 안에서만 울려 퍼지는 이야기 아닐까? 이 특별한 레토릭은 또한 학계와 여러 토착 공동체들 사이에 장벽을 오히려 강화하는 것 같네. 말하자면 협동작업이 이루어지고 동반자 관계가 성립하는 이 은유의 탁자에서 그 주장들은 이득을 가져다준 것이 아무것도 없다네. 우리는 이 탁자가 자주 토착민들로부터의 근거를 통해 반듯하게 자리를 잡게 되는데 여기서 그들을 탈인간화한다는 것은 폭력적인 행동을 의미한다는 것을 잊지 말아야 하네. 그와 같은 근거에서는 인간중심주의라든가 지적 이원론이 오늘날 학계 일부에서는 문제라고 외치지만, 그렇게 문제되는 것은 아니라네. 그곳 사람들에게는 그들이 다루어야 할 다른 문제가 있는 것이고 그 문제는 보통 식민주의의 이식자와 그 유산과 관련이 된다네. 올센과 위트모어는 또 이런 지적을 했네. '우리를 형제애에 가두려는 윤리적 원칙을 통해 세상을 가늠하는 것은 그것이 아무리 좋은 의미가 있다 하더라도 불안을 조성하는 일이다'라고 말이야.[32] 여기서 질문을 던지지 않을 수 없군. 도대체 누구를 불안하게 한단 말인가? 나는 이렇게 결론 내리지 않을 수 없네. 그러한 느낌은 사회의 작은 분파, 즉 시간을 대부분 상아탑에서 보내는 사람들에게나 해당하는 것이 아닐까 하고 말이야. 내가 포스트휴머니즘에 대해 가진 의구심을 자네는 어떻게 생각하나?

해리스

크레이그! 지금부터 나는 자네를 '수구 이원론자(keeper of dualism)'라고 부를 생각이네! 그렇지만 좀 더 신중히 생각해 보면 자네의 그런 생각이 어디에서 온 것인지 알 것도 같네. 우리가 사용하는 단어들에 대해 생각해 볼 필요가 있다는 생각에는 전적으로 동의하네. 그 단어들이 현재의 사람들에 대해 가진 영향력과 그것이 새로운 장벽을 구축할 수 있는 그런 방식에 관해서도 동의하네. 하지만 자네가 포스트휴머니즘과 대칭적 고고학과 같은 용어들 사이에서 왔다갔다하는 것에 대해서는 문제를 제기하고 싶다네. 이 두 단어가 동의어일까? 나는 그렇게 생각하지 않네. 제8장과 제9장의 뒷부분에서 우리가 논의했던 신유물론과 대칭적 고고학의 제2차 물결, 그 둘 사이에는 중요한 차이점이 있네. 내가 이것을 이렇게 강조하려는 이유는 그렇게 서로 다른 접근들을 함께 묶으려는 사람을 본 것이 처음이 아니기 때문이라네.[33]

앞서 말한 적도 있고, 제8장에서 본 것처럼 대칭적 고고학은 고고학자들이 라투르의 연구와 함께하면서 가졌던 관심으로부터 성장해 온 것이라네. 라투르는 대단히 흥미롭고 때로는 역설적인 인물이지. 그래서 그의 저서들은 다른 식으로의 해석이 가능하지 않은가![34] 그의 사고에서 비롯된 대칭적 고고학의 제1차 물결은 관계성이 세계를 이해하는 핵심적 개념이라는 그런 방식의 고고학을 구상했다네. 그래서 그들은 비인간과 물질에 초점을 맞추었고, 과거가 어떻게 존재하게 되고 또 현재까지 존속하게 되는지를 자신들이 감당해야 할 중요한 문제로 삼았던 것일세. 그런데 신유물론자의 접근은 들뢰즈, 베넷, 배러드, 그리고 해러웨이와 같은 사상가들의 영향을 받았지만, 이 또한 관계성과 물질에 관심을 두기는 마찬가지라네. 이 두 접근은 '관계적(relational) 존재론'의 표본이라고 할 만하고, 그래서 둘 다 철학자들이 '상관주의(correlationism)' 라고 부르는, 즉 사람과 그를 둘러싼 세계와의 관계를 가장 중요한 것으로 생각하는 사고에[35] 대해 도전장을 내밀고 있다네. 이 두 접근이 함께 제안한 '평탄한' 존재론은 인간이 다른 존재들 사이에 실체의 한 종류로서 자신의 자리를 차지해야 한다는 것을 의미하지. 인간이 인간 이외 다른 모든 것과 구분된 한쪽 편을 차지하는, 말하자면 그레이엄 하먼의 말마따나[36] 존재의 공간 50%를 점유하는 존재가 아니라는 걸세. 하지만 우리가 제6장에서 살폈던 물질성이나 얽힘과 같은 접근에서는 그러한 기본 축, 즉 근본적 이원론에서[37] 출발하지 않는가 말일세.

하지만 신유물론은 물질과의 연계를 중요시하면서 상관주의에 대한 비판적 입장을 견지하고, 여기에 과정을 강조한다네.[38] 여기서 과정은 시간의 이동을 의미하지만, 시간의 흐름과 함께 인간과 물질이 함께 모여서 특정한 결집을 이루고 그 자체가 유지하다가 해체되고는 하는 것을 뜻하는 것이네. 이처럼 과정과 되어 감을 강조하느냐의 여부는 대칭적 고고학과 신유물론을 구분하는 아주 중요한 기준이 되지. 그리고 이렌느 가르시아 로비라가 주장했던 것처럼[39] 과정과 되어 감의 개념에 영향을 받은 고고학자들은 상당히 전통적인 고고학적 질문도 잘 수용하게 되므로 이 점은 상당히 중요한 의미가 있다고 생각하네. 신유물론은 유사성과 차이점을 찾아내는 데 관심이 많지. 예를 들면 과거의 서로 다른 시기들 사이에서 탐구하는데, 이러한 방식의 연구는 대칭적 고고학은 한 번도 시도해 보지 못한 것이지. 그리고 정체성, 젠더, 혹은 의미에 대한 문제에도 여전히 관심이 있는데, 역시 대칭적 고고학에서는 볼 수 없는 특징이라네. 사실 신유물론은 고고학이 있거나 없거나 분명히 그와 같은 사물들에 초점을 맞추는 일을 지속해 가려 할 것이네.[40] 제8장에서 우리가 대칭적 고고학의 사례 연구를 검토할 때 이 접근의 주요 지지자의 연구에 대해서가 아니라 라투르의 아이디어로부터 영향을 받은 또 다른 고고학자의 연구를 검토하였던 이유가 거기에 있네.

대칭적 고고학의 제2차 물결부터는 이러한 문제들이 좀 더 표면화되어 갔다고 생각하네. 크리스토퍼 위트모어는 고고학은 이제 새로운 학문, 즉 프래그마톨로지가 되어야 하며 그럼으로써 다른 성격의 질문을 던지고 답하는 학문으로 될 것이라고 주장한다네.[41] 비슷하게, 올센도 사물에 대한 강력한 저서 『사물에 대한 변론』에서는[42] 전통적인 관점에서 이것이 고고학이라고 할 만한 사례 연구는 일절 하지 않았지. 사실 그런 것에 분명히 저항하고 있는 것이네.[43] 그 대신 올센은 일련의 폐허 사진을 우리에게 보여 주고 있지. 이것이 그 자체로는 잘못된 것이라고 할 수는 없지만, 아메리카 토착 원주민과 함께 작업하는 자네와 같은 고고학자들을 설득하기는 어려울 것 같네. 하지만 그런 연구가 자네에게도 주는 것은 많을 거야. 관계성, 과정 그리고 역사를 여기서 거부하는 것은 대단히 의미 있는 일이네. 그래서 관계성의 역사에서 드러나는 신유물론적 접근과는 상반된 입장에서 오직 현재 이 시점의 물질로서 사물에 초점을 맞추고자 하지. 대칭적 고고학의 제2차 물결은 사촌뻘인 제1차 물결이나 신유물론과는 다르게 관계성의 존재론에 서 있지 않다네. 이러한 차이는 대단히 중요하다고 생각되네. 왜냐하면 포스트휴머니즘적 접근은 항상 그 모습 그대로여야 할 이유가 없다는 것을 제2차 물결이 우리에게 보여 주었기 때문이네. 그래서 그들은 무언가 다른 장점과 약점을 갖게 될 것이네.

시폴라

포스트휴머니즘의 형식들과 각 캠프의 사고 안에서 일어난 서로 다른 물결들 사이에 어떤 차이가 있는지에 대한 자네의 의견을 확실히 알 것 같군. 그런데 내가 이야기를 시작하면서 한 비판에도 불구하고, 그리고 자네의 코멘트에 비추어 봐도 위에 파울즈가 언급한 말이 무슨 뜻인지 궁금하네. 나는 포스트휴머니즘적이며 실용적인 고고학의 가능성에 대해 더 묻고 싶은 것이 있어. 물질의 생동에 대한 제인 베넷의[44] 중요한 연구가 있는데 그것은 신유물론을 포괄하고 있지. 그러면서도 지속 가능한 방식의 삶을 우리에게 권하는 것을 보면 여전히 실용적 목적을 향해서 나아가고 있다네. 예를 들어 쓰레기 매립의 역동적이면서도 위험한 성격을 들먹이면서, 다른 사람들의 쓰레기 처리 습관을 고치도록 설득하고 세상의 변화를 만들기 위해서는 베넷의 작업을 인용하지 않을 수 없다네. 나는 뉴잉글랜드지역 돌의 생동에 관한 연구를 시작하기 전에 연구의 효용성을 미리 알아보고 싶었네. 그래서 신유물론으로부터 영감을 받아 시작한 이 연구가 논란거리인 문화유산의 문제에 실용적 고고학으로서 도움이 될 수 있을까 하고 물었던 것일세. 돌의 생동과 그것이 뉴잉글랜드의 다양한 집단들, 예컨대 파우와우(powwows: 샤먼), 농부들, 고고학자들, 그리고 굴착기의 다른 형식들에 작용하는 방식을 인지하면서, 우리는 돌과 그 역사(보통 토착 원주민 대 유로-아메리칸)에 대한 여러 문화적-관습적 읽기 사이에 존재하는 긴장을 일부라도 감소시켰다네. 이 연구는 확실히 인간에게 특권을 부여하기 때문에, 올센과 위트모어(그리고 대칭적 고고학 제2차 물결의 다른 고고학자들)를 불안하게 할지도 모르겠네. 이론의 새로운 경향과 정치 사이의 관계에 대한 자네의 생각은 어떤지 묻고 싶네.

해리스

나는 자네가 언급한 그러한 성격의 정치적 문제들이 두 가지 의미가 있다고 생각하네. 첫째, 신유물론은 자네가 논의했던 그런 성격의 관심사를 포괄할 수 있네. 왜냐하면 신유물론이 사물을 연구할 때 그들이 맺고 있는 관계에서 잘라 내어 그것 자체만으로 보려고 하지는 않기 때문이네. 그리고 신유물론은 식민지화된 사람과 식민지화된 사물을 언어적으로 동등한 것으로 만들려 하지도 않는다네. 둘째, 신유물론은 과거에 관한 연구에서 정치적 문제, 그리고 과거에 있어서 정치의 역할에 관해서도 우리에게 생각할 수 있도록 해 준다네. 왜냐하면, 신유물론은 사실 우리가 젠더의 역할, 정체성, 그리고 인격성(personhood)과 같은 문제들을 보다 '객체-지향적(object-oriented)' 접근의 방식으로 다루는 것을 권장하는 편이기 때문이지. 물론 나는 식민지시대를 거친 주민들과 함께 연구한 적은 없지만, 나 역시 고고학의 목적이 필연적으로 정치적일 수밖에 없다고 보기 때문에 나에게도 그 점은 아주 중요한 의미가 있네. 신유물론은 현재 어떤 삶의 방식이 '정상적', '자연적', 혹은 '보편적' 등이라고 하는 어떤 주장들을 우리가 문제 삼을 수 있도록 해 준다네. 그래서 우리가 과거에 존재했던 복잡한 정체성과 관련한 연구를 할 때 이 신유물론이 거론된다네. 고고학 이외에 신유물론과 관련된 학계의 유명 인사 상당수는 확실히 페미니스트 사상가이거나 현재의 정치적 변화를 시도하는 인물들이라는 것은 전혀 놀라운 일이 아닌 듯해.[45]

여기에는 또 한 가지 주목해야 할 점이 있네. 고고학은 항상 특정한 맥락에 위치하기 마련이고 이는 꼭같은 관점이 어디에나 적용될 수는 없다는 것을 의미하네. 내가 연구하는 영역에서 나 역시 대중들이 지닌 과거에 관한 생각에서 문제를 발견하려 노력하네. 나는 역사를 설명하기 위해서는 물질, 동물, 식물에게 능동적 역할을 부여해야 한다고 보고 내 발굴현장의 운영도 그렇게 한다네. 그런데 비록 이런 것이 내 현장의 일반인 자원봉사자 중 어떤 사람을 어리둥절하게도 하고, 혼란스럽게 하거나 심지어는 상처를 줄 수도 있지만 나는 그것이 옳다고 생각하네.[46] 그래서 반드시 식민지적 상황은 아니더라도 어떤 맥락에서는 사물의 능력에 대해 대중들이 지닌 생각을 문제 삼아야 한다고 주장하는 것이 옳은 일일 수 있네. 그렇다고 자네가 반드시 이에 공감하라는 뜻은 아니네. 요컨대 서로 다른 성격의 정치적, 식민지적 상황에서는 학계와 나머지 세계 사이에 쳐진 장벽이 갖는 의미도 서로 다를 수가 있다는 것이네.

그래서 나는 사람과 관련된 식민주의의 문제를 다룰 때 식민지화된 사물을 이야기하는 것은 문제가 있다는 것에 동의하지만, 그렇다고 이러한 새로운 접근법을 완전히 폐기해야 한다는 뜻은 아니네. 그 대신 신유물론적 접근은 데카르트적 이원론은 거부하고, 정치에 관한 관심은 유지하면서 과거에 대한 이해를 구축해 나갈 수 있어야 한다고 보네. 나는 과거에 대한 접근이 우리가 연구하는 맥락, 그리고 우리가 묻고 싶은 질문을 연결하는 관계성 안에 자리를 잡도록 해야 하고 그러한 접근이라면 우리는 환영해야 한다고 생각하네. 이것이 자네의 생각이기도 하지 않나, 크레이그?

시폴라

자네의 이야기는 확실히 도움이 되네. 하지만 나도 실은 존재론적 전환과 신(新)애니미즘(제10장)에는 불안한 점이 있다고 생각하네. 나는 이 운동의 기본 정신은 지지한다네. 원주민의 존재론을 진중하게 받아들이려고 하는 점, 그리고 그것을 그저 불합리한 세계관 정도로 치부해 버리지 않는 태도에 대해서도 공감하네. 이 존재론적 전환이 목표로 삼은 것은 우리의 가장 장대한 벽, 즉 물질/비물질, 그리고 자연/문화를 가르는 장벽을 허무는 일일세. 그런데 그늘에 숨어 있다가 여기 되살아나는 장벽을 우리는 과연 알아볼 수 있을까? 내가 우려하는 것은 탈식민주의 이론가들에 의해 그 허무는 작업이 이미 상당히 진행된 바로 그 장벽이 새로운 장애물이 되어 나타나지 않을까 하는 점이네. 어떤 존재론적 접근은 무의식적으로 장벽을 더 굳게 쌓기도 하는 것 같네. 그래서 서구/비서구, 근대인/토착인, 과거/현재 그리고 식민인/식민지인을 철저히 가르기도 한다네.[47] 탈식민주의 덕분에 그러한 이웃들도 서로 접촉이 이루어져 눈인사는 나누었지만 '다른 식의 세계(world otherwise)'를 이해하는 노력을 하다 보니 그로 인해 다시 한번 서로 간의 장벽으로 가로막히게 된다네.

　토착인의 존재론을 고고학 이론에 혼입시키려는 최근 '존재론적' 노력에 대해서 나는 기본적으로 우려하고 있다네. 물론 그런 마음이 드는 것은 분명 내가 원주민과 함께 하는 고고학적 작업을 몸소 실천하기 때문일 걸세. 토착인의 존재론을 고고학 이론에 혼입시키려는 연구자들은 그들이 고고학자가 되었던 그때 이후로 그래 왔다고 나는 자신 있게 말할 수 있네. 이 말은 그러한 기획을 나는 요청받지 않는다는 뜻일세.[48] 만약 우리가 토착인의 존재론을 우리의 학문에 엮어 넣으려 한다면(내가 동의하면 훌륭한 연구성과로 추가될 터인데), 우리는 서구 학계가 토착 존재론을 더 많이 활용하도록 설득하고 서구인의 렌즈를 통해 그 존재론을 여과해 보는 것이 아니라, 어떻게 하면 더 많은 원주민을 고고학 실천에 끌어들이도록 노력해야 할 것이네.[49] 이는 (고고학자로서) 우리가 만들어 낸 표상들에 대해 탈식민주의적 관심이 훨씬 더 커지게 됨을 의미하네.

　탈식민주의의 정신과 존재론적 전환의 사고는 서로 뚜렷이 대비된다네. 한편으로, 서발턴(식민지화된) 주민들에 대한 서구적 표상에 접근할 때, 서구인이 자기 자신을 보는 관점과 상반된 이미지를 단순히 반복하는 경향이 있다고 에드워드 사이드와 같은 사상가는 우리에게 주의할 것을 권한 적이 있네. 호미 바바는 자신의 유명한 저서에서 식민지인과 식민자의 범주들이 식민지의 맥락에서는 사실 상당히 모호하다고 지적한 바 있지. 그리고 보면 적어도 서로 넘어갈 수 없는 장벽을 사이에 두고 각각의 영역에서 분리된 채 살아가는, 섞이지 못하는 이웃은 아닌 셈이네. 왜냐하면, 문화는 혼종되고, 세계는 공유되기 때문이네. 식민자 집단은 토착 공동체에 대한 착취를 모색하고 그들이 생산해 낸 표상들을 통해 불평등의 어떤 형태를 유지하려는 것이 바로 공유된 식민지 세계의 중요한 한 측면임은 두말할 필요가 없을 것이네. 물론 원주민 집단은 식민주의에 적극적으로 저항하고, 전통을 고수하며, 그리고 전략적으로 식민정치를 돌파하려 할 걸세. 이 모든 중요한 과정들은 토착 세계나 유럽 세계에서도 진행될 뿐만 아니라 공유된 식민지 세계에서도 볼 수 있다네. 현재와 과거에서 이처럼 중대한 혼합과 상호연결이 존재론에 대한 새로운 접근 방식을 만들어 냈다고 할 수 있네. 이를테면 우리가 제10장에서 검토했던 벤자민 앨버티의 신체토기에[50] 관한 단독논문뿐만 아니라 이본느 마샬과의 공동연구도 나의 특정한 고고학 연구 영역에는 어울리지 못할 것 같네. 어떤 면에서 보면 이 신애니미즘은 무의식적으로 사이드가 비판했던 바로 그 표상의 패턴을 반복하는 것은 아닌지 의심스럽다네. 하나의 경우이든 일시적이든 극단적인 타자 편에 서서 타자의 세계를 창조하기 위해서라고 미화하지만 실은 그것 자체도 서구 학계가 그려 낸 것일 뿐일세. 말하자면 오리엔탈리즘의 새로운 가장이 아닐까 하네.

제10장의 존재론에 대한 서로 다른 접근법은 결국 그와 같은 긴장 상태로 귀결되는 것 같네. 철학자들은 존재론이란 용어를 단일한 세계와 그것의 작동(인간의 이해와는 무관한)을 지칭할 때 사용하지만, 인류학자들은 다중의 세계 안에 인간이 존재하는 서로 다른 방식을 가리켜 존재론이라고 한다네.[51] 일부 애니미즘 고고학자와 인류학자들은 다중의 세계를 탐구해 들어갈 때 그러한 접근법들을 결합하여 어느 정도 복합적으로 구사하는 것 같네. 내 의견으로는 서로 다른 세계를 인정하는 관점과 조합된, 즉 이 결합된 접근은 현재 연구자의 관점은 상실하였다고 생각하네. 아이러니하게, 이 접근법을 따르는 일부 연구자들은 과거를 볼 때 그들 자신의 문화적 관점이 해석의 과정에서 중요하다고 강조하는데, 실은 바로 앞서 말했던 것처럼 그들은 여전히 과거의 사람과 문화의 본질을 추출하기(essentialise) 위해서 서구 연구자의 감각을 구사한다네.

해리스

타 종족의 존재론들 사이에 절대적 차이를 만들어 내려는 것이 결국 지배적 서구인의 발상이고 위험한 생각이라는 데 전적으로 동의하네. 바로 그 점 때문에 존 로브와 나는 어떤 특정한 맥락에서 다중의 존재론이 성립할 수 있는가에 대해 생각해 볼 필요가 있다고 주장하는 것이네.[52] 이것이 무슨 뜻인가 하면 우선 제10장에서 홀브라드가 제기한 인류학적 사례를 한번 살펴보세. 그 사례에서 쿠바의 점쟁이가 쓰는 붉은색 가루는 능력이라고 했지. 홀브라드의 주장에 따르면 그것은 표상적이거나 은유적이거나 상징적인 것이 아니라고 하네.[53] 그 가루는 능력을 의미하는 것도 아니고, 능력을 보여 주거나 능력을 표시하는 것이 아니라, 가루가 능력이다 하는 뜻이네. 여기에는 관점의 중대한 차이가 있고 홀브라드가 대안으로서의 존재론을 구축하게 된 타자관의 핵심이 기도 하네. 이 존재론이 점쟁이의 삶에서 핵심이 된다는 것은 두말할 필요가 없지. 그러나 점쟁이가 밖으로 나왔을 때, 그리고 어쩌면 관광객과 같이 오늘날 쿠바에서 볼 수 있는 다른 사람들을 만났을 때 어떤 일이 벌어질까? 거기서 그가 서구인들이 인지하고 공유하는 모든 종류의 존재론적 상황에서 만나고 진정으로 살아간다면 말일세. 가루가 능력인 곳에서의 존재론의 현실을 부정하는 것은 아닐지 몰라도 적어도 그것이 여러 존재론 중 하나임을 주장하게 되는 것은 아닐까.

이것은 우리가 존재론의 규모에 대해, 그리고 어떤 존재론이 다른 존재론들과 어떻게 공존할 수 있는가에 대해 생각할 필요가 있는 것을 의미하네. 자네도 말했지만, 철학자들은 존재론을 세계가 어떻게 움직이는가에 관한 총괄적인 이론이라는 뜻으로 언급한다네. 우리는 이를 '메타' 존재론이라고 하기도 하지.[54] 사실 데카르트적 이원론이나 신유물론, 혹은 애니미즘도 그 출발점부터 서로 경쟁적인 존재론이라고 볼 수 있겠지. 이 안에서 우리는 서로 다른 존재론의 차이에 대해서 변별해 볼 수 있으리라 생각하네. 이를테면 서구인들이 몸을 갖게 되는 두 가지 양식, 즉 생물학적, 유전적 유기체로서의 몸과 유일무이한 개인적 정체성이 들어앉는 자리로서의 몸을 구분하는 경우처럼 데카르트적 사유 안에서 서로 다른 이원론의 차이를 보는 것과 같이 말일세. 이러한 두 가지 이해의 방식은 뚜렷한 차이를 보이는 서로 다른 존재론이면서 넓게 보면 이원론적 존재를 정당화하는 하나의 존재론 안에 공존하는 것 아닌가.[55]

시폴라

자네의 의견에 전적으로 동의하네. 이 말이 그러한 접근들을 우리가 모두 폐기해야 한다는 것을 의미한다고 생각하지는 않네. 나 자신의 연구에서도 나는 우리가 그러한 기획을 신중하게 재고할 필요성이 있다는 것과 서로 다른 규모의 존재론을 가져다 탈식민주의적 관점에서 자세히 검토해 볼 필요성을 느낀다네. 이 존재론의 문제는 앞서 내가 제기했던 실용성이라는 더 큰 문제와 잘 들어맞는다네. 우리가 이 '다른 식의 세계'를 추구하는 것이 과연 무엇을 위한 것인지 우리는 물어야만 한다는 것이네. 두

꺼운 벽을 보강하면서 그저 상아탑 안에서만 의미가 있는 것인지, 아니면 널리, 그리고 실용적인 영향을 미치는 것인지 말일세. 이러한 질문을 던지면서 우리가 토착인과 공동으로 하는 야외조사에 관심을 돌리자고 제안하고 싶네. 그러한 연구기획이야말로 다중의 존재론을 표방하는 것이고 세계를 공유하며[56] 존 로브와 자네의 연구에도 여러 가지 시사점들을 제시해 줄 것이네.[57] 그와 같이 공유된 세계와 실천의 혼종을 통해서만 우리는 아마 토착의 역사는 물론이고 공유된 식민지의 역사도 더 잘 이해할 수 있게 될 것이네. 예를 들어 우리의 모헤간(Mohegan)[58] 야외조사기획에서 우리는 적절한 대화 상대자와 함께 돌이 말을 할 수 있는 한 세계의 고고학을 실천했다네. 비록 이따 금씩이기는 해도 말일세.

해리스

차이와 타자성의 문제를 꺼내 든다는 것 자체는 어떤 근본적 차이를 지닌 과거가 현재의 우리에게 말을 걸 수 있도록 해 준다는 점에서 참으로 중요하다고 생각하네.[59] 토착이론을 인식론적 오류로 취급하지 않고 그것에 존재론적 지위를 부여하면서 신애니미즘은 가까스로 이론적 위치에 올라서게 되었고 나는 그 방식을 존중한다네. 서구와 비서구 양쪽의 철학을 함께 동등한 존재론적 용어로 논의한다는 것이 중요한 것 아닌가? 이 신애니미즘이 사고의 한 형식인가, 세계에 접근하는 방법의 또 다른 세트인가, 아니면 우리들의 전제를 한 번에 날려 버릴 폭탄인가의 여부를 라투르가 물었을 때[60] 그는 이 애니미즘이 어떤 중요한 장벽을 우리로 하여 허물도록 해 줄 수 있다는 사실을 지적한 것이라고[61] 생각하네. 그럼에도 불구하고, 나는 이러한 종류의 접근이 특히 서로 다른 맥락들에 일괄적으로 적용되는 것에 대해 우려하고 있다네. 내가 연구하는 유럽 선사시대의 경우에는 토착 공동체도 없고, 데려올 수 있는 원주민 공동연구자도 없다네. 내가 연구하는 과거에서는 사실 애니미즘 그 자체가 어떤 역할을 한다고 생각해야 할 이유는 없지.[62] 그런데 이러한 아이디어는 이미 적용되어 명성을 얻고 있다는 것이 증명되었지. 하지만 나는 이것이 약간의 문제를 지니고 있다고 보지만 그만큼 과거의 존재론을 더욱 다양화하면서 그들의 복잡성은 덜어 줄 수 있는 것이 아닐까도 생각해. 내가 연구하는 이러한 지역에서 그와 같은 성격의 비교론적 접근 없이 우리가 존재론적 차이에 다가갈 수 있을까? 내가 발견한 놀라운 사실 중 하나는 신애니미즘이 신유물론과 여러 가지 측면에서 연결성 혹은 관계성을 공유하고 있다는 것이네. 신애니미즘의 창시자인 에두아르도 비베이로스 데 카스트로에게 가장 중요한 사상가는 제8장에 나오는 질르 들뢰즈일세.[63] 비베이로스 데 카스트로의 저작을 폭넓게 활용하는 마샬과 앨버티는 페미니스트 물리학자이자 신유물론자인 캐런 배러드를[64] 많이 인용하고 있지. 여기에 깔린 중요한 사실은 이러한 신애니미즘과 신유물론, 양쪽의 연구자들이 함께 관여하고자 하는 것이 바로 차이(*difference*)라는 중대한 문제라는 점일세.

내가 연구하는 콘텍스트에서는 신유물론의 접근법을 적용하는 것이 더 나은 편이라고 나는 주장한다네. 결론이 무엇인가에 대해서는 그게 그것이라고 생각할 수도 있지만 같은 경우라면 그것을 두고 식민지 유산의 일부라고 하지는 않겠지. 우리가 과거는 어떤 식으로 다른가 하는 문제에 대해 사색하기 시작하게 되면 민족지 유추가 우리에게 대단한 영감과 자극을 제공할 수 있을 것이네.[65] 우리가 제4장에서 인격성(personhood)이라는 주제를 다룰 때, 이 민족지 유추라는 것이 완전히 새로운 논의 분야를 열어젖힐 것이라고 했는데[66] 그만한 이유가 있는 이야기지. 하지만 일단 논의의 장이 한 번 열리면, 그것이 존재론적 차이든 아니면 정체성에 관한 것이든 그것을 탐구하기 위해서 우리는 다른 도구, 이를테면 신유물론 같은 것을 필요로 하게 된다네. 이론적 영감을 어디서 받았든지 나에게 중요한 것은 우리의 생각이 콘텍스트 안에서의 차이든, 콘텍스트들 사이의 차이든 그것을 돌파해야 한다는 것이네. 그렇게 함으로써 존재의 어느 한 특별한 방식이 존재한다고 고집하는 것이 아니라 다중적 존재론의 가능성을 열 수 있다면 좋겠네.[67]

사실 나는 신유물론이 유효한 메타 존재론을 형성한다고 주장하고 싶네. 신유물론이야말로 우리가 존재론의 국지적 차이에 접근할 수 있고 서로 다른 규모로 작동하는 존재론에 다가갈 수도 있게 해 줄 것이라는 생각 때문이네. 여기에는 무언가 대립과 긴장이 있네. 존재론적 강경파들은 신유물론을 과거에 부과된 근대적 사유의 또 다른 형태에 불과하다고 보고 있지. 우리들의 글쓰기 안에서 우리가 어셈블리지, 되어 감, 리좀, 혹은 당신이 찾아낸 어떤 종류의 철학적 유행어든 그 용어를 꺼내면서부터, 어느 지역, 어느 시대의 과거인이든 모두 다 과거에 대한 그들의 생각은 끊어지지 않아. 이런 점에서 신유물론도 그런 것의 하나가 아닌가 하고 자네도 물었지 않았는가. 하지만 나에게 중요한 것은 우리가 어딘가에서 출발해야만 한다는 것이고 우리는 우리가 만난 명확한 차이에 주목하게 된 바로 그 지점에서 출발할 필요가 있다는 것이네. 나는 우리가 신유물론으로부터 시작할 수 있다고 보네. 신유물론을 통해 사물들이 서로 다르게 개념화되는 그 세계와 그 사유의 방식에 접근할 수 있다고 생각하며 그것이 이원론적 접근보다는 근대 세계를 설명하는 일도 훨씬 잘 할 수 있다고 주장하고 싶다네. 그래서 우리는 신유물론적 관점을 토대로 또 다른 세계관, 이념, 그리고 종교체계를 구축할 수 있다고 보네. 그리고 관계성, 되어 감, 그리고 물질의 역할 등을 포괄하는 폭넓은 사고의 틀 안에 세계관, 이념, 종교를 위치 지움으로써 그러한 것들에 어떤 존재론적 의미가 있는지 생각해 볼 수 있을 것이네.

시폴라

여기서 검토되는 모든 아이디어는 탈과정주의에 대한 커다란 반동의 한 부분이라 할 수 있네. 이 책 전체를 통해서 윤곽을 잡아 나간 포스트휴먼과 반-정화의 정신은 최근 새로운 노동요에 영감을 불어넣고 있다네. 여러 부문에서의 장벽들이 허물어지는 것을 보면서, 우리는 노동자들이 꾸준히 불러 대는 찬가, '해석 그다음(after interpretation)'의 노랫소리를 들었네. 2012년 비요나르 올센이[68] Current Swedish Archaeology에 실었던 논문의 핵심적 주장으로 내세웠던 문구는 이러한 주장을 담고 있다네. 즉 최근 고고학에 담긴 일반 포스트휴머니즘의[69] 정신은 점진적 고고학의 혁명을 일으키게 될 것이며 그것은 이 고고학이란 학문에서 이루어진 과정주의와 탈과정주의의 혁명과 매끄럽게 연결될 것이라는 주장이네(제2장). 다음 해, 벤자민 앨버티, 앤드류 메리언 존스, 조슈아 폴라드의[70] 편집서『해석 그다음의 고고학: 물질을 고고학 이론으로 되돌리기』가 출간되었지. '해석 그다음'이라는 이 새로운 주문은 인간적 의미와 상징에 집착했던 초기 탈과정주의에 대한 반발의 모든 부문에서 볼 수 있게 되었고 그래서 앨버티 등의 편집서의 부제로도 등장했지. 존스와 앨버티의[71] 제1장에는 아래와 같은 문구가 있네.

그녀/그가 해석하는 세계와 뚜렷이 구분되는 해석의 주체/문화의 표상주의적 전략의 개념에 의지하지 않으면서, 또한 같은 동전의 반대편이지만 집단적 참의 이론에 대한 자연과학의 고집스러운 믿음에도 의존하지 않으면서 우리가 어떻게 종교, 이미지, 기억, 사회, 그리고 다른 추상적 의미를 이해할 수 있다는 말인가?

'해석 그다음'은 사물에 관해 우리를 일깨워 주는 말로 사물이 인간의 관습적 혹은 상징적 의미를 실어 나르는 매체 그 이상임을 말해 준다네. 사물은 추상적 의미를 나타내 주고 인간을 위해 하는 일 이상의 훨씬 많은 일을 한다고 할 수 있지. 우리들의 새로운 노동요가 또한 우리에게 주는 깨달음은 해석(그리고 일반적 의미에서 에이전시)이 과거의 사람(연구해야 할)과 현재의 연구자(그들의 해석을 해석하는)에 한정되지 않는다는 사실이네. 이 책에서 재삼재사 보았던 사물(과 그들의 관계)은 상징과 의미를 강조한 탈과정주의가 주장하는 것처럼 그리 단순하거나 무기력한 것이 아닐세.

'해석 그다음'이 고고학에 요청하는 일반적 내용에는 강한 '반-표상주의' 정서('anti-representationalist' sentiment)가 깔려 있다네. 제7장에서 살폈던 것처럼 '나타냄'의 관계('standing for' relationship)에 대한 초기적 관심을 넘어서는 새로운 질문을 과거에 대해 던질 필요가 있다는 것이네. 다시 말해 우리는 사물에서 인간과 관련된 '의미함'이 아닌 그 무엇, 그 이상을 볼 수 있어야 한다는 것이네. 예를 들어 이 책의 앞부분에서 논의했던 것처럼, 붉은 점토는 사람의 무덤에서 흔히 볼 수 있지. 이런 것을 보고 '해석 그다음'은 붉은색이 어떻게 삶이나 죽음을 임의로 상징하거나 혹은 나타내는가 하는 물음을 넘어서 질문을 확장해야 한다고 요청한다네. 그래서 붉은 점토 그 자체에 관심을 집중하라고 요구한다네. 단순히 과거의 사람이 의사소통하거나 임의적(관습적) 의미를 읽기 위해 어떻게 사물을 이용했는가 하는 의문에 초점을 맞추는 것이 아니라 물질의 조건과 그 생동(제8장)을 신중하게 고려하는 쪽으로 유도하지. 이러한 논의의 기초를 마련하기 위해 앞서 자네가 언급했던 메타 존재론으로서 퍼스의 기호학적 접근을 가져오기도 한다네. 이 관점은 확실히 '나타냄'의 관계를 넘어선 그 이상을 볼 수 있게 해 주지만, 불행히도 표상과 해석을 비판하는 여러 문헌에서는 그러한 기호학적 연결에 대해서 거의 논의가 없다네.

표상을 넘어서자는, 다시 말해서 아마 일반적 의미에서의 기호학을 벗어나자는 주장이 내게는 약간 곤란한 점이 있다네. 우리 세계의 복잡한 상태를 은폐하고 있는 정화의 이념과 상당히 유사한 점이 있지만, 이 반-표상주의의 이념은 우리가 인정하기를 거부하면 꽉 잡아들이는 기호학적 사슬에 우리를 다시 깊숙이 엮어 넣고 만다네. 예를 들면 제10장에서 우리가 논의했던 앨버티와 마샬의 신체토기에 관한 혁신적인 연구가[2] 있네. 독자들도 기억하겠지만, 앨버티와 마샬은 왜 토기가 신체를 표현했는가 하는 질문은 던지지 않았다네. 그런 질문 대신, 그들은 '신체토기(body-pots)'가 인간의 상징성('물질'이 '비물질'을 표현/전달하는 것)을 운반하는 매체가 아니라 그 자체가 단일한(완벽한) 실체인 세계, 즉 근본적으로 다른 세계를 어떻게 이해할 것인가 하는 문제를 파고든다네. 여기서 우리는 앨버티와 마샬의 신선한 접근이 '신체토기'가 스스로 말할 수 있도록 해 준다는 것을 믿도록 유도된다네. 이 접근은 제10장에서 논의했던 존재론의 철학적 사용과 관련이 있다고 보는데 인간 이해의 영역을 넘어 작동하는 세계에 관한 탐구라고 할 수 있겠지. 다시 말해서, 이와 같은 신체토기를 향한 태도는 문화적으로 조정된 것이 아니라 물질적으로 설정된 것이란 의견이 있네. 히나리, 홀브라드, 와쎌은 사물과 그것의 의미를 관습적으로 분리하여 보는 방식에서 벗어나려는 시도를 가리켜 '급진적 본질주의(radical essentialism)'라는[73] 용어를 사용하는데 앨버티와 마샬은 그러한 관점을 따라 연구자가 사물을 만났을 때 만난 그대로(그것의 물질적 상태 그대로)[74] 사물에 접근하려고 시도한다네.[ii] 그래서 이 접근법은 사물이 과거의 관습적 상징으로 나타낼 그 무언가에 초점을 맞추는 관점과는 정반대에 위치하는 것이지.

앨버티와 마샬은 자신들의 고고학적 연구가 기호학적 논의와 상당히 연관되어 들어갔지만, 그 사실을 간과하고 있다네. 그래서 자연적, 혹은 세계 안에서 '바깥쪽 그곳'까지만 논의를 전개하고 말았다네. 예를 들어 우리는 앨버티와 마샬이 신체토기가 신체를 닮았는지 아니면 항아리를 닮았는지 어떻게 아는가 하고 물어 봐야 한다네. 이 책을 읽는 독자들은 기억하겠지. 이 경우라면 퍼스는 자신의 기호 모형에서 어떤 형식에 해당할까 생각했을 거야. 기호와 대상체가 해석자에게는(*for the interpreter*) 물질적으로 닮았기 때문에 연결되는 기호, 즉 도상이라면 옳을 걸세. 이 문장에서 가운데 있는 '해석자에게는'이라는 절이 가장 중요하네. 도상(icons)은 순수하게 '자연적'이거나 단지 세계 안의 '바깥쪽 그곳'일 수 없다네. 그들은 특정한 해석자에 해당하는 특정한 문화적 틀과 관련해서만 이해될 수 있을 것이네. 이는 도상이 보편적이지 않다는 것을 의미하네(즉 어느 정도 문화적으로 매개되어야만 하는 것). 제7장에서 우리는 벌과 윙윙에 대한 논의를 통해 이에 대해서 증명한 적이 있지. 세계의 여러 다른 언어를 사용하는 화자는 벌이 날아다닐 때 내는 '자연적' 소리를 상당히 다른 방식으로 재생한다는 것을 우리가 이야기했었지. 서로 다른 언어를 사용하는 화자가 들었던 벌의 소리는 같은 소리였지만 다른 소리를 만들게 되는 것이지. 단지 신체, 신체토기도 마찬가지의 관점으로 볼

---

ii   역자 주: 아미리아 히나리, 마틴 홀브라드 그리고 사리 와쎌이 공동 편집한 책의 머리말에서 사물에 대한 접근방법에 대해 "사물을 보면 즉각 그것이 의미하는, 표상하는, 혹은 나타내는 다른 무언가를 생각하는 것이 아니라 현장에서 사물을 만났을 때 사물이 자신을 표현하는 그대로 사물을 포착하는 것"이라고 말한다.

필요가 있지 않을까? 신체토기에 대한 이 접근이 기호학적으로 매개될 만한 여지가 없고 우리 자신의 문화적 관습과도 연관되지 않는다고 우리가 주장하면 할수록, 우리는 해석자로서 기호학적 조건을 더욱 무시하게 될 것이네. 앞서 나왔던 앨버티와 존스로부터의 인용구로 돌아가, 그들이 해석하는 세계의 부분으로서 문화와 주체에 대한 해석을 이해해야만 하네. 이것이 또한 앨버티와 마샬의 신체토기에 대한 인식에도 맞아들어가는 이야기일 것이네.

해리스

그렇지! 자네가 제기한 중요한 이슈들에 대해서는 대응하고 싶은 방법이 많다네. 첫째, 최근 크리스 파울러가 신유물론의 관점에서 제기한 것처럼,[75] 과거를 생산하는 고고학자로서 역할에 대해 우리가 심각하게 생각해야 할 필요성이 아주 크다는 거야. 사실 나는 자네가 시작했던 비판의 노선을 따라서 우리가 훨씬 더 나갈 수도 있다고, 실제로 그렇게 생각해. '사물은 자기 스스로 말을 할 수 있다'. 이 말이 뜻하는 것 중 하나는 신애니미즘 접근이 그동안 포괄적 접근의 이론을 회피해 왔다는 생각이 담겨 있는 듯하네. 다시 말해서, 고고학자가 아이디어나 이론을 이 파티에 가져오지 않아도 우리가 연구하는 물질적인 것은 자기 자신의 해석을 스스로 제안할 수 있다는 것이네. 앨버티는 홀브라드를[76] 인용하면서 신유물론은 사물을 이론적 짐으로부터 자유롭게 해준다고 주장하네.[77] 그러자 이번에는 홀브라드가 사물에게서 '분석적 함의(analytical connotation)'를 비워 주면 그들을 '순수함(pure)'으로 되돌릴 수 있다고 주장한다네.[78] 이러한 요청이 상당히 문제가 된다고 나는 생각하네. 실증주의 철학과 과정주의 고고학(지금 우리가 아는 한 아무도 그렇지 않은)의 이상적인 객관주의 과학자에 아주 가까운 입장에 서기 위해서 그들의 전제에서 벗어날 수 있는 분석자의 능력을 요구하기 때문이네. 이러한 입장에서, 세베린 파울즈가 현명하게 지적한 바 있지만, 그것은 그러한 사상가들이 실제로 극복하려고 하는 근대주의자들의 주장을 반복하는 것이라네.[79] 사실 내가 앨버티와 마샬의 연구에서 가장 설득력이 있는 부분이라고 생각하는 것은 그들이 신애니미즘을 끌어오는 대신, 캐런 배러드를 인용하고 있는 점일세.[80] 관계의 특정한 세트 안에서 차이라는 것이 나타나는 방식을 강조했던 배러드의 생각이 바로 고고학에 대안으로서의 존재론을 제공할 수 있는 가장 좋은 기회를 앨버티와 마샬에게 가져다주었다네. 그리고 캐런 배러드의 그러한 사고를 통해 앨버티와 마샬은 자신이 연구하는 현상에 대해서도 완전한 관계론적 설명을 할 수 있었다고 생각하네.[81] 바로 이러한 점에서 앨버티와 마샬은 진정으로 존재론적 접근이 어떻게 다름을 만들어 낼 수 있는지 보여 줄 수 있었네. 정확히 말해서 배러드로 인해서 다른 사상가들, 이를테면 브레이도티, 드란다, 들뢰즈, 그리고 베넷과 연결될 수 있었으며 존재론적 수준에서 차이라는 것이 세상에 나오게 되는 과정을 추적해 볼 수 있게 된 것일세. 차이의 발생을 추적하는 그 중요하고 열정적인 연구를 통해 새로운 모습의 과거가 등장하게 되었다네. 그 공이 이론적 짐을 지지 않고 자유롭게 말하는 사물에 있다고 생각하지는 않네. 사물과 사람이 과거와 현재에 만들어 내는 차이에 대해 우리가 주목할 수 있게 해 준 일련의 이론들 덕택이라고 해야 옳을 것 같네.

　이러한 점들이 자네가 제기한 두 번째 이슈로도 우리를 이끌어 준다네. '해석 그 다음'이나 포스트휴머니즘으로의 전이와 관련된 접근들은 표상을 폐기하는 방향으로 너무 나아갔지. 그래서 우리가 과거의 의미라는 어떤 생각을 복구시키기 위해서는 퍼스의 기호학을 고려해 볼 필요가 있다는 것이지. 나도 이 점에 대해 어느 정도까지는 동의하네. 그런데, '해석 그다음'이라는 기치 아래에 있는 여러 입장 중 일부에 대해서는 서로 간의 차이가 무엇인지 변별해 볼 필요가 있다고 보네. 처음부터 나는 대칭적 고고학이 의미, 상징, 그리고 정체성을 폐기하는 쪽으로 너무 나아갔다고 생각했고 앞에 그렇게 주장했었네. 이에 반해 신유물론적 접근들은 이러한 이슈들을 끌어안았고 그들의 어셈블리지 안에 포함 시켰다네. 대칭적 고고학의 제2차 물결과 관련된 고고학자들은 우리가 인간중심적으로 되지 않기 위해 사물이 사람과 연결해 놓은 것을 걷어 내면서 연구해야 한다고 주장하고 있지. 그러는 가운데 신유물론자들은 사물이 사람과 혹은 사물들 서로가 연결된 관계에서 균형을 맞추고 있다네. 그러한 관계는 필연적으로 언어, 의미 등등을 포함해야 한다네. 하나의 예를 들자면, 왕관의 보석(Crown Jewels)과 같은 경우 특별한 성격의 권위와 능력을 지니고 있다네. 이는 사람들과 맺은 그 관계로부터 생기는 의미 때문에 그런 것이고 그렇지 않았다면 가능하지 않은 일이네. 신유물론자들은 이를 부정하지 않는다네. 신유물론자들은 단순히 반-표상적, 혹은 비-표상적 입장에 서기보다, 그들이 추구하는 바는 표상주의-그-이상(*more-than-representational*)이[82] 되는 것일세. 이는 표상을 위한 여지를 만드는 일이며 세계를 표상하는 것 50%, 표상되는 것 50%로 가르자는 것은 아닐세. 이는 앞서 내가 언급했던 일종의 상관주의의 접근이라고 할 수 있다네. 신유물론자들은 또한 3등분으로 가르는 방식, 즉 퍼스가 그랬던 것처럼 33%를 해석체, 33%를 기호, 그리고 나머지 33%가 대상체로 분리하는 것을 피하려고 하네. 이러한 방식 모두는 신유물론자들이 이해하고자 하는 복잡한 어셈블리지를 단순화시키는 것으로 생각한다네. 기호학의 어떤 형식에 전적으로 의존하는 것의 문제는 그것이 기호학적이지 않은 관계를 기술할 때는 전혀 도움이 되지 못한다는 점이네. 얼굴에 한 방 먹인 펀치는 상징이 아닐세, 도상도 아니고 지표도 아니지. 그저 얼굴에 먹인 펀치 한 방일 따름이네.

시폴라

우선 '해석 그다음'의 고고학을 폐기해야 한다고 내가 주장하는 것은 아닐세. 사실 나는 그 비판의 일반적 정서에 공감한다네. 그러나 우리는 그 주장들 가운데 어떤 것은 주의 깊게 살펴봐야 하고 장벽을 재구축하는 것은 아닌지 알아봐야 하네. 이제 더 이상 물질/비물질, 그리고 인간/비인간을 분리해서는 안 되지만 '해석 그다음'이 비판한다고 주장하는 방식에서 자연과 문화를 나누는 관점이 보인다네. 인간의 지각과 벌의 윙윙거림 모사라든가, 혹은 어떤 유물이 항아리인가 신체토기인가와 같이 물건의 식별 등의 사례를 통해 생각해 보면 자연과 문화는 서로 복잡하게 얽인 매듭들임을 알 수 있네. 만약 우리가 그것들에 대해 논의하고 서술한다고 했을 때 사물이 그저 스스로 말하고 있다고 볼 수는 없네. 우리의 목소리 (그리고 우리 각자의 문화적 레퍼토리도) 또한 그들의 어셈블리지 안에서 한 부분을 차지하고 역할을 한다네. 나로서는 우리가 '해석 그다음' 고고학의 요청사항과 퍼스 기호학을 연결함으로써 완전한 형태로 나타나는 새로운 장벽에 도전할 수 있다고 생각한다네. 퍼스가 제시한 삼부모형의 접근은 일부 반-표상주의의 접근이 보강해 온 자연과 문화 사이의 연속성을 이해할 수 있도록 해 줄 것이라고 보네. 그러나 자네가 제7장과 제9장의 내용으로 돌아가 말했듯이, 퍼스 기호학은 그 자신의 장벽, 즉 생물과 무생물 사이의 존재론적 장애물을 유지한다고 보네. 이러한 지적들을 고려하면 '해석 그다음'의 기호학적 고고학을 우리가 구축할 수 있다면 거기서 여러 흥미로운 연결성이 나올 수 있다고 생각하네. 예컨대 양쪽 진영 모두 '매개(mediation)'라든가 '번역(translation)'과 같은 용어를 사용하는데, 이들은 정화(purification)의 반대편에 위치한다네.

해리스

내가 이 책의 집필을 시작했을 무렵 나는 퍼스의 기호학이라는 것이 도무지 마음에 들지 않았었네. 탈과정주의 고고학으로부터 유래한 표상주의적 편견이 현재진행형이었는데 이에 대해 퍼스의 기호학은 비판의 도구가 되기보다는 그것을 연장해 갈 것으로 느껴졌기 때문이네. 그럼에도 불구하고, 자네와 함께 작업하면서 거기에는 그 이상의 무언가가 있다는 것을 알게 되었네. 내가 가장 설득력 있다고 생각해 온 어셈블리지를 토대로 한 접근을 포함하여 '관계성'의 접근이 필요로 하는 것은 여러 종류의 관계에 관해 이야기하고 기술할 수 있는 새로운 방법이었네. 그렇지 않으면, 우리는 과거를 그저 단순히 뻔한 관계의 진술로 넘겨 버리고 말걸세. '무엇이 X를 발생하게끔 했는가? 그것은 관계야, 멍청하군!' 이것은 왜 신유물론적 접근이 정치나 권력의 문제를 잘 다루지 못했는가에 대한 이유의 한 부분이라네. 퍼스의 기호학은 특정한 종류의 관계, 즉 들뢰즈와 가타리가 찾아냈던 그런 관계를[83] 기술할 때 세 가지 용어를 제공해 줄 수 있으므로 적어도 고고학에 적용되기만 한다면 나름대로 도움이 될 것이네. 표상주의의 방식으로 관계성을 보는 것은 현실적이네. 그리고 우리도 그럴 수 있다고 자네가 경고했던 것처럼, 의미와 세계 사이에 거대한 벽을 다시 쌓지 않기 위해서도 퍼스의 기호학은 받아들일 필요가 있다고 보네. 관계성에 대한 세 가지 용어, 즉 도상, 지표, 그리고 상징은 고고학자가 과거를 서술하기 위해 발전시켜 나가야 할 여러 개념 중에 단지 셋일 뿐이네. 이러한 개념을 통해 우리가 서술해야 할 과거는 당연히 반-인간중심주의적, 반-이원론적이어야 하지만 여전히 의미, 정체성, 복합성, 차이 등의 문제도 끌어안아야 한다고 보네. 그렇긴 하지만, 이와 같은 기호학이 부과한 생물과 무생물의 분리에 대해서는 여전히 동의할 수 없다네. 유기체와 무기물질의 차이가 없다는 것이 아니라, 그와 같은 구분을 존재론적인 것으로 만들려는 시도, 그리고 그럼으로써 차이가 아니라 이원론으로 넘어가려 하는 것에 대해 나는 동의할 수 없다는 것이네.

시폴라

전반적으로 자네의 의견에 동의하네. 퍼스의 기호학을 그렇게 이해하는 사람이 자네 혼자만이 아닌 것 같네. 퍼스는 엄청난 저술을 남겼고, 이 책에 나오는 사상가들 대다수가 그렇지만 그의 복잡한 글쓰기는 신조어를 애호하는 그의 태도와 더불어 고고학에 의미 있는 대화의 장을 만들어 내는 것은 물론이고 읽어 내는 것 자체가 하나의 도전으로 생각된다네. 그러한 도전에 대해 언급한 바 있지만, 나는 여전히 자네가 언급한 것 이상으로 퍼스의 기호학에서 미묘한 어떤 의미를 찾고 있네. 이 책 제7장에서는 퍼스에 대해 개괄적으로 설명하고 있는데, 우리 각자의 저작 속에 좀 더 상세한 논의가 있지만, 우리의 용감한 독자들을 위해서도 그런 해설은 필요할 것 같네. 사실 나는 퍼스에 대해 자네가 앞에 서술한 것과는 거의 상반된 생각을 지니고 있네. 다시 말해서 나는 기호에 대한 퍼스의 삼부모형, 혹은 세 가지 기호형식의 한계에 대해 생각하는 것이 아니라 삼각관계 혹은 3이라는 수, 그 이하로는 단순화할 수 없는 기호학적 매개에 대해 주목한다네. 이 책에서 퍼스의 삼각관계 전체를 검토해 볼 수는 없었지만, 삼부모형과 세 가지 기호형식, 이 둘이 기본적인 출발점이 된다는 것은 퍼스의 기호학이 구조주의 기호학과 상반된다는 것을 말해 준다네. 사실, 퍼스는 가능한 기호의 종류만 총 59,049개가 있다고 밝힌 바 있지.[84] 하지만 이보다 더 중요한 것은 우리가 퍼스의 연구에 집착하는 이유가 '기호학'이라는 이름표 때문이라는 점일세. 이제 아마 퍼스의 기호학이라고 하기보다 퍼스의 철학이라고 해야 할 때가 된 것 같다는 생각이 드네. 크리스 와츠가 최근 지적한 것처럼,[85] 우리가 퍼스의 저작 중 어떤 것이라도 좀 더 깊이 파고들게 되면, 퍼스 기호학이라는 이름표는 그 한계가 분명해지는 것 같네. 퍼스가 일차적으로 관심을 가졌던 것은 존재와 되어 감의 문제였다네(제6장에서 개괄적으로 설명했던 현상학적 접근과 유사함). 예를 들어 그의 탁월한 연속주의의 관점은 아주 흥미롭게도 신유물론에 대해 자네가 지적한 내용과 아주 잘 병치된다네. 연속주의는 말 그대로 연속성에 초점을 맞춘다네. 그는 다음과 같이 적고 있네.[86]

유물론은 물질이 모든 것이라는 선언이고, 관념론은 사고가 모든 것이라는 선언이며, 철학의 이원론은 모든 것이 둘로 나누어진다고 한다. 마찬가지로 나는 모든 것은 연속적이라고 간주할 수 있다는 뜻으로 연속주의를 제안한다.

이 이론에 따르면, 시간의 흐름에 따라, 세계는 점점 더 모든 종류의 기호학적 매개를 통해 (인간, 비인간, 그리고 그것의 조합을 포함한) 연결이 더하여지고 광대하게 정의되기에 이른다. 이는 신유물론자들에 관한 자네의 지적과도 상당히 닮아 있네. 신유물론자들도 시간의 전이에 관심을 집중하고 사물과 인간이 함께 모여드는 것 등에 대해 초점을 맞추는 것 아닌가?

이 간략한 대화를 통해 내가 깨달은 핵심적인 사실을 반복해 봄세. 고고학자와 고고학을 공부하는 학생들이 우리가 인용한 모든 철학자와 이론가들을(그가 퍼스든 들뢰즈든) 완전히 이해해 두는 것은 꼭 필요한 일이라고 생각하지만, 그렇다고 우리가 모두 그들의 아이디어를 채용해야 한다는 뜻은 아니네.[87] 사실 고고학 밖으로부터 이론을 끌어들이는 것만으로도 우리는 이론적 논의를 흥미로운 방향으로 이끌 수 있네.[88] 번역과 하이브리드의 이 과정에 대해서는 확실히 지금까지 우리가 생각해 왔던 것보다 주목해 보아야 할 필요성이 있다고 보네. 올센과 위트모어가[89] 이 과정의 역동적 양상에 대해 우리를 상기시켜 준 바 있지만 이런 점에서 대칭적 고고학은 라투르식의 대칭성과 혼동하면 안 된다는 것을 알게 되었네. 이 둘 사이에는 서로 밀접한 관련이 있지만, 꼭같은 것이라고 볼 수는 없네. 왜냐하면, 고고학자로서 우리는 우리 고고학의 이론과 다른 학문에서 우리가 가져온 이론 사이의 새로운 연결을 구축해 왔기 때문이네. 내가 로버트 프러셀과 함께[90] 이론적 번역과 관련된 연구를 한 적이 있는데 탈식민주의 이론의 번역과 고고학적 이용에 대한 것이었네. 이러한 모든 논의에서의 결론은 우리가 사고의 새로운 흐름을 만났을 때, 이론이란 항상 되어 감의 상태에 있고, 사고의 오래된 방식이라고 모두 폐기하려 해서는 안 된다는 점을 잊지 말라는 것이네. 이 이야기는 제2장에서 우리 고고학 이론의 역사를 훑어본 후에 우리가 말했던 전체적인 요지이기도 하네.

해리스

이에 대해 우리가 전적으로 공감하는 것이지!

맺음말: 다시 함께

그렇다면 지금 우리가 서술하는 고고학 이론의 현주소는 어디이며 그리고 어디로 갈 것인가? 이미 말한 바와 같이 우리가 지금 패러다임 전환의 순간에 있는 것은 아니다. 그럼에도 우리 눈앞에는 엄청나게 확대된 고고학 이론의 범위와 아주 새로운 사고의 방식들이 펼쳐져 있다. 고고학의 범위가 확장되었다는 것은 매우 중요하다. 그래서 우리는 우리 연구의 토대를 거부할 수 없으며 과거에 실제로 어떤 일이 있었는지, 당시의 사람은 어떻게 달랐으며, 그 물건은 무엇을 의미하고 있는지에 대한 물음을 중단할수 없다. 새로운 접근법은 무엇보다 지금까지와는 다른 스케일과 다른 방식으로 새롭게 던져지는 질문에 열려 있어야 한다. 그리고 다름에 대한 사고의 새로운 가능성을 추구해야 하며 우리가 고고학자로서 하는 그 무엇인가를 개념화하는 새로운 방식을 찾아야 한다. 덧붙여 우리에게는 지적으로 세련된 문제 풀이와 함께, 여전히 세계 내에서차이를 만들어 낼 수 있는 실용적 고고학(pragmatic archaeology)이 필요하다.

이 장에서 거론한 각각의 이슈들을 통해 이원론은 무너뜨리기 어려운 상대라는 것이 증명되었다. 하지만 그만큼 중요한 사실은 이원론적 접근과 이원론을 뿌리 뽑으려는 데 초점을 맞추고 있는 포스트휴머니즘 사이에 있을 수 있는 연속성을 우리가 이해해야 한다는 점이다. 크레이그는 그동안 포스트휴머니즘으로부터의 영향을 받아들이면서 동시에 이원론과는 완전히 결별하지 않는 실용적 고고학의 가능성을 논의해왔다. 우리는 또한 신애니미즘에 접근하는 탈식민주의에 대해 생각해 왔다. 여기에도또한 잠재적인 어떤 이원론이 연속됨을 볼 수 있다. 크레이그는 또한 해석 '그 이후'의기호학적 고고학에 열정을 쏟고 있다. 이는 이원론에 대한 '완화된' 자세('soft' stance)를 유지해 가는 또 하나의 연구 방향에 해당한다. 즉 생물과 비생물을 구분하는 퍼스이론으로부터 영감을 받은 연구의 틀을 지켜나가지만 이러한 새로운 움직임에 수반되는 어떤 문제들을 풀어 가기도 한다. 올리버는 반대로 신유물론이 과거에 대한 반-이원론적 접근의 토대를 마련해 줄 것이라고 믿고 있다. 과거는 여전히 의미와 정체성, 심지어는 상징성을 함축하고 있으며 우리는 이에 대해 논의할 수 있는 새로운 방법을 찾고 과거와 현재 양쪽에서 세계가 어떠한 관계로 구성되어 있는지 해명해야 한다고 그는 믿는다. 그것을 위해 우리는 의미, 정치, 그리고 정체성을 논의할 공간을 마련해야 하지만 결코 그것은 데카르트주의의 이원론에서 출발하거나 결론 내리는 방식은아니어야 한다. 왜냐하면, 어떤 방식으로든 우리가 이원론으로 돌아가기만 하면 우리는 지난 세대의 고고학이 반복해 온 싸움에 붙잡혀 버리기 때문이다.

이처럼 논쟁들이 분명해짐에 따라 과거에 대한 사고를 시도할 때 고고학자가 만나는 문제들은 결코 사라질 것 같지 않다. 이 문제들은 하루아침에 풀려 버릴 수수께끼와 같은 것은 아니다. 고정되고 마무리된 과거가 있고 그것이 현재에 나타나게 하는 그런 맥락들을 가로질러서 적용 가능한 어떤 해답, 폐쇄되고 완결된 해답이 있다고 생각할 수 없다. 고고학자로서 우리에게 허락된 이야기는 우리가 계속 새로운 질문을 던지고 오래된 물음을 반복해야 한다는 사실이다. 우리는 다양한 기법들과 사고의 방법들을 개발하고 새로운 유적들을 파면서 새로운 사람들과 일해야 한다. 이 모든 것이 과거를 다른 방식으로 되살아나게 할 것이며 이를 통해서 우리는 새로운 종류의 증거들을 찾아내고 새로운 성격의 이해에 도달할 수 있게 될 것이다. 우리가 하는 일의 핵심에는 우리를 다르게 생각할 수 있게 하고, 우리가 가깝고도 먼 세계 사이를 여행할 수 있게끔 하며, 우리가 무언가를 새롭게 볼 수 있게 해 주는 이론적 접근이 있다. 이 책에서 지금까지 논의해 온 것, 최근 몇 년 사이에 고고학의 한 부분이 된 이것은 사고 방법의 생명력과도 같은 어떤 것이라 할 수 있다. 그러므로 다음에 올 것은 무엇인지 가만히 앉아 기다려서는 안 될 것이다.

주

1장 고고학 이론의 현주소: 이원론에 맞서서

1) Bintliff 2011; Thomas 2015a, 2015b 참고.

2) Johnson 1999, 2010.

3) 예를 들면, Cochrane and Gardner 2011.

4) Johnson 2010: 2; Wallace 2011: 8-10.

5) 인류학자로서 A1fred Irving Hallowell(1960: 24)은 이것이 매우 유용한 질문임을 보여 준 바 있다.

6) Johnson 2010: chapter 1.

7) Trigger 2006.

8) 최근의 연구로 Zubrow 2015를 보라.

9) Kuhn 1962.

10) 이 문제를 다룬 흥미로운 연구로는 Jones 2002; Last 1995; Thomas 2015a, 2015b.

11) 예를 들면 Fowler 2013.

12) Shanks 2012; Thomas 2004.

13) 이는 지배적인 접근법이다. 거의 모든 맥락, 근대적, 고고학적 혹은 다른 어떤 맥락에서든 여러 이해의 방식들이 작동한다(Harris and Robb 2012 참조).

14) 의인화와 인간중심주의의 차이와 전자가 후자의 문제점들을 비판하는 방식들에 대해서는 여러 의견이 제시되어 있다. 이 문제에 대해서는 뒤에 자세히 논하게 될 것이므로 여기서는 적극적으로 다루지 않겠다(예를 들면 Bennett 2010; Harman 2016; Malafouris 2013: 130-1.)

15) Wallace 2011.

2장 패러다임을 넘어서: 고고학 사고의 간략한 역사

1) 예를 들면 Johnson 2010; Trigger 2006.

2) Childe 1936.

3) Childe 1957 [1925].

4) Childe 1942.

5) 문화사 고고학의 주요 문헌으로는 Childe(1936, 1942)와 Piggott의 저서(1954)를 참고할 수 있다. 물론 비판적인 과정주의자들은 인정하지 않지만 1950년대에는 이미 문화사 고고학도 과학적 방법론을 도입한다. 이를 테면, 그러한 사례로는 Graham Clark의 연구(1952)가 있다.

6) 예를 들면 Boas 1911.

7) 과정주의 고고학의 주요 연구성과로는 Clarke 1968; Binford 1962, 1968, 1983; Flannery 1967; Renfrew 1973 등 이외 여러 문헌이 있다.

8) 예를 들면 Schiffer 1983를 보라.

9) Clarke 1973.

10) White 1959: 8.

11) 이원론 조심!

12) Binford 1972.

13) Binford 1983.

14) Clarke 1968.

15) Binford 1983.

16) Binford 1983: 157.

17) 4장에서 보게 될 인격성(personhood)과 같은 문제를 포함하여 탈과정주의의 특정 요소는 여전히 중요한 의미를 지니고 있다.

18) Service 1962.

19) Earle 1997.

20) 탈과정주의 사고가 등장하기 이전, 꽤 오래전부터 고고학에서 구조주의를 받아들인 연구가 있었다. 미국의 역사고고학 분야에서 James Deetz(1977)의 연구가 그런 경우이고, Andre Leroi Gourhan(1993: 프랑스어 초판은 1963년 출간됨)의 구석기시대 동굴벽화에 관한 연구 또한 빼놓을 수 없다.

21) Hodder 1982a: 13.

22) Hodder 1986.

23) Hodder 1990.

24) Hodder 2012.

25) 탈과정주의의 문헌으로 대표적인 것은 Hodder 1982b, 1986; Miller and Tilley 1984; Shanks and Tilley 1987a, 1987b 등이고 그밖에도 여러 예를 들 수 있다.

26) Leone 1984.

27) Shanks and Tilley 1982.

28) 예를 들어 Gero and Conkey 1991.

29) 물론 두 연구자 그룹은 중첩된다.

30) 처음부터 탈과정주의 고고학은 에이전시와 실천의 문제에 관심이 많았다. 하지만 이에 대해서는 다음 장에서 다루도록 하겠다.

31) 탈과정주의 고고학은 시작부터 이원론과는 애증이 뒤섞인 그런 관계였다. 그래서 탈과정주의가 공격적인 논의를 개시할 무렵에도 이안 호더(Hodder 1982a)가 중요하게 생각했던 것에는 사물들 사이의 이분법과 대립적 관계를 만들어 내는 측면이었다. 그리고 몇 해가 지난 후, 호더는(Hodder 1990) 모든 해석을 이원론을 토대로 끌어낼 수 있다고 주장하는 책을 출간한다. 사실 많은 탈과정주의의 설명은 이원론의 문제와 씨름하고 있다. 이를테면 탈과정주의가 해석학에 빠져든 것도(6장을 보라) 이원론에 대항할 철학과 이원론을 받아들인 모든 개별연구를 통합해 보려는 시도일 것이다(이를테면 Tilley 1994: 8).

32) Spector 1991.

33) Spector 1993.

34) Hodder 1990.

35) Hodder 1982a: 13.

36) 이탤릭체는 필자들이 강조한 것임.

37) Hodder 1986.

38) 하드 사이언스가 실제로 그리하는지의 여부에 대해서는 논쟁의 여지가 있다.

39) 예를 들면 Bintliff 1991: 276.

40) 로브와 포키태트가 명석하게 지적한 바와 같다(Robb and Pauketat 2013: 17).

41) Thomas 2015b: 20를 보라.

42) 연구 분야가 다르거나, 같은 분야라도 연구 영역이 다르게 되면 존재론은 다른 의미를 지닐 수 있다. 그러므로 예컨대 컴퓨터 사이언스에서의 존재론은 인류학이나 철학에서의 존재론과는 아주 다른 의미로 사용된다. 고고학자로서의 우리는 인류학이나 철학의 존재론과 더 많이 연관된다. 그러나 같은 고고학 연구자들 사이에도 이 존재론을 사용하고 적용하는 방식은 서로 간에 차이가 있다. 인류학에서 존재론은 존재하는 사물들에 어떤 것이 있는가, 그것은 어떻게 작동하는가를 의미하거나, 혹은 이러한 이야기보다 훨씬 더 나아가서 현실에 실제로 존재하는 것은 어떤 것이 있으며, 그것은 세상 안에서 어떻게 변화되는가를 가리킨다. 전자가 '세계관'이란 말의 좀 더 강한 표현을 담은 용어라고 한다면 후자는 일종의 상대주의의 관점에서 세계관 이상의 의미를 지닌 것으로 이해된다(물론 상대주의자라면 동의하지 않겠지만). 이 주제를 연구하는 인류학자들 사이의 논쟁에서 그와 같은 입장의 차이가 포착된다(Carrithers et al. 2010을 보라). 철학에서의 존재론은 이들과 저들이 다를 수 있다는 것을 함의하지 않으며 세상이 어떻게 움직이는가에 관한 단일한 모델을 도출해 내려 할 때 이 용어를 사용한다(Graeber 2015; Heywood 2012; Jensen 2016). 이 경우라면 우리는 한편으로 이원적 존재론과 같은 것을 떠올릴 수 있지만, 그것과는 상반되는 것으로 '평탄한' 존재론을 생각할 수 있으며 이에 대해서는 10장에서 논의하게 될 것이다. 이러한 구분은 낯설기도 할 뿐 아니라 이해하기도 힘든데, 너무 걱정은 하지 마시라. 이 문제는 이 책의 뒷부분에서 다시 다루게 될 것이다.

43) 이 책의 뒷부분에서 우리는 단일한 존재론이 아니라 다중의 존재론 안에서 사람들이 어떻게 움직여 가는가(operate)에 대해서 논의할 것이다. 하나가 아니라 몇 가지 존재론을 바꾸어 가는 것을 상정한 것이다(Harris and Robb 2012). 우리가 자연의 산물인가 양육의 산물인가(이원론의 관점에서) 논의할 수는 있겠지만 우리는 세상 안에 살아가면서 그런 구분을 해야 할 필요성을 거의 느끼지 않는다. 아마 고고학자도 마찬가지일 것이다. 하지만 고고학이 전통적으로 해 왔던 논의의 방식에서는 실질적으로 다른 존재론을 받아들이지 못했으며 여전히 일차적인 이원론자이다. 이 존재들 사이의 관계에 대해서는 10장과 11장에서 다시 논하게 될 것이다.

44) Jones 2002.

45) Jones 2012: 6.

46) Jones 2002.

47) Thomas 2004.

48) Latour 1993.

49) Thomas 2004.

50) Voss 2008a.

51) Borić 2005; Jones and Sibbesson 2013.

52) Latour 1993.

53) Trigger 1984.

3장 사고와 사물: 실천의 이론과 에이전시

1) 동(銅)의 교역에 대해서는 Howey 2011를 보라.

2) Barrett 2001; 고고학에서의 에이전시에 관해 훌륭한 해설로는 Robb 2010가 있음.

3) 실천이론가들은 그것이 이원론은 아니며(제1장) 차라리 '양면성(duality)'(Giddens 1984)이라고 하는 것이 옳다고 주장한다. 왜냐하면, 실천과 에이전시는 동전의 양면과도 같은 것이기 때문이라는 것이다. 이 이야기가 타당한지 혹은 이원론과 양면성을 구분하는 것이 의미 있는지를 논의하는 것은 이 책의 범위를 벗어난 작업이다. 이 두 단어는 너무 비슷하고 혼동될 수 있으므로, 여기 미주에서만 언급하고 이 책에서는 이 양면성이란 말을 더는 사용하지 않겠다.

4) 이 이론들에 덧붙여 제3의 실천이론이 있지만 놀라울 정도로 이에 대해서는 언급되지 않고 있다. 사회학자 미

셸 드 세르토의 저술(Certeau 1984)에 나오는 이론이 그것이다. 전술이라는 그의 개념은 개인과 사회구조 사이의 반복적 되돌림의 관계를 강조한다. 사회 체계를 조작하고 만들어가는 개인의 역할을 인정하면서, 동시에 실천의 한계와 예기치 못한 결과에 대해서도 언급한다.

5) de Certeau 1984; Sahlins 1985; Butler 1993 등도 보라.

6) Bourdieu 1977에서 긴 문장이 인용되고 Bourdieu 1990에서 다시 볼 수 있다.

7) Deetz 1977.

8) 프랑스어로는 1972년 출간되었고 1977년 영어로 번역되었다.

9) Bourdieu 1977: 90.

10) Bourdieu 1977, 1990.

11) Bourdieu 1977: 72.

12) Bourdieu 1977: 164.

13) Silliman 2001: 194.

14) Loren 2001; Silliman 2001; 고고학에서 독사(doxa)에 관한 비판적 논의를 보려면 Smith 2001를 참조.

15) Silliman 2001.

16) Mauss 1973 [1935].

17) Cipolla 2017.

18) Edgeworth 2012를 참조.

19) Bourdieu 1977: 78.

20) Ortner 1984: 148.

21) Bourdieu 1990: 6.

22) Giddens 1979, 1984.

23) Giddens 1979: 2.

24) Giddens 1984: 5.

25) Giddens 1984: 9.

26) Giddens 1984: 10.

27) Giddens 1979.

28) Giddens 1984.

29) Hodder 1982b.

30) Hodder 1982a: 1.

31) Deetz 1967, 1977.

32) Pauketat 2001b.

33) Pauketat 2001b: 73.

34) Pauketat 2001b: 86.

35) Joyce and Lopiparo 2005: 366를 보라.

36) Jones 1997: 89-90; Giddens 1984; Dobres and Robb 2000; Joyce and Lopiparo 2005.

37) Lightfoot, Martinez and Schiff 1998.

38) Lightfoot, Martinez and Schiff 1998: 209-15.

39) 이와 같은 상호작용은 정체성에 관한 문제를 해명할 때도 도움이 되는데 이에 대해서는 제4장에서 자세히 검토하도록 하겠다. 여기서는 실천에 기초한 접근의 관점이 중요하다는 것을 지적해 두고자 한다. 이 관점에서는 개인이나 집단이 어떻게 물질세계를 통해 자신의 정체성을 구축하거나 변형시키는가에 초점을 맞춘다. 이러한 접근의 훌륭한 사례로 Sian Jones의 종족 정체성, 물질문화 그리고 상징성에 관한 연구(1997)가 있다(Loren 2001 참조). 추가로 예를 든다면 실천에 기초하여 식민주의에 접근한 실리만의 연구(Silliman 2001,

2009)가 있다.

40) Pauketat 2001a.

41) Pauketat 2001a: 2.

42) 이러한 일반적 원칙에 근거하여 스티븐 실리만(Silliman 2009)은 문화적 지속과 변동이 서로 분리될 수 없으며 문화적 재생산의 커다란 과정 안에서 서로 융합되어 있다고 주장한다.

43) Barrett 1994.

44) 가장 유명한 연구로 Whittle, Healy and Bayliss 2011가 있다.

45) Joyce and Lopiparo 2005: 365.

46) 앞서 우리가 살펴보았던 것처럼, 실천이론가(이를테면 Giddens 1984)는 이원론이라고 하지 않고 양면성이라고 한다.

4장 물건의 사회 내 자리 잡기: 정체성과 인격성

1) 예를 들면 Conkey and Spector 1984; Gero and Conkey 1991의 책에 실린 논문; Gilchrist 1999; Sørensen 2000.

2) Gero 1985: 344.

3) Tringham 1991: 94.

4) Treherne 1995.

5) 연령에 관해서는 Sofaer Derevenski 1997; 성적 정체성은 Voss 2008b와 Schmidt and Voss 2000; 종족성에 관해서는 Jones 1997를 보라.

6) Gero and Conkey 1991.

7) Gero 2000.

8) Shennan 1975.

9) Shennan 1975: 285-6.

10) Shennan 1975: 285.

11) McCafferty and McCafferty 1994, 2003.

12) McCafferty and McCafferty 1994: 144.

13) McCafferty and McCafferty 1994: 146.

14) McCafferty and McCafierty 1994: 150.

15) Whelan 1991; Holliman 1997, 2000.

16) Nanda 1999.

17) Bolin 1996.

18) Grémaux 1996.

19) Jacobs and Cromwell 1992.

20) 퀴어 이론에 대해 더 알고 싶다면 Halperin 1996을 보라. 고고학적으로는 Casella 2000; Voss 2008b를 참조.

21) Butler 1993.

22) Butler 1990.

23) Butler 1993.

24) Butler 1990: 43.

25) McNay 2000.

26) 예를 들면 Joyce 1998, 2000, 2001; Perry and Joyce 2001 등이 있음.

27) Joyce 2000.

28) Joyce 2000: 478.

29) Joyce 2000: 474.

30) Joyce 2001, 2008.

31) 고고학의 인격성에 관한 훌륭한 개설로는 Fowler 2004a가 있고, 보다 최근 문헌으로는 Fowler 2016이 있음.

32) Fowler 2004a, 2010.

33) 이에 대한 역사를 알고 싶다면 Thomas 2004: chapter 6를 참조.

34) Deetz 1977.

35) Johnson 1996.

36) Strathern 1988.

37) Strathern 2004.

38) Strathern 1992.

39) 예를 들면 Strathern 1992: 86, 2013: 102-7.

40) '인격성(personhood)'이란 말을 사용하지는 않았지만.

41) Robb and Harris 2013: 182.

42) Mauss 1990 – 원저서는 1925에 출간됨.

43) Strathern 1988.

44) Strathern 1988: 13.

45) Battaglia 1990: 133.

46) Trudelle Schwarz 1997: 9.

47) Trudelle Schwarz 1997: 11.

48) 예를 들면 Fowler 2004a; Gillespie 2001; Robb 2009; Whittle 2003.

49) Chapman 2000.

50) Chapman and Gaydarska 2007.

51) Chapman 2000: 5; Chapman and Gaydarska 2007.

52) Chapman 2000: 47.

53) Brück 2005, 2009, 2006; Fowler 2001, 2004a, 2004b, 2008, 2010.

54) Fowler 2001.

55) Fowler 2001: 152.

56) Fowler 2001: 158.

57) 예를 들면 Brück 2006.

58) 북아메리카의 식민주의와 관련된 주장은 Cipolla 2013a을 보라.

59) Brück 2006: 307.

60) LiPuma 1998.

61) 그녀 자신이 인식하는 바에 따라. Strathern 1988: 15.

62) Wilkinson 2013.

63) Spriggs 2008.

64) Jones 2005.

65) 다른 고고학자들이 구사해 왔던 유추에 대해 제2장에 나오는 빈포드를 비롯한 고고학자들의 비판이 있었다 (이에 대해서는 Wylie 2002: chapter 9를 보라).

66) 이에 관한 좋은 사례로서 Parker Pearson and Ramilisonina(1998)과 Barrett and Fewster(1998)의 논쟁 이 있다.

67) Brittain and Harris 2010.

68) Thomas 2004.

69) 이에 대해서는 제9장에 다시 나오는 Donna Haraway(1991)가 지적한 바 있다.

70) Sofaer 2006: 66.

71) Sofaer 2006.

72) Sofaer 2006: 72

73) Robb and Harris 2013.

74) Malafouris 2013; Merleau-Ponty 1962; Robb and Harris 2013.

75) 예를 들면 Brück 2009.

5장 물건의 비밀스런 일생: 사물 에이전시와 생애사

1) Gell 1998.

2) Gell 1998.

3) 이를테면 겔을 다르게 인용한 연구로 Gosden 2005와 Robb 2010: 505.

4) Gell 1998: 16.

5) Gell 1998: 6.

6) Cipolla 2013a.

7) Gell 1998.

8) Gell 1998: 7. Hoskins 2006도 참조.

9) Mauss 2011[1990].

10) Gell 1998: 13.

11) Gell 1998: 16.

12) Hoskins 2006: 75.

13) Gell 1998: 20.

14) Gell 1998: 22.

15) Gell 1998: 215.

16) Gosden 2005: 196.

17) 제8장에서 우리는 디자인에 대한 이러한 아이디어가 인간중심적 사고로부터 멀어지는 모습을 보게 될 것이다.

18) Harrison 2006.

19) Harrison 2006.

20) Gell 1992.

21) Harrison 2006: 67.

22) 핸드액스 제작과 관련되는 복잡한 에이전시에 대해 뛰어난 논의를 제시한 연구로 Malafouris 2013: 169-77를 보라.

23) Gosden과 Marshall이 편집한 *World Archaeology* 1999을 보라.

24) Gosden and Marshall 1999: 169.

25) Appadurai 1986a, 1986b.

26) Meskell 2004도 참조하라.

27) Kopytoff 1986: 66.

28) 사실 Gell은 Appadurai의 편집서 안에 한 장을 맡아 집필했다.

29) Cipolla 2017.

30) Meskell 2004: 57.

31) Peers 1999.

32) Peers 1999: 289.

33) Peers 1999: 289.

34) Peers 1999: 288.

35) Peers 1999: 291-2.

36) Peers 1999: 296.

37) Peers 1999: 297.

38) Peers 1999: 298.

39) Hayes 2011, 2013.

40) Joyce and Gillespie 2015a.

41) Domailska 2006. 42도 보라.

42) Joyce and Gillespie 2015b.

43) Joyce 2015.

44) Joyce 2015: 35.

45) Joyce and Gillespie 2015a.

46) Joyce 2015.

47) 일부 고고학자들은 사물 에이전시에 대해 회의적인 생각을 지니고 있다. 예를 들면, 이 주제에 관한 Lindstrøm의 최근 비판(2015)과 Sørensen의 최근 주눅 들게 하는 반응(2016)도 있다.

6장 사물이 사람을 만든다?: 물질성, 현상학, 경험과 얽힘

1) Fitzpatrick 2011.

2) Hodder 2012; Hodder 2016도 참조.

3) Boivin 2008; Gosden 2004; Hicks and Beaudry 2010; Hodder 2011, 2012; Jones 2012; Knappett 2005, 2014; Meskell 2005; Meskell and Preucel 2006; Miller 2005; Tilley et al. 2006; Ingold 2007a; Webmoor and Witmore 2008도 참조.

4) 찾아보면 아마 이 단어가 법, 특히 회계 분야에서 기원한 것을 알게 될 것이다. 이 분야에서는 물질성이 경제적 업무처리나 결정과 관련된 품목 행의 중요도를 일컬을 때 쓰는 용어이다. 예를 들어 한 고객이 은행에 매달 50파운드씩 갚아야 하는 것을 실수로 10억 파운드씩이라고 잘못 썼다고 했을 때 이러한 품목 항의 값을 '중요도 없음(immaterial)'으로 분류한다. 왜냐하면, 이 잘못된 지급이 은행과 그 직원의 건전한 업무 결정 능력에 영향을 주면 절대 안 되기 때문이다.

5) Miller 2005: 4.

6) Miller 2006: 60.

7) 이 아이디어는 회계에서 기원한 물질성의 개념과 잘 연결된다. 사물이 사람에게 도움이 되기도, 손해를 입히기도 한다. 사람과 관련해서 극단적인 도움에서 극단적 해 사이의 어떤 정도인가에 따라 사물은 마치 영수증, 세금계산서, 공증기록 등의 품목 행에 기록된 상대적인 값을 갖게 되고 그 값에 의해 표시된다.

8) Miller 1994.

9) Miller 2008.

10) Miller 2010.

11) Hodder 2012: 30.

12) Miller 2006: 60.

13) Miller 1995, 하지만 Miller 2005도 보라.

14) Hegel 1977.

15) Miller 2005: 8.

16) Meskell 2004, 2005.

17) Meskell 2005: 54-8.

18) Meskell 2005: 58-62.

19) Meskell 2004.

20) Webmoor and Witmore 2008; Pinney 2005도 참고.

21) Pinney 2005를 보라. 이 논문에서는 객체화를 Latour(1993)가 '정화(purification)'라고 불렸던 것(제8장) 이라 하면서 비판한다.

22) Miller 2005: 9.

23) Miller 2005.

24) 예를 들면 Tilley 2004.

25) Tilley 1994.

26) Thomas 1993.

27) Thomas 2006: 48.

28) Thomas 2006: 44.

29) Hodder 2012: 27.

30) Hodder 2012: 27.

31) Hodder 2012: 28.

32) Hodder 2012: 28.

33) Thomas 2006: 46-7; Hodder 2012: 27-30.

34) Fowles 2010를 보라.

35) Hodder 2012: 27-30.

36) Ingold 2012.

37) Merleau-Ponty 1962: 322.

38) Fisher and Loren 2003; Loren 2003, 2007; Thomas 2004: 48.

39) 고고학에 이러한 생각이 준 영향에 대해 전반적인 설명은 Malafouris 2013을 보라.

40) Tilley 1994: 170-201.

41) Fleming 2005, 2006.

42) Cummings 2009: 제6장을 보라.

43) Tilley 2012.

44) Brück 1998, 2005.

45) Tilley 1994: 74.

46) 이러한 문제 제기에 대해 반론을 보려면 Tilley의 논문(2012: 474)이 있음.

47) Johnson 2012.

48) Thomas 1996: chapter 6.

49) Thomas 1996: 159.

50) Thomas 1996.

51）Thomas 2004.

52）Hodder 2012: 28.

53）Thomas 2015a: 1288.

54）Tilley 2004.

55）Thomas 2004: 178-9 참조.

56）Skeates 2010.

57）Cummings 2002.

58）Hamilakis 2012: 6 참조.

59）Williams 2003.

60）Pauketat 2008: 79.

61）Harris 2010; Mercer and Healy 2008.

62）Tarlow 1999, 2000, 2012.

63）예를 들면 Harris 2009, 2010; Harris and Sorensen 2010; Nilsson Stutz 2003; Sørensen 2015.

64）Fleisher and Norman 2016.

65）Hamilakis 2013.

66）Hodder 2012; Hodder 2016도 보라.

67）Hodder 2012: 17-18.

68）Hodder 2012: 18.

69）Hodder 2012: 88.

70）Hodder 2012: 95.

71）Hodder 2012: 66-7.

72）Hodder 2012: 93.

73）Hodder 2012: 94.

7장 세계를 매개함: 고고학적 기호학

1）이러한 구분에 대해서는 제10장과 제11장에서 다시 논할 것이다. 그 속기 쉬운 단어를 존재론적 문제로 다루어 보도록 하겠다.

2）Agbe-Davies 2015; Bauer 2013; Cipolla 2008, 2013b; Crossland 2014; Knappett 2005; Preucel 2006; Preucel and Bauer 2001.

3）Peirce 1998 [1894].

4）표상(representation)에 의존하지 않고 의미에 접근하려는 사고의 또 다른 방법으로 신유물론을 인용하는 고고학자들이 있다. 이 움직임은 그러한 고고학자의 바람과 병치된다(예를 들면 Jones and Alberti 2013; Harris 2016a를 보라).

5）퍼스와 물질성의 이론을 토대로 한 설명의 예로 Boivin 2008; Jones 2007; Malafouris 2013: 제5장을 들 수 있음.

6）Saussure 1986.

7）Preucel 2006: 22-5.

8）Saussure 1986.

9）Pinney 2005.

10）이러한 현상에 관한 더 흥미로운 사례들은 http://www.eleceng. adelaide. edu.au/Personal/dabbott/

animal.html로 들어가서 볼 수 있음.

11) Bauer 2002, 2013; Cipolla 2008, 2013b; Crossland 2009, 2013, 2014; Jones 2007; Keane 2006; Knappett 2005; Lele 2006; Liebmann 2008; Preucel and Bauer 2001; Preucel 2006; Watts 2008.

12) Preucel 2006.

13) 이 주제와 관련하여 더 볼 만한 문헌으로는 Daniel 1984; Keane 1997; Parmentier 1994; Peirce Edition Project 1998이 있음.

14) Preucel and Bauer 2001.

15) Peirce 1998 [1895].

16) 지금부터 이렇게 대문자로 표기한 것은 퍼스의 개념을 특별히 지칭함.

17) Bauer 2013: 13-18; Parmentier 1994.

18) Peirce 1998 [1895].

19) Menard 2001.

20) 예를 들면 Peirce Edition Project 1998.

21) Peirce 1998 [1894].

22) Peirce 1998 [1895].

23) Peirce 1998 [1903a].

24) Peirce 1998 [1894], 1998 [1895].

25) 기술적으로 말해 여기의 논의는 순서가 바뀌었다. 퍼스는 도상을 제일 처음 언급하고 지표를 두 번째, 그리고 상징을 맨 마지막에 이야기했다. 여기서는 우리가 먼저 소쉬르의 이론을 다루면서 문화적 관습과 기호의 임의적 관계에 관해 설명해 버렸기 때문에 이 부분의 논의를 시작하면서 세 번째 상징부터 이야기하게 되었다.

26) 퍼스는 이것을 제일 먼저 언급했다.

27) 퍼스는 이것을 두 번째로 언급했다.

28) Peirce 1998 [1894].

29) Bauer 2013: 14.

30) Bauer 2013.

31) Parmentier 1994: 4-5.

32) 이 경우에 해석체는 골프선수 그 스스로가 될 수 없음을 기억하라. 해석체는 장면 전체이다(예를 들면 골프선수, 공을 쳐서 보낸 방향, 경관 등).

33) Bauer 2013.

34) Bauer 2013; Bauer 2006도 참조.

35) Bauer 2013: 4.

36) Bauer 2013: 22.

37) Crossland 2013.

38) Crossland 2013: 84.

39) Crossland 2013: 84; Comaroff and Comaroff 1991도 참조할 것.

40) Crossland 2014.

41) Crossland 2013: 87.

42) Crossland 2013: 91-2.

43) Crossland 2013: 96-9.

44) Crossland 2013: 98-9.

45) Keane 2005.

8장 대칭의 발견: 행위자-네트워크 이론과 신유물론

1)   Latour 1999: 176-80.

2)   Latour 1993, 1999, 2005를 보라.

3)   Witmore 2007.

4)   Webmoor and Witmore 2008.

5)   철학적 배경에 대해서는 Coole and Frost 2010 혹은 Dolphijn and van der Tuin 2012 등이 참조할 만하다.

6)   일부 연구자들은 신유물론의 접근이 다양성을 포착하려는 특유의 성격을 지니고 있다고 보기 때문에 복수로 표시한다. 여기서는 간단하게 생각하기 위해 단수로 표기해 왔고 앞으로도 그렇게 하기로 한다.

7)   Bennett 2010; Ingold 2007a(고고학의 신유물론적 사고에 대해 검토한 훌륭한 논문으로 Alberti, Jones and Pollard 2013이 있음).

8)   중요한 차이에 관해 분석한 연구로 Garcia-Rovira 2015가 있음.

9)   Witmore 2014는 그들을 하나의 기치 아래 모으려 했다. 제10장을 참조.

10) 예를 들면 Latour 1987.

11) 예를 들면 Shanks and Tilley 1987a.

12) Latour 1993.

13) Latour 1993: 10-11.

14) Latour 1987.

15) Latour 1993.

16) Latour 2005.

17) 예를 들면 Latour 1999.

18) 포스트휴먼이라고 하면 공상과학소설의 비현실적 존재가 떠오르며, '인간을 넘어선(more than human)' 어떤 존재를 지칭하는 듯하다. 사실 이 말은 인간이 된다는 것의 어떤 틀에 대해 사고하는 데 큰 도움이 된다. 우리가 '인간(Man)'이라고 부를 수 있는 것은 몸과 마음이 결합하여 이루어진 것, 자연 그 위에 올라선 것, 어쨌든 세계와 분리된 것, 유일무이한 개인으로 전제한다. 그러나 그런 것은 실제로 존재한 적이 없다. 미셸 푸코(제4장에 나옴)와 마르틴 하이데거(제6장에 나옴)와 같은 사상가는 때때로 반-인본주의자로 불린다. 왜냐하면, 그들은 독일의 철학자 프리드리히 니체의 사상(Thomas 2004)을 토대로 '인간(man)'에 대한 관점을 비판한 중심적인 인물들이기 때문이다. 포스트 휴머니스트 사상가들은 푸코와 하이데거의 관점 위에서 사람과 사물(Latour 혹은 Rosi Braidotti[2013]와 같은 사상가)이, 혹은 사람과 동물(Donna Harawa[2008]와 같은 사상가, 다음 장에 나옴)을 서로 맞닿은 존재로 파악하는 급진적 사고를 시도하고 발전시켰다.

19) Fowles 2010 참조.

20) Latour 1999: 303, 2005: 54-5.

21) Witmore 2007: 549.

22) Jones 2002.

23) Boivin 2008을 보라.

24) Jones 2002: 169.

25) Jones 2002: 169.

26) Olsen 2003.

27) 여러 연구 중에도 Olsen et al. 2012, but also Olsen 2007, 2010; Witmore 2007, 2012; Webmoor 2007; Shanks 2007을 보라.

28) 제10장과 제11장에서 자세히 검토하겠지만, 대칭적 고고학은 제1차 물결과 제2차 물결로 나뉘며 각각 강조하는 바에 뚜렷한 차이가 있다. 여기서는 제1차 물결에 대해서만 논의하도록 하겠다.

29) Webmoor and Witmore 2008.

30) 네트워크에 대한 라투르의 논의는 곳곳에서 좀 더 형식적 네트워크 분석법과 결합하고 있다. 이에 대해서는 자세히 논할 필요가 있지만 아쉽게도 지면이 허락하지 않는다. 다만 이에 대한 자세한 내용은 Knappett 2011에서 볼 수 있다.

31) Witmore 2007.

32) Latour(이를테면 1999)는 이를 블랙 박싱이라고 말할 것이다.

33) Webmoor and Witmore 2008.

34) Olsen et al. 2012.

35) Witmore 2007.

36) Witmore 2007: 557.

37) Whitridge 2004.

38) Whitridge 2004: 458.

39) Whitridge 2004: 464.

40) 주의 깊은 독자라면 우리가 대칭적 고고학으로부터는 하나의 연구사례를 뽑아서 하는 그런 설명이 없었다는 것을 눈치챘을 것이다. 사실 대칭적 고고학을 과거에 적용한 그와 같은 연구는 찾아보기 어렵다. 이 점에 대해서는 제11장에서 다시 다루도록 하겠다.

41) Webmoor and Witmore 2008.

42) 예를 들어 Witmore 2006, 2007; Olsen et al. 2012 등을 보라.

43) 그 구호를 기억하는가? 사람이 사물을 만들고 사물이 사람을 만든다.

44) Olsen 2012.

45) Barad 2003, 2007.

46) 고고학에 캐런 배러드의 영향에 대해서는 Fowler 2013; Marshall and Alberti 2014를 보라.

47) Ingold 2007a.

48) Ingold 2007a: 15.

49) Ingold 2007a: 15.

50) 네트워크, 어셈블리지, 그리고 그물망(meshwork)이라는 세 용어는 그 차이가 무엇인지 알기 어렵고, 혼동하기 쉽다. 특히 그것을 내놓은 사상가에 따라 각각의 용어로 다른 것을 다르게 지칭하기 때문에 이해하기 어려워진다. 예를 들어 인골드(Ingold 2015: 7)에 따르면, 어셈블리지는 정태적이며 사물의 생명적 성격을 부정하기 때문에 그의 그물망과는 다른 개념이라고 한다. 이는 제인 베넷(Bennett 2010)이 사용하는 용어와는 완전히 반대라고 할 수 있다. 다음으로 네트워크라는 용어는 어찌 보면 상당히 다른 개념이라 할 수 있다. 네트워크는 그것을 구성하는 노드(node)와 노드를 연결하는 관계를 통해 뚜렷이 정의된다. 이 점, 그물망이나 어셈블리지와는 차이가 있다. 하지만 라투르가 말하는 자신의 네트워크는 실제로 그와 같지 않다. 실제에서 당신이 사용하는 용어는 당신이 사용하고 있는 도구의 특정한 세트와 실지로 연결되어야 한다. 그러므로 당신이 라투르의 개념을 따른다면 그것을 network라고 해야 하고, 인골드를 따른다면 그물망이라 해야 하며, 들뢰즈라면 당신은 그것을 어셈블리지라고 해야 한다.

51) 특히 Deleuze and Guattari 2004를 보라.

52) 어셈블리지에서 감정, 기억, 그리고 정서에 관해 논의하려 하는 고고학 접근을 알아보려면 Hamilakis 2013; Harris 2014a를 보라.

53) DeLanda 2006.

54) Conneller 2011; Ingold 2013.

55) 그리스어 'hyle'는 물질(질료)를 뜻하고, 'morphe'는 형상을 의미한다(Ingold 2012: 432).

56) Deleuze and Guattari 2004: 450; Ingold 2012.

57) Thomas 2007.

58) 고고학에서는 Lesley McFadyen(2008, 2013)의 연구를 보라.

59) 예를 들면 DeLanda 2007.

60) Deleuze 2004.

61) Deleuze and Guattari 1983.

62) Deleuze and Guattari 2004.

63) 예를 들면 Dewsbury 2011; Thrift 2008을 보라.

64) DeLanda 2007: 22.

65) 예를 들면 Cobb and Croucher 2014; Fowler 2013; Harris 2014a, 2014b, 2016a, 2016b; Harrison 2011; Jones 2012; Lucas 2012; Normark 2009를 보라. 어셈블리지와 고고학에 대해서는 2017년 Cambridge Archaeological Journal 27권 1호로 특집호가 출간되었다. 야니스 하밀라키스와 앤드루 존스가 편집한 이 특집이 해당 주제에 관해 읽기 시작하는 독자에게 가장 좋은 글이다.

66) Hamilakis 2013.

67) Bennett 2010; Harris 2014b.

68) Conneller 2011.

69) Bennett 2010.

70) Conneller 2011.

71) Conneller 2004.

72) Conneller 2011: 33.

73) Conneller 2011: 37.

74) Conneller 2011: 41.

75) Conneller 2011: 45.

76) Conneller 2011: 46.

77) 대칭적 고고학이 특히 이 중요한 비판을 주도했다. 예를 들면 Hillerdal 2015; Lindstrom 2015; Preucel and Mrozowski 2010; Preucel 2012; Sorensen 2013, 2016; Wallace 2011.

78) Harris 2014b.

79) 예를 들면 Binford 1965.

80) 말이 나온 김에 이원론과 신유물론이 특정한 과정을 탐구하기 위해 구사하는 다양한 용어에 관해 간단히라도 의견을 제시해 둘 필요가 있을 것 같다. 여기서 이원론은 이 책에서 줄곧 비판해 온 자연 대 문화의 구분과 같은 데카르트주의의 이원론을 말한다. 만약 당신이 마누엘 드란다의 연구(DeLanda 2002, 2006)와 같이 어셈블리지 이론을 탐구하여 더 깊이 들어가게 되면 당신은 서로 대비되는 수많은 용어를 발견하게 될 것이다. 예컨대 들뢰즈를 따라 드란다는 함께 모여 어셈블리지가 형성되는 것(그는 이것을 영토화라고 한다)과 갈라져 흩어지는 것(그는 이것을 탈영토화라고 한다)을 탐구한다(이에 대한 그의 용어 정의는 DeLanda 2006; Harris 2014b; Lucas 2012를 참고하라). 하지만 이러한 용어를 이원론이라고 말할 수 없다. 왜냐하면, 이 용어들은 연속적인 과정에서 서로 다른 부분이며 또한, 같은 시간에 스펙트럼의 양 끝에서 작동하는 같은 것을 말함이지, 서로 반대되는 것은 아니기 때문이다. 그 어떤 것이 하나의 어셈블리지를 떠났을 때(탈영토화), 이는 거의 항상 또 다른 부분이 되어 가는 것(영토화)이다. 이는 지금까지 우리가 이야기해 왔던 이원론의 상반되는 대립과는 큰 차이가 있다.

81) DeLanda 2002.

82) 여기 존재론에 대한 철학적 접근 사이에는 긴장이 조성되어 있다. 드란다, 들뢰즈, 그리고 라투르의 존재론, 즉 전 세계적 관점인, 단 하나의 존재론과 다음 장에서 살펴보게 될 제 지역의 여러 비서구적 존재론 사이의 긴장이 그것이다. 이 긴장에 대해서는 제11장에서 살펴려고 한다.

83) Ingold 2007a; Ingold 2012: 430-1을 참조하면 그가 심지어 대칭적 고고학조차도 잠재적 인간중심주의라고 비판한다.

84) Hodder 2012: 93.

85) Hodder 2012: 94.

86) Preucel and Mrozowski 2010: 17; Preucel 2012; Harris 2016a.

87) 이를테면 Harris 2016a; Normark 2012.

88) Ingold 2012.

9장 다종의 고고학: 사람, 식물 그리고 동물

1) Clutton-Brock 1994.

2) Derrida 2002 참조.

3) Haraway 2003.

4) Higgs 1975.

5) Lévi-Strauss 1964: 89.

6) Tilley 1996: 62.

7) Tilley 1996: 64.

8) Russell 2011.

9) Russell and McGowan 2003: 446.

10) Russell and McGowan 2003: 451.

11) Russell and McGowan 2003: 452.

12) Hastorf and Johannessen 1993.

13) Hastorf and Johannessen 1993: 130.

14) Hastorf and Johannessen 1993: 132.

15) Lorimer 2010.

16) Lorimer 2006.

17) Fuentes 2007.

18) Smuts 2001.

19) Ingold 2000.

20) Ingold 2007b.

21) Ingold 2011.

22) Ingold 2013.

23) Ingold 2000: 175.

24) Ingold 2000: 186.

25) Ingold 2000: 187.

26) Ingold 2000: 187.

27) Ingold 2013.

28) Ingold 2000: 187.

29) Ingold 2000: 186.

30) Hodder 2012.

31) Haraway 2003.

32) Haraway 2008: 9.

33) Haraway 2008: 17.

34) Haraway 2008: 17.

35) Smuts 2001; Haraway 2008: 23-7.

36) Haraway 1991.

37) Haraway 1997.

38) Haraway 2008.

39) Haraway 2008: 218.

40) Haraway 2008: 19.

41) Haraway 2008: 25.

42) 아마 제1장으로 돌아가 우리의 트라월을 가지고 우리가 했던 것처럼?

43) Haraway 2008: 15.

44) Overton and Hamilakis 2013.

45) Russell 2011.

46) Overton and Hamilakis 2013; see Wolfe 2003.

47) Overton and Hamilakis 2013: 114, 원문의 강조.

48) Overton and Hamilakis 2013: 122.

49) Overton and Hamilakis 2013: 134; 동물의 행동에 대해 강조하고 있는 점에서 우리가 앞에서 본 러셀 및 맥거원의 연구(Russell and McGowan 2003)와 유사하다. 그러나 여기서는 그러한 행동을 지각하는 것이 사람에 한정된 것은 아니라는 점에 주목할 필요가 있다.

50) Head, Atchison and Gates 2012.

51) Head, Atchison and Gates 2012.

52) Van der Veen 2014.

53) Van der Veen 2014: 802.

54) Van der Veen 2014: 807.

55) Barton and Denham 2011.

56) Barton and Denham 2011.

57) 이와 같은 접근의 훌륭한 연구사례로 애드리안 채드윅의 최근 논문(Chadwick 2016a, 2016b)을 볼 필요가 있다. 여기서는 앙리 르페브르(Henri Lefebvre)의 공간 철학과 지리학에서 온 아이디어를 결합한다. 역사고 고학의 훌륭한 연구사례로 스티븐 므로조우스키(Stephen Mrozowski: 2006)의 저서 *The Archaeology of Class in Urban America*를 보라.

58) 진화주의 고고학에 대해서는 Lyman and O'Brien 1998; Shennan 2002, 2008, 2012를 보라. 인간행위 생태학과 관련된 입문서로서는 Bird and O'Connell 2012를 보라.

59) Cochrane and Gardner 2011; Hodder 2012; Johnson 2010; Shennan 2002, 2008.

60) 예를 들면 Klejn 2013; Neustupny 1998.

61) Shennan 2002.

62) Hodder(2012: 239)와 Johnson(2011: 321)이 지적했던 바와 같다.

63) Boyd and Richerson 1985.

64) Malafouris 2013: 39; 스티븐 셰넌(Shennan 2012: 17)도 자연과 문화의 경직된 구분이 도움이 안 되는 사고라는 점을 인정하지만, 그의 연구에서는 그 둘 사이의 경계를 명확히 유지하고 있다.

65) Hodder 2012: 147.

66) Laland, Odling-Smee and Myles 2010.

67) Boivin 2008: 187; Lewontin 2000; Malafouris 2013.

68) Shennan 2002: 271.

69) Johnson 2011: 308-9 참조.

70) 우리는 제11장에서 스케일과 관련된 문제로 돌아갈 것이다.

71) Ingold 2000.

72) Ingold 2012.

73) Peirce 1958-65, volume 2, paragraph 274.

74) Barrett 2014.

75) Barrett 2014: 70.

76) Barrett 2014: 71.

77) Bennett 2010.

78) Barrett 2014: 70.

79) Deleuze and Guattari 2004: 454; Ingold 2012 참조.

80) Malafouris 2013.

81) Boivin 2008; Itan et al. 2009.

10장 '타자들': 탈식민주의, 존재론적 전환과 식민화된 사물

1) Deloria 1973.

2) Lowenthal 1985.

3) Fowles 2016.

4) Kluckhohn 1949.

5) Wolf 1982.

6) Gosden 2001.

7) Gosden 2004.

8) Gosden 2004: 25-30.

9) 탈식민주의라는 용어에 관해서는 흔히 볼 수 있는 오해가 있어서 한 가지 지적해 둘 필요가 있을 것 같다. 탈식민주의(postcolonialism) 사상가들은 식민주의의 종언을 명확히 할 수 없다고 주장하며, 식민주의와 함께 시작된 불평등은 이전 식민지 지역에서 여전히 현재 진행형이라고 한다(Liebmann 2008: 3-4; Silliman 2005를 보라). 그러므로 여기 이름 앞에 붙은 '탈(post)'이란 말이 반드시 식민주의가 끝나고 난 다음 등장한 비판을 의미하지는 않는다. 그처럼 시기를 가리키는 말이 아니라 이론가들은 '탈식민주의'라는 용어를 타자의 표상에 영향을 미치고 있는 서구, 혹은 유럽중심주의의 감각을 비판한다는 뜻으로 사용한다.

10) Gosden 2001; Lydon and Rizvi 2010; Liebmann and Rizvi 2008; Silliman 2015; van Dommelen 2002.

11) Cipolla 2013b; Cipolla and Hayes 2015를 보라.

12) Said 1978.

13) Said 1978.

14) Fowles 2010.

15) Fowles and Heupel 2013.

16) Spivak 1988.

17) Liebmann 2008.

18) Liebmann 2008: 9.

19) Bhabha 1994.

20) Voss 2008a.

21) Spivak 1988.

22) Silliman 2015.

23) Bhaba 1994,

24) Atalay 2012; Bruchac etal. 2010; Colwell-Chanthaphonh and Ferguson 2008, Preucel and Cipolla 2008; Watkins 2000.

25) Cipolla and Quinn 2016.

26) Preucel and Mrozowski 2010.

27) Cipolla and Quinn 2016; Gonzalez-Ruibal 2010; La Salle 2010; Rizvi 2015.

28) Alberti and Bray 2009; Alberti et al. 2011; Henare, Holbraad and Wastell 2007; Viveiros de Castro 2004.

29) 이러한 과학적 법칙과 방법론은 인식론과 마찬가지로 거의 모든 서구사회가 밖의 그곳 세계에 대한 해석이 참 인지 거짓인지 판단하는 준거의 틀이다.

30) 제2장의 미주 42를 보라.

31) Zedeño 2009: 408.

32) Zedeño 2009: 408.

33) Fowles 2013.

34) Zedeño 2009: 409.

35) Pauketat 2013a, 2013b.

36) Henare, Holbraad and Wastell 2007; Palećek and Risjord 2012.

37) Alberti 2014: 107.

38) 이러한 점에서 보면, 우리는 서로 다른 범위에서 공존하고, 겹치고, 혹은 작동하는 다중의 존재론을 인정하는 관점을 주장하고 있는 듯하다. 여기서 우리는 네안데르탈의 세계에서 가장 중요한 역할을 했던 자연선택과 세 균에 대한 메타존재론을 인정할 수 있다. 물론 그들의 존재론에는 자연선택이나 세균의 힘이 고려될 여지가 없지만, 그래도 그들의 존재론, 그들의 세계를 인정할 수 있다면 말이다.

39) Holbraad 2007, 2010, 2012a, 2012b.

40) Holbraad 2012a: 17.

41) Viveiros de Castro 1998.

42) 비베이로스 데 카스트로의 주장(Viveiros de Castro 1998)은 상당히 이해하기 어려운 편이다. 이 책에서 우 리가 살펴본 것처럼 자연이라는 안정된 물질 그 위에 문화가 올라앉아 있는 모습이 서구인의 표준적 관점이 다. 그래서 모든 인간 존재에게 '자연'은 동일하지만 서로 다른 것은 문화라고 생각한다. 다문화주의(multi-culturalism)라는 흔한 관점의 이면에는 그러한 생각이 깔려 있다. 이에 대해 비베이로스 데 카스트로는 아메 린디안 집단에게는 오히려 그 반대가 진리라고 주장한다. 고정된 자연과 가변적인 문화 대신, 변하는 것은 자 연이고 문화는 같은 모습으로 그대로 있다고 생각한다는 것이다. 당신이 재규어이든, 맥이든, 물고기이든 혹은 사람이든 당신 모두는 같은 문화를 가지고 있지만, 물질적 세계는 쉽게 변해 간다. 여기서 물질적 세계는 불안 정한 것인데 반해, 문화는 서로 다른 모든 동물에게 고정된 것이다. 그들은 모두 마니옥 맥주를 마시고, 집에서 살고, 등등, 그러나 그들은 다른 동물에게는 다르게 나타난다. 이는 한 재규어가 다른 또 하나의 재규어를 보았 을 때 그는 얼룩무늬 고양이과 동물로 보지 않고 사람으로 본다는 것을 의미한다. 그러나 그들이 인간 존재를 보면 그를 하나의 맥으로 본다. 그들이 사냥할 먹잇감 동물로 본다는 것이다. 맥이 하나의 맥을 볼 때는 그들은 (짐작하겠지만) 한 사람으로 본다. 그러나 그들이 한 사람을 보면 그들이 사냥하는 어떤 존재, 즉 하나의 재규 어로 보는 것이다. 샤먼과 같이 큰 권능을 가진 사람과 매우 강력한 동물은 그들의 관점을 바꿀 수 있다. 그래

서 다른 동물이 보는 것처럼 세상을 볼 수 있고 그럼으로써 그들의 물질적인 몸을 바꿀 수 있다. 이를 들어 보면 상당히 공상적 이야기인 것 같다. 그렇지 않은가? 이는 우리가 세계에 대해 생각하는 것과 완전히 충돌한다. 그런데 비베이로스 데 카스트로가 우리에게 생각해 달라고 요청하는 핵심 문제는 이러하다. 즉 그렇게 서로 다른 관점에서 이해될 수 있는 세상은 과연 어떤 모습이어야 하는가, 그리고 다른 식으로가 아니라 그런 방식으로 세상을 보는 우리의 이해에 문제를 제기해야만 하지 않을까? 그렇다면 어떻게 제기할 것인가?

43) 이 존재론의 차이를 회의적인 시각으로 읽는 연구가 있다. Descola 2013; Sahlins 2014를 보라.

44) Alberti 2014; Alberti and Marshall 2009.

45) Alberti et al. 2011.

46) Alberti 2014: 113.

47) Alberti 2014: 113, 우리가 삽입어구로 제시한 것; Bailey 2005 참조.

48) Alberti 2014: 112.

49) Alberti 2014.

50) Alberti and Marshall 2009: 351.

51) Brown and Walker 2008의 논문들을 보라.

52) Alberti and Marshall 2009.

53) Alberti and Marshall 2009: 351.

54) Alberti and Marshall 2009: 352.

55) Bessire and Bond 2014;Todd 2016; Weismantel 2015.

56) In Alberti et al. 2011: 902.

57) In Alberti et al. 2011: 907.

58) 예를 들면 Harris and Robb 2012.

59) Jensen 2016.

60) Latour 2009.

61) Latour 2013.

62) Olsen 2003: 100.

63) Fowles 2016에서 지적한 바와 같이.

64) Witmore 2014.

65) 에와 도만스카(Domańska 2006: 183)에 따르면 사물은 '가부장주의 패러다임(paradigm of paternalism)'에 잡혀 있다고 한다.

66) Olsen 2003, 2007, 2010, 2012.

67) Olsen 2012: 13.

68) Olsen 2012: 21.

69) Olsen 2012: 23.

70) Olsen 2012: 21, 우리가 삽입어구로 제시한 것.

71) Olsen 2010.

72) Olsen et al. 2012.

73) Olsen 2012: 29.

74) Olsen and Witmore 2015를 보라. 최근 논문에서 Witmore(2015)는 신유물론이 그와 같은 특정한 접근의 세트를 통해 정의될 수 있다고 주장한다. 하지만 이는 대다수의 신유물론적 접근이 (고고학 내부에서와 그 바깥 양쪽에서) 사물의 본질에 대한 관점과 고고학이 진정으로 출발점으로 삼아야 할 것은 과정보다는 사물이라고 하는 아이디어를 받아들이지 못한다는 것을 실질적으로 인정하지 못한다는 이야기다. 대칭적 고고학의 진전된 버전과 신유물론 사이에는 분명히 연결되는 부분이 있지만 서로 동일하다고, 같은 것이라고 말하긴 어렵

다(Witmore 2014에 반해서). 사실 이렌느 가르시아-로비라(Garcia-Rovira 2015)가 예리하게 지적한 바 있지만, 신유물론을 지향한 접근은 대칭적 고고학보다 과정과 역사적 변동의 설명에 훨씬 큰 관심을 두고 있다 (제11장).

75) Witmore 2007: 549.

76) Witmore 2007: 546.

77) Olsen 2010, 2012.

78) Witmore 2015.

79) Olsen and Witmore 2015: 190.

80) Olsen 2010: 156.

81) Olsen 2012: 23.

82) Olsen 2010: 157.

83) 실제로 이는 대칭적 고고학이 '대칭의 원리(principle of symmetry)'(Olsen and Witmore 2015: 193)와도 분리하겠다는 뜻을 포함한다. 대칭의 원리는 위트모어가 2007년의 선언문을 냈을 때 그 출발점이기도 했다. 이 점은 팀 플뢰어 쇠렌센(Tim Fløhr Sørensen)(2016: 121)이 지적했던 것처럼 '대칭적 고고학'으로부터 무언가를 끌어내기 위해 '대칭의 원리'에서 떠난다는 것은 너무나도 혼란스러운 이야기다.

84) 여러 문헌 중에서도 Harman 2009, 2011을 보라. 그리고 고고학적인 연관성을 위해서라도 직접 하만을 읽어보시라(Harman 2016).

85) 고고학과 사변적 실재론 사이의 잠재적 관련성에 대해 알아보려면 Edgeworth 2016; Normark 2014를 보라.

86) 대조적으로 그는 사물이 나타나는 관계에 주목하는 접근들(해러웨이와 같은)을 '아래로 환원하는(undermining)' 것이라고 하고, 인간을 포함한 다양한 사물들 사이의 관계에 초점을 맞춘 접근들(라투르와 같은)을 '위로 환원하는(overmining)' 것으로 불렀다(Harman 2011).

87) 이안 호더의 개념, 얽힘(Hodder 2012)이 생각하는 어떤 것이기도 함; 실제로 하만은 최근의 논문에서 이에 대해 긍정적으로 언급한 적이 있다(Harman 2016: 39).

88) Witmore 2015: 203.

89) 들뢰즈의 유명한 언급, '관계는 그들의 조건 바깥에 있다(relations are external to their terms)'(Deleuze and Parnet 2007: 41)는 말은 조건(들뢰즈에 따르면 사물을 포괄하는)이 그러한 관계로부터 어느 정도 경계 지워지고 차단되어 있다는 것을 의미한다. 하지만 여기서는 들뢰즈가 구사하는 순서가 중요하다. 관계가 그들 조건에 외재적인 것이지만, 그 역은 필연적이지 않으며, 그리고 모든 조건은 들뢰즈에게 새로 등장하는 아상블라주(역자: 어셈블리지, 들뢰즈의 용어를 말하고 있는 까닭에 불어식 발음을 표기했음)이다. 즉 관계의 세트들, 그들의 잠정적 결과라는 것이다. 아상블라주가 외재적인 것과 관계하지만(그래서 그들은 그들 자신을 변화시키지 않으면서 다른 아상블라주와 관계를 형성할 수 있다), 이것이 그들 자체가 관계적이지 않다는 것을 의미하지는 않는다.

90) Ingold 2011.

91) Fowler and Harris 2015.

11장 맺음말: 벽을 허물고 관계를 구축하기 위해

1) 예를 들면 Lucas 2015.

2) 반론으로 Bintliff 2011.

3) Latour 1993.

4) 과거에 대한 우리의 이해에 이것이 얼마나 큰 영향을 주었는가에 관해서는 Fowles 2013를 보라.

5) 근대성은 우리가 사는 근대라는 시대를 의미하기도 하지만, 더 중요한 의미로 이 시대 안에서 우리가 가진, 폭넓게 공유된 이해를 뜻한다. 근대성은 자본주의와 함께, 근대 민족국가의 아이디어 등을 포함하여 이 책을 통해 우리가 비판해 온 데카르트주의의 이원론적 접근에 사로잡혀 있다(근대성에 대한 정의는 Thomas 2004: 2-4를 참조).

6) 우리는 이것을 하나의 통합된 단일 접근으로 다루는 것에 대해 경고를 담아 아래와 같이 적었다.

7) 예를 들면 Thomas 2015b.

8) 우리가 그것을 지워 버리면 그만이라고 제안하는 것이 진정으로 문제이다(Thomas 2004: 233).

9) Fowler 2013.

10) Jones 2002.

11) Harris 2014b.

12) 이에 대한 절충안은 18세기의 철학자 임마누엘 칸트의 작업에까지 거슬러 올라간다.

13) Yarrow 2003, 2008.

14) Edgeworth 2012.

15) Cobb et al. 2012를 참조.

16) 엣지워쓰는 외부의 이론이 아니라 고고학적 실천으로부터 받은 영감이 중요하다고 주장한다. 하지만 그의 작업은 읽어 내기 힘든 것이 사실이며 그가 도달한 결론을 보면 그는 어찌 생각할지 몰라도 사람들이 신유물론이라고 부르는 것과 일치하는 바가 없다(Edgeworth 2012: 91).

17) Witmore 2007: 552.

18) Lucas 2012.

19) 약간의 예외는 있다 하더라도(예를 들면 Hodder 1990).

20) Robb and Pauketat 2013을 보라.

21) Braudel 1972.

22) Bailey 2007.

23) Pauketat 2013a, 2013b. 유물론자의 감각에 관한 대규모 작업의 훌륭한 사례로 Robb 2013을 보라.

24) Pauketat 2013a, 2013b.

25) Preucel and Mrozowski 2010.

26) Fowles 2016: 22.

27) Preucel 2012.

28) Olsen and Witmore 2015: 192.

29) Sørensen 2013도 보라.

30) 특히 쇠렌센의 비판(Sørensen 2013)을 보라.

31) Olsen and Witmore 2015: 192.

32) Olsen and Witmore 2015: 192.

33) 예를 들면 Johannsen 2015; Witmore 2014.

34) Fowler and Harris 2015를 보라.

35) Meillassoux 2008; cf. Edgeworth 2016; Thomas 2015a: 1291. 이와 같은 다양한 접근들이 상관주의(correlationism)의 제거에 성공했는가 혹은 실패했는가, 아니면 그것을 강하게 반영한 것인가, 혹은 그것의 약한 재판인가 하는 것이 현재 진행 중인 논쟁이다(예를 들면 Harman 2016; Normark 2014).

36) Harman 2016: 31.

37) 거의 모든 고고학의 접근은 상관주의적이다. 램브로스 말라푸리스의 혁신적인 물질 개입 이론(Material Engagement Theory: Malafouris 2013)도 예외는 아니다. 이 책에서는 아쉽게도 이 접근을 지나가는 정도의 비중으로 언급할 수밖에 없었다.

38) Gosden and Malafouris 2015 참조.

39) Garcia-Rovira 2015.

40) 예를 들면 Dolphijn and van der Tuin 2012; Harris 2016a.

41) Witmore 2012.

42) Olsen 2010.

43) Preucel 2012 참조.

44) Bennett 2010.

45) 예를 들면 카렌 배러드(Karen Barad)(2007), 로시 브레이도티(Rosi Braidotti)(2013)와 클레어 콜브룩(Clare Colebrook)(2014).

46) 한편으로 이것은 끈질긴 관점, 즉 토마스(Thomas 2004: 53)가 인간 존재가 유일한 '역사의 주체이다'라고 정의한 그 사고에 문제를 제기한다.

47) 조 토드(Todd 2016), 그리고 루카스 베시어와 데이비드 본드(Bessire and Bond 2014)는 최근 비베이로스 데 카스트로의 퍼스펙티비즘과 존재론적 논의에 날카로운 비판을 퍼부었다. 비슷한 입장에서 메리 바이스맨틀도 그와 같은 접근법들이 반역사적이고 지나치게 추상적이라고 평가했지만, 과거에 대한 새롭고 유용한 이해를 만들어 내는 쪽으로 발전할 가능성도 내다봤다(Weismantel 2015). 블레이저(Blaser 2014)와 헤이지(Hage 2012)는 함께 존재론적 전환에 동의하지 않으면서 그것이 훨씬 급진적인 정치를 만들어 낼 가능성이 있다고 주장한다.

48) Cipolla and Quinn 2016: 130.

49) 조 토드는 최근 존재론에 대한 어떤 새로운 접근에서 식민주의적 저의를 비판하고 있다(Todd 2016).

50) Alberti and Marshall 2009; Alberti 2013; Marshall and Alberti 2014.

51) Graeber 2015; Heywood 2012.

52) Harris and Robb 2012.

53) Holbraad 2007.

54) Heywood 2012.

55) Robb and Harris 2013; 서구 세계 존재론의 여러 양상에 대한 최근의 분석을 보려면 Latour 2013를 보라.

56) Cipolla and Quinn 2016.

57) Harris and Robb 2012.

58) Cipolla and Quinn 2016.

59) Thomas 2004: 241 참조.

60) Latour 2009.

61) 존재론적 전환의 정치적 가능성에 관한 적극적 측면에 대해서는 Blaser 2014, Hage 2012를 보라.

62) 어떠한 유추라도 그것은 현재의 사람과 '우리들의' 과거를 동일시하면서 그들을 어느 정도는 '퇴보적'이라거나 '원시적'이라고 인지할 일종의 위험성을 안고 있다.

63) Viveiros de Castro 2010, 2015.

64) Marshall and Alberti 2014.

65) Thomas 2004: 241; Whittle 2003: xvi.

66) Fowler 2004.

67) 흥미롭게도 이 주장은 브뤼노 라투르의 서구사회에 대한 최근의 분석(Latour 2013)과 평행을 이룬다. *An Enquiry into Modes of Existence*라는 책의 제목처럼 라투르는 서구사회 혹은 근대(그는 거기서 사는 사람에 대해 그렇게 말하지만)에게 존재의 양식에 관해 묻는다.

68) Olsen 2012.

69) 올센은 실제 '신유물론'이라는 말을 쓴다. 그러나 그의 주장을 보면 대칭적 접근에 더욱 밀착되어 있음을 알

수 있다. 여기서 내가 대칭적 접근과 신유물론적 접근을 함께 묶어 버릴 수 있는 위험을 감수하면서도 '포스트 휴머니즘'이라는 문구를 선택한 이유가 거기에 있다.

70) Alberti, Jones and Pollard 2013.

71) Jones and Alberti 2013: 16.

72) Alberti 2013; Alberti and Marshall 2009; Marshall and Alberti 2014.

73) Henare, Holbraad and Wastell 2007: 2.

74) Alberti and Marshall 2009: 350.

75) Fowler 2013.

76) 예를 들면 Holbraad 2007, 2012a.

77) 예를 들면 Alberti et al. 2011의 Alberti 논문: 901.

78) Holbraad 201 2a: 24.

79) '이중의 근대성(Modernity squared)'이라고 의미 부여함(Fowles in Alberti et al. 2011: 907).

80) Marshall and Alberti 2014.

81) 이 경우, 몸과 마오리족의 세브론 부적.

82) Anderson and Harrison 2010을 보라.

83) Deleuze and Guattari 2004: 586 n41.

84) Peirce 1958-65, volume 8, paragraph 343.

85) Watts 2008.

86) Peirce 1998[1893]: 1.

87) Wallace 2011: 16.

88) Thomas 2015b.

89) Olsen and Witmore 2015.

90) Preucel and Cipolla 2008.

참고문헌

Agbe-Davies, A. S. 2015. *Tobacco, Pipes, and Race in Colonial Virginia: Little Tubes of Mighty Power*. Walnut Creek, CA: Left Coast Press.

Alberti, B. 2013. Archaeology and Ontologies of Scale: The Case of Miniaturisation in First-Millennium Northwest Argentina. In *Archaeology after Interpretation: Returning Materials to Archaeological Theory*, edited by B. Alberti, A. M. Jones, and J. Pollard. Walnut Creek, CA: Left Coast Press, 43-58.

Alberti, B. 2014. Designing Body-pots in the Formative La Candelaria Culture, Northwest Argentina. In *Making and Growing: Anthropological Studies of Organisms and Artefacts*, edited by E. Hallam and T. Ingold. London: Ashgate, 107-25.

Alberti, B., and T. L. Bray. 2009. Introduction: Animating Archaeology: of Subject, Objects and Alternative Ontologies. *Cambridge Archaeology Journal* 19: 337-43.

Alberti, B., S. Fowles, M. Holbraad, Y. Marshall, and C. Witmore. 2011. 'Worlds Otherwise': Archaeology, Anthropology, and Ontological Difference. *Current Anthropology* 52: 896-912.

Alberti, B., A. M. Jones, and J. Pollard, eds. 2013. *Archaeology after Interpretation: Returning Materials to Archaeological Theory*. Walnut Creek, CA: Left Coast Press.

Alberti, B., and Y. Marshall. 2009. Animating Archaeology: Local Theories and Conceptually Open-ended Methodologies. *Cambridge Archaeology Journal* 19: 344-56.

Anderson, B., and P. Harrison. 2010. The Promise of Non-Representational Theories. In *Taking-Place: Non-Representational Theories and Geography*, edited by B. Anderson and P. Harrison. London: Ashgate, 1-34.

Appadurai, A. ed. 1986a. *The Social Life of Things: Commodities in Cultural Perspective*. Cambridge: Cambridge University Press.

Appadurai, A. 1986b. Introduction: Commodities and the Politics of Value. In *The Social Life of Things: Commodities in Cultural Perspective*, edited by A. Appadurai. Cambridge: Cambridge University Press, 3-63.

Atalay, S. 2012. *Community-Based Archaeology: Research with, by, and for Indigenous and local Communities*. Berkeley, CA: University of California Press.

Bailey, D. 2005. *Prehistoric Figurines: Representation and Corporeality in the Neolithic*. London: Routledge.

Bailey, G. 2007. Time Perspectives, Palimpsests and the Archaeology of Time. *Journal of Anthropological Archaeology* 26: 198-223.

Barad, K. 2003. Posthuman Performativity: Towards an Understanding of How Matter Comes to Matter. *Signs: Journal of Women in Culture and Society* 28: 801-31.

Barad, K. 2007. *Meeting the Universe Halfway: Quantum Physics and the Entanglement of Matter and Meaning*. Durham, NC: Duke University Press.

Barrett, J. C. 1994. *Fragments from Antiquity: An Archaeology of Social Life in Britain, 2900-1200 BC*.

Oxford: Blackwell.

Barrett, J. C. 2001. Agency, the Duality of Structure, and the Problem of the Archaeological Record. In *Archaeological Theory Today*, edited by I. Hodder. Cambridge: Polity, 141–64.

Barrett, J. C. 2014. The Material Constitution of Humanness. *Archaeological Dialogues* 21: 65–74.

Barrett, J. C., R. Bradley, and M. Green. 1991. *Landscape, Monuments and Society: The Prehistory of Cranborne Chase*. Cambridge: Cambridge University Press.

Barrett, J. C., and K. J. Fewster. 1998. Stonehenge: Is the Medium the Message? *Antiquity* 72: 847–52.

Barton, H., and T. Denham. 2011. Prehistoric Vegeculture and Social Life in Island Southeast Asia. In *Why Cultivate? Anthropological and Archaeological Approaches to ForagingFarming Transitions in Southeast Asia*, edited by G. Barker and M. Janowski. Cambridge: McDonald Institute Monographs, 17–25.

Battaglia, D. 1990. *On the Bones of the Serpent: Person, Memory and Mortality in Sabarl Society*. Chicago, IL: Chicago University Press.

Bauer, A. 2002. Is What You See All You Get? Recognizing Meaning in Archaeology. *Journal of Social Archaeology* 2: 37–53.

Bauer, A. 2013. Objects and Their Glassy Essence: Semiotics of Self in the Early Bronze Age Black Sea. *Signs in Society* 1: 1–31.

Bennett, J. 2010. *Vibrant Matter: A Political Ecology of Things*. London: Duke University Press.

Bessire, L., and D. Bond. 2014. Ontological Anthropology and the Defferal of Critique. *American Ethnologist* 41: 440–56.

Bhabha, H. K. 1994. *The Location ef Culture*. New York: Routledge.

Binford, L. 1962. Archaeology as Anthropology. *American Antiquity* 28: 217–25.

Binford, L. 1965. Archaeological Systematics and the Study of Culture Process. *American Antiquity* 31: 425–41.

Binford, L. 1968. Some Comments on Historical Versus Processual Archaeology. *Southwestern Journal of Anthropology* 24: 267–75.

Binford, L. 1972. *An Archaeological Perspective*. London: Seminar Press.

Binford, L. 1983. *In Pursuit of the Past: Decoding the Archaeological Record*. London: Thames and Hudson.

Bintliff, J. 1991. Post–Modernism, Rhetoric and Scholasticism at Tag: The Current State of British Archaeological Theory. *Antiquity* 65: 274–8.

Bintliff, J. 2011. The Death of Archaeological Theory? In *The Death of Archaeological Theory?*, edited by J. Bintliff and M. Pearce. Oxford: Oxbow, 7–22.

Bird, D. W., and J. F. O'Connell. 2012. Human Behavioural Ecology. In *Archaeological Theory Today*, edited by I. Hodder. Cambridge: Polity, 37–61.

Blaser, M. 2014. Ontology and Indigeneity: On the Political Ontology of Heterogeneous Assemblages. *Cultural Geographies* 21: 49–58.

Boas, F. 1911. *The Mind of Primitive Man*. New York: Macmillan.

Boivin, N. 2008. *Material Cultures, Material Minds: The Impact of Things on Human Thought, Society, and Evolution*. Cambridge: Cambridge University Press.

Bolin, A. 1996. Traversing Gender: Cultural Context and Gender Practices. In *Gender Reversals and*

Gender Cultures, edited by S. Petra Ramet. London: Routledge, 22-51.

Borić, D. 2005. Deconstructing Essentialisms: Unsettling Frontiers of the Mesolithic Neolithic Balkans. In *(Un)Settling the Neolithic*, edited by D. Bailey, A. Whittle and V. Cummings. Oxford: Oxbow, 16-31.

Bourdieu, P. 1977. *Outline of a Theory of Practice*. Cambridge: Cambridge University Press.

Bourdieu, P. 1990. *The Logic of Practice*. Stanford, CA: Stanford University Press.

Boyd, R., and P. J. Richerson. 1985. *Culture and the Evolutionary Process*. Chicago, IL: Chicago University Press.

Braidotti, R. 2013. *The Posthuman*. London: Polity.

Braudel, F. 1972. *The Mediterranean and the Mediterranean World in the Age of Phillip II*. London: Collins.

Brittain, M., and O. J. T. Harris. 2010. Enchaining Arguments and Fragmenting Assumptions: Reconsidering the Fragmentation Debate in Archaeology. *World Archaeology* 42: 581-94.

Brown, L. A., and W. H. Walker. 2008. Prologue: Archaeology, Animism and NonHuman Agents. *Journal of Archaeological Method and Theory* 15: 297-9.

Bruchac, M. M., S. Hart, and H. M. Wobst, eds. 2010. *Indigenous Archaeologies: A Reader in Decolonization*. Walnut Creek, CA: Left Coast Press.

Brück, J. 1998. In the Footsteps of the Ancestors: A Review of Tilley's 'A Phenomenology of Landscape: Places, Paths and Monuments'. *Archaeological Review from Cambridge* 15: 23-36.

Brück, J. 2005. Experiencing the Past? The Development of a Phenomenological Archaeology in British Prehistory. *Archaeological Dialogues* 12: 45-72.

Brück, J. 2006. Death, Exchange and Reproduction in the British Bronze Age. *European Journal of Archaeology* 9: 73-101.

Brück, J. 2009. Women, Death and Social Change in the British Bronze Age. *Norwegian Archaeological Review* 42: 1-23.

Butler, J. 1990. *Gender Trouble: Feminism and the Subversion of Identity*. London: Routledge.

Butler, J. 1993. *Bodies That Matter: On the Discursive Limits of Sex*. London: Routledge.

Carrithers, M., M. Candea, K. Sykes, M. Holbraad, and S. Venkatesan. 2010. Ontology is Just Another Word for Culture: Motion Tabled at the 2008 Meeting of the Group for Debates in Anthropological Theory, University of Manchester. *Critique of Anthropology* 30: 152-200.

Casella, E. C. 2000. 'Doing Trade': A Sexual Economy of Nineteenth-Century Australian Female Convict Prisons. *World Archaeology* 32: 209-21.

de Certeau, M. 1984. *The Practice of Everyday Life*. Berkeley: University of California Press.

Chadwick, A. 2016a. 'The Stubborn Light of Things' Landscape, Relational Agency, and Linear Earthworks in Later Prehistoric Britain. *European Journal of Archaeology* 19: 245-78.

Chadwick, A. 2016b. Foot-fall and Hoof-hit: Agencies, Materialities, and Identities; and Later Prehistoric and Romano-British Trackways. *Cambridge Archaeological Journal* 26: 93-120.

Chapman, J. 2000. *Fragmentation in Archaeology: People, Places and Broken Objects in the Prehistoriy of South-Eastern Europe*. London: Routledge.

Chapman, J., and B. Gaydarska. 2007. *Parts and Wholes: Fragmentation in a Prehistoric Context*. Oxford: Oxbow.

Childe, V. G. 1936. *Man Makes Himself*. London: Watts

Childe, V. G. 1942. *What Happened in History*. London: Penguin.

Childe, V. G. 1957 [1925]. *The Dawn of European Civilisation*. London: Routledge and Kegan Paul.

Cipolla, C. N. 2008. Signs of Identity, Signs of Memory. *Archaeological Dialogues* 15: 196-215.

Cipolla, C. N. 2013a. *Becoming Brothertown: Native American Ethnogenesis and Endurance in the Modern World*. Tucson: University of Arizona Press.

Cipolla, C. N. 2013b. Native American Historical Archaeology and the Trope of Authenticity. *Historical Archaeology* 47: 12-22.

Cipolla, C. N., ed. 2017. *Foreign Objects: Rethinking Indigenous Consumption in American Archaeology*. Tucson: University of Arizona Press.

Cipolla, C. N., and J. Quinn. 2016. Field School Archaeology the Mohegan Way: Reflections on Twenty Years of Community Based Research and Teaching. *Journal of Community Archaeology and Heritage* 3: 118-34.

Cipolla, C. N., and K. H. Hayes, eds. 2015. *Rethinking Colonialism: Comparative Archaeological Approaches*. Gainesville, FL: University Press of Florida.

Clark, J. G. D. 1952. *Prehistoric Europe: The Economic Basis*. London: Methuen.

Clarke, D. L. 1968. *Analytical Archaeology*. London: Methuen.

Clarke, D. L. 1973. Archaeology: The Loss of innocence. *Antiquity* 47: 6-18.

Clutton-Brock. 1994. The Unnatural World: Behavioural Aspects of Humans and Animals in the Process of Domestication. In *Animals and Human Society: Changing Perspectives*, edited by A. Manning and J. A. Serpell. London: Routledge, 23-35.

Cobb, H., and K. Croucher. 2014. Assembling Archaeological Pedagogy. A Theoretical Framework for Valuing Pedagogy in Archaeological Interpretation and Practice. *Archaeological Dialogues* 21: 197-216.

Cobb, H., O. J. T. Harris, C. Jones, and P. Richardson. 2012. Reconsidering Fieldwork, an Introduction: Confronting Tensions in Fieldwork and Theory. In *Reconsidering Archaeological Fieldwork: Exploring on-Site Relationships between Theory and Practice* edited by H. Cobb, 0. J. T. Harris, C. Jones and P. Richardson. New York: Springer, 1-14.

Cochrane, E. E., and A. Gardner, eds. 2011. *Evolutionary and Interpretive Archaeologies: A Dialogue*. Walnut Creek, CA: Left Coast Press.

Colebrook, C. 2014. *Sex after Life: Essays on Extinction, Vol 2*. Ann Arbor, MI: Open Humanities Press.

Colwell-Chanthaphonh, C., and T. J. Ferguson. 2008. *Collaboration in Archaeological Practice: Engaging Descendant Communities*. Walnut Creek, CA: AltaMira.

Comaroff, J., and J. L. Comaroff. 1991. *Of Revelation and Revolution, Vol. 1: Christianity, Colonialism, and Consciousness in South Africa*. Chicago, IL: University of Chicago Press.

Conkey, M., and J. Spector. 1984. Archaeology and the Study of Gender. In *Advances in Archaeological Method and Theory*, edited by M. Schiffer. New York: Academic Press, 1-38.

Conneller, C. 2004. Becoming Deer: Corporeal Transformations at Star Carr. *Archaeological Dialogues* 11: 37-56.

Conneller, C. 2011. *An Archaeology ef Materials: Substantial Transformations in Early Prehistoric Europe*. London: Routledge.

Coole, D., and S. Frost. 2010. Introducing the New Materialisms. In *New Materialisms: Ontology, Agency and Politics*, edited by D. Coole and S. Frost. Durham, NC: Duke University Press, 1-43.

Crossland, Z. 2009. Of Clues and Signs: The Dead Body and Its Evidential Traces. *American Anthropologist* 111: 69-80.

Crossland, Z. 2013. Signs of Mission: Material Semiosis and Nineteenth-Century Tswana Architecture. *Signs and Society* 1: 79-113.

Crossland, Z. 2014. *Ancestral Encounters in Highland Madagascar: Material Sign and Traces of the Dead*. Cambridge: Cambridge University Press.

Cummings, V. 2002. Exeriencing Texture and Transformation in the British Neolithic. *Oxford Journal of Archaeology* 21: 249-61.

Cummings, V. 2009. *A View from the West: The Neolithic of the Irish Sea Zone*. Oxford: Oxbow.

Daniel, E. V. 1984. *Fluid Signs: Being a Person the Tamil Way*. Berkeley, CA: University of California Press.

Deetz, J. 1967. *Invitation to Archaeology*. New York: Doubleday.

Deetz, J. 1977. *In Small Things Forgotten: The Archaeology of Early American Life*. New York: Anchor.

DeLanda, M. 2002. *Intensive Science and Virtual Philosophy*. London: Continuum.

DeLanda, M. 2006. *A New Philosophy of Society: Assemblage Theory and Social Complexity*. London: Continuum.

DeLanda, M. 2007. Material Elegance. *Architectural Design* 77: 18-23.

Deleuze, G. 2004. *Difference and Repetition*. London: Bloomsbury.

Deleuze, G., and F. Guattari. 1983. *Anti-Oedipus: Capitalism and Schizophrenia*. Minneapolis: University of Minnesota Press.

Deleuze, G., and F. Guattari. 2004. *A Thousand Plateaus: Capitalism and Schizophrenia*. London: Continuum.

Deleuze, G., and C. Parnet. 2007. *Dialogues II*. New York: Columbia University Press.

Deloria Jr., V. 1973. *God is Red: A Native View of Religion*. New York: Putnam.

Derrida, J. 2002. The Animal That Therefore I Am (More to Follow). *Critical Inquiry* 28: 369-418

Descola, P. 2013. *Beyond Nature and Culture*. Chicago, IL: University of Chicago Press.

Dewsbury, J.-D. 2011. The Deleuze-Guattarian Assemblage: Plastic Habits. *Area* 43: 148-53.

Dobres, M. A., and J. Robb. 2000. *Agency in Archaeology*. London: Routledge.

Dolphijn, R., and I. van der Tuin, eds. 2012. *New Materialism Interviews and Cartographies*. Ann Arbor, MI: Open Humanities Press.

Domanska, E. 2006. The Return to Things. *Archaeologia Polona* 44: 171-85.

Earle, T. 1997. *How Chiefs Come to Power: The Political Economy in Prehistory*. Stanford, CA: Stanford University Press.

Edgeworth, M. 2012. Follow the Cut, Follow the Rhythm, Follow the Material. *Norwegian Archaeological Review* 45: 76-92.

Edgeworth, M. 2016. Grounded Objects: Archaeology and Speculative Realism. *Archaeological Dialogues* 23: 93-113.

Fisher, G., and D. D. Loren. 2003. Introduction: Embodying Identity in Archaeology. *Cambridge Archaeology Journal* 13: 225-30.

Fitzpatrick, A. P. 2011. *The Amesbury Archer and the Boscombe Bowmen: Bell Beakers Burials at Boscombe Down Amesbury, Wilshire.* Salisbury, UK: Wessex Archaeology.

Flannery, K. 1967. Culture History vs Culture Process: A Debate in American Archaeology. *Scientific American* 217: 119–24.

Fleisher, J., and N. Norman, eds. 2016. *The Archaeology of Anxiety: The Materiality of Anxiousness, Worry, and Fear.* New York: Springer.

Fleming, A. 2005. Megaliths and Post-Modernism: The Case of Wales. *Antiquity* 79: 921–32.

Fleming, A. 2006. Post-processual Landscape Archaeology: A Critique. *Cambridge Archaeological journal* 16: 267–80.

Fowler, C. 2001. Personhood and Social Relations in the British Neolithic with a Case Study from the Isle of Man. *Journal of Material Culture* 6: 137–63.

Fowler, C. 2004a. *The Archaeology of Personhood: An Anthropological Approach.* London: Routledge.

Fowler, C. 2004b. In Touch with the Past? Monuments, Bodies and the Sacred in the Manx Neolithic and Beyond. In *The Neolithic of the Irish Sea: Materiality and Traditions of Practice,* edited by C. Fowler and V. Cummings. Oxford: Oxbow, 91–102.

Fowler, C. 2008. Fractal Bodies in the Past and Present. In *Past Bodies: Body-Centred Research in Archaeology,* edited by D. Borić and J. E. Robb. Oxford: Oxbow, 47–57.

Fowler, C. 2010. From Identity and Material Culture to Personhood and Materiality. In *The Oxford Handbook of Material Culture Studies,* edited by H. D. and M. C. Beaudry. Oxford: Oxford University Press, 352–85.

Fowler, C. 2013. *The Emergent Past: A Relational Realist Archaeology of Early Bronze Age Mortuary Practices.* Oxford: Oxford University Press.

Fowler, C. 2016. Relational Personhood Revisited. *Cambridge Archaeological Journal* 26: 397–412.

Fowler, C., and O. J. T. Harris. 2015. Enduring Relations: Exploring a Paradox of New Materialism. *Journal of Material Culture* 20: 127–48.

Fowles, S. 2010. People Without Things. In *An Anthropology of Absence: Materializations of Transcendence and Loss,* edited by M. Bille, F. Hastrup and T. Floher Sørensen, New York: Springer, 23–41.

Fowles, S. 2013. *An Archaeology of Doings: Secularism and the Study of Pueblo Religion.* Santa Fe, NM: School for Advanced Research.

Fowles, S. 2016. The Perfect Subject (Postcolonial Object Studies). *Journal of Material Culture* 21: 9–27.

Fowles, S., and K. Heupel. 2013. Absence. In *The Oxford Handbook of the Archaeology of the Contemporary World,* edited by P. G. Brown, R. Harrison and A. Piccini. Oxford: Oxford University Press, 178–91.

Fuentes, A. 2007. Monkey and Human Interconnections: The Wild, the Captive, and the in-Between. In *Where the Wild Things Are Now: Domestication Reconsidered,* edited by R. Cassidy. Oxford: Berg, 123–45.

Garcia-Rovira, I. 2015. What About Us? On Archaeological Objects or the Objects of Archaeology. *Current Swedish Archaeology* 23: 85–108.

Gell, A. 1992. The Enchantment of Technology and the Technology of Enchantment. In *Anthropology,*

Art, and Aesthetics, edited by J. Coote and A. Shelton. Oxford: Oxford University Press, 40-67.

Gell, A. 1998. *Art and Agency: An Anthropological Theory*. Oxford: Oxford University Press.

Gero, J. 1985. Socio Politics of Archaeology and the Woman at Home Ideology. *American Antiquity* 50: 342 50.

Gero, J. 2000. Troubled Travels in Agency and Feminism. In *Agency in Archaeology*, edited by M. A. Dobres and J. E. Robb. London: Routledge, 34-9.

Gero, J., and M. Conkey, eds. 1991. *Engendering Archaeology: Women and Prehistory*. Oxford: Blackwell.

Giddens, A. 1979. *Central Problems in Social Theory: Action, Structure, and Contradiction in Social Analysis*. Berkeley: University of California Press.

Giddens, A. 1984. *The Constitution of Society: Outline of a Theory of Structuration*. Berkeley: University of California Press.

Gilchrist, R. 1999. *Gender and Archaeology: Contesting the Past*. London: Routledge.

Gillespie, S. D. 2001. Personhood, Agency, and Mortuary Ritual: A Case Study from the Ancient Maya. *Journal of Anthropological Archaeology* 20: 73-112.

Gonzalez-Ruibal, A. 2010. Colonialism and European Archaeology. In *Handbook of Postcolonial Archaeology*, edited by J. Lydon and U. Rizvi. Walnut Creek, CA: Left Coast Press 37-47.

Gosden, C. 2001. Postcolonial Archaeology: Issues of Culture, Identity, and Knowledge. In *Archaeological Theory Today*, edited by I. Hodder. Cambridge: Polity, 241-61.

Gosden, C. 2004. *Archaeology and Colonialism: Culture Contact from 5000 BC to the Present*. Cambridge: Cambridge University Press.

Gosden, C. 2005. What Do Objects Want? *Journal of Archaeological Method and Theory* 12: 193-211.

Gosden, C., and L. Malafouris. 2015. Process Archaeology (P-Arc). *World Archaeology* 47: 701-17.

Gosden, C., and Y. Marshall. 1999. The Cultural Biography of Objects. *World Archaeology* 31: 169-78.

Graeber, D. 2015. Radical Alterity is Just Another Way of Saying 'Reality'. *Hau: Journal of Ethnographic Theory* 5: 1-41.

Gremaux, R. 1996. Woman Becomes Man in the Balkans. In *Beyond Sexual Dimorphism in Culture and History*, edited by G. Herdt. New York: Zone Books, 241-81.

Hage, G. 2012. Critical Anthropological Thought and the Radical Political Imaginary Today. *Critiques of Anthropology* 32: 285-308.

Hallowell, A. I. 1960. Ojibwa Ontology, Behaviour and World View. In *Culture in History: Essays in Honor of Paul Radin*, edited by S. Diamond. New York: Columbia University Press, 19-52.

Halperin, D. 1996. *Saint Foucault: Towards a Gay Hagiography*. Oxford: Oxford University Press.

Hamilakis, Y. 2012. From Ontology to Ontogeny: A New, Undisciplined Discipline. *Current Swedish Archaeology* 20: 47-55.

Hamilakis, Y. 2013. *Archaeology and the Senses: Human Experience, Memory and Affect*. Cambridge: Cambridge University Press.

Haraway, D. 1991. *Symians, Cyborgs and Women: The Re-Invention of Nature*. London: Free Association Press.

Haraway, D. 1997. *Modest_Witness@Second_Millenniun. Femaleman_Meets_Oncomouse: Feminism and Technoscience*. London: Routledge.

Haraway, D. 2003. *The Companion Species Manifesto: Dogs, People, and Significant Otherness*. Chicago, IL: Chicago University Press.

Haraway, D. 2008. *When Species Meet*. London: University of Minnesota Press.

Harman, G. 2009. *Prince of Networks: Bruno Latour and Metaphysics*. Melbourne: re.press.

Harman. G. 2011. *The Quadruple Object*. Winchester, UK: Zero Books.

Harman, G. 2016. On Behalf of Form: The View from Archaeology and Architecture. In *Elements of Architect: Assembling Archaeology, Atmosphere and the Performance of Building Spaces*, edited by M. Bille and T. F. Sørensen. London: Routledge, 30–46.

Harris, O. J. T. 2009. Making Places Matter in Early Neolithic Dorset. *Oxford Journal of Archaeology* 28: 111–23.

Harris, O. J. T. 2010. Emotional and Mnemonic Geographies at Hambledon Hill: Texturing Neolithic Places with Bodies and Bones. *Cambridge Archaeology Journal* 20: 357–71.

Harris, O. J. T. 2014a. (Re)Assembling Communities. *Journal of Archaeological Method and Theory* 21: 76–97.

Harris, O. J. T. 2014b. Revealing Our Vibrant Past: Science, Materiality and the Neolithic. In *Early Farmers: The View from Archaeology and Science*, edited by A. Whittle and P. Bickle. Oxford: Proceedings of the British Academy, 327–45.

Harris, O. J. T. 2016a. Becoming Post-Human: Identity and the Ontological Turn. In *Creating Material Worlds: Theorising Identity in Archaeology*, edited by E. Pierce, A. Russell, A. Maldonado and L. Cambell. Oxford: Oxbow, 17–37.

Harris, O. J. T. 2016b. Affective Architecture in Ardnamurchan: Assemblages at Three Scales. In *Elements of Architecture: Assembling Archaeology, Atmosphere and the Performance of Building Space*, edited by M. Bille and T. F. Sørensen. London: Routledge, 195–212.

Harris, O. J. T., and J. Robb. 2012. Multiple Ontologies and the Problem of the Body m History. *American Anthropologist* 114: 668–79.

Harris, O. J. T., and T. F. Sørensen. 2010. Rethinking Emotion and Material Culture. *Archaeological Dialogues* 17: 145–63.

Harrison, R. 2006. An Artefact of Colonial Desire? Kimberley Points and the Technologies of Enchantment. *Current Anthropology* 47: 63–88.

Harrison, R. 2011. Surface Assemblages: Towards an Archaeology in and of the Present. *Archaeological Dialogues* 18: 141–61.

Hastorf, C. A., and S. Johannessen. 1993. Pre-Hispanic Political Change and the Role of Maize in the Central Andes of Peru. *American Anthropologist* 95: 115–38.

Hayes, K. H. 2011. Occulting the Past: Conceptualizing Forgetting in the History and Archaeology of Sylvester Manor. *Archaeological Dialogues* 18: 197–221.

Hayes, K. H. 2013. *Slavery Before Race; Europeans, Africans and Indians at Long Island's Sylvester Manor Plantaion, 1651-1884*. New York: New York University Press.

Head, L., J. Atchison, and A. Gates. 2012. *Ingrained: A Human Bio-Geography of Wheat*. London: Routledge.

Hegel, G. W. F. 1977. *The Phenomenology of Spirit*. Oxford: Oxford University Press.

Henare, A., M. Holbraad, and S. Wastell. 2007. Introduction: Thinking Through Things. In *Thinking*

Through Things: Theorising Artefacts Ethnographically, edited by A. Henare, M. Holbraad and S. Wastell. London: Routledge, 1-31.

Heywood, P. 2012. Anthropology and What There Is: Reflections on 'Ontology'. *Cambridge Anthropology* 31: 143-51.

Hicks, D., and M. C. Beaudry, eds. 2010. *Oxford Handbook of Materia Culture Studies*. Oxford: Oxford University Press.

Higgs, E. S. 1975. *Palaeoeconomy*. Cambridge: Cambridge University Press.

Hillerdal, C. 2015. Empirical Tensions in the Materialities of Time. In *Debating Archaeological Empiricism: The Ambiguity of the Material Evidence*, edited by C. Hillerdal and J. Siapkas. London: Routledge, 144-59.

Hodder, I. 1982a. Theoretical Archaeology: A Reactionary View. In *Symbolic and Structural Archaeology*, edited by I. Hodder. Cambridge: Cambridge University Press, 1-16.

Hodder, I., ed. 1982b. *Symbolic and Structural Archaeology*. Cambridge: Cambridge University Press.

Hodder, I. 1986. *Reading the Past*. Cambridge: Cambridge University Press.

Hodder, I. 1990. *The Domestication of Europe: Structure and Contingency in Neolithic Societies*. Oxford: Blackwell.

Hodder, I. 2011. Human Thing Entanglement: Towards an Integrated Archaeological Perspective. *Journal of the Royal Anthropological Institute* 17: 154-77.

Hodder, I. 2012. *Entangled: An Archaeology of the Relationships between Humans and Things*. Oxford: Wiley-Blackwell.

Hodder, I. 2016. *Studies in Human-Thing Entanglement*. Online publication available at http://www.ianhodder.com/books/studies-human-thing-entanglement, accessed 9 February 2017.

Holbraad, M. 2007. The Power of Powder: Multiplicity and Motion in the Divinatory Cosmology of Cuban Ifá. In *Thinking Through the Things: Theorising Artefacts Ethnographically*, edited by A. Henare, M. Holbraad and S. Wastell. London: Routledge, 42-56.

Holbraad, M. 2010. The Whole Beyond Holism: Gambling, Divination and Ethnography in Cuba. In *Experiments in Holism: Theory and Practice in Contemporary Anthropology*, edited by N. Bubandt and T. Otto. Oxford: Wiley-Blackwell, 67-86.

Holbraad, M. 2012a. Things as Concepts: Anthropology and Pragmatology. In *Savage Objects*, edited by G. Pereira. Guimaraes: INCM, 17-30.

Holbraad, M. 2012b. Truth Beyond Doubt: Ifá Oracles in Havana. *Hau: Journal of Ethnographic Theory* 2: 81-110.

Holliman, S. E. 1997. The Third Gender in Native California: Two Spirit Undertakers Amongst the Chumash and Their Neighbours. In *Women in Prehistory: North America and Mesoamerica*, edited by C. Claassen and R. A. Joyce. Philadelphia: University of Pennsylvania Press, 173-88.

Holliman, S. E. 2000. Archaeology of the 'Aqi: Gender and Sexuality in Prehistoric Chumash Society. In *Archaeologies of Sexuality*, edited by R. A. Schmidt and B. Voss. London: Routledge, 179-96.

Hoskins, J. 2006. Agency, Obects and Biography. In *Sage Handbook of Material Culture*, edited by C. Tilley, W. Keane, S. Kuchler, M. Rowlands and P. Spyer. London: Sage, 74-85.

Howey, M. C. L. 2011. Colonial Encounters, European Kettles, and the Magic of Mimesis in the Early Sixteenth and Late Seventeenth Century Indigenous Northeast and Great Lakes. *International*

Journal of Historical Archaeology 15: 329–57.

Ingold, T. 2000. *The Perception of the Environment: Essays in Livelihood, Dwelling and Skill.* London: Routledge.

Ingold, T. 2007a. Materials against Materiality. *Archaeological Dialogues* 14: 1–16.

Ingold, T. 2007b. *Lines.* London: Routledge.

Ingold, T. 2011. *Being Alive: Essays in Movement, Knowledge and Description.* London: Routledge.

Ingold, T. 2012. Toward an Ecology of Materials. *Annual Review of Anthropology* 41: 427–42.

Ingold, T. 2013. *Making; Anthropology, Archaeology, Art and Architecture.* London: Routledge.

Ingold, T. 2015. *The Life of Lines.* London: Routledge.

Itan, Y., A. Powell, M. A. Beaumont, J. Burger and M. G. Thomas. 2009. The Origins of Lactose Persistence in Europe. *PLoS Computational Biology* 5: 1–13.

Jacobs, S.-E., and J. Cromwell. 1992. Visions and Revisions of Reality: Reflections on Sex, Sexuality, Gender, and Gender Variance. *Journal of Homosexuality* 23: 43–69.

Jensen, C. B. 2016. New Ontologies? Reflections on Some Recent 'Turns' in STS, Anthropology and Philosophy. Unpublished paper presented at Osaka University, 24 July 2016, available electronically from https://www.academia.edu/25710614/ New_Ontologies_Reflections_on_Some_Recent_ Turns_in_STS_Anthropology_and_Philosophy, accessed 9 February 2017.

Johannsen, N. N. 2015. Practising Archaeology with Composite Cosmologies: On Import and Alternation in Theory. *Current Swedish Archaeology* 23: 47–59.

Johnson, M. 1996. *An Archaeology of Capitalism.* Oxford: Blackwell.

Johnson, M. 1999. *Archaeological Theory: An Introduction.* Oxford: Blackwell.

Johnson, M. 2010. *Archaeological Theory: An Introduction.* Second ed. Oxford: Wiley Blackwell.

Johnson, M. 2011. A Visit to Down House: Some Interpretive Comments on Evolutionary Archaeology. In *Evolutionary and Interpretive Archaeologies: A Dialogue,* edited by E. E. Cochrane and A. Gardner. Walnut Creek, CA: Left Coast Press, 307–24.

Johnson, M. 2012. Phenomenological Approaches in Landscape Archaeology. *Annual Review of Anthropology* 41: 269–84.

Jones, A. M. 2002. *Archaeological Theory and Scientific Practice.* Cambridge: Cambridge University Press.

Jones, A. M. 2005. Lives in Fragments? Personhood in the European Neolithic. *Journal of Social Archaeology* 5: 193–224.

Jones, A. M. 2007. *Memory and Material Culture.* Cambridge: Cambridge University Press.

Jones, A. M. 2012. *Prehistoric Materialities: Becoming Material in Prehistoric Britain and Ireland.* Oxford: Oxford University Press.

Jones, A. M., and B. Alberti (with contributions from C. Fowler and G. Lucas). 2013. Archaeology after Interpretation. In *Archaeology After Interpretation: Returning Materials to Archaeological Theory,* edited by B. Alberti, A. M. Jones and J. Pollard. Walnut Creek, CA: Left Coast Press, 15–42.

Jones, A. M., and E. Sibbesson. 2013. Archaeological Complexity; Materials, Multiplicity, and the Transitions to Agriculture in Britain. In *Archaeology after Interpretation: Returning Materials to Archaeological Theory,* edited by B. Alberti, A. M. Jones and J. Pollard. Walnut Creek, CA: Left Coast Press, 151–72.

Jones, S. 1997. *The Archaeology of Ethnicity: Constructing Identities in the Past and Present*. London: Routledge.

Joyce, R. A. 1998. Performing the Body in Prehispanic Central America. *Res: Anthropology and Aesthetics* 33: 147–65.

Joyce, R. A. 2000. Girling the Girl and Boying the Boy: The Production of Adulthood m Ancient Mesoamerica. *World Archaeology* 31: 473–83.

Joyce, R. A. 2001. *Gender and Power in Prehispanic Mesoamerica*. Austin: University of Texas Press.

Joyce, R. A. 2008. *Ancient Bodies, Ancient Lives: Sex, Gender, and Archaeology*. London: Thames and Hudson.

Joyce, R. A. 2015. Things in Motion: Itineraries of Ulua Marble Vases. In *Things in Motion: Object Itineraries in Anthropological Practice*, edited by R. A. Joyce and S. D. Gillespie. Santa Fe, NM: School of Advanced Research Press, 21–38.

Joyce, R. A., and S. D. Gillespie, eds. 2015a. In *Things in Motion: Object Itineraries in Anthropological Practice*. Santa Fe, NM: School of Advanced Research Press.

Joyce, R. A., and S. D. Gillespie. 2015b. Making Things out of Objects that Move. In *Things in Motion: Objct Itineraries in Anthropological Practice*, edited by R. A. Joyce and S. D. Gillespie. Santa Fe, NM: School of Advanced Research Press, 3–19.

Joyce, R. A., and J. Lopiparo. 2005. Postscript: Doing Agency in Archaeology. *Journal of Archaeological Method and Theory* 12: 365–74.

Keane, W. 1997. *Signs of Recognition: Powers and Hazards of Representation in an Indonesian Society*. Berkeley: University of California Press.

Keane, W. 2005. Signs Are Not the Garb of Meaning: On the Social Analysis of Material Things. In *Materiality*, edited by D. Miller. London: Duke University Press, 182–205.

Keane, W. 2006. Subjects and Objects. In *Handbook of Material Culture*, edited by C. Tilley, W. Keane, S. Kuchler, M. Rowlands and P. Spyer. London: Sage, 197–202.

Klejn, L. S. 2013. *Soviet Archaeology: Trends, Schools, and History*. Oxford: Oxford University Press.

Kluckhohn, C. 1949. *Mirror for Man: The Relation of Anthropology to Modern Life*. New York, NY: Whittlesey House.

Knappett, C. 2005. *Thinking Through Material Culture: An Interdisciplinary Perspective*. Philadelphia: University of Pennsylvania Press.

Knappett, C. 2011. *An Archaeology of Interaction: Network Perspectives on Material Culture and Society*. Oxford: Oxford University Press.

Knappett, C. 2014. Materiality in Archaeological Theory. In *Encyclopedia of Global Archaeology*, edited by C. Smith. New York: Springer, 4700–8.

Kopytoff, K. 1986. The Cultural Biography of Things: Commoditization as Process. In *The Social Life of Things: Commodities in Cultural Perspective*, edited by A. Appadurai. Cambridge: Cambridge University Press, 64–91.

Kuhn, T. 1962. *The Structure of Scientific Revolutions*. Chicago, IL: Chicago University Press.

La Salle, M. 2010. Community Collaboration and Other Good Intentions. *Archaeologies: Journal of the World Archaeology Congress* 6: 401–22.

Laland, K. N., J. Odling-Smee, and S. Myles. 2010. How Culture Shaped the Human Genome: Bringing

Genetics and the Human Sciences Together. *Nature Reviews Genetics* 11: 137–48.

Last, J. 1995. The Nature of History. In *Interpreting Archaeology: Finding Meaning in the Past*, edited by I. Hodder, M. Shanks, A. Alexandri, V. Buchli, J. Carman, J. Last and G. Lucas. London: Routledge, 141–57.

Latour, B. 1987. *Science in Action: How to Follow Scientists and Engineers through Society*. Cambridge, MA: Harvard University Press.

Latour, B. 1993. *We Have Never Been Modern*. Translated by C. Porter. Cambridge, MA: Harvard University Press.

Latour, B. 1999. *Pandora's Hope: Essays on the Reality of Science Studies*. Cambridge, MA: Harvard University Press.

Latour, B. 2005. *Reassembling the Social: An Introduction to Actor Network Theory*. Oxford: Oxford University Press.

Latour, B. 2009. Perspectivism: 'Type' or 'Bomb'? *Anthropology Today* 25: 1–2.

Latour, B. 2013. *An Enquiry into Modes of Existence: An Anthropology of the Moderns*. Cambridge, MA: Harvard University Press.

Lele, V. P. 2006. Material Habits, Identity, Semiotic. *Journal of Social Archaeology* 6: 48–70.

Leone, M. P. 1984. Interpreting Ideology in Historical Archaeology: Using the Rules of Perspective in the William Paca Garden in Annapolis, Maryland. In *Ideology, Power and Prehistory*, edited by D. Miller and C. Tilley. Cambridge: Cambridge University Press, 25–36.

Leroi-Gourhan, A. 1993. *Gesture and Speech*. Cambridge, MA: MIT Press.

Levi-Strauss, C. 1964. *Totemism*. London: Merlin Press.

Lewontin, R. 2000. *The Triple Helix: Gene, Organism and Environment*. Cambridge, MA: Harvard University Press.

Liebmann, M. 2008. Introduction: The Intersection of Archaeology and Postcolonial Studies. In *Archaeology and the Postcolonial Critique*, edited by M. Liebmann and U. Z. Rizvi. Walnut Creek, CA: AltaMira, 1–20.

Liebmann, M., and U. Z. Rizvi, eds. 2008. *Archaeology and the Postcolonial Critique*. Walnut Creek, CA: AltaMira.

Lightfoot, K. G., A. Martinez, and A. Schiff. 1998. Daily Practice and Material Culture in Pluralistic Social Settings: An Archaeological Study of Culture Change and Persistence from Fort Ross, California. *American Antiquity* 63: 199–222.

Lindstrøm, T. C. 2015. Agency in 'in Itself'. A Discussion of Animate, Animal and Human Agency. *Archaeological Dialogues* 22: 207–38.

LiPuma, E. 1998. Modernity and Forms of Personhood in Melanesia. In *Bodies and Persons: Comparative Perspectives from Africa and Melanesia*, edited by M. Lambek and A. Strathern. Cambridge: Cambridge University Press, 53–79.

Loren, D. D. 2001. Social Skins: Orthodoxies and Practices of Dressing in the Early Colonial Lower Mississippi Valley. *Journal of Social Archaeology* 1: 172–89.

Loren, D. D. 2003. Refashioning a Body Politic in Colonial Louisiana. *Cambridge Archaeology Journal* 13: 231–7.

Loren, D. D. 2007. Corporeal Concerns: Eighteenth-Century Casa Paintings and Colonial Bodies in

Spanish Texas. *Historical Archaeology* 41: 23-36.

Lorimer, H. 2006. Herding Memories of Humans and Animals. *Environment and Planning D: Society and Space* 24: 497-518.

Lorimer, J. 2010. Elephants as Companion Species: The Lively Biogeographies of Asian Elephant Conservation in Sri Lanka. *Transactions of the Institute of British Geographers* 35: 491-506.

Lowenthal, D. 1985. *The Past is a Foreign Country*. Cambridge: Cambridge University Press.

Lucas, G. 2012. *Understanding the Archaeological Record*. Cambridge: Cambridge University Press.

Lucas, G. 2015. The Mobility of Theory. *Current Swedish Archaeology* 23: 13-32.

Lydon, J., and U. Z. Rizvi, eds. 2010. *Handbook of Postcolonial Archaeology*. Walnut Creek, CA: Left Coast Press.

Lyman, R. L., and M. J. O'Brien 1998. The Goals of Evolutionary Archaeology: History and Explanation. *Current Anthropology* 39: 615-52.

McCafferty, G. G., and S. D. McCafferty. 2003. Questioning a Queen? A Gender-Informed Evaluation of Monte Albán's Tomb 7. In *Ancient Queens: Archaeological Explorations*, edited by S. Nelson. Walnut Grove, CA: Altamira Press, 41-58.

McCafferty, S. D., and G. G. McCafferty. 1994. Engendering Tomb 7 at Monte Albán, Oaxaca: Respinning an Old Yarn. *Current Anthropology* 35: 143-66.

McFadyen, L. 2008. Building and Architecture as Landscape Practice. In *Handbook of Landscape Archaeology*, edited by B. David and J. Thomas. Walnut Creek: Left Coast Press, 307-14.

McFadyen, L. 2013. Designing with Living: A Contextual Archaeology of Dependent Architecture. In *Archaeology after Interpretation: Returning Materials to Archaeological Theory*, edited by B. Alberti, A. M. Jones and J. Pollard. Walnut Creek, CA: Left Coast Press, 135-50.

McNay, L. 2000. *Gender and Agency: Reconfiguring the Subject in Feminist and Social Theory*. Cambridge: Polity.

Malafouris, L. 2013. *How Things Shape the Mind: A Theory of Material Engagement*. London: The MIT Press.

Marshall, Y., and B. Alberti. 2014. A Matter of Difference: Karen Barad, Ontology and Archaeological Bodies. *Cambridge Archaeological Journal* 24: 19-36.

Mauss, M. 1973 [1935]. Techniques of the Body. *Economy and Society* 2: 70-88.

Mauss, M. 1990. *The Gift: The Form and Reason for Exchange in Archaic Societies*. London: Routledge.

Meillassoux, Q. 2008. *After Finitude: Essays on the Necessity of Contingency*. London: Continuum.

Menard, L. 2001. *The Metaphysical Club: A Story of Ideas in America*. New York: Farrar, Straus and Giroux.

Mercer, R., and F. Healy. 2008. *Hambledon Hill, Dorset, England: Excavation and Survey of a Neolithic Monument Complex and its Surrounding Landscape*. Swindon, UK: English Heritage.

Merleau-Ponty, M. 1962. *Phenomenology of Perception*. London: Routledge.

Meskell, L. 2004. *Object Worlds in Ancient Egypt: Material Biographies Past and Present*. London: Berg.

Meskell, L. 2005. Introduction: Object Orientations. In *Archaeologies of Materiality*, edited by L. Meskell. Oxford: Blackwell, 1-17.

Meskell, L., and R. W. Preucel, eds. 2006. *A Companion to Social Archaeology*. Oxford: Blackwell.

Miller, D. 1994. *Modernity, an Ethnographic Approach: Dualism and Mass Consumption in Trinidad*. London: Berg.

Miller, D. 1995. Consumption and Commodities. *Annual Review of Anthropology* 24: 141–61.

Miller, D. 2005. Materiality: An Introduction. In *Materiality*, edited by D. Miller. Durham, NC: Duke University Press, 1–50.

Miller, D. 2006. Obectification. In *Handbook of Material Culture*, edited by C. Tilley, W. Keane, S. Kuchler, M. Rowlands and P. Spyer. London: Sage, 60–73.

Miller, D. 2008. *The Comfort of Things*. Cambridge: Polity.

Miller, D. 2010. *Stuff*. London: Polity.

Miller, D., and C. Tilley, eds. 1984. *Ideology, Power and Prehistory*. Cambridge: Cambridge University Press.

Mrozowski, S. A. 2006. *The Archaeology of Class in Urban America*. Cambridge: Cambridge University Press.

Nanda, S. 1999. *Neither Man nor Woman: The Hijras of India*. 2nd ed. Belmont, CA: Wadsworth.

Neustupný, E. 1998. Structures and Events: The Theoretical Basis of Spatial Archaeology. In *Space in Prehistoric Bohemia*, edited by E. Neustupný. Prague, Czech Republic: Institute of Archaeology, Academy of Sciences of the Czech Republic, 9–44.

Nilsson Stutz, L. 2003. *Embodied Rituals and Ritualized Bodies: Tracing Ritual Practices in Late Mesolithic Burials*. Stockholm, Sweden: Almqvist & Wiksell Intl.

Normark, J. 2009. The Making of a Home: Assembling Houses at Nohcacab, Mexico. *World Archaeology* 41: 430–44.

Normark, J. 2012. The Road of Life: Body–Politic in the Maya Area. In *To Tender Gender: The Pasts and Futures of Gender Research in Archaeology*, edited by I.-M. Back Danielsson and S. Thedéen. Stockholm, Sweden: Stockholm University, 117–36.

Normark, J. 2014. An Object Oriented Gender Study of Queen Chop the Earth at Yo'okop, Mexico. In *Med Hijärta Och Hijärna: En Vänbok Till Elisabeth Arwill-Nordbladh*, edited by H. Alexandersson, A. Andreeff and A. Bünz. Gothenburg, Sweden: University of Gothenburg, 355–66.

Olsen, B. 2003. Material Culture after Text: Remembering Things. *Norwegian Archaeological Review* 36: 87–104.

Olsen, B. 2007. Keeping Things at Arm's Length: A Genealogy of Symmetry. *World Archaeology* 39: 579–88.

Olsen, B. 2010. *In Defense of Things: Archaeolology and the Ontology of Objects*. Plymouth, UK: Altamira Press.

Olsen, B. 2012. After Interpretation: Remembering Archaeology. *Current Swedish Archaeology* 20: 11–34.

Olsen, B., M. Shanks, T. Webmoor, and C. L. Witmore. 2012. *Archaeology: The Discipline of Things*. Berkeley: University of California Press.

Olsen, B., and C. Witmore. 2015. Archaeology, Symmetry and the Ontology of Things. A Response to Critics. *Archaeological Dialogues* 22: 187–97.

Ortner, S. B. 1984. Theory in Anthropology since the Sixties. *Comparative Studies in Society and His-*

tory 26: 126-66.

Overton, N., and Y. Hamilakis. 2013. A Manifesto for a Social Zooarchaeology: Swans and Other Beings in the Mesolithic. *Archaeological Dialogues* 20: 111-36.

Paleček, M., and M. Risjord. 2012. Relativism and the Ontological Turn within Anthropology. *Philosophy of the Social Sciences* 43: 3-23.

Parker Pearson, M., and Ramilisonina. 1998. Stonehenge for the Ancestors: The Stones Pass on the Message. *Antiquity* 72: 308-26.

Parmentier, R. J. 1994. *Signs in Society: Studies in Semiotic Anthropology*. Bloomington: Indiana University Press.

Pauketat, T. R., ed. 2001a. *The Archaeology of Traditions: Agency and History Before and After Columbus*. Gainesville: University Press of Florida.

Pauketat, T. R. 2001b. Practice and History in Archaeology: An Emerging Paradigm. *Anthropological Theory* 1: 73-98.

Pauketat, T. R. 2008. Founders' Cults and the Archaeology of *Wa-kan-da*. In *Memory Work: Archaeologies of Material Practices*, edited by B. J. Mills and W. H. Walker. Santa Fe, NM: School of Advanced Research, 61-79.

Pauketat, T. R. 2013a. Bundles of/in/as Time. In *Big Histories, Human Lives*, edited by J. Robb and T. R. Pauketat. Santa Fe, NM: School for Advanced Research, 35-56.

Pauketat, T. R. 2013b. *An Archaeology of the Cosmos: Rethinking Agency and Religion in Ancient America*. London: Routledge.

Peers, L. 1999. 'Many Tender Ties': The Shifting Contexts and Meaning of the S BLACK bag. *World Archaeology* 31: 288-302.

Peirce, C. S. P. 1958-65. *Collected Papers of Charles Sanders Peirce, Volumes 1-8*, edited by C. Hartshorne and P. Weiss. Cambridge, MA: Harvard University Press.

Peirce, C. S. P. 1998 [1893]. Immortality in the Light of Synechism. In *The Essential Peirce: Selected Philosophical Writings, Volume 2 (1893-1913)*, edited by Peirce Edition Project. Bloomington: Indiana University Press, 1-3.

Peirce, C. S. P. 1998 [1894]. What is a Sign? In *The Essential Peirce: Selected Philosophical Writings, Volume 2 (1893-1913)*, edited by Peirce Edition Project. Bloomington: Indiana University Press, 4-10.

Peirce, C. S. P. 1998 [1895]. Of Reasoning in General. In *The Essential Peirce: Selected Philosophical Writings, Volume 2 (1893-1913)*, edited by Peirce Edition Project. Bloomington: Indiana University Press, 11-26.

Peirce, C. S. P. 1998 [1903a]. The Categories Defended. In *The Essential Peirce: Selected Philosophical Writings, Volume 2 (1893-1913)*, edited by Peirce Edition Project. Bloomington: Indiana University Press, 160-78.

Peirce, C. S. P. 1998 [1903b]. The Nature of Meaning. In *The Essential Peirce: Selected Philosophical Writings, Volume 2 (1893-1913)*, edited by Peirce Edition Project. Bloomington: Indiana University Press, 208-25.

Peirce Edition Project, eds. 1998. *The Essential Peirce: Selected Philosophical Writings, Volume 2 (1893-1913)*. Bloomington: Indiana University Press.

Perry, E. M., and R. A. Joyce. 2001. Providing a Past for 'Bodies That Matter': Judith Butler's Impact on the Archaeology of Gender. *International Journal of Sexuality and Gende* 6: 63–76.

Piggott, S. 1954. *The Neolithic Cultures of the British Isles*. Cambridge: Cambridge University Press.

Pinney, C. 2005. Things Happen: Or, From Which Moment Does That Object Come? In *Materiality*, edited by D. Miller. Durham, NC: Duke University Press, 256–72.

Preucel, R. W. 2006. *Archaeological Semiotics*. Malden, MA: Blackwell.

Preucel, R. W. 2012. Archaeology and the Limitations of Actor Network Theory. Unpublished paper presented at Harvard University, Cambridge, Massachusetts, 10 October 2012. Available electronically from https://www.academia.edu/10272554/Archaeology_and_the_limitations_of_Actor_Network_Theory, accessed 9 February 2017.

Preucel, R. W., and A. A. Bauer. 2001. Archaeological Pragmatics. *Norwegian Archaeological Review* 34: 85–96.

Preucel, R. W., and C. N. Cipolla. 2008. Indigenous and Postcolonial Archaeologies. In *Archaeology and the Postcolonial Critique*, edited by M. Liebmann and U. Z. Rizvi. Lanham, MD: AltaMira, 129–40.

Preucel, R. W., and S. A. Mrozowski. 2010. The New Pragmatism. In *Contemporary Archaeology in Theory*, edited by R. W. Preucel and S. A. Mrozowski. Oxford: Wiley Blackwell, 3–49.

Renfrew, C., ed. 1973. *The Explanation of Cultural Change: Models in Prehistory*. London: Duckworth.

Rizvi, U. Z. 2015. Decolonizing Archaeology: On the Global Heritage of Epistemic Laziness. In *Two Days after Forever: A Reader of the Choreography of Time*, edited by O. Kholief Santa Monica, CA: RAM Publications, 154–63.

Robb, J. 2009. People of Stone: Stelae, Personhood, and Society in Prehistoric Europe. *Journal of Archaeological Method and Theory* 16: 162–83.

Robb, J. 2010. Beyond Agency. *World Archaeology* 42: 493–520.

Robb, J. 2013. Material Culture, Landscapes of Action, and Emergent Causation: A New Model for the Origins of the European Neolithic. *Current Anthropology* 54: 657–83.

Robb, J., and O. J. T. Harris. 2013. *The Body in History: Europe from the Palaeolithic to the Future*. Cambridge: Cambridge University Press.

Robb, J., and T. R. Pauketat. 2013. From Moments to Millennia: Theorising Scale and Change in Human History. In *Big Histories, Human Lives: Tackling the Problem of Scale in Archaeology*, edited by J. E. Robb and T. R. Pauketat. Santa Fe, NM: SAR Press, 3–33.

Russell, N. 2011. *Social Zooarchaeology: Humans and Animals in Prehistory*. Cambridge: Cambridge University Press.

Russell, N., and K. J. McGowan. 2003. Dance of the Cranes: Crane Symbolism at Çatalhöük and Beyond. *Antiquity* 77: 445–55.

Sahlins, M. 1985. *Islands of History*. Chicago, IL: University of Chicago Press.

Sahlins, M. 2014. On the Ontological Scheme of Beyond Nature and Culture. *Hau: Journal of Ethnographic Theory* 4: 281–90.

Said, E. 1978. *Orientalism*. New York, NY: Vintage.

Saussure, F. 1986. *Course in General Linguistics*. Chicago, IL: Open Court.

Schiffer, M. B. 1983. Toward the Identification of Formation Processes. *American Antiquity* 48: 675–706.

Schmidt, R. A., and B. Voss, eds. 2000. *Archaeologies of Sexuality*. London: Routledge.

Service, E. R. 1962. *Primitive Social Organisation: An Evolutionary Perspective*. New York: Random House.

Shanks, M. 2007. Symmetrical Archaeology. *World Archaeology* 39: 589-96.

Shanks, M. 2012. *The Archaeological Imagination*. London: Routledge.

Shanks, M., and C. Tilley. 1982. Ideology, Symbolic Power and Ritual Communication: A Reinterpretation of Neolithic Mortuary Practices. In *Symbolic and Structural Archaeology*, edited by I. Hodder. Cambridge: Cambridge University Press, 129-54.

Shanks, M., and C. Tilley. 1987a. *Reconstructing Archaeology: Theory and Practice*. London: Routledge.

Shanks, M., and C. Tilley. 1987b. *Social Theory and Archaeology*. Cambridge: Polity.

Shennan, S. J. 1975. The Social Organisation at Branč. *Antiquity* 39: 279-88.

Shennan, S. J. 2002. *Genes, Memes and Human History*. London: Duckworth.

Shennan, S. J. 2008. Evolution in Archaeology. *Annual Review of Anthropology* 37: 75-91.

Shennan, S. J. 2012. Darwinian Cultural Evolution. In *Archaeological Theory Today*, edited by I. Hodder. Cambridge: Polity, 15-36.

Silliman, S. W. 2001. Agency, Practical Politics and the Archaeology of Culture Contact. *Journal of Social Archaeology* 1: 190-209.

Silliman, S. W. 2005. Culture Contact or Colonialism? Challenges in the Archaeology of Native North America. *American Antiquity* 70: 55-74.

Silliman, S. W. 2009. Change and Continuity, Practice and Memory: Native American Persistence in Colonial New England. *American Antiquity* 74: 211-30.

Silliman. S. W. 2015. A Requiem for Hybridity? The Problem with Frankensteins, Purées, and Mules. *Journal of Social Archaeology* 15: 277-98.

Skeates, R. 2010. *An Archaeology of the Senses: Prehistoric Malta*. Oxford: Oxford University Press.

Smith, A. T. 2001. The Limitations of Doxa: Agency and Subjectivity from an Archaeological Point of View. *Journal of Social Archaeology* 1: 155-71.

Smuts, B. 2001. Encounters with Animal Minds. *Journal of Consciousness Studies* 8: 293-309.

Sofaer, J. 2006. *The Body as Material Culture: A Theoretical Osteoarchaeology*. Cambridge: Cambridge University Press.

Sofaer Derevenski, J. 1997. Age and Gender at the Site of Tiszapolgár-Basatanya, Hungary. *Antiquity* 71: 875-89.

Sørensen, M. L. S. 2000. *Gender Archaeology*. London: Routledge.

Sørensen, T. F. 2013. We Have Never Been Latourian: Archaeological Ethics and the Posthuman Condition. *Norwegian Archaeological Review* 46: 1-18.

Sørensen, T. F. 2015. More Than a Feeling: Toward and Archaeology of Atmosphere. *Emotion, Space and Society* 15: 64-73.

Sørensen, T. F. 2016. Hammers and Nails. A Response to Lindstrøm and to Olsen and Witmore. *Archaeological Dialogues* 23: 115-27.

Spector, J. 1991. What This Awl Means: Toward a Feminist Archaeology. In *Engendered Archaeology: Women and Prehistory*, edited by J. Gero and M. Conkey. Oxford: Blackwell, 388-406.

Spector, J. 1993. *What This Awl Means: Feminist Archaeology at a Wahpeton Dakota Village*. St Paul:

Minnesota Historical Society Press.

Spivak, G. C. 1988. Can the Subaltern Speak? In *Marxism and the Interpretation of Culture*, edited by C. Nelson and L. Grossberg. Urbana: University of Illinois Press, 271–313.

Spriggs, M. 2008. Ethnographic Parallels and the Denial of History. *World Archaeology* 40: 538–52.

Strathern, M. 1988. *The Gender of the Gift; Problems with Women and Problems with society in Melanesia*. Cambridge: Cambridge University Press.

Strathern, M. 1992. *After Nature: English Kinship in the Late 20th Century*. Cambridge: Cambridge University Press.

Strathern, M. 2004. *Partial Connections*. Oxford: Altamira Press.

Strathern, M. 2013. *Learning to See in Melanesia: Masterclass Series 2*. Manchester, UK: HAU Society for Ethnographic Theory.

Tarlow, S. 1999. *Bereavement and Commemoration: An Archaeology of Mortality*. Oxford: Blackwell.

Tarlow, S. 2000. Landscapes of Memory: The Nineteenth–century Garden Cemetery. *European Journal of Archaeology* 3: 217–39.

Tarlow, S. 2012. The Archaeology of Emotion and Affect. *Annual Review of Anthropology* 41: 169–85.

Thomas, J. 1993. The Politics of Vision and the Archaeologies of Landscape. In *Landscape: Perspectives and Politics*, edited by B. Bender. London: Berg, 19–48.

Thomas, J. 1996. *Time, Culture and Identity: An Interpretive Archaeology*. London: Routledge.

Thomas, J. 2004. *Archaeology and Modernity*. London: Routledge.

Thomas, J. 2006. Phenomenology and Material Culture. In *The Handbook of Material Culture*, edited by C. Tilley, W. Keane, S. Küchler, M. Rowlands and P. Spyer. London: Sage, 43–59.

Thomas, J. 2007. The Trouble with Material Culture. *Journal of Iberian Archaeology* 9/10: 11–23.

Thomas, J. 2015a. The Future of Archaeological Theory. *Antiquity* 89: 1287–96.

Thomas, J. 2015b. Why 'the Death of Archaeological Theory'? In *Debating Archaeological Empiricism: The Ambiguity of the Material Evidence*, edited by C. Hillerdal and J. Siapkas. London: Routledge, 11–31.

Thrift, N. 2008. *Non-Representational Theory: Space, Politic, Affect*. London: Routledge.

Tilley, C. 1994. *A Phenomenology of Landscape: Paths, Places and Monuments*. Oxford: Berg.

Tilley, C. 1996. *An Ethnography of the Neolithic: Early Prehistoric Societies in Southern Scandinavia*. Cambridge: Cambridge University Press.

Tilley, C. 2004. *The Materiality of Stone: Explorations in Landscape Phenomenology*. Oxford: Berg.

Tilley, C. 2012. Walking the Past in the Present. In *Landscapes Beyond Land: Routes, Aesthetics, Narratives*, edited by A. Arnason, N. Ellison, J. Vergunst and A. Whitehouse. Oxford: Berghahn, 15–32.

Tilley, C., W. Keane, S. Küchler, M. Rowlands, and P. Spyer, eds. 2006. *Handbook of Material Culture*. London: Sage.

Todd, Z. 2016. An Indigenous Feminist's Take on the Ontological Turn: 'Ontology' is Just Another Word for Colonialism. *Journal of Historical Sociology* 29: 4–22.

Treherne, P. 1995. The Warrior's Beauty: The Masculine Body and Self–Identity in Bronze Age Europe. *Journal of European Archaeology* 3: 105–44.

Trigger, B. 1984. Alternative Archaeologies: Nationalist, Colonialist, Imperialist. *Man (NS)* 19: 355–70.

Trigger, B. 2006. *A History of Archaeological Thought: Second Edition*. Cambridge: Cambridge University Press.

Tringham, R. 1991. Households with Faces: The Challenge of Gender in Prehistoric Architectural Remains. In *Engendering Archaeology*, edited by J. Gero and M. Conkey. Oxford: Blackwell, 93–131.

Trudelle Schwarz, M. 1997. *Molded in the Image of the Changing Woman: Navajo Views on the Human Body and Personhood*. Tucson: University of Arizona Press.

Van der Veen, M. 2014. The Materiality of Plants: Plant-People Entanglements. *World Archaeology* 46: 799–812.

van Dommelen, P. 2002. Ambiguous Matters: Colonialism and Local Identities in Punic Sardinia. In *The Archaeology of Colonialism*, edited by C. L. Lyons and J. K. Papadopoulos. Los Angeles, CA: Getty Research Institute, 121–47.

Viveiros de Castro, E. 1998. Cosmological Deixis and Amerindian Perspectivism. *Journal of the Royal Anthropological Institute* 4: 469–88.

Viveiros de Castro, E. 2004. The Transformation of Objects into Subjects in Amerindian Ontologies. *Common Knowledge* 10: 463–84.

Viveiros de Castro, E. 2010. Intensive Filiation and Demonic Alliance. In *Deleuzian Intersections: Science, Technology, Anthropology*, edited by C. B. Jensen and K. Rödje. Oxford: Berghahn, 219–54.

Viveiros de Castro, E. 2015. Who is Afraid of the Ontological Wolf? Some Comments on an Ongoing Anthropological Debate. *Cambridge Anthropology* 33: 2–17.

Voss, B. 2008a. Gender, Race and Labor in the Archaeology of the Spanish Colonial Americas. *Current Anthropology* 49: 861–93.

Voss, B. 2008b. Sexuality Studies in Archaeology. *Annual Review of Anthropology* 37: 317–36.

Wallace, S. 2011. *Contradictions of Archaeological Theory: Engaging Critical Realism and Archaeological Theory*. London: Routledge.

Watts, J. 2000. *Indigenous Archaeology: American Indian Values and Scientific Practice*. Walnut Creek, CA: Altamira Press.

Watts, C. M. 2008. On Mediation and Material Agency in the Peircian Semeiotic. In *Material Agency: Toward a Non-Anthropocentric Approach*, edited by C. Knappett and L. Malafouris. New York: Springer, 187–207.

Webmoor, T. 2007. What About 'One More Turn after the Social' in Archaeological Reasoning? Taking Things Seriously. *World Archaeology* 39: 563–78.

Webmoor, T., and C. L. Witmore. 2008. Things Are Us! A Commentary on Human/Things Relations under the Banner of a 'Social Archaeology'. *Norwegian Archaeological Review* 41: 1–18.

Weismantel, M. 2015. Seeing like an Archaeologist: Viveiros de Castro at Chavín de Huantar. *Journal of Social Archaeology* 15: 139–59.

Whelan, M. 1991. Gender and Historical Archaeology: Eastern Dakota Patterns in the 19th Century. *Historical Archaeology* 25: 17–32.

White, L. A. 1959. *The Evolution of Culture*. New York: McGraw-Hill.

Whitridge, P. 2004. Whales, Harpoons, and Other Actors: Actor-Network Theory and Hunter-Gatherer Archaeology. In *Hunters and Gatherers in Theory and Archaeology*, edited by G. M. Crothers. Carbondale: Center for Archaeological Investigations, Southern Illinois University, 445–74.

Whittle, A. 2003. *The Archaeology of People: Dimensions of Neolithic Life*. London: Routledge.

Whittle, A., F. Healy, and A. Bayliss. 2011. *Gathering Time: Dating the Early Neolithic Enclosures of Southern Britain and Ireland*. Oxford: Oxbow Books.

Wilkinson, D. 2013. The Emperor's New Body: Personhood, Ontology and the Inka Sovereign. *Cambridge Archaeological Journal* 23: 417–32.

Williams, H. 2003. Keeping the Dead at Arm's Length: Memory, Weaponry, and Early Medieval Mortuary Technologies. *Journal of Social Archaeology* 5: 253–75.

Witmore, C. L. 2006. Vision, Media, Noise and the Percolation of Time: Symmetrical Approaches to the Mediation of the Material World. *Journal of Material Culture* 11: 267–92.

Witmore, C. L. 2007. Symmetrical Archaeology: Excerpts of a Manifesto. *World Archaeology* 39: 546–62.

Witmore, C. L. 2012. The Realities of the Past. In *Modern Materials: Proceedings from the Contemporary and Historical Archaeology in Theory Conference*, edited by B. Fortenberry and L. McAtackney. Oxford: British Archaeological Reports, 25–36.

Witmore, C. L. 2014. Archaeology and the New Materialisms. *Journal of Contemporary Archaeology* 1: 203–46.

Wolf, E. R. 1982. *Europe and the People without History*. Berkeley: University of California Press.

Wolfe, C., ed. 2003. *Zoontologies: The Question of the Animal*. Minneapolis: University of Minnesota Press.

Wylie, A. 2002. *Thinking from Things: Essays in the Philosophy of Archaeology*. Berkley, CA: University of California Press.

Yarrow, T. 2003. Artefactual Persons: The Relational Capacities of Persons and Things in the Practice of Excavation. *Norwegian Archaeological Review* 36: 65–73.

Yarrow, T. 2008. In Context: Meaning, Materiality and Agency in the Process of Archaeological Recording. In *Material Agency*, edited by C. Knappett and L. Malafouris. New York: Springer, 121–37.

Zedeño, M. N. 2009. Animating by Association: Index Objects and Relational Taxonomies. *Cambridge Archaeological Journal* 19: 407–17.

Zubrow, E. 2015. Paradigm Lost: The Rise and Fall and Eventual Recovery of Paradigms in Archaeology. In *Paradigm Found: Archaeological Theory – Present, Past and Future. Essays in Honour of Evžen Neustupný*, edited by K. Kristiansen, L. Šmejda and J. Turek. Oxford: Oxbow, 167–76.

I. 21세기 이론 고고학의 전환

이 책은 올리버 해리스와 크레이그 시폴라가 함께 저술한 *Archaeological Theory in the New Millennium: Introducing Current Perspectives*의 번역서이다. 역자가 이 책을 우리말로 옮겨 출간하고자 한 까닭은 21세기 고고학의 이론적 전환을 소개하기 위해서이다. 주지하다시피 과정주의 신고고학의 주요한 아이디어를 담은 루이스 빈포드의 논문은 1962년 출간되었다.[1] 이 1960년대 초를 고고학적 자의식의 출발점, 혹은 철학적 수준의 논의가 이루어지기 시작한 시점으로 삼는 데 부정적으로 보는 사람은 거의 없다. 그리고 1982년은 이안 호더가 과정주의를 넘어서고자 하는 탈과정주의의 입장과 노선들을 담아낸 책을 편집해 낸 해이다.[2] 어떤 주기가 있다고 말하려는 것은 아니지만 다시 20년이 지나 2000년대에 접어드는 시점에 이론 고고학에는 어떤 변화가 있었나? 이미 40년 전에 등장했던 탈과정주의는 지금까지도 변함없이 고고학의 주요한 담론을 이끌고 있는가? 21세기 이론 고고학의 사유와 실천에 무언가 궁극적인 변화가 있었다면, 그것은 과연 무엇인가? 1960년대와 1980년대에 이루어진 고고학의 전환에는 각각 과정주의와 탈과정주의라는 제목을 붙였으나 21세기에 시도된 전환이 있다면 그것에는 어떤 이름을 붙일 수 있을까?

주지하다시피 1960년대 과정주의가 등장하면서 고고학은 과학이어야 한다는 목표를 앞세우고 연구의 목표, 이론적 전제, 도구적 개념, 접근의 방법, 학문적 실천 등에서 새로운 모색이 있었다. 그러한 경향을 사람들이 신고고학이라고 불렀듯이 과정주의 고고학은 이전 전통고고학을 비판하면서 그들과의 단절을 선언했다. 이후 1980년대 들어와 탈과정주의가 등장하면서 과정주의 고고학의 실증주의적 편협성을 집중적으로 비판하면서 과학적 설명이 아니라 문화적 해석으로 나아가고자 했다. 그들은 과정주의가 강조해 왔던 과학, 실증, 체계, 진화, 일반론, 설명에 대해 강한 의문을 제기하면서 우리가 대하는 고고학 자료를 텍스트와 같은 것으로 보았고, 고고학적 논의의 성격은 그에 대한 해석과 같은 것으로 받아들였다. 그리고 다시 20년이 지난 2000년대에 들어와서 보면 이론 고고학의 논의에 무언가 중요한 변화가 있었던 것은 분명한 것 같다. 탈과정주의와 대립하는 개념이 제시되기도 하고, 그에 대한 비판으로부터 출발한 연구들도 볼 수 있다. 예컨대 언어, 구조, 텍스트, 상징, 표상(representation), 해석, 담론(discourse)과 같은 용어들은 탈과정주의가 즐겨 사용해 왔던 개념인데 2000년대 이후의 이론 고고학에서는 그들을 낡은 것으로 치부하면서 그러한 사고를 극복하자는 제안을 하고 있다. 그 대신 물질성(materiality), 존재론, 관계적(relational), 하이브리드, 네트워크, 얽힘(entanglement), 꾸러미(bundle), 대칭성(symmetry) 등과 같은 용어는 21세기 이론 고고학이 빈번히 사용하는 개념이다. 탈과정주의 고고학이 여러 관점과 경향을 포괄하였던 것처럼 그것을 넘어서고자 하는 2000년대 이후의 이론 고고학에도 여러 갈래가 있는 듯하다. 신유물론(new materialism),[3] 대칭적 고고학(symmetrical archaeology),[4] 관계적 고고학(relational archaeology),[5] 어셈블리지 이론(assemblage theory),[6] 해석 그다음의 고고학(archaeology after interpretation)[7] 등 여러 이름으로 책이 편집되고 자신의 이론적 지향과 성격을 특성화하려는 노력도 있다. 이런 점에서 보면 2000년대 이후의 이론 고고학도 다양한 경향성을 포괄하고 있다고 볼 수 있다. 하지만 그들이 함께 논의의 출발점으로 삼고 있는 공통의 전제와 같은 것도 분명 존재한다. 그것을 무엇이라고 정의하는가 하는 문제를 두고 표현의 차이가 있을 수는 있지만, 물질적 전환(the material turn), 관계성으로의 전환(the relational turn), 그리고 존재론적 전환(the ontological turn)이라고 하면 어떨까 한다.

이러한 최근 고고학적 이론의 변화에 관해 이 책의 저자들은 패러다임의 전환이라고까지 할 만한 것은 아니라고 말하고 있다. 그러나 다른 한편으로 필자들은 이 책의 제2장에서 설명하고 있는 것처럼 사고의 중대하고 근본적 변화로 이해하고 있는 것이 사실이다. 그 근본적 변화란 그동안 우리의 사고를 지배하고 있었던 이원론, 즉 세상을 자연과 문화, 물질과 관념, 인간과 비인간, 객체와 주체로 깔끔하게 나누어 생각했던 사유의 방식에서 벗어나 통합적으로 그들 사이의 관계를 생각하기 시작했다는 점이다. 제2장에서는 고고학적 사고의 발전을 짤막하게 서술하면서 그동안 과정주의와 탈과정주의의 논쟁과 교체도 따지고 보면 과학적 설명이냐 아니면 문화적 해석이냐 하는 이원론에서 어느 한쪽에 서는가 하는 문제가 아니었는가 하고 진단한다. 그래서 필자들은 현재의 고고학 이론이 이원론을 넘어 통합적, 그리고 관계적인 사고를 하는 것에서 출발한다고 말한다. 이러한 사고의 전환이 비단 고고학만의 것은 아니다. 철학과 제반 과학, 그리고 우리의 일상적 삶에서도 이미 새로운 사고의 방식이 요구되고 있다. 이를테면 지구온난화와 같은 아주 거시적이면서 동시에 우리 삶과 직접 관계가 되는 문제를 예로 들어 보자. 과연 우리는 이 문제를 어떻게 볼 것인가? 대기와 해양의 온도 상승이라는 이른바 자연의 변화로만 보고 자연환경의 요소에서만 그 원인을 찾을 것인가? 우리는 적어도 이것이 삶의 방식, 소비의 태도, 산업시설, 교통수단, 자본주의 경제, 국제관계 등과 같은, 사회적, 그리고 문화적 요인들이 복잡하게 얽혀 있는 문제라는 것쯤은 잘 알고 있다. 그러므로 지구온난화, 혹은 그와 관련된 어느 한 부분의 변화도 인간과 비인간, 아이디어와 물질, 자연과 문화가 서로의 구분이 없이 개입된 문제이기 때문에 그들이 어떻게 서로 관계를 형성하고 상호 작용하면서 그러한 결과를 낳게 되는지를 살피지 않으면 안 된다. 이를테면 브뤼노 라투르의 행위자-네트워크 이론이라는 것이 바로 그러한 사고법이다.

과학기술이 빠르게 진보하면서 우리의 삶의 조건들에도 커다란 변화가 찾아왔다. 우리는 얼마 전 생각하는 기계와 인간의 지능이 경쟁하는 것을 목격한 바 있다. 인공지능과 최고의 바둑기사가 대결하여 기계의 승리로 끝난 일을 잘 알고 있다. 말하자면 기계의 생각과 인간의 사고가 본질적으로 다르다고 말하기 어려워졌다는 것이다. 우리가 그간 당연시해 왔던 서로 대립되는 단위체, 혹은 고유한 독립체들로서 물질과 정신, 자연과 인공물, 몸과 마음, 사람과 기계와 같은 것의 구분이 이제 불가능해졌고 그러한 포스트휴먼 시대의 현실이 그들 사이의 관계에 대한 우리의 사고에 변화를 요구하고 있다. 고고학의 새로운 이론도 시대의 변화에 따른 우리 삶의 현실과 조건에 대해 깊이 사색한 결과로부터 나온 것이다. 물론 고고학의 새로운 이론이 앞서 말한 브뤼노 라투르나 질르 들뢰즈의 철학과 같은 사유의 방식에서 출발하고 있지만, 포스트휴먼적 현실이 과거와 현재에 관해 고고학에 던진 질문과 과제를 의식하고 그에 대해 깊이 생각해 왔던 것도 사실이다. 그리고 21세기 이론 고고학은 포스트휴먼 사상가들, 도나 해러웨이, 캐런 배러드, 제인 베넷, 로지 브라이도티 등의 아이디어를 수용해 사고의 지평을 넓혀 가고 있다. 최근 일부 이론 고고학자들은 프랑스의 신세대 철학자 퀭탱 메이야수로부터 시작된 이른바 사변적 실재론, 그중에도 그레이엄 하만의 객체-지향적 존재론을 받아들여 사물을 위한 정치학에 관해 이야기하고, 인간 이후의 사물을 논의의 대상으로 삼기도 한다. 하지만 이러한 새로움 때문에 이론 고고학의 신경향을 주목해야 하는 것은 아닌 듯하다. 다시 말해서, 이 책에서 소개하는 21세기의 고고학 이론이 새로운 사상을 토대로 하여 지금까지와는 성격이 다른 논의를 시작했기 때문에 중요하고 그래서 우리가 관심을 기울여야 한다고 역자는 군이 말하고 싶지 않다는 것이다. 고고학의 역사를 통해 볼 때 우리가 과정주의와 탈과정주의를 거치면서 새로운 사고의 방식과 방법론을 배우고, 또한 중요한 아이디어와 개념들을 습득하여 지금 우리가 자연스럽게 그것을 구사하고 있다. 그와 마찬가지로 21세기의 이론 고고학도 새로움, 그 이상의 중요한 생각들을 제안하기 때문에 우리가 관심을 가져야 한다고 본다. 어쩌면 지금은 우리에게 낯설어 보일지도 모르는 이론적 사고와 개념들, 평탄한 존재론, 관계적 물질성, 신유물론, 대칭적 사고, 사물 에이전시, 어셈블리지, 되어 감, 사물의 생기, 꾸러미, 얽힘, 영역화 등은 앞으로 고고학자들 사이에 꾸준히 사용될 것이라 예상되고, 결국은 익숙한 개념이 되리라는 생각을 하지 않을 수 없다. 이런 연유로 역자는 이 책을 번역하게 되었다.

II. 이론적 전환에 대한 한국 고고학계의 반응

과정주의 고고학의 등장이 그러하였던 것처럼 이어지는 탈과정주의와 그 이후의 발전도 주로 영미 고고학계 안에서 이루어졌다. 이처럼 이론 고고학의 발전을 영미 고고학계가 이끌어 온 것은 사실이지만 적어도 탈과정주의부터는 스칸디나비아 고고학계의 참여가 두드러졌으며 이론적 논의는 세계 다른 지역의 고고학자 사회로 꾸준히 확장되어 갔다. 서구 중심주의 이론의 해체와 지역 토착 사회와의 대화는 탈과정주의의 정치적 입장이기도 했기 때문에 이론 고고학의 대화는 세계화의 추세와 발을 맞추어 왔다. 한국학계에서도 이론 고고학의 변화는 남의 일로만 생각해 오지는 않았다. 하지만 국내 고고학계가 서구이론(이제는 이렇게 부르는 것이 자연스럽지 않게 되었지만)에 반응하고 수용하는 양상은 각 시기에 따라 학계 내부의 사정 혹은 분위기에 따라 달랐던 것 같다. 그런 점에서 과정주의 이론에 관한 관심과 태도는 조금 파행적이었고, 긍정적 반응, 혹은 적극적 수용이란 말을 붙이기에는 좀 어색한 점이 있다. 말하자면 과정주의 신고고학의 이론은 국내에 자연스럽게 수용되고 적용되는 절차를 거치지는 못했다는 것이다. 국내 학계에 제대로 소개되기도 전에 그에 대한 비판적 평가가 나왔던 것은 주목할 만한 일이[8] 아닐 수 없다. 이후 70년대 후반 80년대, 한국역사 발전단계의 연구에 신진화주의 모델을 도입하는가 마는가를 놓고 고고학과 고대사학계의 논쟁이 있었다. 국내 고고학계가 과정주의 고고학의 관점과 실천에 대해 온전한 관심을 가지고 이론적 논의를 시작한 것이 아니라 새로운 이론에 관한 관심과 반응이 예상치 못한 논쟁을 불러왔다고 할 수 있다. 더구나 역사와 거리를 두려 했던 과정주의가 역사복원의 도구로 관심을 끌었던 것은 아이러니한 일이 아닐 수 없다. 물론 한국고고학 자료에 대한 새로운 설명과 해석을 시도해 보기 위해 과정주의의 관점과 자료 분석의 기법을 수용하려는 노력이 없었던 것은 아니며 그러한 시도가 지역 고고학의 전개과정에서 간과할 수 없는 사건이었다는 점은 부정하기 어렵다. 하지만 과정주의 신고고학의 도입과 관련하여 가장 큰 이슈였고 지금도 그렇게 평가되고 있는 것은 신진화주의 사회발전모델의 적용을 둘러싼 문제였던 것은 분명하다. 탈과정주의로의 전환 이후, 이론 고고학의 변화에 대해 꾸준한 관심을 보였던 연구자들이 그 주요한 논점들을 국내에 소개하는 데[9] 그리 긴 시간이 필요하지 않았다. 탈과정주의의 이론은 국내 학계에 비교적 거부감이 적었던 것으로 보이고 사회 전반에 퍼진 포스트모더니즘 담론의 분위기에 맞추어 한국고고학 자료의 해석에도 비교적 자연스럽게 도입된 듯하다. 탈과정주의의 이론적 접근이 유럽 신석기시대 연구에서 많은 성과를 거두었던 탓인지 국내에서는 그와 비슷한 사회상을 지녔던 청동기시대에 관해 탈과정주의적 논의가 집중되는 양상이었다.[10] 새로운 고고학 이론의 등장 혹은 전환이 있을 때마다 국내 학계에서는 어떤 식으로든 늦지 않은 반응을 보였고 수용의 시도도 있었다. 이러한 점에 비추어 보면, 최근 이론 고고학의 전환에 관해서는, 그것이 모색된 2000년대 초로부터 근 20년이 지난 지금까지 국내 학계에서 새로운 경향의 소개도 그에 대한 어떤 논의도 거의 없었다는 것은[11] 어찌 보면 의아한 일이 아닐 수 없다.

2000년대 초부터 변화의 움직임이 있었다는 것은 이론 고고학에 관심이 있는 사람이라면 누구라도 느낄 수 있었을 것이다. 사실 물질적 전환과 관계적 존재론에 기반을 둔 이론에 일찍부터 관심을 표명했었던 분야는 사회학과 지리학계였고,[12] 이어 문화이론과 디자인과 예술 분야 등에서도 반응이 있었다.[13] 하지만 고고학계에서는 모종의 정보를 갖고는 있었지만, 그에 대한 적극적인 관심의 표명과 논의는 이루어지지 못했던 것 같다. 이론적 전환에 대해 큰 관심을 기울이지 못했던 이유 중 하나는 21세기 이론적 논의가 탈과정주의 안에서의 이론적 성장인지 아니면 단절과 차별화의 선언인지 판단하기 어려웠기 때문인 점도 있다. 가령 2012년 현대의 이론 고고학을 주제, 혹은 분야별로 망라한 편집서의 서문을 쓰면서 이안 호더는 물질성(materiality)의 이론이나 심지어 대칭 고고학(symmetry archaeology)도 탈과정주의의 범주 안에서 성장한 이론으로 간주한 바 있다.[14] 물론 어떤 새로운 이론이 단절적인가 아니면 그 이전으로부터의 점진적 발전인가를 문제 삼는 것 자체가 이 책에서 시종 극복해야 할 대상으로 여겨 온 이원론적 논법임에는 틀림이 없다. 하지만 국내 학계가 21세기의 중요한 이론적 전환을 접하면서 변화의 중요성을 인지하기보다, 탈과정주의의 연장이겠거니 하고 생각했던 것은 사실인 듯하다. 그러면서 21세기 이론 고고학의 전환이 20세기 후반 과학기술의 발전이 가져온 포스트휴먼 시대의 맥락 및 사유의 방식과 맞물려 있음을 간과해 버린 것이 아닌가 한다. 아울러 이론적 전환을 시도한 고고학자들, 그리고 그들에게 사상적 토대를 제공한 연구자들의 현실의식에도 크게 유의하지 않았던 것 같다. 고고학도 주어진 현실에 대한 깊은 사유를 통해 학문적 과제와 전제를 다듬어 가야 하지만 우리에게 이미 다가와 있는 세계화와 대화의 요구, 그리고 이제 현실이 되어 버린 포스트휴먼적 삶의 조건에 대해 우리 고고학계는 오랫동안 냉담으로 일관해 왔던 것 같다.

또 하나의 이유를 든다면 이론 고고학의 새로운 경향이 국내 학계의 연구 주제나 실천과는 상당히 동떨어진 것처럼 보인다는 점이다. 최근 한국고고학계의 주된 관심과 실천이라는 차원에서 본다면 21세기 이론적 전환은 국내 고고학계가 의식하고 있는 문제의 성격들과 접점을 찾기 어려워 보인다. 주지하다시피 우리는 한편으로 2000년대 초, 동아시아 역사 갈등을 거치면서 고고학도 민족사의 범주와 실체를 규명해야 한다는 과제를 부여받게 되었다. 다른 한편으로 우리는 1990년대 이후 구제 학술조사의 권리와 윤리의 문제를 놓고 오랜 논쟁을 해 왔으며 때로 매장문화재와 관련된 사회적 갈등의 중심에서 해결책을 모색해야 했다. 최근 20-30년 동안 한국의 고고학은 민족사의 기여를 위한 연구 과제와 매장문화재의 구제발굴과 대중을 향한 봉사를 중요하게 받아들여 왔으며 이 두 가지 실천적 과제는 21세기에도 여전히 고고학의 지속 가능성을 보장해 주는 방향으로 생각되고 있다. 21세기 이론 고고학의 전환이 그러한 문제에 대해서 직접적으로도 건드리는 점이 없다고는 할 수 없지만, 현대의 이론 고고학이 국내 학계의 주된 관심 및 실천과는 거리가 있어 보이는 것은 사실이다.

III. 왜 이 책인가?

역자는 그동안 21세기 이론 고고학의 전환을 적절히 소개하는 개설서를 기다려 왔다. 역자 자신이 고고학 이론의 최근 변화에 대해 무언가 정리된 생각을 가지고 싶었기도 하지만 그런 책이 있다면 한국어로 번역해 보고 싶은 생각이 있었기 때문이다. 2000년 이후 출간된 이론 고고학의 개론서는 그리 많지 않으나 각각의 이론 안내서들은 서로 다른 방식으로 21세기의 이론을 소개하고 있다. 최근 고고학 이론의 안내서를 작성하는 일은 이미 한 사람의 힘으로는 하기 어려운 일이 된 듯하다. 그만큼 고고학 이론은 여러 갈래로 나누어져 있을 뿐만 아니라, 각각 서로 다른 사상적 배경과 아이디어를 기반으로 삼고 있으며 지극히 전문화된 지식체계에 근거하고 있기 때문이다. 그래서 이론 고고학의 여러 주제 혹은 분파별로 집필자를 달리하여 안내서를 편집하는 방법을 취하게 된다. 이러한 방식의 이론서로는 이안 호더가 2012년에 편집물로 출간한 『오늘날의 고고학 이론』 제2판과[15] 벤틀리, 매슈너, 그리고 치펀데일이 2007년 공동 편집한 『고고학 이론의 핸드북』이[16] 있다. 전자는 이론 고고학의 분파와 주제를 짜임새 있게 선별하여 적절한 분량으로 제시하였지만 호더의 통찰력 있는 서문에도 불구하고 주제들 사이의 관계를 이해하면서 현재의 연구 현황을 대조해 보고 파악하기는 어렵게 되어 있다. 후자는 편집 항목이 대폭 추가되고 집필의 분량도 늘려 백과사전과 같이 방대한 안내서가 되었다. 하지만 이 책은 21세기 이론적 변화의 흐름과 배경에 관한 소개가 아주 적을 뿐만 아니라 누구라도 독파할 생각을 가져보기 어려운 방대한 분량이 문제라고 할 수 있다. 이론서로 편집된 책 중에는 리더의 형식을 취하여 21세기 이론적 변화를 이끈 주요 논문을 프러셀과 프로조우스키의 해설과 함께 선별 수록한 『현대 고고학의 이론』이 있다.[17] 또 하나의 최근 이론 안내서로는 벤자민 앨버티가 책임편집을 맡고 앤드류 존스와 조슈아 폴라드가 참여한 『해석 그다음의 고고학』을[18] 들 수 있다. 이 책은 2000년 이후의 고고학이 탈과정주의의 해석학적 사고를 어떻게 극복하고 새로운 이론적 영역을 개척해 갔는지를 설명하고자 했다. 새로운 이론 고고학의 경향을 '관계적 존재론', '물질 그 자체에 의한 접근', 그리고 '어셈블리지의 관점'으로 나누어 대표적 연구자의 글을 모아 엮은 책이고 편자의 짧은 해설까지 달았지만 친절한 학사적 해설이나 배경적 설명은 기대하기 어려운 편집서이다.

새로운 이론 고고학의 경향을 이해하기 위한 안내서라면 다음과 같은 세 가지 조건을 충족시켰으면 하는 기대를 하게 된다. 첫째, 새로운 이론이 나오기까지 고고학 내부적 문제의 추이를 설명하고 외부 현실의 변화와 새로운 이론의 등장은 어떤 관계가 있는지를 이해할 수 있는 학사적 조망이 담겨 있었으면 한다. 둘째, 새로운 이론적 경향이 나오게 된 사상적 혹은 철학적 배경에 대한 설명이 상세히 제시되어 있으면서, 셋째로는 새로운 이론적 전제 위에서 고고학 자료를 분석하고 해석한 실제 연구사례들을 소개해 준다면 더할 나위 없는 안내서가 될 것이다. 그런 점에서 브루스 트리거가 2006년 출간한 『고고학사』 제2판은[19] 20세기까지의 가장 체계적인 고고학 연구사이지만 사례연구를 담아낼 수 없는 형식의 책일 뿐 아니라 21세기의 경향은 설명이 부족한 점은 어쩔 수 없는 일인 듯하다. 학사와 사상적 배경, 그리고 실제 사례연구의 소개가 충실한 매튜 존슨의 『고고학 이론 입문』 제2판도[20] 21세기의 경향은 비중 있게 다루지 못하였다. 다만 마지막 '제13장 결론: 이론의 미래'에서 앞으로 더 거론하게 될 이론적 주제를 '에이전시', '물질성', 그리고 '현장으로부터의 이론화' 세 가지로 나누어 설명하면서 물질적 전환과 대칭적 고고학을 소개하고 있으나,[21] 아쉽게도 아주 소략한 언급에 그치고 있다. 본 역자가 이 책의 번역을 완성하고 난 2019년 봄에 이상하게도 출판 연도가 2020년으로 되어 있는 매튜 존슨의 제3판을 보게 되었는데[22] '물질적 전환(material turn)'을 하나의 장으로 독립시켜 비교적 상세히 다루고 있으며 그 때문에 책의 분량도 약 80페이지 정도 늘어났다.

지금까지 21세기 이론 고고학의 새로운 경향을 소개한 이론의 안내서라고 할 만한 것에 대해 살펴보았다. 각 편집서와 저서들은 그 나름대로 장점이 있다고 하겠지만 필자가 기대하는 세 가지 조건을 충족시키면서 21세기의 이론적 변화를 전반적으로 아우르는 안내서를 찾지 못하였다. 그러던 중에 이 해리스와 시폴라의 이론서를 처음 만난 것은 2017년 11월로 기억하며 학기가 끝난 다음 겨울방학에 이 책을 읽고 2018년 1학기 대학원 수업의 교재로도 사용하였다. 이 책은 필자들도 밝히고 있지만 최근 고고학 이론의 백과사전적인 해설서가 아니다. 21세기 고고학에서 이론적 전환이라 할 만한 주제를 중심으로 그것과 전후로 연결되는 이론들만 다루었으며 그밖에 현대 고고학의 주요 이론적 분파들, 예컨대 다원주의, 생태학적 관점, 행위 고고학, 네트워크 이론, 전-지구적 변동의 이론 등은 일절 언급하지 않았고 같은 물질적 전환의 이론이지만 인지-과정주의에서 출발한 사물 에이전시에 관해서는 말을 아꼈다. 이 책은 이론의 추이를 시간적 순서에 따라 서술하고 있으나 고고학사의 형식을 따르지는 않았다. 각 주제와 관련된 사례연구의 소개를 중요하게 다루었지만, 대표적인 저서와 논문만을 선별하여 번잡해 보이지는 않는다. 그리고 필자의 의견과 입장을 완전히 배제하지 않으면서, 각 이론을 소개할 때 평가에 치우치지 않고 독자의 이해를 위한 해설에 집중하고 있다. 이런 점에서 역자는 이 책이 21세기 이론 고고학의 전환을 이해하고자 하는 독자에게는 아주 유용하고 적절한 안내서라고 생각했다.

IV. 저자에 관해

이 책의 공저자 중 한 사람인 올리버 해리스는 영국 레스터 대학의 고고학 및 고대사학부 조교수로 영국 선사시대와 이론 고고학을 담당하고 있다. 주로 신유물론의 관점에서 유럽의 선사시대를 재해석하는 연구를 진행해 온 촉망받는 신세대 고고학 이론가에 속한다. 해리스는 2002년 셰필드 대학에서 고고학으로 학사를 취득한 다음 카디프 대학에서 석사와 박사과정을 밟았다. 그의 박사과정을 지도한 교수는 유럽 신석기시대 연구의 대가인 그 유명한 알스데어 위틀(Alasdair Whittle)이었다. 박사학위 논문 주제는 영국 신석기시대의 정체성, 감성, 그리고 기억에 관한 연구였는데 당시로서는 아주 창의적인 이론 개발의 시도였다고 할 수 있다.

박사학위를 마치고 난 뒤 해리스는 두 가지 박사후과정 프로젝트에 참여하게 된다. 첫 번째가 케임브리지 대학에서 존 로브가 주도했던 프로젝트로 사람 몸에 관한 생각이 장기적 역사의 흐름에 따라 어떻게 달라지는가에 관한 학제-간 연구였다. 구석기시대부터 현재를 지나 미래를 내다보며 고고학 유물과 문헌 자료를 통해 살펴지는 사람 몸에 대한 믿음의 변화를 추적한 이 연구의 결과물은 올리버 해리스와 존 로브의 공동편집으로 된 *The Body in History: Europe from the Palaeolithic to the Future*(2013, Cambridge: Cambridge University Press)로 출간되었다. 두산 보리치, 로빈 오스본, 사라 탈로우와 마릴린 스트래선 등 12명의 고고학자와 인류학자가 함께 참여한 이 저서는 그해 미국 출판인 아카데미의 사회과학과 고고학·인류학 분야의 산문상을 수상했다. 이 책의 서문 격인 제1장과 제2장에서 해리스와 로브는 사람의 몸이란 그것을 둘러싼 세계와 분리해서 생각할 수 없고 그것의 반영, 구조, 의미, 경험 등에 파묻혀 있으므로 '몸의 세계'로 생각해야 한다고 전제한다. 역사 속에 나타나는 '몸의 세계'를 딥-타임의 문화사에서 파악해 보는 작업을 유럽의 각 시대에 따라 진행한 다음, '몸의 세계'에 대한 다중의 관념이 왜, 그리고 어떤 방식으로 변해 가는지를 해명했다. 이후에도 올리버 해리스는 몸, 정체성, 인격성의 문제에 관한 새로운 설명을 시도했으며 존 로브와 공동작업도 이어갔다.[23] 특히 2012년도 공동 논문에서는 서로 다른 지역과 역사상의 시기에 몸과 몸의 물질적 형태에 대해 가졌던 다중의 관념을 어떻게 파악할 것인가 하는 문제를 제기하고 그것을 인식론적 기초에서 문제 삼을 것이 아니라 서로 다른 존재론으로 받아들여야 한다고 제안하기도 한다.[24]

두 번째 프로젝트는 리버흄(Leverhulme) 신진연구자 연구비로 수행한 뉴캐슬 대학의 공동체(community)에 관한 연구 과제이다. 이는 중석기시대부터 청동기시대에 이르는 영국 남부지역에 형성되었던 다양한 공동체들을 살피고 어셈블리지의 이론적 개념과 방법론을 통해 과연 어떠한 변화가 있었던가를 설명해 보려는 연구라 할 수 있다. 이 연구의 성과물로 제출된 논문에서 그는 우리가 흔히 사람들의 정치적 결합체, 혹은 사회적 집단이라고 생각해 오던 공동체라는 것을 고고학적으로 어떻게 접근할 것인가 하는 문제에 관해 자신의 관점을 분명히 제시하고 있다.[25] 신대륙과 구대륙의 공동체에 관한 고고학 연구를 학사적으로 검토한 해리스는 그동안의 연구관점에 세 가지 한계가 있다고 지적한다. 첫째, 근대의 정치적 입장에서 출발한 공동체의 관점으로 사회성에 기초하여 통합이 이루어진다고 본 것, 둘째, 인간중심적 관점에 따라 공동체라는 것이 사람만으로 구성되었다고 생각한 것, 그리고 셋째, 주변 경관, 동물, 식물, 사물들에 대한 감성적 개입을 공동체 형성에서 고려하지 못한 점 등을 들고 있다. 이러한 문제점을 지적하면서 해리스는 들뢰즈와 가타리로부터 어셈블리지 개념을 가져와 공동체를 재인식한다. 그래서 그는 공동체를 어셈블리지의 특별한 세트로 이해하며, 첫째로 사람과 동물, 식물, 경관과 그리고 사물들이 함께하고, 둘째, 그들이 특정한 규모로 연결된 것이며, 셋째, 인간이 항상 포함되는 정서적 어셈블리지로 보아야 한다고 주장한다.

해리스는 자신의 학문적 출발점이 된 두 가지 프로젝트를 진행하면서 유럽 선사 고고학 연구에 새로운 해석을 내놓은 연구자이며, 아울러 21세기 이론 고고학을 이끌어 가는 연구자의 한 사람으로서 신유물론의 이론을 꾸준히 발전시켜 왔다. 그는 한편으로 '몸의 세계'에 관련한 연구를 통해 정체성, 인격성, 젠더, 존재론적 전환에 관한 이론적 접근을 발전시켜 나가고 있으며,[26] 다른 한편으로는 공동체와 관련하여 장소와 경관, 주거와 취락의 문제를 새로운 관점에서 다루어 왔다.[27] 특히 그는 어셈블리지 개념을 토대로 감성과 물질의 관계를 이론적으로 해명해 내는 작업을[28] 포함한 신유물론적 이론적 탐구를 지속하고 있다.[29]

해리스가 대학에서 하는 연구와 교육활동 외에 고고학자로서 꾸준히 참여하는 학문적 실천 중 하나는 아드너머헌 트랜지션 프로젝트(Ardnamurchan Transitions Project)이다. 아드너머헌은 스코틀랜드 서부해안에서 길게 뻗어 나온 반도이다. 고고학자들이 이 지역을 주목하게 된 것은 2006년도 반도의 북부에 위치한 스워들 만(Swordle Bay)에서 발굴조사를 하면서부터이다. 이 일대는 신석기시대부터 19세기까지 모두 다섯 시기에 걸쳐 주거와 분묘 등 다양한 성격의 유적들이 분포하는 곳으로 고고학적으로 주목받을 만한 장소이다. 이곳을 대상으로 맨체스터 대학, 레스터 대학, 스코틀랜드 고고학, 그리고 CFA-Archaeology(영국의 매장문화재 조사기관)의 구성원들이 조사단을 꾸려 합동으로 발굴하는 일이 이 프로젝트의 주요 사업이다. 물론 발굴조사는 고고학 연구를 위한 것이지만, 이 프로젝트에는 발굴학교와 같은 기능도 포함하여 고고학을 전공하는 학생들에게 현장학습의 기회를 제공한다. 더욱 중요한 사업은 공공 커뮤니티 활동으로 이 프로젝트는 자원봉사자를 받아들이고, 현장 개방일을 정하여 지역주민들의 참여와 토론의 장을 마련하기도 한다. 이 책의 서문에 소개되기도 했지만, 해리스는 부인과 함께 주말이나 방학 기간을 이용하여 하나의 봉사활동으로 이 프로젝트에 꾸준히 참여하고 있는 듯하다.

이 책의 공저자 중 다른 한 사람인 크레이그 시폴라는 로얄 온타리오 박물관의 북미 고고학 분야의 학예연구사로 있으면서 2016년부터는 토론토 대학의 인류학과 조교수를 겸직하고 있다. 2003년도에 미국 보스턴에 소재한 매사추세츠 대학에서 인류학과 학사과정을 졸업하고 2년 뒤 같은 대학에서 역사고고학으로 석사과정을 마쳤다. 그리고 2010년도에 펜실베이니아 대학에서 인류학 박사학위를 받았다. 그의 연구 분야는 북미, 그중에도 뉴잉글랜드 지역과 오대호 일원의 역사고고학이다. 북미대륙에서 역사고고학은 유럽인들이 도착하여 원주민사회와 접촉이 시작된 때부터이다. 물론 종족역사(ethnohistory)가 있으므로 기록과 대조시켜 볼 수 있는 시기는 조금 더 거슬러 올라갈 수도 있다. 그래 봐야 16세기 이전으로 올라가긴 어려우며 이는 우리가 아는 역사고고학과 비교하면 시간적 범주가 크게 다르다. 물론 연구 방법이나 관점에서도 차이가 있다. 역사고고학의 가장 대표적인 주제는 식민주의 고고학이다. 이 책에서도 시폴라가 식민주의 고고학, 지역토착의 고고학이 자신의 주 연구 분야라고 소개한 바 있지만, 그는 원주민 후손과의 협동을 통한 고고학 자료의 조사와 연구에 지속적인 노력을 기울여 왔다. 그리고 이러한 역사고고학 연구에 새로운 이론을 접목시키는 연구를 꾸준히 진행해 왔다. 그의 박물관 블로그 활동을 들여다보면 역사시대 토기에 대해서도 관심이 많다는 것을 알 수 있으며 특히 원주민 후손을 토기 유물정리나 관찰에 참여시키고 그들의 의견을 주의 깊게 듣고 있다. 크레이그 시폴라는 2012년부터 2015년까지 공저자인 올리버 해리스가 있는 영국 레스터 대학의 고고학 및 고대사학부에 강사로 재직했던 적이 있다. 여기서 그는 역사고고학, 북미 고고학, 식민주의 고고학, 그리고 이론 고고학 등을 가르쳤고 역사고고학 관련 석사학위 프로그램과 역사고고학 센터에서 학제-간 연구를 주도했다. 이 책 서문에서 밝히는 것처럼 이 레스터 대학 시절에 해리스와 이론 고고학의 안내서를 함께 집필하자고 뜻을 모았던 것 같다.

크레이그 시폴라가 박사과정부터 일관되게 연구해 온 분야가 과연 어떤 것인가 한마디로 요약해 보라면 북미지역의 식민주의 역사고고학이라고 할 수 있을 것 같다. 이 분야의 연구를 시종 끌고 가면서 연구 대상으로 삼은 자료와 이론적 관점은 조금씩 달라지기는 하지만, 그가 변함없이 채용해 왔던 접근의 관점과 방법은 지역토착의 고고학과 기호학이었다. 최근 시폴라가 내세우는 이론적 전제에 중요한 변화가 보이는데 그가 점점 신유물론에 기울고 있다는 점이다. 북미지역에 유럽인들이 들어와서 정착하고 원주민들과의 상호작용이 시작되면서부터 수많은 변화가 나타난다. 유럽의 정착민들이 늘어나면서 원주민 집단은 그들과의 상호작용을 통해 혹은 압박이나 갈등으로 인해 통합되거나 분할되고 원래 살던 땅을 버리고 이주하기도 한다. 그 와중에 유럽의 생활방식을 배우고 크리스트교를 받아들이기도 하지만 토착민의 전통을 이어가고 정체성을 강고하게 유지해 가는 모습도 보인다. 선물과 교역, 또는 약탈을 통해 유럽의 물품들이 원주민사회에 들어온다. 이 이국적 물건들은 토착 집단에게 아주 특별한 의미로 받아들여지기도 하고 유입된 물품과 기술은 토착민의 생활방식과 물질문화에 영향을 준다. 이러한 변화들을 어떤 자료를 중심으로 추적하고 어떤 관점에서 그에 관한 해석을 도출하는가에 따라 그동안의 시폴라의 연구에는 한 세 가지 정도의 갈래가 있는 듯하다.

첫째, 그가 초기에 집중했던 연구 주제는 브라더타운(Brothertown) 인디언에 대한 식민주의 고고학이었고 당시의 이론적 기반은 실용주의와 기호학 이론이었다. 브라더타운 인디언이란 지금의 뉴욕주와 뉴잉글랜드 해안지대에 살았던 알공퀸 언어를 사용하는 부족의 후예들이다. 이들은 일찍 크리스트교로 개종하고 영어를 사용했으며 1769년 목사 삼손 오콤(Samson Occom)의 지도하에 통합을 이루고 자치적 집단을 형성하여 뉴잉글랜드 남부에 정착촌을 만들었다. 1820년 유로-아메리칸의 압박으로 오대호를 건너 위스콘신에 정착했지만, 이 비옥한 토지도 다시 백인들에게 빼앗기고 더 서부로 이주하게 된다. 시폴라가 시도했던 브라더타운의 종족기원론(ethnogenesis)과 정체성(idntity) 연구란 이들이 남긴 각종 문서와 기록물, 그리고 고고학 자료를 통해 식민시대 종족의 이주와 정착, 그 역사, 그리고 사회·문화적 협상과 혼종의 과정을 어떻게 이해할 것인가를 다룬다.[30] 브라더타운 고고학 프로젝트를 진행하면서 그가 수집하고 분석한 자료는 유물·유적의 정보만이 아니라 각종 문서, 서간, 묘지명 등을 포함하며 이들이 오히려 더 중요하게 다루어졌다. 특히 고고학 자료의 확보도 시굴이나 발굴에 의존하기보다 기본 탐사법에 따른 자료와 원주민과의 대화를 통한 정보의 수집에 더 초점을 맞추었다.[31] 이 초기 연구에서 시폴라는 이론적 전제와 접근의 방법을 실용주의와 기호학에서 찾는다. 시폴라가 찰스 샌더스 퍼스의 기호학과 프래그머티즘을 이론적 전제로 삼게 된 것은 그가 박사과정을 밟았던 펜실베이니아 대학 인류학과에 재직했던 로버트 프러셀의 영향이 있었을 것이다. 그는 프래그머티즘을 과거를 보는 대안의 관점으로 이해했다. 그에게 이 실용주의는 어떤 아이디어나 행동이 세상에서 다름을 만들어 낼 때 우리에게 어떤 의도를 넘어 실질적인 결과에 초점을 맞추게 해 주고, 개인 그 위의 공동체를 볼 수 있게 해 주는 이론이었다. 시폴라는 식민지시대의 인디언 보호구역에서 나타나는 일상적 실천의 결과물에 대한 분석을 통해 사회적 기억과 정체성, 그리고 기호의 관계를 논한 바 있다. 그에 따르면 모든 일상적인 실천은 무의식적, 혹은 반무의식적으로 사회적 기억과 연결되어 있으며 사회적 기억의 지표(index)들은 정체성을 나타내거나 기존의 것을 강화한다고 말한다.[32]

둘째, 그동안 시폴라가 관심 있게 진행해 온 연구 주제로 우리가 살펴보아야 할 것은 탈식민주의 이론에 토대를 둔 물질문화 연구이다. 고고학계에서 탈식민주의 이론이 본격적으로 거론되기 시작할 무렵, 시폴라는 프러셀과 공동으로 고고학에 탈식민주의 이론을 도입하기 위해 기획된 편집서에 참여한다.[33] 1980년대 세계고고학회(WAC)가 출범할 무렵 서구중심주의에 대한 비판과 원주민의 관점에 대한 고고학적 자각이 지역토착의 고고학(indigenous archaeology)을 탄생시켰다. 그러던 가운데

1990년대 말부터는 고고학자들도 문학과 비평 분야의 탈식민주의 이론에 관심을 두기 시작한다. 지역토착의 고고학은 원주민의 지식과 관점을 고고학적 해석에 끌어들이면서 원주민의 의도와 목적을 위한 정치적·실천적 활동을 위해 노력해 왔다. 이에 비해 탈식민주의 이론은 인지적, 혹은 심리적 차원의 문제들을 건드리면서 정치적 담론의 생산에 공헌했지만, 현실에의 참여와 실천은 부족했다. 이 초기 논문에서 시폴라는 프러셀과 함께 지역토착의 고고학이 지향하는 실천의 중요성을 강조하지만, 여기에 탈과정주의의 언어와 정치적 담론을 수용할 필요성은 있다고 주장한다. 이후 시폴라가 단독으로[34] 혹은 공동으로[35] 엮어 낸 두 권의 편집 저서에서는 탈식민주의 이론을 좀 더 적극적으로 받아들이는 모습을 보인다. 탈식민주의의 관점에서 식민주의의 사고, 즉 식민자(colonizer)와 식민지인(colonized)의 엄밀한 이분법을 극복하고 식민주의가 역사적으로 한정된 시기의 것이라는 생각도 비판한다.[36] 탈식민지이론을 수용하면서 식민지시대의 물질문화에 대한 시폴라의 이론은 물질문화의 역사, 사회변형과의 관계에 대한 문제를 넘어서게 된다. 그의 물질문화연구는 이국의 문화영역에서 인간 확장성의 한 방식으로서, 주체와 객체의 정화(purification)를 넘어선 복잡한 정체성의 드러냄에 주목하게 된다. 그리고 이국적 물건들이 만들어 내는 새로운 혼종성, 제작과 사용, 그리고 형태들의 상호 얽힘에 대한 논의로 연구의 관심이 확장된다. 여기에 덧붙여 사물시대의 관점으로 다중 존재론의 관점을 받아들여 고고학적 인식론을 넘어 원주민의 세계관과 결합된 접근의 필요성을 강조하기도 한다.[37]

셋째, 시폴라가 초기의 연구부터 꾸준히 시도해 왔던 식민주의 고고학의 접근법은 원주민의 말에 귀 기울이자는 것이었다. 즉 브라더타운 프로젝트에서부터 그는 원주민 후손이 들려주는 이야기에 따라 시폴라는 자신의 조사기획에 변화를 주었고 그의 고고학적 조사의 성과물은 인디언 공동묘지의 관리와 보호에 실질적인 도움이 되었다는 사실을 보고한 적도 있다.[38] 그는 역사고고학에서 원주민과 공동작업의 중요성을 강조하면서 모히건 인디언 보호구역의 고고학 조사는 모히건 후예의 지식, 관심, 그리고 그들의 감각이 담긴 프로젝트이어야 한다고 주장한 바 있다.[39] 원주민의 후예들과 전문고고학자 및 학생이 참여하는 장기간의 모히간 야외고고학 학교(Mohegan Archaeological Field School)의 일을 하면서 시폴라는 공동 운영자나 참여자를 원주민으로 바꾸어 보았다. 그럴 때 변화된 야외조사 커뮤니티가 진행하는 발굴조사의 성격은 어떻게 달라지는가, 혹은 어떤 연구성과를 내놓는가 하는 것을 시폴라는 살펴 왔다.[40]

모히간의 후예들과 함께 하는 지역토착의 고고학, 혹은 커뮤니티 고고학은 발굴의 방식에 어떤 변화를 가져오는지, 혹은 과거에 대한 해석과 이론적 차원에서 어떤 차이가 있는지를 검토할 필요가 있기 때문이다. 이와 같이 실험적인 지역토착의 고고학 프로젝트를 진행하면서 시폴라는 인간중심주의에서 벗어나 어셈블리지의 관점에서 자료를 분석하고 해석을 시도하였으며, 원주민과 비-원주민 사이의 대화에 다중의 존재론의 관점을 도입하면 성공적일 것이라고 제안하기도 한다.[41] 이와 같은 신유물론의 입장은 그의 식민지시대의 모피교역과 석축 유구에 관한 연구에서 더욱 두드러지게 살필 수 있다.[42]

이 책의 공저자 두 사람의 간단한 이력과 학문적 노정을 살펴보았다. 올리버 해리스는 유럽의 선사고고학자이고 영국에서 교육을 받았으며 몸과 공동체에서 출발하여 경관과 취락, 그리고 특히 정서 및 감성의 문제 등으로 연구영역을 확장하였다. 이에 비해 크레이그 시폴라는 북미대륙의 역사고고학자이며 미국에서 학위를 마쳤고 종족 기원론과 정체성에 관한 식민지 고고학에서 시작하여 식민시대의 물질문화와 모피교역 등으로 연구를 확장해 왔다. 이렇게 보면 두 공저자 사이에는 서로의 공통점이 전혀 없어 보인다. 그러나 두 연구자는 각자가 최근 10년 정도 연구 프로젝트를 진행하면서 상당히 비슷한 개념과 이론적 전제를 내세우고 유사한 관점의 설명을 하고 있으며, 서로 닮은 학문적 실천에 종사한다. 그들 사이의 이론적 공통분모는 다름 아닌 신유물론(new materialism)이라고 할 수 있고 두 연구자 모두 커뮤니티 고고학에 열정적으로 참여하며 그 반응과 결과를 학계에 보고한다는 점에서도 공통점을 가지고 있다. 물론 이론적으로 해리스가 초기에 현상학적 관점에도 관심을 보이다가 라투르와 들뢰즈의 철학에 근거한 신유물론에 몰입하였던 반면, 시폴라는 뒤에 철저한 신유물론적 입장에 서면서도 기호학과 실용주의를 놓지 않는 점은 두 사람의 연구가 보여 주는 개성으로 이해할 수 있을 것 같다. 이 연구자의 공통점과 차이점이 21세기 이론 고고학의 안내서인 이 책의 구성과 내용을 결정했다고 보아도 틀린 말은 아닌 듯하다. 그래서 이 책에는 두 저자의 학문적 경력 때문에 유럽의 선사고고학과 세계 여러 지역의 식민지 고고학 연구사례들이 광범위하게 소개되어 있고, 실천이론, 객체 에이전시, 변증법, 현상학, 퍼스의 기호학, 행위자-네트워크-이론, 리좀적 사고, 어셈블리지, 탈식민주의 이론, 퍼스펙티비즘, 다중 존재론 등 현대 고고학의 다양한 사상적 기초를 소개하고 있다. 하지만 두 연구자가 신유물론자라는 공통점을 가지고 있는 까닭에 평탄한 존재론의 입장을 받아들이기는 하지만 대칭적 고고학의 제2물결을 극단적인 비-인간의 고고학이라고 비판적으로 본다거나 연구자가 자신을 자신의 인식 밖으로 던져야 하는 퍼스펙티비즘적 이해에 대해서는 약간의 회의적 태도를 보이기도 한다.

V. 신유물론의 관점에서 추구한 이원론의 극복

이 책의 전체적인 내용과 구성에 관해서는 제1장에 잘 요약되어 있다. 각 장의 머리말과 맺음말에는 앞뒤의 내용을 서로 연결하여 이해할 수 있도록, 사전, 그리고 사후 설명을 해 두었기 때문에, 내용 연결이 매끄럽다. 그리고 우리 주변의 일과 일상적 사고를 예로 들어 설명했기 때문에 이해하기 그리 힘들지 않은 편이다. 독자들이 처음부터 순서대로 읽어 나간다면 책 전체의 내용을 파악하는 데 큰 어려움이 없을 것 같다. 그러므로 여기서 책의 내용과 구성에 관해 역자가 다시 해설한다는 것은 중언부언이 될 따름이다. 물론 이 책은 탈과정주의 고고학의 철학적 논의를 이야기하고 포스트휴먼 시대의 사상들을 소개하면서 21세기 이론을 속도감 있게 설명하고 있다. 만약 독자가 현대 철학의 개념에 익숙하지 않다면, 다소 납득하기 어려운 부분이 있을 수 있다. 그리고 다양한 철학적 아이디어와 개념들을 소개하면서 21세기 이론 고고학의 여러 분파와 경향들을 한꺼번에 설명하기 때문에 서술이 복잡하다고 느껴질 수도 있다. 하지만 역자가 보기에 두 저자는 아주 유사한 이론적 관점을 공유하고 있으며 책의 전체적 서술에는 대단히 일관된 흐름이 있다고 여겨진다. 여기서 저자들의 일관된 주장이란 이원론의 극복이며 그들이 지닌 공통의 이론적 관점은 신유물론이다.

무엇보다 이 책은 21세기 이론적 전환의 핵심은 이원론을 극복하는 과정이라는 전제에서 출발한다. 그래서 저자들은 이렇게 말하고 있는 것 같다. '지금까지의 고고학은 세상을 상반된 둘로 나누어 보는 이원론의 입장에서 논쟁을 펼쳐 왔지만, 최근 이론 고고학의 발전은 이원론을 극복하는 과정이라 할 수 있으며 그것을 넘어서기 위한 관점과 방법에서 다양한 접근이 있을 수 있다.' 저자들은 먼저 이전 고고학 이론의 문제점을 지적하고 새로운 이론으로 전환하게 된 근본적 이유를 설명하였는데 제2장에 그 내용이 담겨 있다. 제2장에서는 먼저 20세기의 문화사 고고학, 과정주의, 그리고 탈과정주의 고고학의 핵심적 주장과 논쟁을 서술하고 이원론의 문제를 지적한다. 이원론이란 세상을 자연과 문화, 사고와 물질, 인간과 비인간, 몸과 마음, 남성과 여성, 주체와 객체, 보편과 특수 등 상반되는 둘로 나누어 보는 관점이다. 이원론은 근대적 사유의 기본적인 틀이었으며 지금까지의 이론적 논쟁은 이원론의 어느 한 편에서 다른 편을 공격한 것에 지나지 않는다고 말한다. 가령 20세기 고고학의 세 가지 접근법도 모두 이원론적인 사고에 기반을 둔 것이어서, 문화사 고고학이 접촉, 영향, 전파와 같은 문화적 요인과 특수한 역사라는 것에 초점을 맞추었다면 그에 반대한 과정주의 고고학은 환경과 생업과 같은 물질적 요인에 중요성을 부여한 과학적 연구를 강조했고 특수한 역사가 아니라 문화과정의 설명이라는 일반이론을 추구했다는 것이다. 과정주의를 비판한 탈과정주의는 다시 그와는 반대로 언어와 구조, 상징과 의미에 중요성을 부여했고 특수한 문화적 맥락에서 이해할 것을 요구했다. 20세기 고고학의 이론적 논쟁에서 핵심은 문화와 자연, 역사와 과학, 특수와 일반, 서술과 설명, 의미와 물질과 같은 이원적 구분에서 무엇에 초점을 맞추는가 하는 문제였다. 저자들은 세상을 이렇게 이원론적으로 구분하는 것은 불가능하며, 그것에 근거한 논쟁도 성립할 수 없다고 분명히 말하고 있다. 이런 점에서 21세기의 이론적 전환은 한마디로 지금까지의 이원론적 사고의 한계를 넘어서려는 시도라고 할 수 있다는 것이다.

고고학뿐만 아니라 인문학과 사회과학의 전 분야가 연동하는 21세기의 이론적 전환이란 과연 어떤 것인가? 그것을 무엇이라고 정의할 수 있는가? 이 문제를 두고 앞에서 역자는 물질적 전환, 관계성으로의 전환, 그리고 존재론적 전환이라고 하면 어떨까 하는 의견을 피력한 바 있다. 이 세 가지 가운데 여러 학문 분야의 연구자들이 함께 지적하는 대표적 변화는 물질적 전환이 아닐까 한다. 그리고 이를 논의의 출발점으로 삼는 것이 보통이다. 그러나 이 책의 저자들은 이원론적 사고의 문제를 논의의 출발점으로 삼는다. 이후 제3장에서 제6장까지 여러 이론을 소개하고 있는데 이들은 모두 이원론의 극복을 시도한 이론이라고 말할 수 있지만, 일정한 한계에 머무르고 말았다고 저자들은 설명한다. 그리고 그다음 제7장과 제8장, 그리고 제9장에서는 이원론을 극복한 이론으로 퍼스의 기호학 이론, 신유물론, 그리고 대칭적 고고학과 다중의 존재론을 소개한다. 제10장은 탈식민주의와 이원론적 정치학의 한계와 극복의 문제, 그리고 '다른 식의 세계', 그리고 타자의 복권 등에 대해 논의하고 저자들 사이의 대화인 제11장에서는 어느 한 부분의 이원론을 해체하다 보면 다른 쪽에 이원론의 장벽이 구축된다는 것에 대해 말하고 있다.

본론이 시작되는 제3장부터 제6장까지 저자들은 대체로 1990년대 고고학의 이론적 접근을 소개하면서 그들이 이원론의 문제를 극복하려 했던 시도들을 설명하고 있다. 우리가 21세기의 이론으로 가는 과정을 설명할 때 여러 다른 설명의 방식이 있을 수 있다. 가령 탈과정주의의 문제점들을 지적하고 그에 대한 대안들을 소개하는 방법도 있을 수 있고 포스트휴먼적 사상들을 소개한 다음 그에 기초한 고고학 이론의 전환을 나열하는 설명법도 괜찮은 방법일 것 같다. 하지만 이 책에서는 이원론의 한계를 넘어서려는 시도, 특히 21세기 이론으로 나가는데 디딤돌이 된 이론들을 차근차근 주제별로 설명해 나가는 방식을 취한다. 맨 먼저 실천과 에이전시 이론을 앞세우고, 젠더 고고학에서 나온 수행성 이론, 알프레드 겔의 2차 에이전시와 분배된 인격성의 문제, 그리고 제6장에 나오는 변증법과 현상학의 이론에 관해 차례로 설명한 것이다. 21세기로 나아가기 전 단계의 고고학 이론을 이렇게 선정한 것이나 그 순서는 이 책이 이원론의 문제를 출발점으로 삼은 것에서 기인한다고 본다.

　　실천이론을 제일 먼저 소개한 것은 여기에 나오는 개념이 뒤에 등장하는 이론에도 필수적 용어로 사용되기 때문이기도 하지만 사회이론에서 이원론의 극복을 시도했던 최초의 이론이기 때문일 것이다. 실천이론은 현실을 제도, 규칙, 조직원리, 사고의 틀과 같은 것으로 주어지는 추상적인 구조와 그 안에서 살아서 생각하고 활동하는 에이전시로 이원적 구분을 하지만 그러한 구분에서 그치지 않고 둘 사이의 관계와 상호작용으로 변동을 설명하여 이원론을 극복하려 하였다. 제5장에서 소개된 주디스 버틀러의 수행성 이론도 고정적 관념으로서, 주어진 범주로서, 또는 요청된 행위의 규범으로서의 젠더와 현실에서 살아가는 사람들의 행동이라는 이원론을 넘어 수행성이라는 개념으로 양자의 관계에 대한 설명을 시도한 이론이라 할 수 있다. 마릴린 스트래선이 말하는 분배된 인격성이란 사람의 인격성은 주어진 것, 고유한 것이 아니라 관계에서 나온다고 한다. 그리고 그 관계는 추상적, 관념적 구조라기보다는 한 사람이 소유한 것, 혹은 그의 몸에서 나는 것을 서로 나누면서 성립된다는 것이다. 이렇게 봄으로써 스트래선은 사물과 인간, 추상적 관계와 물건의 실질적 교환, 개인과 집단과 같은 이원론적 구분을 넘어서고자 했다. 헤겔 변증법의 객체화, 그리고 실존주의와 현상학은 각각 대니얼 밀러와 같은 물질문화 연구자가 물품의 생산과 생산된 물품에 대한 사회적 관념을 이해하려 할 때, 그리고 특히 경관고고학과 같이 과거의 사람이 자신을 둘러싼 세계를 어떻게 이해하는가에 궁금증을 지닌 고고학자들이 즐겨 끌어왔던 철학적 전제였다. 대니얼 밀러는 어찌 보면 물품과 관념, 생산과 가치와 같은 이원론을 극복하기 위해 객체화의 개념과 변증법에 의지했으며 크리스 틸리 등이 자주 인용한 메를로-퐁티의 현상학도 역시 실존적 개인의 몸과 그것을 둘러싼 세계라는 이원론을 넘어서기 위한 시도였다. 여기서 논의한 20세기 말의 이론들(물론 그중에는 21세기에도 꾸준히 거론되고 있지만)이 이원론적 사고를 넘어서려는 시도임에는 분명하다. 그러나 저자들은 여전히 이원적 구분의 한쪽 편, 즉 인간중심주의에 머물러 있다고 저자들은 생각하는 것 같다.

제7장에서 제9장까지는 퍼스의 기호학, 행위자-네트워크 이론과 신유물론, 그리고 다종의 고고학에 대해서 차례로 설명한다. 저자들은 이 사고들이 물질과 관념, 인간과 비인간이 상호작용하는 21세기 관계성의 이론이며 이를 통해 이원론과 인간중심주의를 넘어설 수 있다고 보았다. 기호학 하면 우리는 보통 세상을 기표와 기의로 나누어 생각하는 대표적인 이원론으로 받아들인다. 그리고 기표로서의 사물은 그 자체가 능동적인 역할을 하는 것이 아니라 상징적 의미를 지니고 있을 뿐이라고 하는 표상의 이론으로 생각하기 쉽다. 이러한 평가는 초기의 탈과정주의, 즉 상징-구조주의 고고학이 이론적 모델로 채용하였던 소쉬르의 기호학을 두고 하는 말이다. 하지만 여기서 말하는 기호학은 그와 같은 이원론에 머물지 않고 그것을 넘어서는 퍼스의 기호이론을 가리킨다. 퍼스는 무엇보다 기호가 물질적인 것이면서 동시에 문화적으로 구성된 세계 안에서 작동한다고 생각했다. 소쉬르가 생각했던 기표와 그것이 표상하는 기의로 구성된 이원론 세계와는 달리 퍼스의 삼부모형에서는 세상에 기호가 있다면 그것과 연결되는 것은 서로 구분되는 두 가지가 있다고 보았다. 그래서 삼부모형이다. 즉 기호를 보고 해석자의 마음속에 떠오르는 해석체와 기호와 연결되는 것으로 해석자의 바깥에 존재하는 대상체로 구분된다는 것이다. 예컨대 어떤 물질적 특성을 가진 토기가 하나의 기호라면 그것이 표상하는 어떤 의미(해석체)를 생각할 수도 있지만, 그것이 지닌 특성으로 인해 실제로 어떤 형식(대상체)에 배당될 수 있다는 것이다. 퍼스의 기호학적 매개는 기호의 표상만을 문제 삼는 것이 아니라 그것의 물질성에도 주목한 것이며 그것이 실제적인 움직임과 행동을 만들어 낸다는 것이다. 제7장에서 언급된 사례와 같이 손잡이가 달린 하나의 찻잔이 기호라면 그 물질적 특성은 사람이 그것을 쥐고 차를 마시는 행동을 유발하여 그렇게 행위를 끌어낸다는 것이다.

제8장에서는 브뤼노 라투르의 행위자-네트워크 이론과 근대적 정화(purification)

의 개념을 소개하면서 문화와 자연, 인간과 비인간, 물질과 관념이라는 이분법이 왜 문제인지를 설명하고 우리에게 주어진 그 어떠한 문제도 그러한 분리를 넘어 인간과 비인간, 사물과 개념을 연결하여 그 상호작용의 과정으로 접근해야 함을 역설한다. 라투르의 존재론에 따르면 인간 존재도, 그리고 비인간, 즉 사물도 그것 그대로 있는 것이 아니라 그들 사이에 관계의 네트워크로 존재한다고 본다. 이렇게 관계와 네트워크로 존재한다고 했을 때 인간 존재에 대해서도 그러하지만 우리는 지금까지 우리가 생각해 오던 물건에 대한 생각도 수정하지 않으면 안 된다. 가령 고고학자들은 유물을 어떻게 생각해 왔는가? 우리는 당연히 유물을 인간 주체가 만들어 낸 대상물로 생각해 오지 않았나? 이를테면 인간이 작업할 때 사용하기 위해 만들어 낸 도구로, 무엇을 담기 위한 용기로, 혹은 상징적 의미를 표상하는 작품으로 생각해 온 것 아닌가? 이러한 생각은 인간과 물건을 관계론적으로 본 것이라고 할 수 없다. 관계론적으로 본다는 것은 그 둘을 상호작용하는 관계로 파악하는 것이다. 즉 석부를 들고 벌목하는 인간은 그것을 갖지 않은 인간과 다르며, 석부 역시 인간의 손에 들려 있을 때는 그렇지 않을 때와 다르다. 이렇게 보면 현상학적 사고와 다를 것 없이 보이지만 여기서 라투르는 한발 더 나아가 인간중심주의에서 벗어난다. 즉 라투르는 전체로서의 세계는 인간과 비인간을 포함한 다중적 활동자(actant)들의 네트워크로 구성되어 있다고 본 것이다. 그래서 그가 말하는 세계는 현상학자들이 생각하는 것과 같이 인간이 그 안으로 던져진 세계가 아니며, 그의 사물은 인간의 확장자로서의 사물이 아니다. 이처럼 인간의 우선성을 배제하고 사물과 인간을 동등한 위치에 놓은 사고법을 대칭적(symmetrical)이라고 말한다. 이 사고법을 토대로 출발한 고고학이 대칭적 고고학이다. 고고학자들이 이러한 사고법을 받아들이게 되면 문제의 제기부터 답을 구해 나가는 과정까지 고고학 사유의 방식은 완전히 달라질 수밖에 없다. 최근 비요나르 올센과 크리스토퍼 위트모어 등이 추구하는 고고학은[43] 지금까지 우리가 생각해 왔던 문제를 제기하지 않으며 전통적으로 고고학자들이 다루어 왔던 주제라고 하기 어려운 측면이 있다.

신유물론은 대칭적 고고학과 유사한 전제에서 출발하고 비슷한 논법을 구사하지만, 여러모로 다른 입장을 견지해 가고 있다. 무엇보다도 대칭적 고고학이나 신유물론은 인간과 사물을 동등한 위치에 두고 생각하는 이른바 평탄한 존재론(flat ontology)의 전제를 토대로 성립한다. 그리고 이 둘은 지금까지 우리가 탐구해 왔던, 혹은 알고 있었던 사물의 기능이나 의미에 대한 사고에서 함께 벗어나자고 주장한다. 그리고 그들은 사물과 그 특성들이 세계에 대해 실제로 기여하는 방식에 관해 우리가 알아야 할 것이 너무나도 많다고 한다. 그러나 둘 사이에는 태도의 분명한 차이가 보이는데, 특히 대칭적 고고학이 인간과 사물의 관계에 초점을 맞추고 서로의 위치에 관한 문제를 깊이 있게 다루고 있다면 신유물론은 물건과 그 특성들이 하는 역할에 더욱 주목한다. 또한, 대칭적 고고학은 인간과 사물을 동등한 위치에 놓고 보려 하지만 그 둘을 대립적 관계에 놓고 생각하기도 한다. 이에 비해 신유물론에서는 사물과 인간의 차이 자체를 인정하지 않으려 하는 태도를 보이며 '사물의 생기'라는 말을 즐겨 쓰듯이 물질이 살아 있을 수도 있고 세상 안에서 여러 작용을 한다고 생각한다. 그래서 신유물론은 포스트휴먼적 사물 이론들을 폭넓게 수용하면서 네트워크라는 용어 대신 팀 인골드가 제안한 그물망(meshwork)이나 들뢰즈의 단어, 아상블라주(assemblage)라는 말을 자주 쓴다. 철학적 용어로서 원래 제안된 개념은 서로 크게 다르지 않을 수도 있지만, 활용이 누적되면서 적어도 고고학에서 네트워크 이론과 어셈블리지의 접근법이 만들어 내는 이야기는 서로 큰 차이를 보이는 듯하다. 특히 대칭적 고고학이 사물의 이론이고 전통적 고고학의 주제와는 거리를 두고 있는 것에 비해, 어셈블리지 접근법은 고고학의 오래된 주제를 가지고 새로운 관점으로 생각해 내는 연구를[44] 지속하고 있다.

이어지는 제9장과 제10장에서는 21세기 고고학의 이론으로 다중의 고고학, 이원론의 정치학, 존재론적 전환의 문제를 추가로 다루고 있다. 사물과 인간의 관계에 대한 새로운 관점에서 출발한 이론이 대칭적 고고학과 신유물론이라면 인간과 살아 있는 비인간, 즉 식물 및 동물과의 관계를 새롭게 설정하려는 노력을 다중의 고고학이라고 할 수 있다. 어찌 보면 대칭적 고고학과 신유물론을 구분한다는 것 자체가 의미 없어 보이기도 하지만 다중의 고고학을 전자의 경향과 구분하거나 대립시켜 생각하는 것은 더욱 무의미할 것 같다. 제10장은 이원론을 극복하려는 또 다른 이론적, 실천적 측면의 노력, 즉 정치적 이원론의 문제에 도전하는 이론적 경향들을 소개하고 있다. 주지하다시피 이원론적 입장에서 스스로 범주화되고 정의된 서구, 식민자, 백인, 남성, 주체, 인간은 비서구, 식민지인, 유색인, 여성, 객체, 비인간(사물)을 타자화하고 차별해 왔다. 근대의 이론들은 이러한 구분의 타당성을 시간과 공간상으로, 범주적으로나, 혹은 실천적으로 의문을 제기하지 않았으며, 이를 토대로 그것을 당연시하거나 차별에 맞서기를 요구해 왔다. 하지만 새로운 탈식민주의 이론은 그러한 이분법적 구분이 문제가 있다고 보았으며, 더 복잡하고 중층적인 이해의 방식으로 가려고 한다. 한편 이와는 별도로 제10장에서는 존재론적 전환에 관해 이야기한다. 오랫동안 서구의 학자들은 원주민들의 사고를 인식론적 차원에서 접근하려 했다. 즉 그들이 사는 세계나 서구의 학자들이 사는 세계는 같은 세계인데 인식의 방식이 여러 가지일 뿐이라는 생각에서였다. 하지만 최근의 일부 인류학자들은 원주민의 사고에 접근할 때 문제가 되는 것은 인식론이 아니며 존재론이라고 이야기한다. 말하자면 같은 사유를 통해 여러 가지 세상을 긍정하고 볼 수 있어야 한다는 것이다. 벤자민 앨버티가 주장하듯이 사람과 사물을 표현한 토기가 상징적 의미를 담고 있다고 받아들이는 정도가 아니라 과거 원주민들에게는 토기가 실제 묘사된 사람과 동물, 그것 자체로 받아들여지는 것처럼 말이다.

제10장의 끄트머리에는 인간에 의해 타자화된 물건들에 관해 관심을 가져 달라고 요청하는 이야기가 나온다. 이는 흔히 대칭적 고고학의 제2 물결이라고 하는 이론적 경향에 대한 논의이다. 이에 대해 어떤 이야기를 하기에 앞서 이 책에 대한 해설을 마무리할 시점에 이르렀기에 21세기 이론 고고학에 관한 역자의 단상을 짧게 제시하고자 한다. 이 책의 내용과 구성을 짤막하게 소개하는 이 절의 제목을 역자는 '신유물론의 관점에서 추구한 이원론의 극복'이라고 달았다. 그렇게 한 이유는 라투르와 들뢰즈의 관점에서 출발한 이 책이 이원론의 문제점과 극복에 초점을 맞추면서 현대 고고학의 다양한 이론을 소개하고 있고 책의 전체적인 구성과 흐름도 그에 따르고 있기 때문이다. 이 책은 분명 이원론을 극복하고 자연과 문화, 물질과 관념, 그리고 인간과 비인간(사물)의 관계와 위치를 올바르게 파악하고자 했던 이론들을 차례로 소개해 나가는 방식으로 서술되어 있다. 그래서 제2부에 해당하는 제3장에서 제6장까지 탈과정주의의 후기, 주로 1990년대 실천이론에서 시작하여 정체성, 인격성, 그리고 변증법과 현상학에 기초한 물질성의 이론들을 소개하였다. 이 이론들에서도 이원론의 극복을 위한 노력이 살펴지기는 하지만 여전히 인간중심주의의 관점에서 주체와 객체, 인간과 비인간을 구분하고 있음을 지적하고 있다. 3부에 해당하는 제7장과 제8장에서 퍼스의 기호학, 대칭적 고고학, 그리고 신유물론 등을 저자들은 진정한 의미에서 이원론을 극복한 이론으로 소개한 것으로 보인다.

한편 이 책을 저술한 두 공저자는 신유물론자이다. 신유물론자의 입장에서 21세기 고고학 이론을 보고 평가하는 주장들이 책의 곳곳에 실려 있다. 21세기 이론 고고학의 여러 경향 중에서 신유물론은 이전과 극단적으로 다른 고고학을 추구하지는 않는 것 같다. 21세기 이론 고고학의 경향을 대변해 주는 것으로 대다수 연구자는 물질로의 전환을 꼽아 왔다. 이 사고는 우리가 그동안 생각해 왔던 것처럼 사물은 우리의 아이디어와 솜씨 있는 기술로 만들어진 수동적 대상물, 혹은 우리가 표현하고자 하는 의미를 담은 표상물이 아니라는 전제에서 출발한다. 사물은 세계 안에서 능동적인 역할을 하는 활동자(actant)이며 나아가 사물은 인간과 동등하다고 한다. 어떤 21세기의 이론도 인간과 물건을 구분할 수 없다고 말하지는 않지만, 사물의 능동적 역할과 지위를 강조하면 자연스럽게 인간에게, 혹은 인간에게만 집중되었던 역할과 비중, 혹은 가치를 사물과 공유해야만 한다는 주장이 나온다. 이런 점에서 현대 포스트휴먼적 사물 이론은 비-인간중심적 이론이다. 21세기 이론 고고학의 전환을 대표하는 경향 두 가지를 말하라면 당연히 대칭 고고학과 신유물론이라고 할 수 있다. 이 둘은 함께 포스트 휴먼 시대의 사상적인 흐름을 대변해 주는 브뤼노 라투르, 질르 들뢰즈와 가타리의 아이디어에서 출발하고 있으며 캐런 배러드, 제인 베넷의 유물론적 입장을 수용해 간다. 그래서 이들은 인간과 비인간을 동등하게 보는 평탄한 존재론의 입장에서 사람의 의도를 고려하지 않고 사물 그 자체와 그 특성이 하는 일에 주목해야 한다고 주장한다. 하지만 알프레드 겔의 2차 에이전시의 입장처럼 사물의 특성이 능동적인 역할을 한다고 보면서도 인간의 목적과 의도에 의해 그러할 수 있다는 보다 인간중심적 측면을 인정하는 이론이 있다. 이를테면 크리스 고스든, 루스 반 다이크, 이안 호더, 그리고 티모시 포키태트의 이론적 전제에서 확인되는 물질의 개념은 알프레드 겔의 2차 에이전시의 역할 및 성격에 가까우며 신유물론이나 대칭적 고고학보다 인간중심주의에서 덜 벗어나 있다. 이를테면 포키태트는 신유물론자들이 말하는 어셈블리지와 같은 인간과 비인간, 물건과 아이디어의 꾸러미(bundle)와 같은 개념을 사용하지만, 그것이 인간의 역사를 통해 생성되고 변화되어 간다고 생각한다.

하지만 21세기 이론 고고학 안에서는 아주 급진적인 반-인간중심주의 이론이 자라고 있다. 특히 대칭적 고고학의 2차 물결이 그러한데 이들의 주장은 최근 퀭탱 메이야수로부터 시작한 사변적 실재론의 관점을 받아들이고 그레이엄 하만의 객체-지향적 존재론과 맞닿아 있다. 사변적 실재론이란 최근의 철학적 경향들을 포괄하는 폭이 넓은 개념인데 메이야수가 말하는 '상관주의(correlationism)'에 반대하는 모든 종류의 철학을 지칭한다. 메이야수에 따르면 칸트 이래 우리의 앎은 인간의 사고와 존재의 상관에만 다가갈 수 있으며 이 상관을 넘어서 우리는 사고할 수 없다고 생각해 왔다는 것이다. 칸트로부터 시작하여 분석철학이나 현상학, 심지어는 최근 푸코에 이르기까지 근대와 오늘날의 모든 철학은 상관주의에 벗어나 있지 않다고 말한다. 이렇게 상관주의를 비판한 실재론자들이 가고자 하는 방향은 상관을 넘어서 독립적인 실재에 대해 생각하자는 이야기이다. 말하자면 인간의 사고를 중심에 두고 그것과의 관련성에 의해서만 생각하는 것이 아니라 역사적으로 실재했던 '인간 이전'이라든가, 인간이 소멸한 이후에 벌어지는 사건에 대해서도 생각할 수 있다고 주장한다. 하만의 객체-지향적 존재론은 여기에서 한 걸음 더 나아가 인간 인식과 사물의 관계에 특권을 부여하면 안 된다고 하면서 그 관계는 사물 사이의 관계에 견주어 결코 우위에 있지 않다고 이야기한다. 이처럼 인간중심주의에서 이탈하고자 하는 사변적 실재론과 포스트휴먼적 사고를 받아들이면서 비요나르 올센과 같은 고고학자는 인간을 떠난 사물 그 자체를 볼 필요가 있으며 사물을 그들의 방식대로 그대로 두라고 말한다. 그리고 사물의 타자성을 강조하면서, 사물을 더 이상 사람들 사이의 관계를 표현할 때 사용하는 소재로서 취급하지 말고 그들의 존재 자체를 관심 있게 들여다볼 것을 요청하기도 한다.

이 책은 21세기 이론 고고학이 탈과정주의의 문제점과 한계를 지적하면서 한편으로는 사물의 이론을 점진적으로 전개해 나가고, 다른 한편으로는 다양한 갈래의 포스트휴먼적 사상을 수용하게 됨으로써, 서로 다른 이론적 경향과 반-인간중심주의의 층차가 나타나는 과정을 매우 주의 깊게 서술한 현대 고고학 이론의 안내서이다.

주

1) Binford, L. R. 1962, Archaeology as anthropology, *American Antiquity* 28, pp. 217-225.

2) Hodder, I. (ed), 1982, *Structural and Symbolic Archaeology*, Cambridge: Cambridge University Press.

3) 예를 들면 Conneller, C. 2011, *An Archaeology of Materials: Substantial Transformations in Early Prehistoric Europe*, London: Routledge.
   Witmore, C. 2014, Archaeology and the New Materialism, *Journal of Contemporary Archaeology* 1, pp. 203-246.

4) 예를 들면 Witmore, C. L. 2007. Symmetrical Archaeology: Excerpts of a Manifesto. *World Archaeology* 39, pp. 546-562.
   Olsen, B. 2012, Symmetrical archaeology, In Hodder, I.(ed), *Archaeological Theory Today*, 2nd Edition, Cambridge: Polity, pp. 208-228.

5) 예를 들면 Watts, C. (ed), 2013, *Relational Archaeology: Human, Animal and Things*, London: Routledge.

6) 예를 들면 Jervis, B. 2019, *Assemblage Thought and Archaeology*, London: Routledge.

7) 예를 들면 Alberti, B., A. M. Jones and J. Pollard (eds), 2015, *Archaeology After Interpretation*, London: Routledge.

8) 金元龍, 1974, Reconstruction of a Culture – Reflection on Archaeology, 『李瑄根博士古稀紀念 韓國學論叢』, pp. 3-8.
   金元龍, 1977, 「考古學的 資料의 解釋」, 『韓國考古學報』 3, pp. 7-15.

9) 이성주, 1991, 「Post-modernism 考古學과 展望」, 『韓國上古史學報』 7, pp. 255-294.

10) 李盛周, 1999, 「지석묘: 농경사회의 기념물」, 최몽룡 외 篇, 『한국 지석묘(고인돌)유적 종합조사·연구』, 서울: 문화재청·서울대학교박물관, pp. 423-441.
    李盛周, 2012, 「儀禮, 記念物, 그리고 個人墓의 발전」, 『湖西考古學』 26, pp. 74-109.
    김종일, 2004, 「한국 중기 무문토기문화의 사회구조와 상징체계」, 『國史館論叢』 104, 國史編纂委員會, pp. 47-77.
    김종일, 2006, 「경관 고고학의 이론적 특징과 적용 가능성」, 『韓國考古學報』 58, pp. 110-145.
    김종일, 2009, 「삶과 죽음의 토포필리아(Topophilia)」, 안승모·이준정 편, 『선사 농경연구의 새로운 동향』, 서울: 사회평론, pp. 226-251.
    김종일, 2013, 「유럽 중기 신석기시대 사회구조의 변화」, 『고고학』 12-1, pp. 85-118.
    베일, M. T. 2014, 「경제만이 아니다」, 『한국 고고학의 신지평』, 제38회 한국고고학전국대회, pp. 110-134.
    禹姃延, 2010, 「금강 중하류 송국리형 무덤의 상징구조에 대한 맥락적 고찰」, 『부여 송국리유적으로 본 한국 청동기시대 사회』, 제38회 한국상고사학회 학술발표대회, pp. 30-61.
    고일홍, 2012, 「고고학 해석의 지평 넓히기」, 『인문논총』 68, 서울대학교 인문학연구원, pp. 283-318.
    고일홍, 2015, 「'사회적 시간'의 고고학적 연구」, 『인문논총』 72, 서울대학교 인문학연구원, pp. 115-152.

11) 이안 호더의 얽힘(entanglement)의 개념을 소개하면서 사물과의 관계를 탐구하는 새로운 이론적 논의 방향에 대한 짧은 언급이 있었다(성춘택, 2012, 「변모해 온 고고학: 현대 고고학의 학사적 이해」, 중앙문화재연구

원 편,『움직이는 세상, 움직여야 하는 고고학』, 서울: 서경, pp. 9-38.).

12) 김환석, 2001, 「STS(과학기술학)와 사회학의 혁신」, 『한국사회학회 사회학대회 논문집』, pp. 387-409.

김환석, 2010, 「행위자-연결망이론에서 보는 과학기술과 민주주의」, 『동향과 전망』 83, pp. 11-46.

김환석, 2012, 「사회적인 것에 대한 과학기술학의 도전: 비인간 행위성의 문제를 중심으로」, 『사회와 이론』 20, pp. 37-66.

김환석, 2018, 「사회과학의 새로운 패러다임, 신유물론」, 『지식의 지평』 25, pp. 1-9.

김숙진, 2006, 「생태환경공간의 생산과 그 혼종성(hybridity)에 대한 분석」, 『한국도시지리학회지』 9-2, pp. 113-124.

김숙진, 2010, 「행위자-연결망 이론을 통해 과학과 자연의 재해석」, 『대한지리학회지』 45-4, pp. 461-477.

김숙진, 2016, 「아상블라주의 개념과 지리학적 함의」, 『대한지리학회지』 51-3, pp. 311-326.

13) 홍성욱 엮음, 2010, 『인간·사물·동맹』, 서울: 이음.

민수홍, 2019, 「사물의 문화, 디자인, 그리고 과학·기술의 상호구성성 이해—행위자네트워크이론의 이해를 중심으로」, 『기초조형학연구』 20-1, pp. 174-188.

김연철·이준석, 2016, 「행위자-연결망 이론(ANT)과 사변적 실재론(SR)의 접점」, 『사회와 이론』 28, pp. 105-152.

김진택, 2012, 「행위자 네트워크 이론(ANT)을 통한 문화콘텐츠의 이해와 적용: 공간의 복원과 재생에 대한 ANT의 해석」, 『인문콘텐츠』 24, pp. 9-37.

14) Hodder, I. (ed), 2012, *Archaeological Theory Today*, 2nd Edition, Cambridge: Polity, 6-8.

15) Hodder, I. (ed), 2012, 앞의 책.

16) Bentley, R. M., H. D. G. Maschner and C. Chippindale (eds), 2007, *Handbook of Archaeological Theories*, Lanham: Altamira Press.

17) Preucel, R. W. and S. A. Mrozowski (eds), 2010, *Contemporary Archaeology in Theory: The New Pragmatism*, 2nd Edition, Oxford: Wiley-Blackwell.

18) Alberti, B., A. M. Jones and J. Pollard (eds), 2015, *Archaeology After Interpretation*, London: Routledge.

19) Trigger, B. G. 2006, *A History of Archaeological Thought*, 2nd Edition, Cambridge: Cambridge University Press.

20) Johnson, M. 2010, *Archaeological Theory: An Introduction*, 2nd Edition, Oxford: Wiley-Blackwell.

21) Johnson, M. 2010, 224-227.

22) Johnson, M. 2019, *Archaeological Theory: An Introduction*, 3rd Edition, Oxford: Wiley-Blackwell.

23) Harris, O. and J. Robb, 2012, Multiple ontologies and the problem of the body in history, *American Anthropologist* 114, pp. 668-679.

Harris, O. and J. Robb, 2018, Becoming gendered in European prehistory: Was Neolithic gender fundamentally different?, *American Antiquity* 83, pp. 128-147.

24) Harris, O. and J. Robb, 2018, 앞의 논문.

25) Harris, O. 2014, (Re)assembling Communities, *Journal of Archaeological Method and Theory* 21, pp. 76-97.

26) Harris, O. 2016, Becoming post-human: Identity and the ontological turn. In Pierce, E., A. Russell, A. Maldonado and L. Campbell (eds), *Creating Material Worlds: The Uses of Identity in Archaeology*, Oxford: Oxbow, pp. 17-37.

Harris, O. and R. J. Crellin, 2018, Assembling new ontologies from old materials: towards multiplicity, In Astor-Aguilera and G. Harvey (eds), *Rethinking Relations and Animism: Personhood and*

Materiality, London: Routledge, pp. 55-75.

27) Harris, O. 2009, Making places matter in Early Neolithic Dorset, *Oxford Journal of Archaeology* 28, pp. 111-123.

Harris, O., H. Cobb, C, E. Batey, J. Montgomery, 2017, Assembling places and persons: a tenth-century Viking boat burial from Swordle Bay on the Ardnamurchan peninsula, western Scotland, *Antiquity* 91, pp. 191-206.

Harris, O. 2017, Assemblages and scale in archaeology, *Cambridge Archaeological Journal* 27, pp. 127-139.

28) Harris, O. 2010, Emotional and Mnemonic Geographies at Hambledon Hill: Texturing Neolithic places with bodies and bones, *Cambridge Archaeological Journal* 20: pp. 357-371.

Harris, O. and T. F. Sørensen, 2010, Rethinking emotion and material culture, *Archaeological Dialogues* 17, pp. 145-163.

29) Fowler, C. and O. Harris, 2015, Enduring relations: Exploring a paradox of new materialism, *Journal of Material Culture* 20, pp. 127-148.

Harris, O. 2018, More than representation: Multiscalar assemblages and the Deleuzian challenge to archaeology, *History of the Human Sciences* 31. pp. 83-104.

30) Cipolla, C. N. 2013, *Becoming Brothertown: Native American Ethnogenesis and Endurance in the Modern World*, Tucson: The University of Arizona Press.

Cipolla, C. N. 2012, Peopling the place, placing the people: An archaeology of Brothertown discourse, *Ethnohistory* 59, pp 51-78.

Cipolla, C. N. 2012, Resituating Homeland: Motion, Movement, and Ethnogenesis at Brothertown, In Beaudry, M. and T. G. Parno (eds), *Archaeologies of Mobility and Movement*, New York: Springer, pp. 117-131.

31) Cipolla, C. N. 2012, Textual artifacts, artifactual texts: An historical archaeology of Brothertown writing, *Historical Archaeology* 46, pp. 91-109.

32) Cipolla, C. N. 2008, Signs of identity, signs of memory, *Archaeological Dialogues* 15, pp. 196-215.

33) Preucel, R. W. and C. N. Cipolla, 2008, Indigenous and post-colonial archaeology, In Liebmann, M. and U. Z. Rizvi, (eds), *Archaeology and Postcolonial Critique*, Walnut Creek: AltaMira Press, pp. 129-140.

34) Cipolla, C. N. (ed), 2017, *Foreign Objects: Rethinking indigenous consumption in American archaeology*, Tucsan: The University of Arizona Press.

35) Cipolla, C. N. and K. Hayes (eds), 2015, *Rethinking Colonialism: Comparative Archaeological Approaches*, Gainesville: University Press of Florida.

36) Hayes, K. and C. N. Cipolla, 2015, Introduction: Re-imagining colonial pasts, influencing colonial futures, In Cipolla, C. N. and K. Hayes (eds), *Rethinking Colonialism: Comparative Archaeological Approaches*, Gainesville: University Press of Florida, pp. 1-5.

37) Cipolla, C. N. 2017, Postscript: Postcolonial archaeology in the Age of Things, In Cipolla, C. N. (ed), *Foreign Objects: Rethinking indigenous consumption in American archaeology*, Tucsan: The University of Arizona Press, pp. 222-229.

38) Cipolla, C. N. 2013, 앞의 논문.

39) Cipolla, C. N., J. Quinn and J. Levy, 2019, Theory in collaborative indigenous archaeology: Insights from Mohegan, *American Antiquity* 84, pp. 127-142.

40) Cipolla, C. N. and J. Quinn, 2016, Field school archaeology the Mohegan way: Reflections on twenty years of community-based research and teaching, *Journal of Community Archaeology & Heritage* 3, pp. 118-134.

41) Cipolla, C. N.,J. Quinn and J. Levy, 2019, 앞의 논문.

42) Cipolla, C. N. and A. Allard, 2018, Recognizing river power: Waterway views of Ontario's fur trade, *Journal of Archaeological Method and Theory* 11, pp. 1-22.
Cipolla, C. N. 2018, Earth flow and lively stone. What differences does 'vibrant' matter make?, *Archaeological Dialogue* 25, pp. 49-70.

43) Olsen, B. 2010, *In Defense of Things*, Lanham: AltaMira.
Olsen, B., M. Shanks, T. Webmoor and C. Witmore, 2012, *Archaeology: The Discipline of Things*, Los Angeles: University of California Press.

44) Jervis, B. 2019, 앞의 책.

찾아보기